페르난도 솔라나스(Fernando Solanas)와 옥타비오 헤티노(Octavio Getino)는 1968년 ‹불타는 시간의 연대기(La hora de los hornos, The Hour of the Furnaces)›를 제작한다. 그들이 영화를 제작했을 때 감독들은 자신들을 "시네 리베라시온 그룹(Cine Liberacion Group)"이라고 자칭했다. 이 영화는 제3영화란 무엇인가를 증명한다. 할리우드영화나 예술영화와도 다른 혁명적인 영화로서의 제3영화, 그리고 무엇보다 반제국주의적 제3세계의 영화. 이 영화가 아르헨티나에서 상영되었을 때, 이 영화를 본다는 것 자체만으로도 투쟁이고 참여였다. 이 영화는 여러 곳으로 나뉘어져 있고 관객은 어느 때나 상영을 중단하고 토론과 논쟁을 할 수 있었다. 그곳은 "해방된 공간이자 탈식민화된 영토"였다. 1969년 10월 이들을 인터뷰한 장뤼크 고다르는 이렇게 말했다. "제국주의 영화를 상영하는 동안, 스크린은 관객들에게 주인의 목소리를 판매한다. 그 목소리는 알랑대고 억누르고 윽박지른다. 수정주의 영화를 상영하는 동안 스크린은 민중을 대변하는 목소리의 확성기일 뿐 더 이상 민중의 목소리는 아니다. 왜냐면 민중은 침묵 속에서 자신들의 일그러진 모습을 지켜보고만 있기 때문이다. 운동적인 영화(activist film)를 바라보는 동안, 스크린은 구체적 상황에 대한 구체적 분석을 마련해주는 흑판 혹은 학교의 벽이다." 흑판에 쓰인 이미지들 몇 개를 찾아내 우리는 ‹비동맹 독본›을 위한 몽타주를 만든다. 이 이미지들은 말이자 목소리이며 기억이자 증언이며 예고이다. 그리고 무엇보다 제3세계 프로젝트의 해방적인 투지를 드러내는 저 멀리서 비치는 반딧불이다. 이미지 사용을 허락해준 솔라나스 감독에게 감사를 전한다. — 서동진

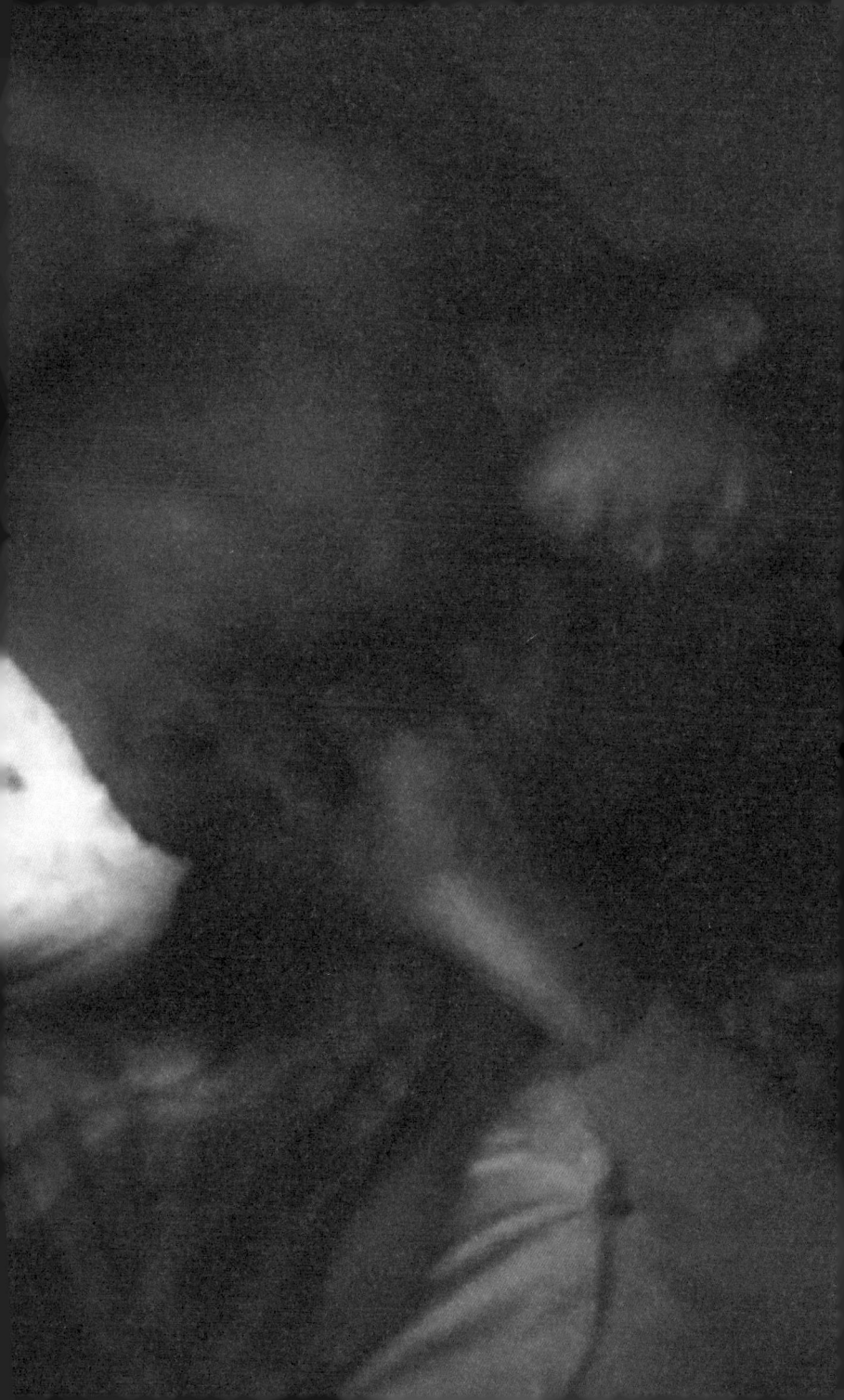

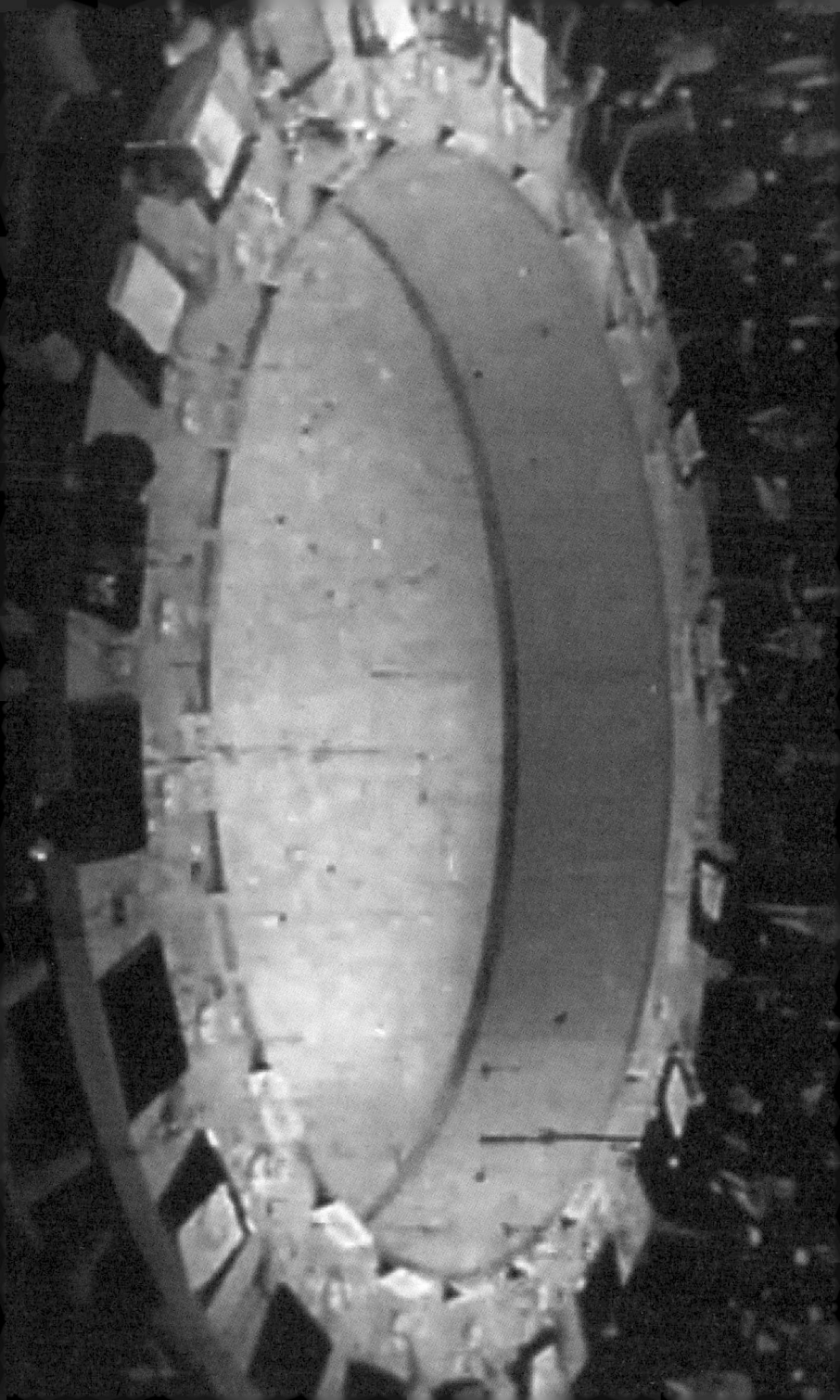

독립

1945	1946	1947	1948	1949	1951	1953
베트남 인도네시아	요르단 시리아 필리핀	파키스탄 인도	버마(미얀마) 스리랑카 남한 북한	중국	리비아	캄보디아

1964	1965	1966	1967	1968	1970	1971
말라위 몰타 잠비아	감비아 몰디브 싱가포르	바베이도스 보츠와나 기니아 레소토	예멘	적도기니 나우루	피지 통가	바레인 방글라데시 카타르 아랍에미리트연합

1981	1984	1988
벨리즈	브루나이	팔레스타인

1956
- 모로코
- 수단
- 튀니지

1957
- 가나
- 말레이시아

1958
- 기니

1960
- 베냉
- 부르키나파소
- 카메룬
- 중앙아프리카공화국
- 차드
- 콩고민주공화국
- 콩고공화국
- 코트디부아르
- 키프로스
- 가봉
- 마다가스카르
- 말리
- 모리타니
- 니제르
- 나이지리아
- 세네갈
- 소말리아
- 토고

1961
- 쿠웨이트
- 시에라리온
- 탄자니아

1962
- 알제리
- 브룬디
- 자메이카
- 르완다
- 사모아
- 트리니다드토바고
- 우간다

1963
- 케냐

1973
- 바하마스
- 기니비사우
- 그레나다

1975
- 앙골라
- 카보베르데
- 코모로
- 모잠비크
- 파푸아뉴기니
- 상투메프린시페
- 수리남
- 동티모르

1976
- 세이셸제도

1977
- 지부티

1978
- 도미니카
- 솔로몬제도
- 투발루

1979
- 키리바시

1980
- 바누아투
- 짐바브웨

- 아시아
- 라틴아메리카
- 태평양
- 아프리카
- 유럽

1945년의 세계

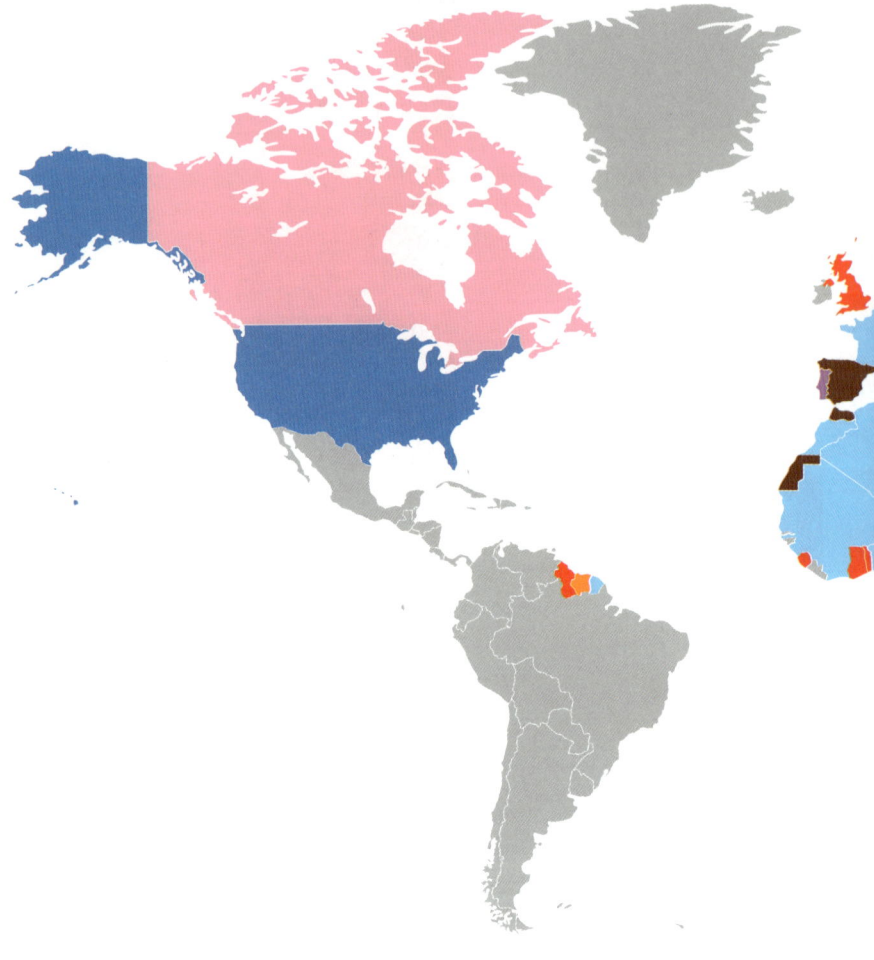

식민지:
- 🔴 영국
- 🟣 영연방 자치령
- 🔵 프랑스
- 🟣 포르투갈
- ⚫ 스페인
- 🟠 네덜란드
- 🟢 벨기에
- 🔵 미국

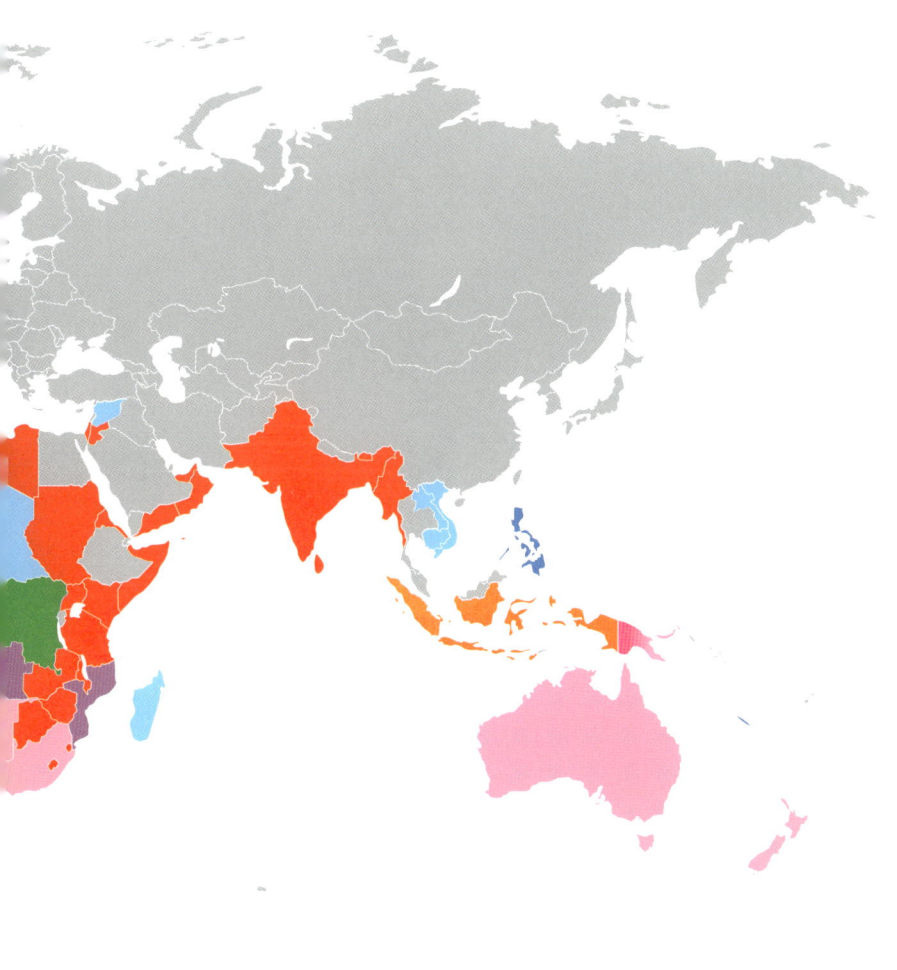

1953년의 세계

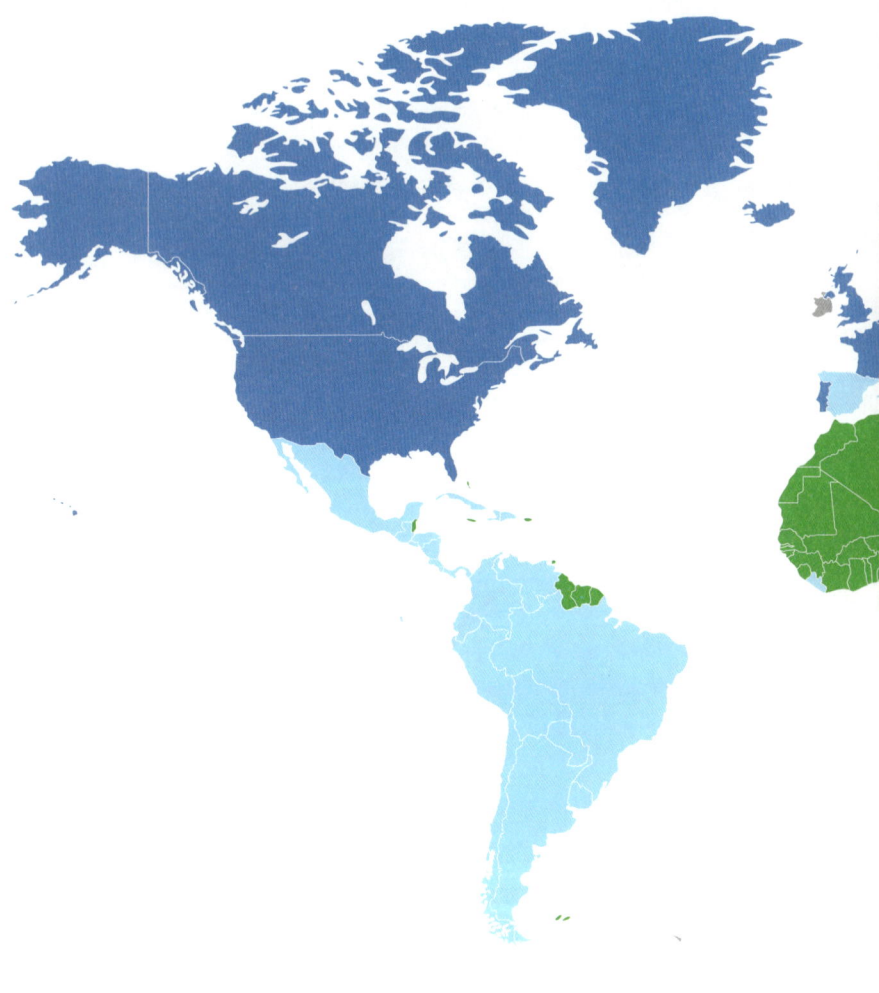

- 북대서양 조약 기구
- 서방 동맹국
- 서방 식민지
- 소비에트연방 및 위성국
- 소련 동맹국

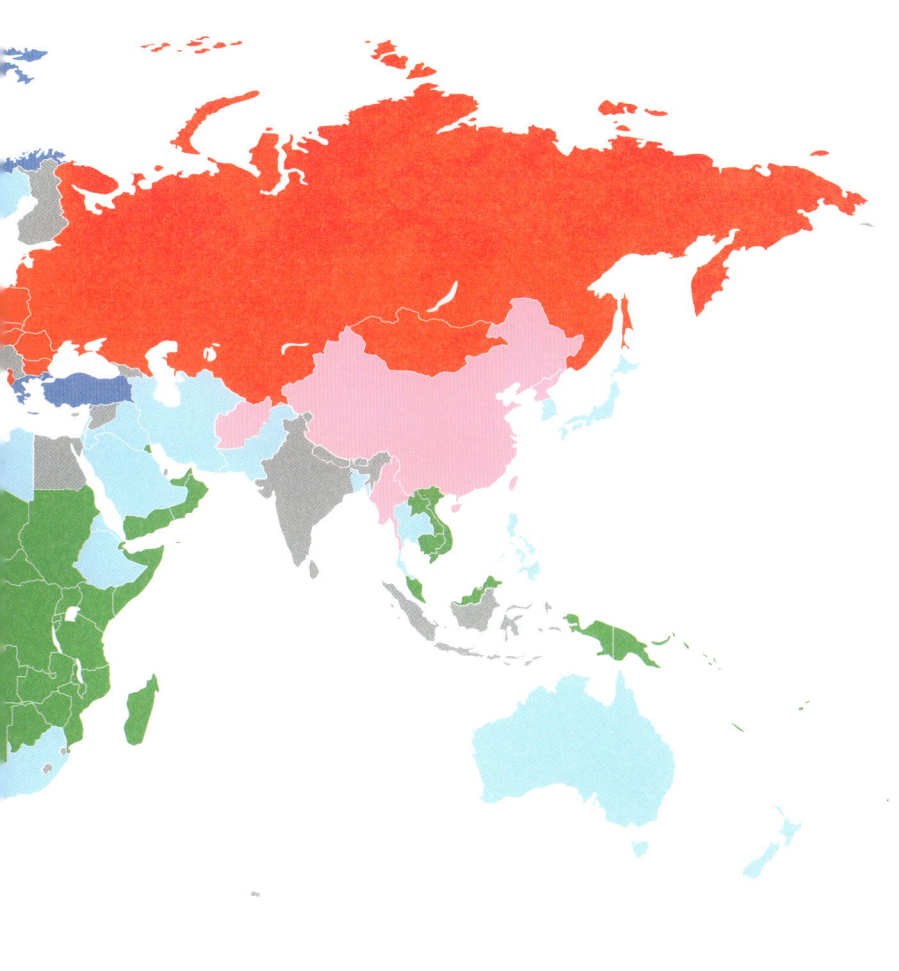

1959년의 세계

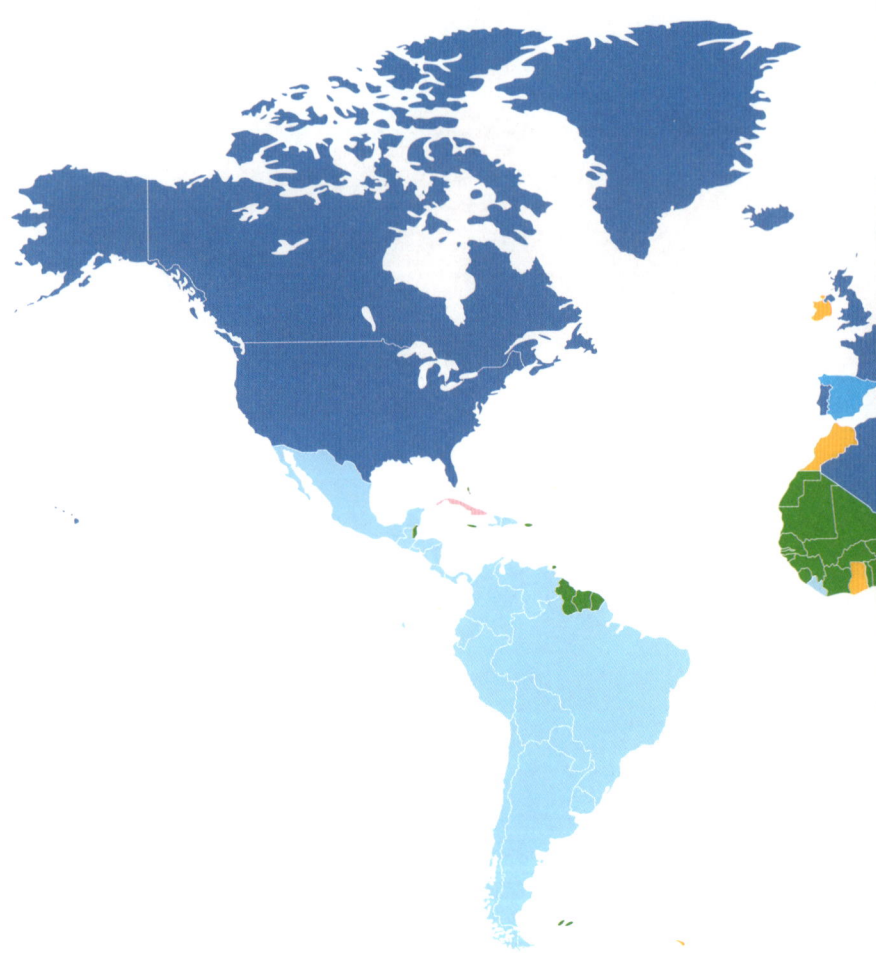

- 북대서양 조약 기구
- 기타 미국 동맹국
- 미국에서 지원받는 국가
- 유럽 식민지
- 바르샤바 조약 기구
- 소비에트연방과 연대하는 사회주의 국가
- 기타 소련 동맹국
- 비동맹국

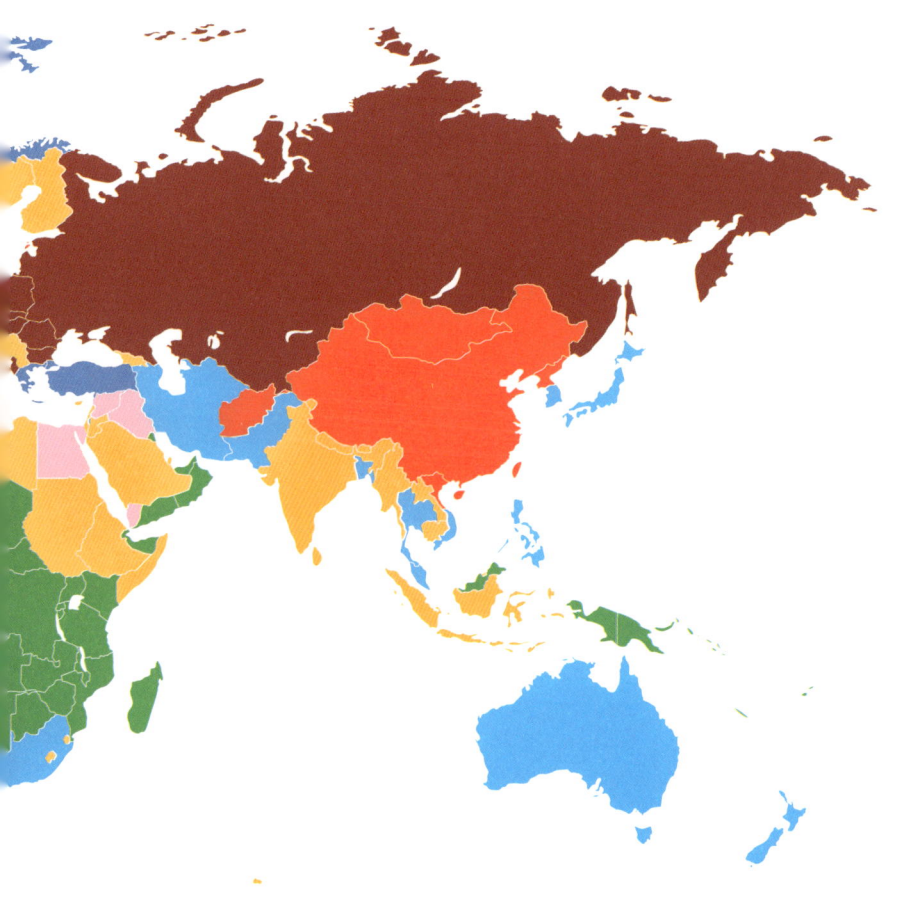

1975년의 세계

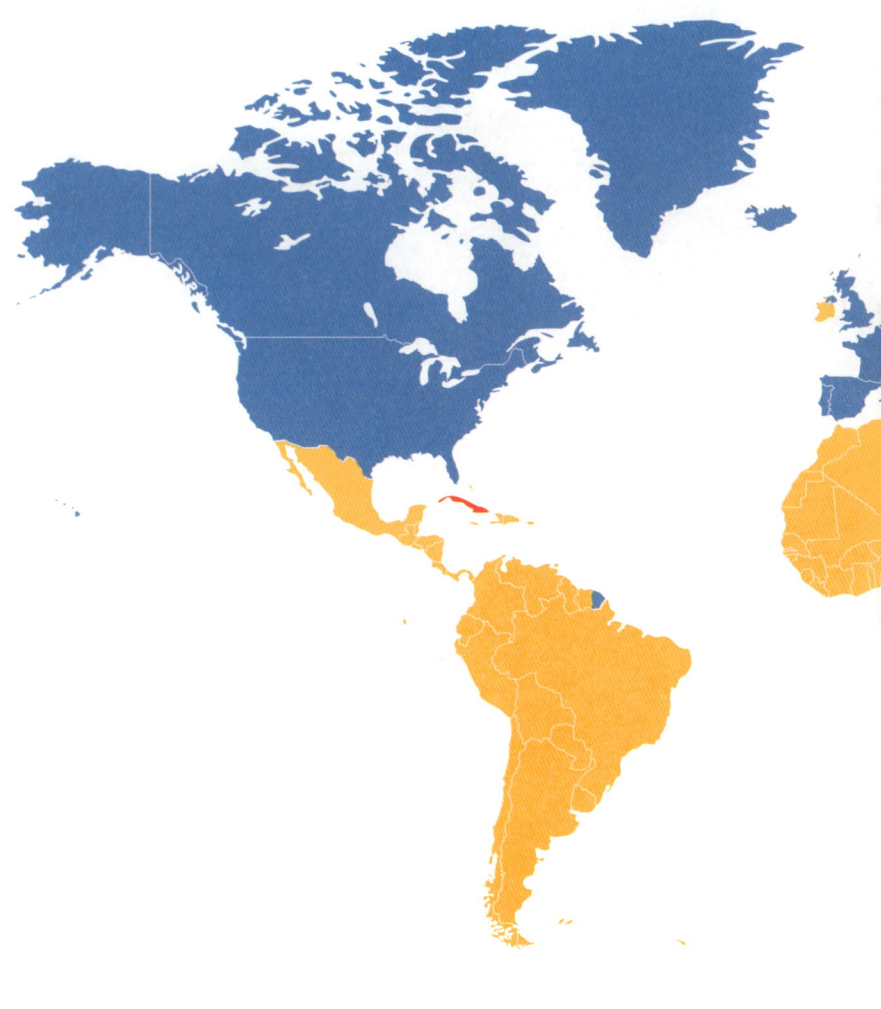

- 서방 동맹국
- 소비에트연방 동맹국
- 비동맹국

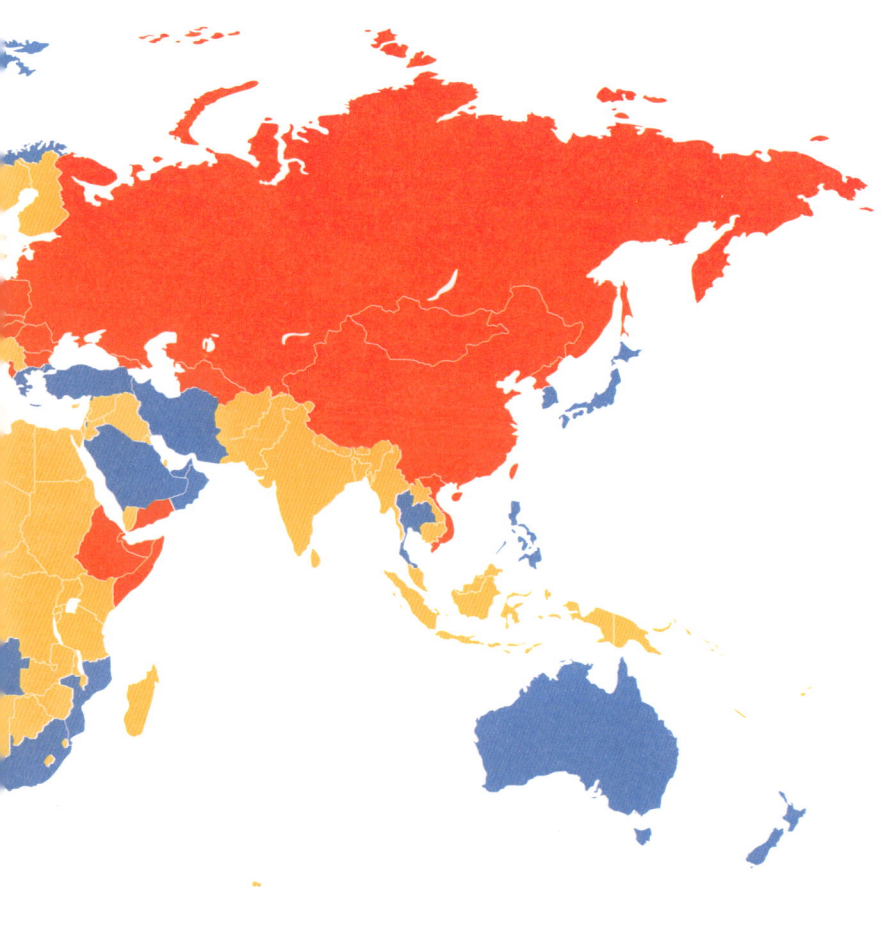

역대 비동맹운동회의 개최지(반둥회의, 삼대륙회의)

반둥 아시아아프리카회의 1955.4.18~24 수카르노
베오그라드 1차 비동맹회의 1961.9.1~6 세계의 긴장 World Tension
카이로 2차 비동맹회의 1964.10.5~10 카이로 경제 발전 Economic Development
아바나 삼대륙회의 1966.1.3~15
루사카 3차 비동맹회의 1970.9.8~10 경제자립 Economic Self-reliance
알제 4차 비동맹회의 1973.9.5~9 신국제경제질서 New International Economic Order
콜롬보 5차 비동맹회의 1976.8.16~19 경제협력 Economic cooperation
아바나 6차 비동맹회의 1979.9.3~9 비동맹 그 자체 Non-Alignment Itself
뉴델리 7차 비동맹회의 1983.3.7~12 세계경제불황 World Recession
하라레 8차 비동맹회의 1986.9.1~6
베오그라드 9차 비동맹회의 1989.9.4~7

제3세계와 비동맹운동이 만난 도시들

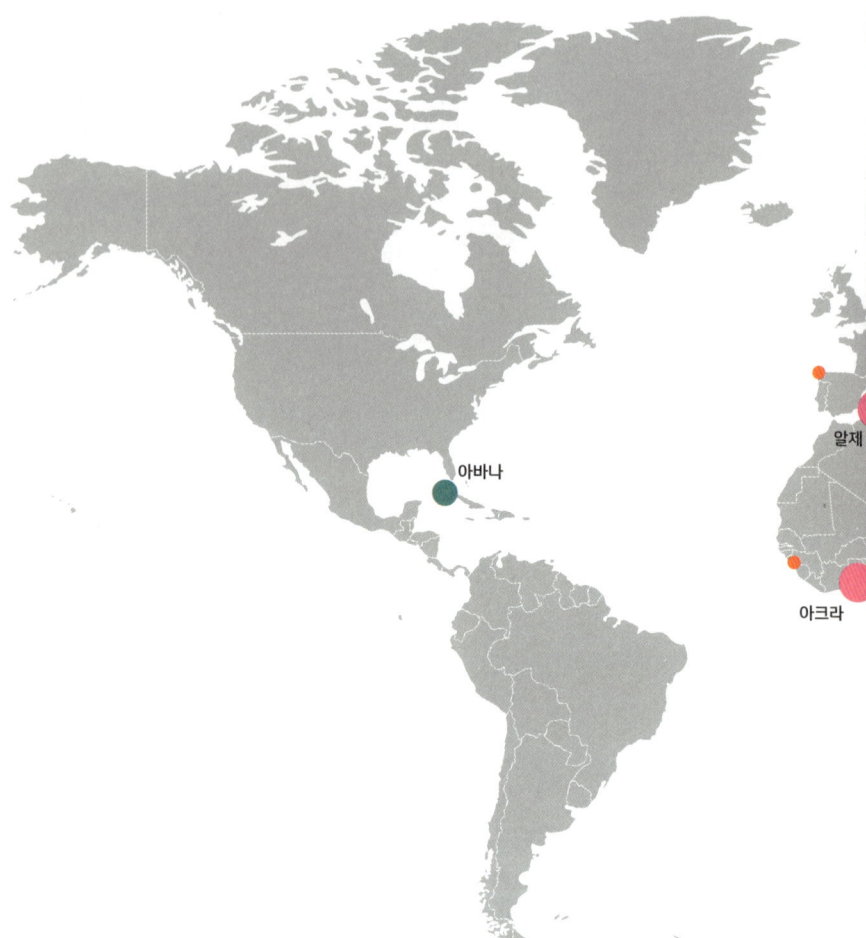

● **카이로** — <u>1944</u> 범아랍 페미니스트대회 <u>1957</u> 아시아아프리카인민연대회의 <u>1958</u> 아시아아프리카인민연대경제회의 <u>1959</u> 아시아아프리카청년회의 <u>1960</u> 아시아아프리카영화제 <u>1961</u> 아시아아프리카인민연대회의 아시아아프리카여성회의 전아프리카인민회의AAP 비동맹운동준비회의 <u>1962</u> 아시아아프리카작가회의 <u>1963</u> 아시아아프리카작가회의 사무국회의 <u>1964</u> 아시아아프리카인민연대회의 의학회의 비동맹운동정상회의 <u>1964</u> 아프리카통일기구회의 등 뉴델리 1947 범아세아대회 1949 ● **뉴델리** — 아시아회의 <u>1956</u> 아시아작가회의 <u>1957</u> 아시아아프리카 법학자회의 <u>1968</u> 유엔무역개발협의회 <u>1970</u> 아시아아프리카작가회의 <u>1983</u> 비동맹운동정상회의 등 ● **아디스아바바** — <u>1963</u> 아프리카통일기구회의 OAU <u>1966</u> 아프리카통일기구회의 <u>1969</u> 아프리카통일기구회의 <u>1970</u> 아프리카통일기구회의 <u>1971</u> 아프리카통일기구회의 등 ● **콜롬보** — <u>1954</u> 콜롬보회담 1958 아시아아프리카 여성회의 <u>1961</u> 아시아아프리카작가회의 사무국회의 <u>1976</u> 비동맹운동정상회의 <u>1979</u> 비동맹운동 사무국회의 등 ● **반둥** — <u>1955</u> 아시아아프리카회의 <u>1956</u> 아시아아프리카학생회의 <u>1961</u> 아시아아프리카인민연대협의회의 <u>1965</u> 아시아아프리카무슬림회의 등 ● **자카르타** — <u>1962</u> 신흥국경기대회 <u>1963</u> 아시아아프리카저널리스트협회회의 <u>1964</u> 아시아아프리카영화제 등 ● **아크라** — <u>1958</u> 전아프리카인민회의 AAP

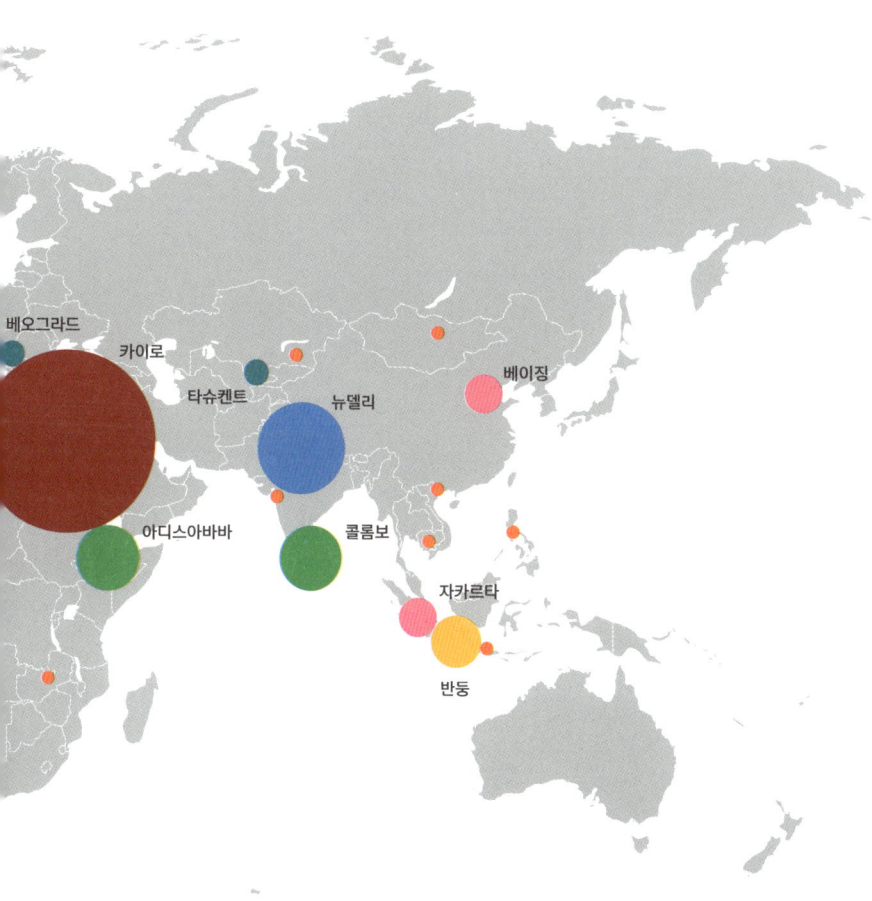

<u>1963</u> 아프리카저널리스트회의 <u>1965</u> 아프리카통일기구회의 등 ● **알제** ― <u>1965</u> 아시아아프리카인민연대회의 경제회의 <u>1968</u> 아프리카통일기구회의 <u>1973</u> 비동맹운동정상회의 등 ● **베이징** ― <u>1949</u> 아시아여성회의 <u>1952</u> 아시아태평양평화회의 <u>1967</u> 아시아아프리카작가회의 등 ● **아바나** ― <u>1966</u> 삼대륙회의 <u>1979</u> 비동맹운동정상회의 등 ● **타슈켄트** ― <u>1958</u> 아시아아프리카작가회의 <u>1958</u> 아시아아프리카영화제 등 ● **베오그라드** ― <u>1961</u> 비동맹운동정상회의 <u>1983</u> 유엔무역개발협의회 등 ● **프놈펜** ― <u>1966</u> 아시아 신흥국경기대회 ● **튀니스** ― <u>1960</u> 전아프리카인민회의 AAP 양곤 <u>1960</u> 아시아사회주의자회의 ● **로마** ― <u>1959</u> 흑인작가예술가대회 ● **루사카** ― <u>1970</u> 비동맹운동정상회의 ● **루안다** ― <u>1979</u> 아시아아프리카작가회의 ● **마닐라** ― <u>1976</u> 유엔무역개발협의회 ● **발리** ― <u>1963</u> 아시아아프리카작가회의 사무국회의 ● **보고르** ― <u>1954</u> 보고르회담 ● **브리주니** ― <u>1956</u> 브리주니회담 ● **산티아고** ― <u>1972</u> 유엔무역개발협의회 ● **알마티** ― <u>1973</u> 아시아아프리카작가회의 ● **울란바토르** ― <u>1972</u> 아시아아프리카여성회의 ● **코나크리** ― <u>1960</u> 아시아아프리카인민연대회의 ● **킨샤사** ― <u>1967</u> 아프리카통일기구회의 ● **하노이** ― <u>1966</u> 아시아아프리카작가회의 사무국회의

1955년 반둥회의 참가국

골드코스트 (가나)	버마 (미얀마, 주최국)	아프가니스탄	인도 (주최국)	파키스탄 (주최국)
네팔	베트남 (남북이 각각 참가)	에티오피아	인도네시아 (주최국)	팔레스타인 (개인자격 참가)
라오스		예멘		
라이베리아	사우디아라비아	오스트레일리아 (개인자격 참가)	일본	필리핀
레바논	수단	요르단	중국	
리비아	스리랑카 (주최국)	이라크	캄보디아	
미국 (개인자격 참가)		이란	태국	
	시리아	이집트	터키	

1966년 아바나 삼대륙회의 참가국

가나	니제르	르완다	보츠와나	스웨덴
가이아나	니카라과	마르티니크	볼리비아	스위스
과달루페	다게스탄	말레이시아	북한	스페인
과테말라	덴마크	멕시코	불가리아	시리아
기니	도미니카	모로코	브라질	싱가포르
기니비사우	동독	모리셔스	브룬디	아르헨티나
나미비아	라오스	모잠비크	상투메 프린시페	아이티
나이지리아	러시아	몽골	서독	알바니아
남아프리카공화국	(소련)	미국	세네갈	알제리
네덜란드	레바논	베네수엘라	소말리아	앙골라
네팔	레소토	베트남	수단	에스와티니
노르웨이	루마니아	벨기에	스리랑카	에콰도르

엘살바도르	이집트	캐나다	파라과이
영국	이탈리아	케냐	파키스탄
예멘	인도	코스타리카	팔레스타인
오만	인도네시아	콩고	페루
오스트레일리아	일본	쿠바	폴란드
온두라스	자마이카	키르기스스탄	푸에르토리코
요르단	중국	키프로스	프랑스
우간다	짐바브웨	탄자니아	핀란드
우루과이	체코	태국	헝가리
유고슬라비아	칠레	튀니지	
이라크	카보베르데	트리니다드토바고	
이란	캄보디아	파나마	

"우리는 지금 반제국주의 축을 만들고
있습니다. 그 축은 자카르타-프놈펜-
하노이-베이징-평양을 연결합니다."
— 1965년 8월 17일, 인도네시아 대통령
수카르노의 마지막 독립기념일 연설 중

싱가포르–홍콩–타이베이–서울–도쿄로 이어지는
세계 도시(global city)의 사슬이 "각기 중요도는
다르지만 세계경제체제를 공유하고 명령"하게 될 것
— 1972년 2월 6일, 싱가포르 외무부장관
S. 라자라트남의 연설 「싱가포르: 세계도시」 중

체 게바라의 여정

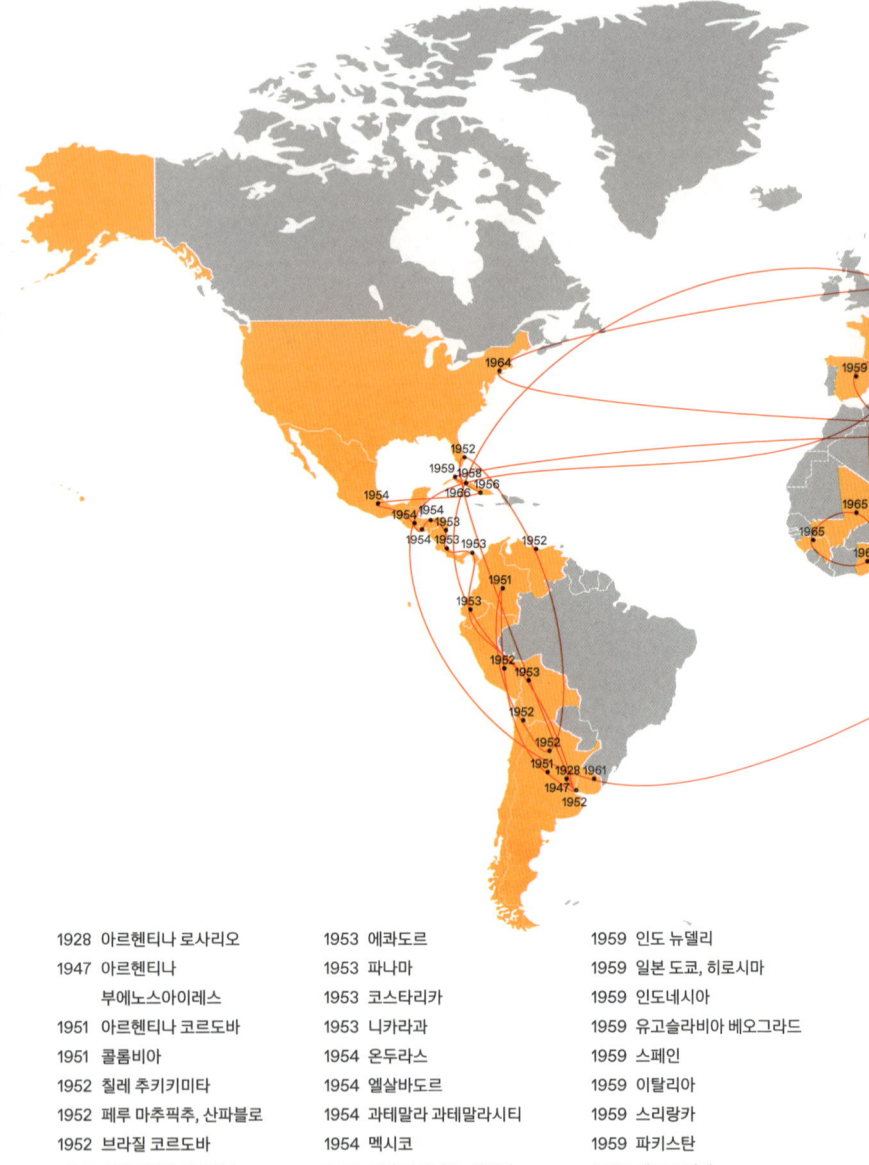

1928 아르헨티나 로사리오	1953 에콰도르	1959 인도 뉴델리
1947 아르헨티나 부에노스아이레스	1953 파나마	1959 일본 도쿄, 히로시마
1951 아르헨티나 코르도바	1953 코스타리카	1959 인도네시아
1951 콜롬비아	1953 니카라과	1959 유고슬라비아 베오그라드
1952 칠레 추키카마타	1954 온두라스	1959 스페인
1952 페루 마추픽추, 산파블로	1954 엘살바도르	1959 이탈리아
1952 브라질 코르도바	1954 과테말라 과테말라시티	1959 스리랑카
1952 베네수엘라 카라카스	1954 멕시코	1959 파키스탄
1952 미국 마이애미	1956 쿠바 만사니요, 시에라 마에스트라 산맥	1960 체코 프라하
1952 아르헨티나 부에노스아이레스	1958 쿠바 에스캄브라이 농장지대	1960 소련 모스크바, 레닌그라드, 스탈린그라드
1953 볼리비아 라파스, 볼사 네그라	1959 쿠바 아바나	1960 동독 베를린
	1959 이집트 카이로	1960 체코슬로바키아
		1960 소련 이르쿠츠크

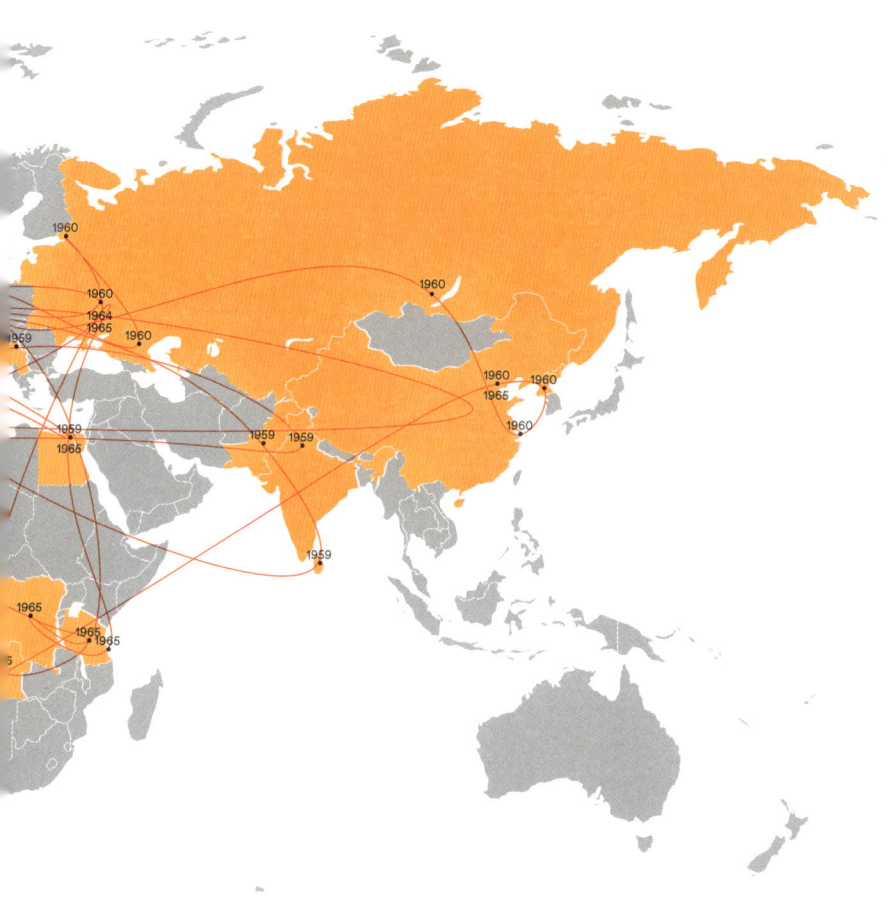

1960 중국 상하이
1960 북한 평양
1960 중국 베이징
1961 우루과이
1961 과테말라
1963 알제리 알제
1964 스위스
1964 프랑스
1964 체코슬로바키아
1964 알제리
1964 소련 모스크바
1964 미국 뉴욕
1965 중국
1965 프랑스

1965 이집트
1965 알제리
1965 가나
1965 기니
1965 말리
1965 베냉
1965 콩고
1965 탄자니아
1965 앙골라
1965 소련 모스크바
1965 이집트 카이로
1965 탄자니아 다르에스살람
1965 콩고
1965 탄자니아

1966 체코 프라하
1966 쿠바 아바나
1966 볼리비아 라파스,
     난카우아수
1967 볼리비아 라이게라

로터스문학상 수상자와 국적

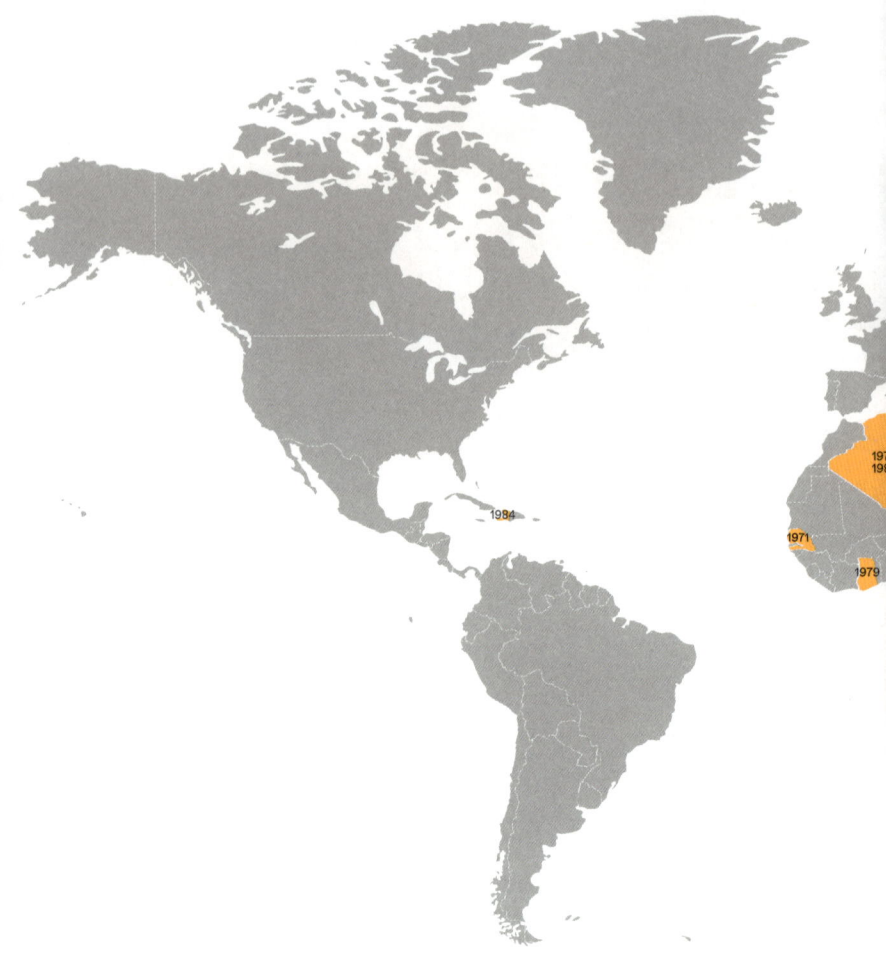

- 1969 알렉스 라 구마, 남아프리카
- 1969 또 호아이, 베트남
- 1970 아우고스티뉴 네투, 앙골라
- 1970 하리반시 라이 밧찬, 인도
- 1970 줄피아, 우즈베키스탄
- 1971 타하 후세인, 이집트
- 1971 소노민 우드발, 몽골리아
- 1971 셈벤 우스만, 세네갈
- 1972 노마 히로시, 일본
- 1972 미카일 나이미, 레바논
- 1972 마르셀리누 두스 산투스, 모잠비크
- 1973 카텝 야신, 알제리
- 1973 응구기 와 시옹오, 케냐
- 1973 투본, 베트남
- 1974 유수프 알 시바이, 이집트
- 1974 카말 나세르, 팔레스타인
- 1974 가산 카나파니, 팔레스타인
- 1974 아나톨리 소프로노프, 러시아
- 1974 아지즈 네신, 터키
- 1975 무함마드 마흐디 알-자와히리, 이라크
- 1975 치누아 아체베, 나이지리아
- 1975 파이즈 아흐메드 파이즈, 파키스탄
- 1975 김지하, 남한
- 1976 타우픽 알 하킴, 이집트
- 1976 수바스 무케르지, 인도
- 1976 미하일 솔로호프, 러시아
- 1977 홋타 요시에, 일본
- 1977 메자 므왕기, 케냐
- 1977 아부 살마, 팔레스타인
- 1977 사미 알드루비, 시리아
- 1977 카밀 야셴, 우즈베키스탄
- 1977 응우옌응옥, 베트남

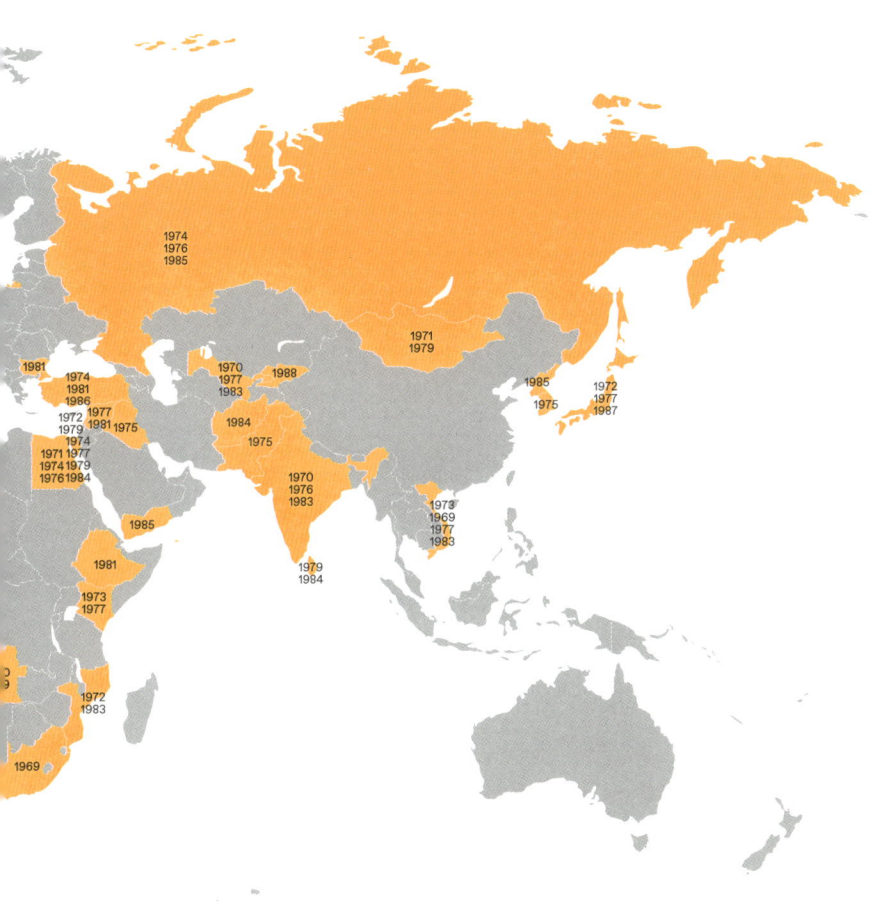

1979 안토니우 자신투, 앙골라	1981 아타올 베흐라몰루, 터키	1984 장-페르낭 브리에르, 아이티
1979 아두퀘이 오카, 가나	1983 카이피 아즈미, 인도	1984 히루시 카루나틸라케, 스리랑카
1979 비샴 샤니, 인도	1983 주제 크라베리냐, 모잠비크	1985 천세봉, 북한
1979 후사인 무누와, 레바논	1983 무스타파 페르시, 튀니지	1985 라술 감자토프, 러시아
1979 초이질린 치미드, 몽골리아	1983 사르바르 아지모프, 우즈베키스탄	1985 압둘라지즈 알-마칼레, 예멘
1979 무인 브세이수, 팔레스타인	1983 응우옌 딘 티, 베트남	1986 타흐신 사라치, 터키
1979 구나세나 비타나, 스리랑카	1984 마흐무드 다르위시, 팔레스타인	1987 오다 마코토, 일본
1981 아세파 게브레미리암, 에티오피아	1984 술레이만 라예크, 아프가니스탄	1988 칭기즈 아이마토프, 키르기스탄
1981 게오르기 마르코프, 불가리아	1984 오마르 아즈라즈, 알제리	
1981 술라이만 알-이사, 시리아		

제3세계 GDP 변화

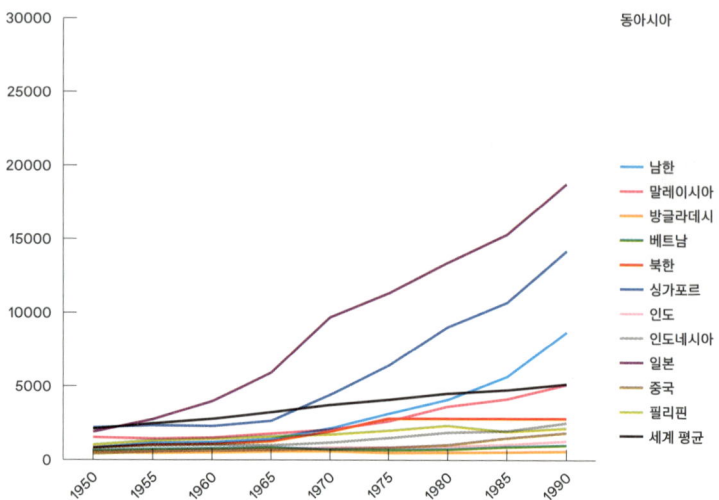

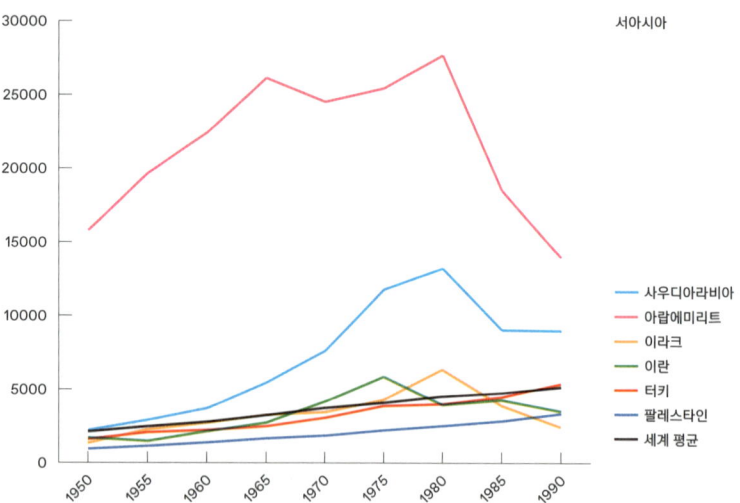

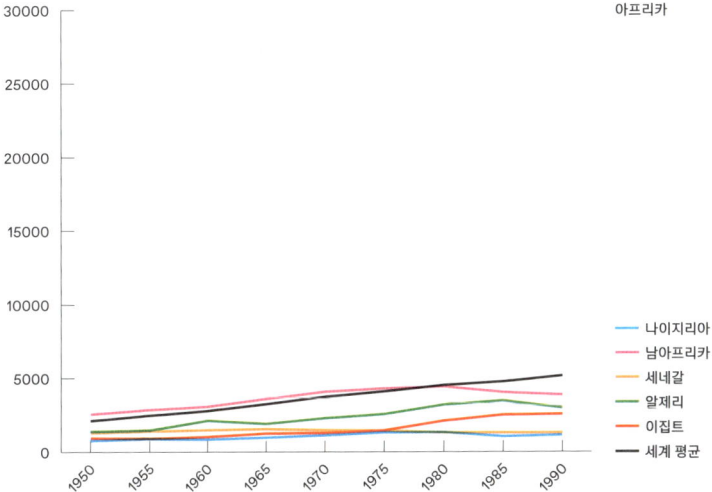

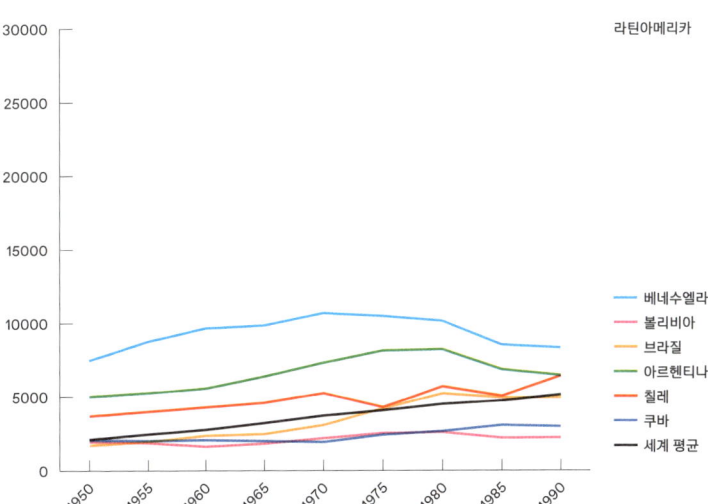

비동맹 독본

비동맹 독본

서동진·박소현 엮음

현실문화

목차

눈을 닦으며 서문을 대신하여	47
77그룹	51
구조조정정책	55
국어	58
군부/군대	65
근대화론	70
냉전	75
네그리튀드	78
녹색혁명	82
누에바 칸시온	86
독립	91
라울 프레비시와 종속이론	107
마오주의	111
매판	113
멕시코 벽화운동	116
문화혁명	121
민족경제론/민족문학론	126
민족주의	132
반둥회의	137
발전/개발	142
범아프리카영화작가연합	147

베트남전쟁	161
분지	166
브란트 위원회 보고서	170
브레튼우즈 기관	175
비동맹운동	179
살바도르 아옌데	186
삶의 노래	194
삼대륙회의	198
석유 달러	212
수에즈 위기	218
수카르노	233
식민주의, 신식민주의, 포스트식민주의	239
신국제경제질서	243
신국제정보통신질서	247
신자유주의	251
신흥공업국	256
신흥국경기대회(가네포)	260
아밀카르 카브랄	264
아세안	270
아시아 판화운동	273
아시아·아프리카 작가회의	288
아시아의 네 마리 용	292
아우구스토 보알	296
아프리카의 해 1960	301
알제리 민족해방전선	304
연대미술관	310

외채 위기	316
요지프 브로즈 티토	321
우누	324
원조	326
월터 로드니	341
유엔무역개발회의	346
인도 공산당(들)	350
인도네시아 공산당 학살	354
자와할랄 네루	358
자유무역지구	361
저개발의 기억	367
제3세계	372
제3세계 만화	377
제3세계 모더니즘	382
제3세계 여성해방	399
제3영화	405
줄리어스 니에레레	411
체 게바라주의	417
초현실주의	419
치누아 아체베	424
콰메 은쿠르마	429
태국 민주화운동	432
팔레스타인 문학	434
페다고지	439
폭력	454
프라무디아 아난타 투르	461

프란츠 파농	464
피델 카스트로	468
필리핀 교육연극협회	471
해방신학	475
핵제국주의	479
호찌민	484
연표	499
색인	523
글쓴이 소개	531

눈을 닦으며
서문을 대신하여

조슈아 오펜하이머의 다큐멘터리 <침묵의 시선>(2015)은 반세기 전 인도네시아 공산당 학살의 기억을 쫓는다. 그 기억을 쫓는 것은 카메라가 아니라 카메라에 비친 슬픈 눈길이다. 세계에서 세 번째로 큰 공산당이 있었던 나라 인도네시아에서는 1965년 유태인 학살에 버금가는 대학살이 있었다. 학살당하고 유배당한 이들은 공산당원들뿐 아니라 노조 활동가, 농민운동가, 비판적 지식인, 청년 학생들이었다. 공산당 학살은 반둥회의에서 전환점을 맞이했던 인도네시아의 제3세계 프로젝트가 마침내 종말을 고하게 되었음을 알리는 불길한 신호이기도 했다. 이 다큐멘터리에서 검안사(檢眼士) 아디 루쿤은 자신이 태어나기 전 잔인하게 살해당한 형의 학살자들을 찾는다. 자신의 형 람리의 살해 동기를 묻는 질문에 그들은 섬뜩하고 그로테스크한 웃음과 연극적인 몸짓으로 당시의 학살을 증언한다. 그리고는 한결같이 왜 이미 지나간 일들을 들추려고 하느냐고, 지나간 역사를 다시 말해 무엇 하냐고 아디에게 다그쳐 묻는다. 급기야 그들은 역사를 기억하는 것은 문제를 일으킬 뿐이라고 역정을 낸다. 이 책은 바로 그것을 하고자 한다. 문제를 일으키고, 가능하다면 말썽을 일으키는 것.

    이 영화가 개봉된 후 아디는 여전히 권력을 쥐고 있는 학살자들이 어떤 해코지를 할지 모를 상황에서 목숨을 무릅쓴 자신의 참여에 관해 이렇게 밝혔다. "검안사로서 나는 사람들이 보다 잘 볼 수 있도록 도우며 인생을 살아왔다. 이 영화를 통해 나는 똑같은 일을 하고 싶었다. 거짓 치장되고 침묵에 묻혔던 1965년의 학살 기간 동안 무슨 일이 있었는지 많은 이들이 보다 똑똑히 볼 수 있도록 돕고 싶었다." 아디의 용기에 비할 바가 못 되겠지만 그리고 그의 쓰라린 고통에 비견한다는 것이 사치라는 것을 알지만, 우리는 우리의 눈을 닦는 일을 하고자 했다. 이 책은 우리의 눈길 바깥에 있던, 적어도 잘게 쪼개진 지역 전문 연구자들 사이에서나 알려져 있던 수많은 일을 가능한 한 큰 그림 속에 담고자 애썼다. 그런 점에서 이 책은 일종의 세계사 쓰기에 해당한다 할 수 있다. 시시콜콜한 개인의 역정과 짧은 한 해의 숨 가쁜 역정을 다루는, 역사 이후의 역사를 상징하는 글들이 큰 인기를 누리고 있는 지금, 세계사를 엿보겠다는 야심을 품은 책을 만드는 것은 터무니없는 일일지 모른다. 이 책은 20세기의 후반부에 등장했다 소멸했던, 아니 사라졌다기보다는 지하에서 잠복하고 있다고 여기고 싶은, 역사적 전환을 다룬다. 그리고 그 전환이 추구했던 이상과 실천을 발굴하고자 한다.

    이 책은 제3세계와 비동맹 운동이라는 프로젝트의 흥망성쇠를 그리고 그것을 구성하고 있었던 다양한 인물, 사건, 배경, 열정, 이상, 사고, 상상, 정치, 투쟁, 실천, 배반, 좌절, 교훈을 (지극히 선별하여) 증언한다. 그것은 아시아와 아프리카, 남미라는 지리적 장소에서 펼쳐진 역사가 아니라 냉전의 시대이자 실패한 사회주의 프로젝트의 시대로 알려진 20세기의 후반부가 탈식민의 시대이자 민족(해방)의 시대이며 또 다른 근대성의 실험이 이뤄진 시대임을 상기하는 것이기도 하다. 그러나 이 책은 무엇보다 현재 우리를 에워싸고 있는 침울한 이데올로기로부터 벗어나 저 멀리서 반짝이고 있는 유토피아적인 섬광을 확인하고 식별하는 몸짓을 시도한다. 오늘의 신자유주의적 세계화가 초래한 숱한 참화와 고통, 착취와 수탈, 불평등과 부정의를 이해하기 위해 우리는 바로 그 유토피아적인 프로젝트의 실패와 배반이 있었음을 잊지 않아야 한다고 여긴다. 이 책은 광주 아시아문화전당에서 2020년 개최되는 전시 «연대의 홀씨»의 일환으로 기획되었다. 이 전시는 동시대 예술이 상대하는 시간성과 역사는 무엇인가를 따지게 될 것이다. 제3세계 프로젝트와 비동맹운동의 역사는 그를 위해 가장 귀중한 참조 대상이지 않을 수 없다. 처음 이 전시를 기획하고 준비하며 책임 편집자는 편집자를 위촉하여 이 책에서 수록될 표제어들을 선별하고 책에서 다룰 역사적 시대를 조감할 수 있는 타임라인을 구성함은 물론 사전 조사와 연구를 실행하였다. 사전의 표제어들은 제3세계 프로젝트와 비동맹 운동을 구성하는 주요한 인물, 사건, 투쟁, 운동, 텍스트 등을 자유롭게 망라한다. 그리고 각각의 표제어는 제3세계 프로젝트와 비동맹운동이 전개된 역사적 시대의 '총체성'을 구축하는 하나의 단편이자 알레고리에 다름 아닌 것이라 할 수 있다. 각각의 항들이 맺고 있는 연관과 반향은 국제주의적 민족주의에 의해 추동된 이 역사적 흐름의 특성 그 자체이기도 하다. 그러나 각각의 표제어를 서술할 때 우리는 통상적인 사전식 서술에서 비껴나 다양한 삽화와 사건, 인물을 출현시키며 각각의 주제가 자신의 이야기를 상연할 수 있도록 주의를 기울였다. 조금 건방을 떨어도 좋다면, 우리는 '제3세계의 해석학'이라 불러도 좋을, 아니면 누군가의 말을 빌자면 '남부의 인식론'(epistemologies of the South)이라 할 수 있는 것을 서툴게나마 넘보고자 했다. 이 책이 마땅한 깊이와 폭을 아우르려 한다면 상당한 조사, 연구, 수집, 토론이 있어야 마땅하다. 그러나 이 책은 여러 사정의 제약으로 인해 그러한 시도를 포기할 수밖에 없었다. 따라서 이 책은 숱한 누추함과 허술함을 안고 있다. 그러나 우리는 이 책이 다시 누군가에 의해 개정되고 증보될 기회에 열려 있다고 믿어 의심치 않는다. 이 책이 세계사 쓰기에 참여하는 새로운 저자들에 의해 확장되고 변주되어 마땅히 풍성하고 긴요한 역사의 지도책이 되길 바라 마지않는다.

　마지막으로 이 책의 제목에 관해 간단히 언급하고자 한다. 이 책은 처음 비동맹운동(NAM: Non-Aligned Movement)의 약어인 NAM이란 이름으로 기획된 일련의 이벤트, 그러니까 NAM 학교, NAM 극장, NAM 토론회 등과 같은 다양한 이벤트와 하나의 묶음을 이루고 있었다. NAM(이 말은 또한 '글로벌 사우스'를 가리키는 '남'(南)이라는 우리말을 떠올리게 한다)이란 낱말을 더 이상 쓸 수 없게 된 터에, 그럼에도 우리는 비동맹이란 말을 간직하기로 하였다. 그것은 세계를 인식하는 지배적인 이데올로기와 동맹하지 않는다는 뜻이기도 하려니와 역사를 경험하고 조망하는 오늘날의 추이와도 동맹하지 않는다는 뜻을 나타내고자 했기 때문이다. 오늘의 거짓된 신념이나 지식과 동맹하지 않는 자들을 위한 책으로 제목을 읽어주길 부탁드린다.

　이 책이 세상에 나올 수 있도록 지원을 제공한 광주 아시아문화전당과 «연대의 홀씨» 전시에 감사를 전한다.

2020.4.6.
편집진을 대표하여
책임 편집자 서동진

77그룹
Group of 77

제2차 세계대전이 종결되면서 서구 제국주의와 **식민주의**에 의해 고통을 겪어 왔던 많은 아시아, 아프리카 지역은 **독립** 국가를 건설하면서 착취와 억압의 굴레에서 벗어나는 데 성공하였다. 그러나 국가적 주권을 얻어낸 것으로 과거의 식민주의로부터 완전히 벗어날 수 있는 것은 아니었다. 과거의 제국주의 국가에 여전히 의지하는 경제 구조로 인해 이들 나라는 계속된 경제적 불평등과 저발전 상태에 처해 있어야 했다. 특히 농업이나 목축업과 같은 산업의 1차 생산물이 주된 수출품이던 나라들은 불안정한 수요 때문에 전전긍긍해야 하는 처지였다. 반면 공산품을 비롯한 제조업 분야의 생산물의 경우는 다르다. 그것은 수요가 안정적일 뿐 아니라 지속적으로 증대하는 경향을 띠기 때문이다. 따라서 이런 상품을 수출하는 나라들은 언제나 큰 이윤을 챙길 수 있었다. 이 탓에 많은 신생 **독립** 국가들은 과거의 '모'(母) 국가들에 경제적으로 의지하면서 결국엔 과거와 같은 식민주의의 사슬에 다시 속박되는 처지가 되었다.

유엔무역개발회의가 낸 1960년 통계를 보면 **발전**국가에서 1차 생산물 수출이 차지하는 비중이 88.4퍼센트였던 반면 선진국의 경우엔 35.9퍼센트에 머물렀다. 제조업 부문 수출에선 이런 격차가 더욱 커지는데, 선진국이 전체 수출의 64.3퍼센트를 차지한 반면 **발전**국가들은 고작 11.2퍼센트를 수출할 뿐이었다. 단일 작물 재배 농업(monoculture)이거나 아니면 소수의 생산물에 집중된 **발전도상국**의 경제 구조는 외부 조건이 바뀌는 것에 언제나 취약할 수밖에 없었다. 그리고 이는 '저발전의 **발전**'이란 유명한 구절을 통해 **제3세계** 나라들의 경제의 특성을 설명하고자 했던 남미 **종속이론**의 주장도 확증해주었다.

그 결과 **비동맹운동**에 참여하는 나라 중 발전도상국에 속한 나라들은 유엔을 통해 불평등한 국제 경제 질서를 재편하려는 노력을 기울인다. 그리하여 1964년 스위스 제네바에 77개 나라의 대표들이 모여 **유엔무역개발회의**를 결성하게 된다. 또 이 자리에 모인 77개 나라의 대표들은 77그룹을 조직한다. 이는 1946년 제정된 '관세 및 무역에 관한 일반 협정'에 맞서기 위한 것이기도 했다. 당시 한국 역시 경제개발계획을 수립하며 국가 주도의 **발전**을 추진하는 과정에서 보다 공정한 국제 경제 질서에 대한 기대 속에서 77그룹의 창립 멤버로서 참여한 바 있었다(그러나 1996년 경제협력개발기구 가입과 더불어 탈퇴한다). 77그룹은 자신들의 출범을 알리는 공동 선언문에서 이렇게 목소리를 높였다. "**유엔무역개발회의**의 발전도상국가의 단결은 **발전**을 둘러싼 기본적 문제들에 직면하여 그 나라들이 국제 무역 및 발전을 위한 새로운 정책에 공통의 이해가 있다는 사실에서 비롯된다. 발전도상국가가 장차 이러한 단결을 유지하고 나아가 강화하는 것이 필수적이란 점을 깊이 확신한다. 이는 국제 경제 무대에서 새로운 태도와 접근이 채택될 수 있도록 보장하는 데 불가결한 수단이다." 이는 **비동맹** 국가들의 단결이 공정하고 안정된 경제 질서를 만들어내는 데 중요하다는 것을 밝히는 것이었다. 물론 그것의 일차 목표는 자신들을 지배하고 수탈하고자 하는 북반구의 개입에 맞서 보다 공정한 경제 질서를 요구하는 것이었다.

이러한 77그룹의 시도는 1983년 **유엔무역개발회의**에서의 공동선언문을 통해서도 확인할 수 있다. 그들은 신자유주의적 세계화가 본격적으로 전개되기 직전이던 1980년대 초반, 다음과 같은 목표를 천명하였다.

> 현재의 세계 무역의 원칙과 유형은 주로 발전된 세계들에 여전히 유리한 편이다. 현 세계 무역의 경향은 발전국가들의 경제 발전과 다각화를 촉진하기보다는, 보다 빠른 성장을 이루려는 노력들을 좌절시키고 있다. 이러한 흐름을 반드시 뒤집어야 한다. 발전국가의 무역 크기를 증대시켜야 하며 그 구성 역시 다각화되어야 한다. 수출품의 가격은 공정하고도 유리한 수준에서 안정되어야만 하고 국제 자본 이전 역시 이들 나라에 보다 유리하도록 되어야 하며 이를 통해 그 나라들은 자신들의 경제 발전에 필요한 보다 많은 수단을 무역을 통해 확보할 수 있게 될 것이다.

그러나 모든 것을 상품화하고 시장에서 거래될 수 있는 대상으로 만들고자 하는, 시장 개방을 내세운 세계화로 인해, 오늘날 77그룹의 힘은 현저히 약화되었다. 천연자원은 물론 자본 시장을 개방하도록 강요하였던 소위 **구조조정정책**은 이제 그 반대 정책을 동원한다. 미국의 도널드 트럼프 정권이 밀어붙인 보호무역주의가 바로 그 예일 것이다. 이는 북반구의 나라들이 다국적 기업과 금융 자본의 이익을 지키기 위해 남반구에 속한 나라들을 제 멋대로 취급하는 경제 질서를 만들어내는 것이다. 그러나 이에 맞서 77그룹은 아니 새로운 남반구 나라들의 연합은, 북반구의 나라들과의 공정한 경제 질서를 수립하는 것에 그치지 않는 새로운 연대를 꾀하여야 할 것이다. 그것은 남부 내부에서의 협력을 통해 수출 주도 경제의 굴레에서 벗어나는 것, 내부의 수요 증대를 통해 균형 있는 발전을 꾀하고 북부의 시장과 기술에 의존할 필요가 없는 상호협력의 질서를 세우는 것이 될 것이다. 이를 위해 물론 유엔을 비롯한 **브레튼우즈 기관**들을 개혁하며 77그룹이 자신을 조직화하는 일을 피할 수 없을 것이다. (서동진)

구조조정정책
Structural Adjustment Policies 構造調整政策

경제학에서는 구조조정정책을 이렇게 풀이한다. 채무국에 채무를 상환할 수 있는 대출을 제공하는 조건으로 채무국의 우선 생산순위와 정부의 프로그램을 전반적으로 재편하는 정책. 일반적으로 구조조정차관이란 이름으로 빚을 제공하고 그 대가로 채무국에 경제 재편을 요구하는 것이 구조조정정책의 핵심이다. 이는 금융 개방은 물론 공공자산(상수도, 전기, 전화, 통신 등)을 북반구의 다국적기업에게 팔아치우는 것을 비롯해 공공예산의 삭감, 통화 평가 절하, 고용 관계의 유연화, 시장 개방 등을 요구하는 것으로 구성되기 일쑤이다. 한국 역시 이러한 구조조정정책의 희생양이 된 바 있다. 1997년 외환위기를 맞이하며 감내해야 했던 구조조정정책도 이와 같은 것이었다. 그러나 **제3세계**의 민중에게 구조조정정책이란 **비동맹운동**과 더불어 시작된 보다 평등하고 민주적인 경제 질서를 수립하고자 했던 시도(대표적으로 **신국제경제질서NIEO**)가 위기에 직면했음을 가리키는 것이었다. 바야흐로 북반구의 자본이 식민주의가 종결되면서 주춤했던 자신의 착취와 수탈을 회복할 절호의 수단을 되찾았음을 말해주는 것이기도 하였다.

　나라의 경제적 부의 상당 부분을 빚을 갚는 데 쓰도록 했던 국제 채무 체제는 급격한 이자율 상승으로 더욱 엄청난 부담을 가난한 나라에게 전가했다. 이는 우선 남미에 있던 많은 나라들을 파산시켰다. 곧 전 세계를 뒤덮게 될 **외채 위기**의 출발점이었다. **외채 위기**를 설명할 때 주류 경제학자들이나 언론은 외환의 부족 즉 전문용어로 유동성 문제라고 말한다. 그러나 실은 이는 세계 금융 체제의 구조로부터 비롯된 것이라 할 수 있다. 국제 채무 체제의 첫 번째 희생양은 멕시코였다. 멕시코는 1982년 8백억 달러의 외채를 짊어진 뒤 결국 국제통화기금을 비롯한 외국의 은행들로부터 대출을 받는다. 물론 그 부채 상환에 따른 부담은 노동자와 농민에게로 고스란히 전가되었다. 이는 훗날 신흥발전국가로 칭송이 자자했던 중간소득 국가인 태국과, **아시아의 네 마리 용** 가운데 하나로 영예를 누렸던 한국에도 적용되는 일이었다. 멕시코의 **외채 위기**는 훗날 워싱턴 컨센서스(Washington Consensus)라고 불릴 신자유주의적 세계화가 대장정에 올랐음을 보여주는 신호탄이었다.

약삭빠른 북반구의 다국적 독점 기업과 금융 자본은 자신들이 조장한 채무 위기를 **제3세계** 국가들에서 정부가 차지하는 역할을 약화시키는 구실로 만들었다. 그들의 말을 빌자면 "정부의 실패"야말로 외채 위기를 겪은 나라들의 문제였다. 그들은 국가가 주도하던 **제3세계** 나라들의 발전 모델을 포기하도록 종용하였다. 그때까지만 해도 **원조**에 조건을 덧붙인다는 것은 흔치 않은 생각이었다. **발전도상국** 지원에 '조건'을 부과하는 것은 **개발** 금융에 대한 반감을 유발하기 마련이었기 때문이다. 그래서 돈을 빌려주는 대가로 조건을 다는 일은 피할 필요가 있다는 합의가 있었다. 그러나 이제 조건 없는 지원은 끝이 나고 말았다. **원조**가 차지하던 자리에 새로운 조건을 다는 것, 즉 **구조조정정책**을 받아들이는 한에서의 대출이라는 가혹한 처방책이 들어섰다. 무역 정책의 방향이 개발에 중요하다는 인식 때문에 1970년대부터 기술 협력의 한 형태로 정책 컨설팅이 강조되기는 했다. 그러나 그렇다고 해서 **원조**와 **발전도상국**의 정책을 결부시킨 것은 아니었다. 그러나 구조조정과 더불어 국제**원조**기구는 **제3세계** 나라들의 정책에 직접적으로 개입하기 시작했다.

    1980년대부터 본격화되기 시작한 **구조조정정책**을 이끈 것은 **브레튼우즈 기관**이라고 불리던 IMF와 세계은행이었다. 이 두 기관은 국내 수요를 충족시키려는 정부들의 힘을 파괴하는데 앞장섰다. 그들은 1990년대 프랑스령 서아프리카와 마다가스카르에서 일어난 제2의 **독립물결**을 저지하고 정치적 불안을 조성하였다. 이러한 추세는 자원 전쟁이 벌어진 나라들, 라이베리아, 시에라리온, 콩고민주공화국 등 여러 나라로 확장되었다. 이들 나라에서 AK-47 소총으로 무장한 기업형 깡패 조직들과 군대들이 금, 다이아몬드 그리고 여러 희귀 광물을 수출하고자 토지소유권을 주장하기 시작했다. 이는 워싱턴 컨센서스가 보여준 민낯이었다. 북부의 자본은 마치 후렴구처럼 정부의 실패를 노래했고 국가의 퇴각을 역설했다. 이는 민족해방운동을 이끈 정당들이 국가를 관리하고 있던 **제3세계**를 노린 주장이었다. 그러나 그들이 결국 옹호했던 것은 결국 부패한 군대와 기업이란 가면 뒤에 숨은 약탈적인 폭력집단이었다. 그들은 정부를 무너뜨리고 그 자리에 무장한 깡패집단을 앉힌 것이다. 그리고 이 두 기관은 전 세계를 누비며 **신국제경제질서의** 모든 보호막을 파괴하였다. 아프리카는 물론 남미와 아시아의 가난한 **제3세계** 나라들을 거쳐 마침내 **신흥공업국**마저 덮쳐눌렀다. 이는 **신자유주의적** 세계화라는, 북반구가 일방적으로 주도해 새로운 경제 질서를 향해 가는 길을 닦은 섬뜩한 무기가 되었다. (서동진)

국어
National Language 國語

21세기에도 가장 끈질기게 남아 있는 **식민주의**의 흔적 중 하나는 언어의 풍경일 것이다. 아직도 프랑어권, 영어권, 스페인어권, 포르투갈어권의 경계는 식민 제국의 경계와 거의 일치한다. 이 탈식민 시대의 언어 풍경은 식민지 엘리트가 제국의 언어를 매개로 한 교육을 통해 근대와 만난 데서 비롯한다. 교육을 통해 이전 세대와는 완전히 다른 세계관을 갖게 된 지식인 중에서 새로운 사회를 열망하며 국민국가를 상상한 지도자들이 등장했으며, 이들이 택한 전략과 입장에 따라 공용어 혹은 국어의 미래가 결정되었기 때문이다.

1861년 스페인령 필리핀에서 태어난 호세 리살은, 필리핀 민족의식의 형성과 스페인 통치 종식에 결정적인 역할을 한 소설 『나를 만지지 마라』를 구상하면서 더 많은 필리핀인이 읽도록 타갈로그어로 쓰고자 했다. 그러나 타갈로그어가 너무 짧아 결국 스페인어로 책을 쓸 수밖에 없었다. 인도네시아 여성운동의 선각자 카르티니는 1879년 네덜란드령 동인도에서 귀족의 딸로 태어나 잠시 유럽식 학교에 다니며 네덜란드어를 익힐 수 있었다. 그는 집안에 갇혀서도 네덜란드인들과 편지로 교류하며 페미니즘 사상을 배웠고, 그에게 제국의 언어는 자신이 속한 세계의 『어둠에서 빛으로』(Door Duisternis tot Licht, 1911. 카르티니의 네덜란드어판 서한집 제목) 향하는 창이었다. 반면 네덜란드어로는 더 많은 '민중'을 설득할 수 없다는 사실을 깨달은 20세기 초의 인도네시아 지식인들은 리살이 실패한 바로 그 지점에서 새로운 길을 모색하기 시작했다. 동인도제도 전역에서 무역 언어로 널리 쓰이던 말레이어의 공용어로서의 가능성을 본 청년 지도자들은 1928년 '청년의 맹세'를 통해 말레이어를 인도네시아어(Bahasa Indonesia)로 선언했다. 인도네시아어는 일본 점령기에 가서야 공식 언어로 채택되지만 빠른 시간 안에 (제국의 언어) 네덜란드어와 (사용자 최다의) 자바어를 밀어내고, 인도네시아인을 하나의 국민/민족으로 통합하는 공용어로 발전했다. 특히 **수카르노**의 지휘 아래 **독립**을 위해 싸우던 혁명(Revolusi) 시기에 극적인 발전을 겪는데, 그들이 건설하기 위해 싸우는 새로운 사회는 새로운 언어로만 표현될 수 있는 것이었기 때문이다. 국민(rakyat)이나 자유(merdeka) 같은 개념은 인도네시아어와 함께 도래했다. 1925년생 **프라무디아 아난타 투르**가 여전히 미약한 인도네시아어를 갈고 닦는 데 매진했던 것 또한 새로운 사회를 담을 언어를 만들기 위해서였다.

  1914년 식민지 조선 평양에서 태어나 일본어로 글을 쓰던 김사량이 돌연 조선어의 세계로 달려간 것 또한 비슷한 맥락이었을 것이다. 단편 「빛 속으로」로 조선인 최초로 아쿠타가와 상 후보에 오르기까지 했던 그는 1945년 해방 직전 중국에서 봉쇄선을 뚫고 옌안으로 가서 조선의용군에 가담했다. 제국의 경계를 넘어 다다른 석벽에는 한글로 "환영"과 함께 이런 문구가 쓰여 있었다고 한다. "총을 버리고 이렇게 말하라. 나는 왜놈이 아니다." 김사량은 익숙한 조선어가 아니라 "아직 오지 않은 미래의 언어" 한국어로 구성된 미래의 공간으로 탈출했다고, 따라서 그 월경은 작가로서 목숨을 걸어볼 만한 것이었다고 작가 김연수는 썼다. 1934년 함경북도 회령에서 태어난 최인훈은 해방 이후 글쓰기를 시작한 첫 한글 세대였다. 전쟁 중 월남한 그는 자신의 경험이 녹아들어간 소설 『광장』을 1960년 4.19혁명 직전 발표했다. 남과 북 어디에도 속하지 못하고 중립국 행을 택하는 주인공을 통해 냉전 현실을 비판하는 이 작품은 한국 사회에 엄청난 충격을 던져주었다. 그러나 그가 「광장」을 수없이 고쳐 쓰면서 한국어의 경계를 확장하는 데 매진했다는 사실은 작품 자체보다는 덜 알려졌다. 1976년 5차 개정판에서 "한자어를 모두 비한자어로" 바꾸거나, 문장 사이사이에 쉼표를 넣어 의미를 명료하게 하고, 시제를 과거형에서 현재형으로 바꿔보는 등 우리말을 우리말답게 쓰는 실험을 멈추지 않았다. 최인훈뿐 아니라 1931년생 박완서를 비롯해 식민지(구 사회)와 국민국가(새로운 사회) 사이에 걸쳐있던 세대의 글쓰기에는 한국어를 조탁해야 한다는 사명감이 공통적으로 엿보인다.

그러나 모든 식민지가 **독립** 이후 새로운 사회를 담을 새로운 언어를 가질 수 있었던 것은 아니었다. **자와할랄 네루**는 수많은 언어공동체로 구성된 인도에서 최대 사용자 수를 거느린 힌디어를 공용어로 지정하려고 노력했다. 그는 1950년부터 15년간 힌디어와 영어를 이중 공용어로 쓰다가 1965년부터는 힌디어를 단독 공용어로 채택하는 점진적인 시행안을 내놓았다. 그러나 비힌디어권의 반발이 너무 커서 '인도어'를 만드는 데 실패하고 영어를 계속 공용어로 쓸 수밖에 없었다. 1971년 동파키스탄이 전쟁까지 치르며 방글라데시로 분리 독립한 이유 중 하나가 서파키스탄이 벵골어 사용을 억누르고 우르두어 공용어 정책을 폈기 때문이었을 정도로 인도아대륙에서 언어 정체성은 중요한 것이었다. 따라서 여러 인도어 중 한 언어의 우위를 인정하느니 차라리 '중립'적인 영어를 공용어로 유지하는 안은, 여러 다언어 사용신생국이 도달한 모순된 타협점이었다. 말레이시아와 싱가포르 같은 다민족 사회에서도 사정은 크게 다르지 않았다. 특히 해협화인(Straits Chinese)은 식민지에서 가장 먼저 영어를 쓰기 시작했을 뿐 아니라 "영국이 말라야를 영원히 지배할 테니 영어 외에 다른 언어를 배울 필요가 없다"고 여기던 이들이었다. 이런 곳에서는 **독립** 후 여러 공용어를 인정해도 영어를 위시한 유럽 언어는 언제나 언어 위계의 가장 높은 자리를 차지했다.

프랑스어권 아프리카에서 프랑스어는 식민지 시절의 권위를 거의 그대로 유지하고 있다고 해도 과언이 아니다. 특히 사하라 이남 흑아프리카에서는 프랑스어 구사 인구가 전체의 5~10퍼센트밖에 안 되는데도 공식 언어로서의 지위는 굳건하다. 그 자신이 **네그리튀드**의 주역이자 시인이면서 프랑스어를 새로운 사회 건설의 '훌륭한 도구'로 찬양하며 프랑코포니 창설에 앞장선 세네갈의 초대 대통령 상고르를 비롯한 신생 **독립**국의 지도자가 대개 친프랑스 인사였던 것이 중요한 이유다. 수많은 토착어 사이에서 소통의 편의를 위해 프랑스어를 공용어로 채택했다는 '설명'은, 식민지에서는 프랑스어 구사 능력에 따라 백인화의 정도와 인격까지 평가받으며 위계를 내면화한다는 **프란츠 파농**의 지적에서 완전히 자유로울 수 없을 것이다. 상고르보다 10년 뒤인 1938년 영국령 동아프리카에서 태어난 응구기 와 시옹오는 영어로 글을 써 세계적인 작가가 되었으나, 1977년작 『피의 꽃잎들』 이후 이름을 제임스에서 응구기로 바꾸고 키쿠유어와 스와힐리어로만 창작하기 시작했다. 1963년 **독립** 이후 케냐의 행보를 목격한 그가 김사량이나 **프라무디아**처럼 "아직 오지 않은 미래"에 대한 다분히 낭만적인 열망으로 내린 결단은 아니었을 것이다. **파농**의 번역자이기도 한 그가 **식민주의**의 트라우마를 치유하는 수단으로서 언어와 문학을 고민한 결과였다. 영토의 탈식민지화보다 어려운 『마음의 탈식민지화』를 위해서는 세상과의 관계를 바꿔야 했고 언어가 바로 그 관계를 결정짓는다고 보았기 때문이다. 옆 나라 탄자니아는 초대 대통령 **줄리어스 니에레레**부터 셰익스피어 희곡을 스와힐리어로 번역해 보급하는 등 정책적인 노력을 펼쳐 스와힐리어

공용어화를 일정 이루어냈다.

그러나 탈식민 지식인 특히 여성에게 제국의 언어는 그렇게 단순한 문제가 아니었다. 1936년 프랑스령 알제리에서 태어나 교사였던 부친 덕에 "학교에 가는 아랍 소녀"일 수 있었던 아시아 제바르에게 "프랑스어는 세상의 다채로운 광경을 보는 틈새"이자 "어떤 상황에서는 나를 노리는 뾰족한 투창"이었다. 그는 "프랑스어 외부에서 프랑스어를 말하고 쓰"지만 결코 프랑스어를 놓지 못했다. 그에게 프랑스어는 오래 전 카르티니에게 네덜란드어가 그랬듯, 가부장적 알제리 사회에 반기를 들 수 있는 무기였기 때문이었다. 또한 흑아프리카와 달리 북아프리카 국가들은 독립 이후 아랍어를 단일 공용어로 하는 아랍화 정책을 추진했다. 알제리에서는 1965년 우아리 부메디엔의 쿠데타 이후 이 움직임이 강력해졌고 급기야 1976년 수업을 아랍어로만 진행하라는 방침이 내려지자 제바르는 교수직을 그만 두고 프랑스로 떠났다. 그는 프랑스어로 프랑스의 알제리 지배를 비판하고 프랑스어로는 결코 채울 수 없는 친밀성의 영역과 알제리 공식 역사가 망각한 알제리 여성의 역사에 관해 쓰는 경계인으로 남았다.

식민지를 겪지 않은 후세대에게 국어 프로젝트 혹은 '제국의 언어'에서 벗어나야 할 것인가 아닌가라는 문제는 더 이상 중요하지 않아 보인다. 영어로 글을 쓰는 1963년생 필리핀계 작가 지나 아포스톨은 19세기의 호세 리살에게서 '포스트모던'을 본다. 리살이 스페인어로 쓴 소설에는 차바카노(chabacano, 필리핀에서 쓰이던 크레올 스페인어의 일종)와 타갈로그어가 뒤섞여 있기 때문이다. 아포스톨은 필리핀인이 리살처럼 "변덕스러운 언어들의 섬세한 작용 안에 존재"하며 "식민지의 많은 이들처럼 3개 이상의 언어를 구사"하지만, 흔히 말하듯 모어로 생각하고 영어로 글을 쓰는 것은 환상이고 실은 두 언어가 늘 함께 작동한다고 밝힌다. 영어를 비롯한 네 개의 공용어 사이를 오가는 싱가포르인들은 영어에 중국어, 말레이어 등이 뒤섞인 싱글리시를 창조해냈다. 아포스톨은 이런 상태를 "저주가 아니라 우리 역사와 장소의 축복"이라고 부른다. 그러나 이 '포스트모던 혼종'적 축복은 유럽 언어를 학문과 문학과 공문서의 언어로 두고 나머지 말들을 친밀성과 실용성의 영역에 두는 언어의 위계가 여전히 작동하고 있음을 은폐한다. 또한 그 위계가 선택의 문제거나 언어 간의 차이가 상대적일 뿐으로 보이게 해, 언어적 혼종의 근본 원인이 **식민주의**라는 역사적 사실뿐 아니라 국어와 공용어를 향한 신생국의 도전을 망각하게 한다.

  신생국의 국어 프로젝트는 원초적 민족이나 토착주의로의 회귀가 아니라 근대의 기획이었다. 베네딕트 앤더슨은 근대 **민족주의**가 발전하려면 세 가지 "근본적 문화 개념 곧 신성한 언어, 신성한 군주, 역사와 우주관이 분리되지 않는 시간 개념"이 인간 의식에 가지고 있던 "공리적 통제력"을 잃어야 한다고 주장했다. 그중 신성한 언어란 산스크리트어, 아랍어, 라틴어처럼 그 자체에 지고의 절대적 가치가 담긴 경전의 언어를 뜻한다. 조선인이 '진문'(眞文)이라고 불렀던 한문 또한 비슷한 지위를 누렸다. 신성한 언어는 전근대 사회에서 (대개) 남성 지배층에게만 허용되는 언어였다. 식민지 사회에서는 제국의 언어가 그 자리를 차지했다. 반면 국어-공용어는 보통교육을 통해 누구나 접근할 수 있는 언어다. 따라서 누구나 쉽게 읽고 쓸 수 있도록 표준화하는 작업이 선행되어야 했다. 어떤 말을 택할 것인가뿐 아니라 어떤 글자와 표기법을 택할 것인가도 국어 프로젝트의 중요한 문제였다. 한자 문화권인 동아시아에서 남북한은 한글을, 베트남은 (오래 전 프랑스 신부가 고안한) 로마자 표기법 꾸옥응으(Quoc ngu)를 택했다. 한자

종주국인 중국마저 1960년 간자체 사용을 결의했다. 인도네시아와 말레이시아를 비롯한 여러 곳에서도 산스크리트어에서 파생한 옛 문자를 버리고 표준화된 로마자 표기법을 제정했다. 이 모든 결단이 지향하는 곳은 누구나 읽고 쓸 수 있는 민주적인 사회였다. 1950년경 전 세계에서 남성은 세 명 중 두 명만, 여성은 네 명 중 한 명만이 글을 알았지만, 45년 후인 1995년에는 남성의 80퍼센트와 여성의 70퍼센트가 읽고 쓸 수 있게 되어, 인류의 대다수가 문자의 세계로 진입한 완전히 다른 세계가 되었다. 어쩌면 이야말로 **제3세계** 프로젝트가 만들어낸 가장 극적이고 혁명적인 변화일지도 모른다.
(박소현)

참고문헌
- 탄 트완 엥, 『해 질 무렵 안개정원』, 공경희 옮김, 자음과모음, 2016.
- 아시아 제바르, 『사랑, 판타지아』, 김지현 옮김, 책세상, 2015.
- 베네딕트 앤더슨, 『상상된 공동체』, 서지원 옮김, 도서출판 길, 2018.
- Gina Apostol, Why Benedict Anderson Counts , *Los Angeles Review of Books*, Mar 4, 2014.

군부 / 군대
Military 軍部 / 軍隊

당시 상황은 개인들이나 계급들의 투쟁에서 벗어나 어느 정도 동질적인 세력이 등장할 것을 요구하고 있었다. 이 세력은 민중의 마음속에서 비롯되어야만 했다. 그 세력의 성원들은 서로를 신뢰하여야만 하고 또 신속하고 단호한 행동을 취할 수 있을 물질적 힘의 요소들을 장악하고 있어야만 했다. 그러한 조건은 군대를 제외하곤 어디에서도 찾아볼 수 없었다. 앞서 말했듯 지난 사태 속에서 군대의 역할을 결정했던 것은 군대 자체가 아니었다. 진실은 정반대에 가깝다. 조국의 해방을 위한 강력한 투쟁에서 군대에게 자신의 역할을 하도록 규정한 것은 바로 사태들과 그것들이 전개과정 그 자체였다.

나세르는 『혁명의 철학』이란 유명한 글에서 이렇게 썼다. 비동맹운동을 이끌었으며 **제3세계**라는 프로젝트의 주인공 가운데 한 명일 가말 압델 나세르. 그는 **비동맹운동**의 역사에서 또 한 가지 지층을 보여주는 인물이기도 하다. 그 지층이란 바로 군대의 문제이다. 앞에서 그는 군부가 **제3세계** 프로젝트에서 중요한 역할을 차지할 수밖에 없었던 이유에 대하여 분명히 말한다. 그것은 군대가 권력에 야심이 있어 혁명에 참여한 것이 아니라 민족해방운동에서 군대가 어쩔 수 없이 그런 역할을 떠맡을 수밖에 없었다는 것이다. 그런데 이는 불행하게도 근대화론을 주도했던 로스토우가 생각했던 것과 크게 다르지 않은 것이었다. 로스토우는 1957년 자신의 글 「제안」에서 저개발국의 발전에서 군대의 역할을 다음과 같이 강조하였다.

> 군대는 경제적, 정치적 성장에서 세 가지 이유로 중요한 역할을 수행한다. 첫째, 군사적 경력은 종종 지도자의 지위로 가는 유일한 길이 되고, 직위는 비특권적 계급들 특히 시골 출신 남성들에게 열려 있다. 군대는 이렇게 종종 비군사적 계획을 위한 새로운 지도자를 내오는 훌륭한 자원이 된다. 둘째, 군대는 기술적, 행정적 부분을 연마할 수 있는 기회를 제공한다. 이러한 많은 기술들은 도로와 통신체계 또는 향상된 위생을 위한 지역 사회 조직의 건설로 대표되는 민간사업에 쉽게 전달될 수 있다. 셋째, 군의 서비스는 농부들에게 산업에 필요한 기술을 제공하는 것처럼 직업상의 훈련을 제공한다.

말인즉슨 저개발국에서 장교 집단은 근대화를 이룩할 수 있는 주도 세력이며 이들은 서구적 생각과 가치관으로 이어지는 연결 통로의 역할을 할 수 있다는 것이다. 그들은 탈식민화 이전의 사회관계에서 상대적으로 자유롭고, 부패하고 매판적인 민족 부르주아지나 지주 계층보다 대중을 이끄는 데 적임이며, 나아가 그들은 근대적인 지식 관료 집단으로서 발전을 위해 필요한 여러 가지 일을 수행하는 데 적역이라는 것이다. 그러나 로스토우의 **근대화론**의 모범 사례처럼 간주되는 한국의 예에서 보듯 군대는 성장과 개발을 우선시하면서 민주주의는 뒷전으로 미루는 데 앞장섰다. 그때 군부는 자신이 독점하고 있는 무력으로 민중을 억압하고 학살하는 데 앞장설 수 있다.

그렇기 때문에 탈식민화된 나라에서 **민족주의적** 열정이 강하고 상대적으로 잘 훈련된 전문 집단인 군대에 의지하는 일을 경계하는 목소리도 높았다. 예를 들면 **파농**은 민족해방투쟁에서 군대에 기대는 일을 피해야 함을 역설했다. **프란츠 파농**은 『대지의 저주받은 사람들』에서 주저 없이 말했다.

> 조심할 것은 군대를 자율적인 조직으로 만들지 말아야 한다는 점이다. 그럴 경우 군대는 조만간 확실한 임무가 없어졌을 때 '정치에 개입하고' 정부를 위협하게 된다. 상류층이 된 장성들은 정부 각 부처에 자주 출입하면서 성명을 발표할 것을 꿈꾸게 될 것이다. (...) 이런 위험을 피할 유일한 방법은 군대를 정치적으로 교육하는 것, 다시 말해 군대를 국유화하는 것이다. 그에 못지않게 또 다른 시급한 과제는 민병대를 늘리는 것이다.

그러나 문제는 많은 이들이 과거의 **제3세계** 나라들에서 군대와 군부가 어떤 역할을 하는가에 관해 일반적 논리를 찾고 싶어 한다는 것이다. 사실 군대가 **제3세계**에서 어떤 역할을 하는가의 문제는 군대 자체가 아니라 바로 군대가 나서도록 만드는 조건을 살피는 일이다. 비자이 프라샤드는 바로 그 점에 주목한다. 그는 『갈색의 세계사』란 책에서 '장군들의 쿠데타'와 '대령들의 쿠데타'를 나눌 필요가 있음을 주장한다. 물론 그는 모든 쿠데타는 나쁘다는 입장을 단호히 견지한다. 쿠데타는 국민국가를 건설하는 데 대중들이 맡는 역할을 부정하기 때문이다. 그러나 모든 쿠데타가 똑같지는 않다. 더 나쁜 쿠데타가 있기 때문이다. 장군들의 쿠데타가 바로 그것이다.

이 쿠데타는 민족해방이 이룬 성과들을 부정하고 **제3세계** 나라들의 진보적인 전망에서 벗어나도록 한다. 이는 불행하게도 많은 나라에서 벌어진 일이다. 그리고 이러한 쿠데타의 배후에는 대개 미국이 있다. **제3세계** 프로젝트를 무산시키고 역사를 과거로 되돌리려는 장군들의 쿠데타 가운데 가장 유명한 것은 칠레에서 **아옌데** 사회주의 정부를 무너뜨리고 충격 요법을 통해 신자유주의를 도입했던 피노체트의 군사 쿠데타일 것이다. 그러나 쿠데타는 "민족해방운동이 없고 사회 개혁의 희망이 없는 곳에서" 군대 내부의 분노한 사회 계급이 자신이 속한 사회 계급을 대표한다고 자처할 때 일어날 수 있는 일이었다. 이것이 '대령들의 쿠데타'라 할 수 있다. 나세르가 이끈 '아랍 사회주의'는 군대가 이끈 **제3세계** 사회주의였다. 리비아에서 카다피가 이끌었던 자유장교 쿠데타 역시 그에 해당된다. 그리고 그러한 대령들의 쿠데타 가운데 가장 최근의 것으로는 베네수엘라의 우고 차베스가 이끈 쿠데타일 것이다. 보수적인 학자이든 진보적인 학자이든 서로 그것을 바라보는 생각은 달라도 쿠데타가 출현하는 조건을 이해하는 점에서는 사뭇 비슷하다. 그것은 민족해방운동을 위한 에너지가 약해지거나 억압당할 때, 그리고 무엇보다 대중들이 자신들이 살아가야 할 사회를 만들어가도록 하는 대중 조직과 대중 기관(이를테면 전국 규모의 노동자, 농민, 청년 조직, 대중들의 삶 속에 깊이 파고든 강력한 정당)이 없거나 취약할 때 벌어지는 일이다. 결국 종속에서 벗어나고 새로운 사회를 건설하려는 대중의 몫을 군대가 대신할 수 없다. 그렇기에 대중들이 다시 자신들의 목소리를 내고자 일어날 때 많은 대령들이 독재자로 변신하여 사회적 변화를 가로막게 되는 것이다. 파블로 네루다는 「모두의 노래」라는 시집의 마지막에서 그가 평생토록 헌신했던 칠레 공산당을 돌이켜 보며 『나의 당에게』란 시를 남겼다.

그대는 내게 모르는 이를 향한 형제애를 주었다./
그대는 살아 있는 모든 이들의 힘을 내게 보태주었다./
그대는 다시 태어나는 조국을 내게 돌려주었다./ (...)
그대는 현실이라는 바위 위에서 건설하도록 했다./
그대는 내가 미친 자들의 벽, 나쁜 사람의 적이 되도록
했다./ 그대는 내게 세상의 밝음, 기쁨의 가능성을
보게 해주었다./ 내가 그대와 함께한다면 죽지 않으니,
그대는 나를 파괴할 수 없는 존재로 만든 것이다.

역사를 이끌어가는 것은 바로 대중이며 그 대중과 함께 하는 정치조직이라는 것은 그때나 지금이나 변함없는 일일 것이다. (서동진)

근대화론

Modernization Theory 近代化論

1965년 5월 한 미국인 경제학자가 서울대학교를 방문했다. 그는 이미 청와대로 초대받아 융숭한 대접을 받으며 박정희 대통령과 대화를 나눈 터였다. 그가 서울대학교를 찾은 목적은 한국 경제 **개발**에 대한 강연을 위해서였다. 강연 자리에서 그는 한국 사회가 경제적으로 '도약 단계'에 접어들었다고 선언했다. 무슨 연유로 도약을 할 단계에 이르렀다는 것인지, 속 시원한 설명은 없었다. 그러나 그의 도발적인 주장은 많은 이들을 흥분시켰다. 근대화론이라는 이론은 곧 한국이라는 **발전**도상국을 선진국으로 나아가도록 이끄는 복음처럼 들렸다. 그를 초청한 박정희 정권은 그의 주장을 십분 활용했다. 미신과 게으름을 비롯한 전통 문화가 발전을 저해한다면서 정신 개혁을 통해 근대화를 이뤄야 한다는 박정희 정권의 경제 정책은, 로스토우가 제창한 이론을 흉내 내고 있었다. 그러나 정작 로스토우는 한국이 자신의 근대화론에 맞지 않는 나라일 것이라고 생각했다고 전해진다. 그러나 "공산주의 이상은 파괴될 수 없고 단지 대체될 수 있다"는 로스토우의 소신은, 곧 분단체제에서 냉전 질서의 첨병 역할을 했던 박정희 정권의 목표와 다를 수 없었다. 로스토우란 인물은 경제학자로 식민주의와 제국주의에서 벗어난 민중들의 **제3세계** 프로젝트를 끈질기게 거부하고 비방했던 근대화론의 주창자였다.

 왜 제3세계 나라들은 가난과 불평등에서 벗어나지 못했는가. 그들은 **발전/개발**을 위해 어떤 전략을 취하여야 할까. 이는 2차 세계대전이 끝난 이후 오늘날까지 남부에 속한 나라들이나 이들의

처지를 걱정하는 이들이나 모두 큰 관심을 기울인 문제라 할 수
있다. 이런 문제들에 대해 어떤 답을 내놓느냐에 따라 식민주의와
제국주의 편에 서느냐 아니면 **제3세계주의**의 편에 서느냐로
입장은 갈라졌다. 그런 차이는 탈식민화를 위한 투쟁이 계속되면서
격렬한 소용돌이 속에 놓였던 세계에서, 한편으로는 피할 수 없는
이데올로기적 투쟁이기도 하였다. 냉전 질서가 지배하는 세계에서
위험한 이데올로기로 간주된 것 가운데 하나는 공산주의나 사회주의
못지않게 민족해방을 이끌었던 **민족주의**와 그것들이 연대하여 내건
국제주의, 즉 **비동맹운동**의 이상이었다. **민족주의**가 국수주의적
민족주의로 변질되면서 민중의 투쟁을 억압하는 이데올로기로
도구화되는 경우가 많았던 것도 사실이다. 그러나 **민족주의**는
유토피아적 이상이 될 수도 있었다. 그것은 지난 세기 그 어떤
이념보다 강한 영향을 미쳤다. 그것은 오랜 **식민주의**와 제국주의의
굴레에서 벗어나려는 민중들에게 자신들이 속한 공동체를 가리키는
이름이었다. 베네딕트 앤더슨의 저 유명한 말처럼 민족이란
'상상을 통해 만들어진 공동체'였다. 그러나 여기에서 중요한 것은
공동체이기도 하지만 또한 그것이 상상을 통해 만들어졌다는 점에
있었다. 그것은 식민주의의 굴레에서 벗어나 존엄과 자유, 행복을
추구하고자 했던 이들이 꿈꾸는 상상이었다. 그 상상은 20세기에 그
무엇보다 유토피아적 에너지로 충만해 있었다.

　　제3세계 프로젝트를 경멸하고 조롱했던 제1세계의 지식인들은
식민주의와 제국주의가 남긴 결과인 빈곤과 비참을 전통 탓으로
돌렸다. 그들은 식민지 세계에 문제는 빈곤이 아니라 전통주의
때문이라고 헛소리를 늘어놓았다. 그리고 이러한 전통문화는 정치적
안정과 과학 발전을 통해 극복되어야 한다고 역설했다. 이러한 논리
가운데 가장 유명한 것이 바로 로스토우가 제창했던 근대화론이었다.

로스토우는 전통적 사회에서 대중소비사회로 나아가는 경제 발전을 설명하기 위해 유명한 성장의 5단계 도식을 제안했다. 그가 말하는 전통 사회는 대부분의 생산자들이 농업에 종사하고 숙명론적인 가치 체계가 지배하는 사회이다. 이러한 사회는 도약을 위한 전제 조건을 충족하는 단계라 할 수 있는 두 번째 단계에서 변화를 겪는다. 이 단계에서는 근대과학의 가능성을 활용하게 되고 근대화를 성취하고자 기꺼이 저축을 하며 적극적으로 위험을 감수하는 기업가들이 등장한다. 세 번째는 바로 **제3세계** 나라들을 유혹하기에 충분했고 또 **제3세계**를 근대화론으로 끌어들였던 정치가와 언론인, 학자들이 한결같이 되풀이했던 저 유명한 '도약(take-off) 단계'이다.

이 단계는 크게 세 가지의 조건들로 특징지어진다. ①생산 투자가 국민소득 5퍼센트 이하에서 10퍼센트 이상으로 증가하는 것, ②하나 혹은 몇 개의 핵심적 공업 부문이 높은 성장률로 발전하는 것, ③성장을 촉진시킬 수 있는 정치, 사회, 제도 영역이 있거나 혹은 만들어지는 것. 그리고 네 번째 단계는 '성숙을 향한 발전' 단계이다. 이 단계는 도약 단계가 시작된 후 약 60여 년 후에 이르게 되는 단계이다. 마지막 단계는 대중소비사회 단계이다. 바로 미국과 유럽의 나라들이 이룩한 단계이다. 이 단계에서는 대다수 사람들이 기본적인 의식주를 충족하는 이상으로 소비를 누리면서 살아가는 사회에 이른다.

근대화론은 발전을 GNP, 일인당 소득, 근대적 가치를 수용하는 정도, 사회적 분화 정도, 정치적 통합 정도 등과 같은 지표에 따라 모든 나라들을 줄지어 세우는 논리였다. 이는 역사가 움직이는 모습을 마치 하나의 연속선을 그리는 운동으로 개념화하는 것이기도 하였다. 이런 연속선은 현대 선진국들이 이미 밟아왔다고 생각되고, 결국에는 전통적인 저발전국들이 뒤이어 밟아나가게 될 사회 진화의 보편적 경로를 표시하는 것이다. 월터 로드니는 『유럽은 어떻게 아프리카를 저발전시켰나』라는 책에서 이러한 근대화론을 신랄하게 비판한 바 있다. 그는 **저발전**이란 자본주의적 근대성을 향해 가는 예비 단계가 아니라는 점을 신랄하게 폭로했다. 저발전의 기원은 식민적 자원 추출에 있는 전 지구적 자본 축적의 패턴 때문에 나타난 결과였지, 내부의 문제가 아니라는 것이었다. 오늘날 아프리카를 비롯한 많은 제3세계에서의 빈곤의 기원은 그들이 몽매하거나 과학적 지식을 거부한 탓이 아니라 바로 제국주의와 식민주의 때문이었다.

　이런 점에 비춰볼 때 근대화론은 서구 사회를 그것이 걸어온 역사적 맥락으로부터 떼어낸다. 그것은 현재 발전된 혹은 선진적인 나라들이 있다면 그 나라들은 과거에 저발전 상태였음이 틀림없다고 가정한다. 로스토우의 근대화론은 아시아 지역에서 특히 큰 영향력을 발휘했다. **비동맹운동**과 거리를 두고 있던 나라들이 가장 강한 영향을 받았다. 이 나라들은 로스토우 노선이 처방한 대로 개발 독재 정권이 권력을 차지했다. 한국의 박정희(1961), 태국의 타놈(1963), 싱가포르의 리콴유(1965), 인도네시아의 수하르토(1966), 필리핀의 마르코스(1965) 등이 그러한 정권들이었다. 이 나라들은 **제3세계** 가운데 특별히 미국과 일본으로부터 원조와 투자를 통해 이른바 동아시아 경제권을 형성했다. 그리고 이들 나라 가운데에서 훗날 **제3세계**가 따라야 할 모범이 될 개발의 기적, 즉 **신흥공업국**들이 배출되었다. 그러나 이는 근대화론이 옳았음을 입증하는 것이 전연 아니었다. 안드레 군더 프랑크는 개발을 하면 할수록 저개발 상태에 처하는 **제3세계** 나라들의 고통을 폭로한 바 있다. 종속이론과 세계체제론이라는 새로운 이론들은 근대화론을 비판하기 시작했다. 그들은 식민주의 역사가 남긴 결과를 삭제한 채 저발전을 탓하는 근대화론을 공격하기 시작했다. 그들은 경제를 움직이는 보이지 않는

손이 바로 흰 손이었음을 폭로했다. 그리고 오늘날 이러한 주장은 그 어느 시대보다 더 큰 설득력을 지닌다. 신자유주의적 세계화는 아시아의 경제 기적을 예찬하며 자유무역이야말로 모두에게 이로운 경제 질서라고 떠벌이며 시작되었다. 그러나 그 결과는 정반대였다. 국경을 넘어 마음대로 돌아다니는 금융자본을 가리키는 이름일 투자자는 집요하게 남부의 나라들을 약탈하고 있다. 아시아와 아프리카, 남미 국가들은 중심부의 투자를 끌어들이기 위해 어쩔 수 없이 높은 이자를 지급할 수밖에 없다. 이 때문에 수입물품의 가격은 낮아지고 국내 산업은 몰락하게 된다. 설상가상으로 정부는 사회적 지출을 늘리고 산업을 발전시키는 자금줄 역할을 할 세금을 걷는 데 어려움을 겪을 수밖에 없다. 세금을 올렸다간 소위 "투자자들의 확신"을 얻을 수 없기 때문이다. 물론 높은 외채 이자를 내면서 세금도 충분히 걷을 수도 없는 나라의 재정이 온전할 리가 없을 것이다. 결국 외채 위기가 유령처럼 도착하게 될 것이고 브레튼우즈 기관들은 구제금융을 제공하며 이 나라들은 투자자들에게 보다 많은 나라의 부를 넘겨주게 될 것이다. 근대화론이 예언한 바와 달리, 근대화는 역사의 무한한 발전이 아니라 정체와 중단, 후퇴를 가리는 신기루였던 것이다. (서동진)

냉전
Cold War 冷戰

1945년 2차 세계대전 종전 후부터 소련이 해체되는 1989~1991년까지 미국과 소련 두 초강대국을 축으로 양쪽 동맹국들 간에 지속된 갈등과 긴장의 시기. 냉전은 전후 세계 질서의 핵심 축이며 강대국이 정치적 결정을 내리는 데 가장 중요하게 작용한 질서였다. '냉전'(Cold War)이라는 표현을 가장 먼저 사용한 사람은 영국 작가 조지 오웰이다. 종전 직후인 1945년 10월 『트리뷴』지에 기고한 칼럼 「당신과 원자탄」에서, 그는 핵전쟁의 위협 속에 선전포고는 없이 전시와 다름없는 긴장 속에 두 강대국이 세계를 양분해 지배하고자 하나 어느 쪽도 상대를 압도하지 못하는 상태를 냉전이라고 불렀다. 1946년 영국의 전 총리 처칠은 이런 상황을 발틱해에서 아드리아해까지 드리워진 "철의 장막"(Iron curtain)이 유럽을 양분했다고 표현하기도 했다. 1948년 소련이 지리적으로 고립된 서베를린을 봉쇄하자 양 진영 사이의 갈등은 격렬해졌다. 이 와중에 트루먼 미국 대통령의 고문이었던 버나드 바루치가 이 대치상태를 설명하며 '냉전'이라는 표현을 사용해 더 널리 알려지는 계기가 됐다. 양 진영이 각각 유럽의 동쪽과 서쪽에 자리 잡았으므로 동서 분쟁이라고도 한다.

 '동서 분쟁'이라는 말은 마치 양 진영이 동일한 조건에서 대결한 것처럼 보이게 만들어 냉전의 역사를 왜곡한다고 지적하는 이들도 있다. 사실 봉건적 농업경제에서 시작한 소련의 경제 기반은 미국에 비해 훨씬 열악했던 데다 그마저도 2차 세계대전 중 철저하게 파괴되어 미소는 결코 동등하지 않았다. 테르보른은 이런 점에서 "냉전은 근본적으로 대등하지 않은 분쟁이었는데도, 양 진영이 서로 대등한 분쟁인 듯이 상정하고 경험한 분쟁"이며 이런 비대등한 분쟁이 불균형을 더 가중시켰다고 지적한다. 소련은 빠르게 발전을 이루어야 한다는 강박에 시달리며 자유를 희생해서라도 생산 기반을 확립하는 식으로 개발계획을 추진했고 그 결과 소비에트의 이상은 퇴색했다.

또한 '냉전'이라는 표현은, 세계적 차원에서 특히 제3세계의 관점에서 볼 때, 왜곡된 시야임이 드러난다. 미소 양국은 1950년대 한국전쟁을 비롯한 아시아에서의 긴장을 겪으며 핵 시대에는 동서 간의 분쟁이 전면적인 전쟁으로 해결될 수 없으므로, 정치적·경제적 장에서 다른 방식으로 경쟁할 수밖에 없음을 받아들이게 된다. 그 결과 양국은 신생독립국을 자신의 동맹으로 끌어들이는 경쟁을 벌여, 이제 대결의 공간은 각 진영의 경계가 아니라 식민지에서 벗어나 차례로 독립하고 있던 드넓은 지역으로 확대 되었다. **제3세계**라고 부르는 이 지역은 1940년대 말부터 1960년대에 걸쳐 식민 열강의 지배에서 벗어난 신생독립국들이 독자적인 통치 체계를 건설하고, 빈곤에서 벗어나기 위한 경제정책을 수립하기에 여념이 없었다. 즉 **제3세계**는 온갖 취약점을 가득 안고 살얼음판 같은 과도기를 통과하고 있었으며, 그로 인해 내부와 외부에서 촉발된 정치적 격변에 쉽게 휩쓸렸다. 제국주의의 종말과 냉전의 시작이 상대적으로 큰 불협화음을 내지 않은 곳도 있지만 대개의 경우 두 과정이 중첩되면서 극단적인 폭력으로 치달았다. 내전인 동시에 국제전이었던 한국전쟁과 **베트남전쟁** 같은 대규모 열전(Hot War)을 비롯해 각종 학살과 내전으로 **제3세계**에는 폭력이 끊이지 않았다. 즉 제1세계와 제2세계의 냉전 곧 상대적으로 길었던 평화의 이면은 제3세계에서는 열전과 예외적 폭력이었던 것이다. 그런 측면에서 권헌익은 『또 하나의 냉전』에서 냉전이라는 설정 자체에 모순이 있다고 지적한다. 어떤 지역에서는 냉전의 질서가 초강대국과 그 동맹국들의 일이었다면, 어떤 지역 곧 **제3세계**에서는 일상생활의 일부로 가장 친밀한 단위인 가족과 공동체 차원에서 뜨겁게 경험해야 했기 때문이다.

    1989년 베를린장벽이 무너지고 뒤이어 소비에트 연방과 제2세계가 해체되면서 냉전도 함께 끝난 것으로 일반적으로 여겨진다. 냉전 종식으로 타격을 가장 크게 받은 것 역시 **제3세계** 혹은 남반구였다. 동서 간의 체제 경쟁이 끝나면서 그동안 두 체제가 개발도상국에 경쟁적으로 쏟아붓던 **원조**의 시대도 함께 끝났기 때문이다. 실제로 1990년대에 **원조**의 규모는 극적으로 줄어들었다. 서구는 다국적기업을 통해 유망한 사업에 직접 개입하거나, 세계무역기구(WTO) 같은 국제기구를 통해 시장 자유화 압력을 넣거나, 세계은행이나 국제통화기금(IMF)을 통해 구조조정을 강요하는 식으로 남반구 국가의 경제와 시장을 장악했으며, 이로 인해 동서가 아닌 남북 간의 긴장과 갈등이 심화되었다. (박소현)

네그리튀드

Négritude

네그리튀드는 카리브해에 위치한 마르티니크 출신의 시인이자 정치가인 에메 세제르가 만들어낸 신조어이다. 1930년대 파리 유학 시절에 세제르는 동료인 레오폴 상고르 및 레옹 다마스와 아프리카 이산민(diaspora)의 문화적 정체성을 논의하는 과정에서 네그리튀드라는 개념을 창안해낸다. 그리고 이를 『귀향 수첩』이라는 1,066행의 서사시집에서 처음으로 사용한다. 전 세계에 흩어져 있는 흑인들에게 그들이 노예의 후손이 아니라, 마커스 가비의 말을 빌려 말하자면, "한때 지상에 존재하던 인종들 중 가장 위대하고 가장 자부심이 넘치는 인종의 후손"임을 긍정케 하려는 의도로 고안되었다.

네그리튀드는 선행하던 두 가지 흑인 문화운동의 영향을 받은 것으로 알려져 있다. 먼저 정치적 영향 관계를 들 수 있는데, 마틴 들레이니를 비롯하여 에드워드 블라이든 그리고 W. E. 듀보이스 등이 주도했던 범아프리카주의와 내밀한 관련을 맺고 있다. 범아프리카주의는 전 세계 아프리카인들의 정치적 의지를 하나로 모으기 위해 결성된 조직으로, 네그리튀드가 차제에 문화운동의 차원을 넘어 정치적 차원으로 이행할 때 요긴한 사유의 틀을 제공했다. 다른 한편으로는 할렘 르네상스의 영향을 들 수 있다. 랭스턴 휴즈와 클로드 맥케이가 주도한 할렘 르네상스는 미국이라는 신대륙에 뿌리가 뽑힌 채로 살고 있는 아프리카계 흑인들에게 문화적 자부심을 일깨우는 일련의 문화운동이었다.

네그리튀드는 크게 두 가지 노선으로 갈리는데, 하나는 레오폴 상고르의 입장에 따라 아프리카계 흑인들에게는 본질적으로 변하지 않는 생래적 특질이 있다는 노선이다. 상고르는 이를 흑인의 정서, 즉 리듬감과 직관 등속과 같은 것으로 정의하면서 백인들과는 원천적으로 다른 흑인만의 정체성을 설파한다. 다른 한편, 세제르는 네그리튀드를 역사적으로 생성되는 과정 중에 있는 모종의 세계관으로 해석한다. 그는 대서양 노예무역이 신세계의 대농장 제도와 제휴를 맺는 과정을 통해 아프리카계 흑인들을 악마적으로 "발명"하고 그들이 전통적으로 유지해오던 세계관을 왜곡했다고 주장한다. 세제르에게 네그리튀드는 이런 참칭의 역사를 수정하는 미학적 운동인 것이다.

1939년에 상제한 『귀향 수첩』이라는 시집에서 세제르는 네그리튀드를 "종속이라는 역사문화적 경험을 공유하는 흑인 구성원 모두의 집단적 정체성"으로 환기하며 다음과 같은 절창을 토해낸다.

> 증기도 전기도 길들이지 못한 사람들/바다도 하늘도 탐험치 못한 사람들/그러나 이들 없이는 땅이 땅일 수 없는 사람들/땅이 자신을 버리면 버릴수록/우리는 점점 더 낮게 자라는 혹/우리는 헛간/이 땅에 속하는 모든 것들을/무르익도록 저장하는 나의 네그리튀드는 돌이 아니다/한낮의 소란을 등지고 앉은 귀먹음도 아니다/나의 네그리튀드는 이 땅의 죽은 눈가를 흐르는/죽은 바다에 뜬 하얀 반점이 아니다/나의 네그리튀드는 탑도 성채도 아니다.

장차 20세기 시 문학사의 인식론적 전환을 선고하게 될 네그리튀드라는 용어의 역사적 운명은 이렇게 다소 선언적으로 선포되었다. 기실 자학적이고 비루하며 반어적인 선언이었다.

> 내 이름은 보르도, 낭트, 리버풀, 뉴욕 그리고
> 샌프란시스코다/이 세계의 후미진 구석이
> 아니다/마천루의 등짝마다 내 엄지손가락
> 지문과/뒤꿈치 자욱이 찍혀 있다/빛나는 보석마다
> 내 손때가 묻어 있다!

세제르에게 네그리튀드의 자학적 수사와 반어적 특성은 운명이었다. 그 점은 상고르에게도 마찬가지였다. 왜냐하면 식민지의 흑인은 "더 이상 다호메이 왕의 궁정에 있던 여전사"들도 아니고, "팔백 마리의 낙타를 거느리고 있던 가나의 왕자"도 아니며, "아스키아 황제의 치세 시 팀북투의 박사들"이 아닌 것은 물론이고 "젠네의 건축가들도, 마디도, 전사들"도 아니기 때문이다. 그저 "경멸과 나병의 여왕/채찍과 종기의 여왕/비늘과 반점의 여왕"일 뿐만 아니라 "노예선의 토사물"과 "칼리바의 사냥감" 같은 "추악한 반투족"일 따름이기 때문이다. "아버지도 어머니도 모르던 시메옹 피킨"과 "추수철 어느 밤 차에 깔려 죽었다는 그랑보르카" 같은 "낯익은 처참함의 대명사"이기 때문이다. "자시가 끝나갈 즈음에, 사라진 연못들/길 잃은 냄새들/방황하는 태풍들/돛 내린 배들/낯익은 상처들/부패한 뼈들, 부표들, 사슬에 묶인 화산들/뿌리를 잘못 내린 죽음들/날카로운 울음들"의 은유이기 때문이다.

    세제르가 『귀향 수첩』을 전개하는 과정에서 대단히 영웅적인 어조로 소환하여 각별한 주목을 요하는 역사적 사건이 하나 있다. 바로 아이티 혁명이다. 1791년부터 1804년까지 약 13년에 걸쳐 라틴아메리카에서 벌어진 선구적인 유색인 혁명이다. 소위 프랑스

혁명의 대의를 유럽 대륙 바깥에서 가장 성공적으로 견인한 최초의 혁명이라는 별칭을 가지고 있을 정도로 아이티 혁명이 흑인들에게 남긴 유산은 매우 독보적이다. 세제르는 『귀향 수첩』에서 이 혁명을 실패한 혁명이 아니라 아직 끝나지 않은 미완의 혁명으로 재해석하면서 네그리튀드를 통해 이 혁명을 미학적으로 완수할 것을 요청한다. 그런 의미에서 네그리튀드는 지나간 역사가 아니라 여전히 진행 중인 역사인 것이다.

    식민주의와 제국주의가 수행한 아프리카와 아프리카인에 대한 일련의 의도적 굴절 혹은 왜곡을 진취적으로 수정하는 과정에서 네그리튀드가 거둔 성취는 눈부시다. 그럼에도 불구하고, 네그리튀드는 몇 가지 한계를 동시에 남겼다. 먼저, 이 운동의 여파와 성과가 프랑스어권 밖으로 나아가지 못했다는 점이다. 다시 말해, 영어권과 포르투갈어권 아프리카 국가로 나아가 언어적 차이를 뛰어넘는 연대의 틀을 구축해내지 못했다. 이는 1차 세계대전을 계기로 전 지구적 차원에서 아프리카인의 연대를 도모하던 범아프리카주의 및 네그리튀드 운동 등 제 운동들의 힘이 그간 유럽의 제국들이 식민지인들을 효과적으로 관리하기 위해 전가의 보도처럼 활용하던 "분리 통치"의 전략을 넘어서는 데 역부족이었음을 방증한다. (이석호)

녹색혁명

Green Revolution 綠色革命

1970년 노벨 평화상은 노먼 볼로그에게 돌아갔다. 그의 이름을 기억하는 사람들은 그리 많지 않다. 그러나 그는 그 어떤 노벨상 수상자보다 더 깊이 인류의 삶, 특히 **제3세계** 민중의 삶에 영향을 미쳤다. 그러나 사람만이 영향을 받은 것은 아니었다. 그가 선도했던 녹색혁명은 지구 행성에도 치명상을 남겼다. 흔히 "세계를 먹여 살린 사람"으로 기억되는 볼로그이지만 또한 그는 녹색혁명의 아버지로도 알려져 있다. 녹색혁명이란 1940년대에 시작되어 1960~1970년대에 **발전**국가에서 절정을 이루었던, 농업 생산을 증대하기 위해 이뤄진 여러 혁신을 말한다. 이는 밀이나 쌀, 옥수수 등의 식량 곡물의 다수확 품종을 개발하는 것과 더불어 화학비료나 제초제, 살충제 등의 농화학 제품을 폭넓게 사용하는 것, 관개를 이용한 물 공급의 조절 등을 망라한다.

 이제는 더 재배되지 않는 한국의 통일벼 역시 녹색혁명과 관계가 깊다. 1970년대 박정희 정권은 식량 생산을 증대시킨다는 명목에서 다수확 신품종 벼인 '통일'을 육종하여 농민들에게 널리 장려했다. 이는 포드재단이 필리핀에 설립한 국제미작연구소(IRRI: International Rice Research Institute)에서 개발한 다수확 품종, 흔히 기적의 볍씨로 알려진 IR8을 혼성 교배하여 만들어진 IR667이란 품종을 가리킨다(정확한 명칭은 IR667-98-1-202이다). 그러나 한국인들에게는 통일벼란 이름으로 더 많이 알려져 있다. 또한 수확된 통일벼 대부분이 정부가 행한 추곡 수매를 통해 보관되었다 방출된 이유로 '정부미'란 이름이 붙여졌기에 정부미라고 알려지기도 했다. 서울대학교 농대의 허문회 박사가 국제미작연구소에서의 연구와 실험을 통해 개발한 IR667는 열대 지역에서 재배되는 인디카 품종에 기반한 IR8에 한국을 비롯한 추운 지역에서 재배되는 벼 품종인 자포니카 품종을 혼성 교배한 것이었다. 한국의 기후 조건에 맞는 씨앗을 찾고자 숱한 우여곡절 끝에 개발된 통일벼는, 이미 쌀농사로 단작화된 농촌 지역에서 가장 많이 재배되는 농작물이 되었다. 물론 쌀 수확량은 급증했다. 그리하여 1976년 한국 정부는 마침내 쌀 수확량이 수요량을 넘어섰으며 마침내 쌀의 자급을 이루었다고 선언했다. 더불어 혼분식 장려운동이나 쌀 막걸리 제조 금지처럼 쌀 부족 상태를 모면하고자 시행되었던 정부 정책도 중단되었다. 그러나 한국인의 입맛에 맞지 않는 인디카 계열의 품종이어서 사람들은 정부미를 멀리했다. 그 탓에 흔히 경기미라고 부르기도 했던 일본산 벼 품종인 '아키바레'(秋晴) 쌀을 선호했다. 통일벼를 재배하지 않고 가까운 수도권의 중산층 이상이 찾는 쌀인 일본산 벼를 경작하는 것이 경기도 지역 농민들에겐 유리했다. 그런 탓에 이 쌀은 경기미라 불렸다. 반면 통일벼를 많이 재배했던 곳이 호남 지역이었던 탓에 통일미는 호남미로 불리기도 했다. 쌀의 소비가 점차 줄어드는 식생활 구조의 변화로, 결국 통일벼는 재배 면적이 줄어들다 거의 사라지고 말았다. 분단으로 상징되는 냉전 체제하에서 '보릿고개'를 극복한 성공적인 발전의 신화의 한 축을 담당했던, 그리하여 기아와 빈곤으로 인한 고통을 해결함으로써 자유 진영의 우수성을 알리고자 한 녹색혁명의 대의는 어느 정도 성공했던 것으로도 보인다.

냉전 질서가 정점에 이르렀던 1970년 볼로그가 노벨상을 받게 된 것은 그가 세계의 식량 위기를 해결한 공로를 치하하려는 것이라기보다는 그가 바로 **제3세계**에 들불처럼 확산되어가던

'적색혁명'을 저지하는 데 혁혁한 공을 세웠기 때문일 것이다. 녹색혁명이란 말을 만들었던 것으로 알려지는 미국 국제개발처(USAID)의 책임자 윌리엄 고드의 말이 이를 웅변한다. "농업 영역에서의 이런저런 발전은 새로운 혁명의 재료를 품고 있다. 그것은 소비에트의 혁명 같은 폭력적인 적색혁명도 아니고 이란의 샤(Shah)의 혁명 같은 백색혁명도 아니다. 나는 그것을 녹색혁명이라고 칭한다." 녹색혁명의 출생지이자 매장지는 멕시코였다. 멕시코에서의 녹색혁명은 그 목표가 어떤 것이었는지를 잘 보여준다. 많은 이들은 멕시코가 20세기에 두 차례의 혁명을 겪었다고들 말한다. 하나는 말 그대로 멕시코의 독립을 이끈 멕시코혁명(1910~1920)이고 또 하나는 녹색혁명(1950~1970)이다. 녹색혁명은 곡물 생산을 늘리고자 했던 것이기도 했지만 또한 토지개혁을 대체하고자 했다. 멕시코에서의 농업은 사회정치적 문제였다. 농민들은 토지에 대한 꿈을 안고 또 그 농토를 경작함으로써 자신들의 삶을 향상시키고자 했다. 그러나 정부는 토지개혁 대신에 농업 생산성을 증대시킴으로써 농민들의 불만을 달래고자 했다. 생산성 증대를 통해 식량 자급을 이룬다면 이는 멕시코를 넘어 남미 지역을 감싸고 있던 갈등, 나아가 **민족주의적**이면서도 사회주의적인 유혹을 물리칠 수 있을 것이라 간주되었다. 이를 위해 멕시코는 록펠러재단과 포드재단의 후원으로 '국제 옥수수 및 밀 개량 센터'를 세웠다. 그 와중에 만들어진 것이 볼로그가 개발한 '난쟁이 밀' (dwarf-wheat)이란 다수확 품종이었다. 녹색혁명의 첫 기적이 탄생한 셈이었다.

멕시코에서의 녹색혁명의 성공은 다른 남미 지역으로 확대됨은 물론 아시아와 아프리카 지역에도 확산되기 시작했다. 무엇보다 **비동맹운동**의 진원지이자 열전이라는 형태로 탈식민화 이후 미래의 역사적 방향을 둘러싸고 격렬한 갈등이 벌어지던 동남아시아 지역이 후보가 되었다. 게다가 이 지역은 전통적인 농업 국가들로 이루어져 있었다. 곧 동남아시아는 새로운 녹색혁명의 시험 무대가 되었다. 1960년 필리핀 정부는 록펠러재단 및 포드재단과 함께 국제미작연구소를 설립하고 다수확 품종을 개발하기 시작했다. 그렇게 탄생한 품종이 바로 IR8이었다. 한편 인도 역시 새로운 녹색혁명의 실험 무대가 되었다. 볼로그는 1961년 기근 직전 상태에 있던 인도를 방문한다. 그리고 포드재단과 인도 정부의 협력 속에 녹색혁명을 위한 걸음을 내딛게 되었다. 새 품종을 경작할 시험 지역으로 펀자브 지역이 선택되었다. 국제미작연구소에서 가져온 IR8 품종은 적절한 비료와 농화학 제품들을 투여하고 관개 조절이 잘 이뤄지면 무려 10배가 넘는 수확을 안겨다주었다. 그 결과 이제 인도는 세계에서 가장 성공적인 미곡 생산 국가이자 쌀 수출국이 되었다.

적색혁명을 예방하고자 도입되었던 녹색혁명은 목표한 바를 이루었을지 모른다. 그러나 그것은 다른 곳에서 엄청난 실패를 낳고 말았다. 옥수수나 쌀, 밀, 대두와 같은 단일 작물의 재배로 인한 농업의 재편은 해당 지역의 종 다양성을 붕괴시켰다. 생태적 순환을 통해 토지가 스스로 질소를 함유하는 대신 과도한 질소비료를 투입하고 제초제와 살충제를 사용함으로써 토지의 산성화는 물론 생태 질서 역시 무너지고 말았다. 이는 지금 우리가 겪는 기후변화라는 위기를 초래한 중요한 원인 가운데 하나가 되었다. 게다가 녹색혁명은 상당한 현금을 가진 농부나 참여할 수 있는 프로젝트였다. 정기적인 소득원이 있거나 신용 대부를 받을 수 있던 남성과 달리 여성은 거기에서 배제될 수밖에 없었다. 이로 인해 **제3세계** 지역에서 남성과 여성의 불평등은 더욱 심화되었다. 녹색혁명의 최종 성적표는 두루두루 형편없는 것이었다. (서동진)

누에바 칸시온
Nueva Canción

라틴아메리카의 노래운동 '누에바 칸시온'은 '새로운 노래'라는 뜻이다. 누에바 칸시온 운동은 제국주의 문화 침략과 압제에 저항해 라틴아메리카 민중의 편에서 싸웠다. 아르헨티나와 칠레, 우루과이, 페루의 누에바 칸시온은 민속자료의 수집과 연구에서 출발했다. 그 후 이 운동은 안데스 전통 민속음악을 발굴하고 이를 재해석하려는 움직임으로 확대되었다. 선구자는 아르헨티나의 시인 겸 음악가인 아타우알파 유팡키(1908~1992)이다. 1000곡이 넘는 노래를 만들고 불렀을 뿐 아니라 시집 외에 여러 저서를 상재하기도 한 전방위 예술가 유팡키는, 1940년부터 전통 민속음악을 재해석하는 작업을 했다. 그의 본명은 엑토르 로베르토 차베로였다. 침략자의 이름을 버리고 인디오의 삶을 살겠다는 뜻으로, 그는 새 이름을 지었다. 아타우알파 유팡키는 케추아어로 '멀리서 와서 노래하는 사람'이라는 뜻이다. 잉카제국 사상 영토를 가장 크게 확장한 9대 왕 파차쿠티 잉카 유팡키와 잉카제국 마지막 왕 아타우알파의 이름을 합쳤다. 1532년 11월 잉카를 공격한 피사로의 원정대는 아타우알파를 교수형에 처했다. 유팡키는 케추아 인디오 혈통 아버지와 바스크계 어머니 사이에서 태어난 메스티조였다. 선조들의 정서와 역사를 노래로 표현하기 위해, 그는 20대 때부터 아르헨티나는 물론 페루와 볼리비아의 안데스 산악 지역까지 누비며 전통문화와 노래를 채록했다.

　　인디오 전통문화 외에 노동운동과 정치운동 또한 누에바

칸시온의 자양분이 되었다. 라틴아메리카는 유럽에 비해 노동운동 전통이 약하다고 알려져 있었다. 반면, 칠레의 구리와 초석 광산에서는 노동조합이 20세기 초부터 조직되었다. 빅토르 하라(1932~1973)가 헌정한 노래로도 잘 알려진 루이스 에밀리오 레카바렌(초기 노동운동 활동가이며 1917년 칠레 최초의 노동자 정당인 사회주의노동자당 창당을 주도한 인물)은, 노동자 대부분이 문맹이므로 노래로 선전하는 것이 효과적이라고 여겼다. 이런 전통이 굳어져 칠레의 집회 현장에서는 노래 공연이 필수적인 순서가 되었다. 한편, 쿠바혁명은 라틴아메리카의 정체성을 강화하고자 하는 문화운동에 큰 동력이 된다. **해방신학**의 흐름도 누에바 칸시온에 영향을 미쳤다. 1962년 제2차 바티칸 공회 이후 라틴아메리카 교회는 라틴어가 아닌 자국어로 집전하는 미사를 허용하였고, 미사곡에도 민속 악기 사용을 허가했다.

제국주의 문화에 맞서 문화운동의 주력부대 역할을 자임한 누에바 칸시온은, 사회 개혁과 민중 권력 쟁취를 위한 싸움에 동참한다. 1968년 칠레 공산청년동맹은 '대중음악 음반사'(DICAP)을 직접 설립한다. DICAP는 설립 직후에 칠레 누에바 칸시온 뮤지션들 중 가장 정치적인 노래를 불렀던 그룹 킬라파윤의 『베트남을 위하여』와 빅토르 하라의 『펼쳐진 너의 손에』 앨범을 발매한다. 인티 이이마니와 야푸도 칠레 누에바 칸시온 운동을 대표하는 그룹들로 꼽힌다.

1950년대 칠레에서는 비올레타 파라(1917~1967)가 크게 활약해 국민가수 반열에 올랐다. 유작 「삶에 감사드리며」 등 그녀의 노래는, 가톨릭적 휴머니즘과 전승 민요 재해석을 바탕으로 빈곤과 억압에 저항하는 내용이다. 파라의 음악은 유랑기의 노래와 더불어 빅토르 하라의 음악 세계에 큰 영향을 준다. 하라는 1964년부터 **살바도르 아옌데** 후보와 사회주의를 공개 지지했고, 1969년 「한 노동자에게

바치는 기도」를 발표해 노동자들의 투쟁을 지원했다.

> 일어나, 그리고 성장하기 위해/네 손을 보렴 네 형제의
> 손을 잡고/피로 하나 되어 가리라/오늘은 내일이 될 수
> 있는 시간/우리를 해방시키자/이 비참함 속에 우리를
> 지배하는/것들로부터 정의와 평등이/우리를 지배할 수
> 있도록 하자/계곡의 꽃이 바람처럼 휘날리고/내 탄환은
> 불처럼 모든 걸 정화하네/끝내는 여기 이 땅에서 네
> 의지를/실천하자 우리가 싸울 수 있게
> ―「한 노동자에게 바치는 기도」 가사 일부

빅토르 하라는 칠레대학 연극연구소(ITUCH) 상임 연출가로, 미국에 대항하는 베트남 민중과 연대하는 음악극 〈베트 록〉을 연출하기도 했다.

> 인도차이나는 넓은 바다/가장 멀리 있는 곳/거기서
> 그들은 민족 대학살을/네이팜탄으로 꽃을 죽이네/달은
> 이 모든 외침을/한데 녹이는 하나의 폭발/평화 속에 살
> 권리/형제 **호찌민**이여 우리의 노래는/진실한 사랑으로
> 지핀 불이며/비둘기 집의 비둘기/올리브 숲의 올리브
> 나무입니다
> ― 〈베트 록〉 중 「평화 속에 살 권리」 가사 일부

하라는 다른 장르 예술가들과 함께 인민연합 문화 사절로 선거운동에 공식 참여하여 1970년 **아옌데** 대통령 당선과 집권에 큰 역할을 했다. 칠레를 대표하는 시인 파블로 네루다도 **아옌데**와 인민연합을

계속 지원했다. **아옌데**가 처음 좌파연합 대통령 후보로 출마했던 1958년경부터 칠레 민중들의 큰 사랑을 받았던 「모두의 노래」의 가사는 바로 네루다가 쓴 시였다. **아옌데** 당선 후 프랑스 주재 칠레 대사로 임명된 네루다는, 1971년 노벨 문학상을 받고 1972년 11월 귀국한다. 노동자·농민과 각 지역 민요 그룹, 아마추어 극단, 무용 단체, 벽화운동 집단, 작가 등이 함께 참여해 12월 5일 칠레 국립경기장에서 열린 노벨상 수상 기념 콘서트는 누에바 칸시온 운동에 또 하나의 큰 기폭제가 된다. 그러나 1973년 9월 11일 쿠데타로 **살바도르 아옌데**가 사망한 나흘 뒤, 네루다 수상 기념 콘서트가 열렸던 국립경기장에 강제 구금된 빅토르 하라도 피살당한다.

누에바 칸시온 운동은 칠레, 페루, 볼리비아, 아르헨티나 등 안데스 인근 지역에만 머물지 않고 또 다른 혁명이 시작되던 니카라과와 엘살바도르에도 영향을 미쳤다. 또한 누에바 칸시온은 쿠바에서 발흥한 누에바 트로바(Nueva Trova)와도 교류하는 등 라틴아메리카 연대에 크게 기여했다. 브라질의 새로운 대중음악운동(Nova Musica Popular Brasileria)도 이런 흐름에 동참했다. 이 흐름은 멈추지 않고 칸토 누에보(Canto Nuevo), 누에보 칸토네로(Nuevo Cantonero)로 계승되었다. 1983년에는 니카라과에서 라틴아메리카 누에바 칸시온 페스티벌이 열려, 니카라과 민중과의 연대를 외치며 미국의 중앙아메리카 침공을 항의하는 노래가 울려 퍼졌다. 아르헨티나의 메르세데스 소사는 민속음악에서 출발하여 오랫동안 망명 생활을 하면서도 새로운 아르헨티나 노래운동(Nuevo Cancionero Argentino)을 펼친다. 그녀 역시 누에바 칸시온에서 큰 영향을 받았다. 역시 아르헨티나 출신인 아르만도 테하다 고메스, 멕시코의 오스카 차베스, 쿠바의 실비오 로드리게스 등도 마찬가지였다. 이 새로운 노래운동은 다른 대륙의 음악인들, 예컨대 앙골라의 샘 토카스, 미국의 피트 시거, 독일의 엘케 비터호프 등과도 연대했다. 반전·반외세·반봉건을 노래한 1970년대 일본 스이규우(水牛) 악단 운동, 태국의 **삶의 노래**, 1968년 결성되어 록음악으로 민중의식을 고취한 필리핀의 후안 데 라크루스 밴드, 1970년대 이후 반독재·노동 운동의 중심 역할을 한 한국 노래운동에도 누에바 칸시온은 큰 그늘을 드리웠다. (신은실)

참고문헌
- 배윤경, 『노동하는 기타, 천일의 노래』, 이후, 2000.
- 파블로 네루다, 『파블로 네루다 자서전 사랑하고 노래하고 투쟁하다』, 박병규 옮김, 민음사, 2008.

독립

Independence 獨立

> 우리가 지금 알고 있는 세계는 (비록 단단하고 몸집
> 좋은 모습을 하고 있을지라도) 등장한 지 얼마 안 된
> 세계이다. 이 세계는 제2차 세계대전 이후에 마치
> 밀물처럼 전 세계를 휩쓴 혁명적 **민족주의**, 서구
> **식민주의**의 지배를 받던 나라들이 잇달아 그 마수에서
> 벗어날 수 있도록 해준 바로 그 혁명적 민주주의의
> 물결이 등장시킨 세계이다.
>
> — 테리 이글턴, 『이론 이후』

1945년 8월 15일 일본이 무조건 항복하면서 2차 세계대전이 막을 내리고 본격적으로 세계 질서의 재편이 시작되었다. 그러나 종전과 함께 자동으로 식민지에 독립이 주어진 것은 결코 아니었다. 2차 대전을 거치면서 유럽 세력은 크게 약화됐으나 아시아와 아프리카의 식민지는 되돌아온 유럽 세력을 상대로 기나긴 무장투쟁이나 지난한 협상을 벌인 후에야 가까스로 독립할 수 있었다. 이 과정은 식민 종주국의 식민지 정책과 식민지의 독립운동 발전 정도에 따라 각기 다른 속도와 양상으로 진행되었다. 그럼에도 불구하고 공통점이 있다면 새로운 사회에 대한 기대와 희망으로 들뜬 만큼이나 공포와 **폭력**으로 얼룩진 여정이었다는 점이다.

    아시아 대륙 전체에서 독립을 향한 움직임이 한창이던 1947년 3월 인도의 뉴델리에서 26개 아시아 국가 대표가 한 자리에 모인

범아세아대회가 열렸다. 종전 이후 최초로 열린 이 대규모 아시아 회의에 한국 대표로 참여한 고황경은 다른 아시아 대표가 인사를 건네도 "이 나라가 1947년의 조선처럼 '해방'이 되고도 아직 독립국을 세우지 못한 상태인지 아니면 그야말로 '완전 독립' 상태인지 몰라 주저하는 상황"이었으며 이런 상태가 회의 내내 계속됐다고 고백했다. 다른 아시아 대표들도 사정은 마찬가지였다. 아시아 전체가 독립을 향해 가고 있는 것은 분명했으나 저마다 어디쯤 있는지는 알 수 없을 만큼 상황은 오리무중이었다. 당장 주최국인 인도부터가 그랬다. 영국은 떠날 준비를 하고 그해 8월 15일 인도는 독립하기로 정해졌다. **자와할랄 네루**가 이끄는 임시정부가 권력을 이양받을 준비를 하고 있었지만 연일 폭동이 끊이지 않았다. 무슬림연맹이 세력을 얻으면서 무슬림이 다수인 파키스탄이 분리 독립할 가능성이 커지자 힌두교도와 무슬림 사이의 갈등과 긴장이 극에 달했기 때문이다. 여러 도시가 화염에 휩싸이는 가운데 영국이 정한 시한인 1947년 8월 15일 0시 네루는 인도의 독립을 선언했다. "자정을 알리는 종이 울릴 때, 세계는 잠들었지만 인도는 깨어나서 삶과 자유를 만끽합니다. (...) 오늘 우리는 불행의 시대를 마감합니다." 하지만 바로 그 순간 인도와 파키스탄 국경 지대에서는 힌두교도와 무슬림이 서로 상대 여성을 납치하고 강간하는 아비규환이 벌어졌다(이런 젠더화된 **폭력**은 나중에 방글라데시가 파키스탄에서 독립할 때 다시 재연되었다). 그 피해자 수가 10만에 달했으며, 무슬림은 파키스탄으로 힌두교도는 인도로 이동하면서 벵골과 서북쪽 국경 지대에서 1,000만 명이 넘는 난민이 발생하고 그중 100만 명 이상이 사망하는 대참사가 벌어졌다.

    인도네시아가 완전 독립에 이르기까지는 더 오랜 시간이 걸렸다. 일본의 항복 선언 이틀 후인 8월 17일 **수카르노**와 하타가 독립을 선언했으나(급진적 청년들이 두 사람을 납치해 독립을

선언하도록 강요해서 벌어진 일이었다), 미군에게 동남아시아
통제권을 넘겨받은 영국군이 곧 진주했다. 신생 인도네시아공화국은
네덜란드령 동인도를 되찾으러 돌아온 네덜란드-영국 연합군에 맞서
게릴라전을 벌여야 했다. 이 전쟁의 혼란스럽기 짝이 없던 양상을 에카
쿠르니아완은 이렇게 묘사했다.

> 원주민들이 독립을 선언했고 곳곳에 무장한 민병대가
> 출몰했다. 스스로를 국민군이나 인민군이라고 부르는
> 이 게릴라들은 도시 바깥에서 활동했다. 대부분은
> 일본군 점령기에 일본군에게 훈련을 받은 이들이었다.
> 네덜란드군에게 훈련받고 네덜란드령 동인도군에
> 가담한 원주민과 게릴라인 원주민이 마주치기도 하는
> 혼란스럽기 짝이 없는 전쟁이었다. 전쟁은 끝나지
> 않았다. 오히려 이제 시작이었다. 원주민들은 이 전쟁을
> 혁명이라고 불렀다.

인도네시아공화국의 군사적 공세는 결코 압도적이지는 못했다.
그럼에도 인도네시아인들이 독립전쟁을 혁명(Revolusi)이라고 부른
것은 과장이 아니었다. 베네딕트 앤더슨은 1945년부터 1949년까지
인도네시아인이 독립을 위해 싸운 이 시간이 "여러 계층을 더
평등하게 만들었을 뿐 아니라 봉건적 전통을 뒤흔들"어 "평등에
대한 열망"을 더 강하게 만들었다고 보았다. 종국에는 이 열망이
독립을 이뤄냈다. 1948년 12월 네덜란드는 집중 군사작전을 벌여
영토 대부분을 되찾았지만, 얼마 지나지 않아 재정복한 영토를 다시
예전처럼 지배할 수는 없다는 사실을 깨달았다. 군사적 승리는
쉬웠으나 그사이 정치적으로 단련되어 적대적으로 변한 인민을

통치하기란 불가능해 보였던 것이다. 또한 인도와 이슬람 세계의 비난과 항의가 빗발치고 미국마저 인도네시아 독립을 지지하자 네덜란드는 독립 협상으로 방향을 틀었고, 독립 선언 후 4년이 훨씬 지난 1949년 12월에야 인도네시아공화국은 완전히 독립할 수 있었다.

이웃의 말레이시아는 독립으로 가는 길은 훨씬 더 더뎠다. 식민지 시기에 이주해온 인도인과 중국계 화인이 전체 인구의 절반 이상을 차지해, 공통의 정체성이나 대중적 **민족주의**가 발전하기 어려웠던 탓이었다. 오히려 원주민인 말레이인과 화인 간의 갈등과 충돌이 반식민주의 운동을 압도했다. 또한 반제국주의의 기치를 든 말라야 공산당이 대부분 화인이었기 때문에 민족 간 갈등은 더 증폭됐다. 그런 상황에서 독립을 향한 과정은 실질적으로 각 민족 엘리트 간의 협상으로 진행되면서 지체될 수밖에 없었다. 마침내 1957년 8월 31일 독립을 선언한 순간을 『하모니 실크 팩토리』는 이렇게 기억한다.

> 1957년 우리가 450년에 걸친 외국의 지배에서 벗어나 독립한 날 (...) 온 국민이 쿠알라룸푸르의 독립 퍼레이드를 보려고 텔레비전에 몰려들었을 때였다. 그 장면들은 이제는 기억에 박혀 진부해졌지만 당시에는 새롭고 놀라운, 막 태어난 우리 세계의 이미지였다. 종합경기장은 현수막과 인파로 끓어오르는 바다 같았다. 전에는 한 번도 사람들이 그렇게 공공연히 한데 모여 춤추는 광경을 본 적 없었다. (...) 국부 툰쿠(Tunku)가 손을 높이 올리며 "므르데카"(Merdeka)를 세 번 외치자 운동장에 모여 있던 사람들이 따라 외쳤다. 텔레비전 수상기를 통해 나오는 그 외침은 유리 깨지는

소리처럼 선명하고 날카로웠다. 그 단어가 우리에게 뜻하는 바는 이런 것이었다. 독립. 자유. 새로운 삶. 우리나라에 품었던 순진무구한 꿈이 그 후 여러 해에 걸쳐 사그라지고 독 같은 야망에 질식당했을지라도, 그날의 느낌은 영원히 사라지지 않을 것이다. 무엇도 우리에게서 그 독립 선언일의 불연속적인 세피아빛 이미지를 빼앗아가지 못할 것이다.

독립에 이르는 길은 저마다 그 경로도 속도도 방법도 달랐으나 식민지 인민에게 독립의 약속과 감격은 어디에서나 다르지 않았다. 인간의 존엄성 그리고 "삶의 필수재인 토지, 자유, 평화"에 대한 열망이 탄생시킨 새로운 세계의 시작은 바로 독립과 함께 시작되었기 때문이다. (박소현)

참고문헌
- 장세진, 『슬픈 아시아』, 푸른역사, 2012.
- 베네딕트 앤더슨, 『경계 너머의 삶』, 손영미 옮김, 연암서가, 2019.

↑ 1964년 알제리 틀렘센(Tlemcen) 교실에서 초등교육을 받는 소녀들
UNESCO Archive

↗ 호세 리살(1861~1896). 스페인 지배 하에서 교육받은 계층 일루스트라도(Ilustrado)였던 그는 소설 『나를 만지지 마라』를 스페인어로 써서 식민지배상을 폭로했다. 결국 이 소설 때문에 반란선동죄로 사형당하지만, 그의 삶은 필리핀이 20세기 초 민족주의 혁명을 일으키고 아시아 최초의 공화국을 세우는 밑거름이 되었다

↑ 카르티니(1879~1904)는 네덜란드령 동인도에서 귀족으로 태어나 네덜란드어 교육을 받을 수 있었다. 여성이 교육받을 수 있는 기회를 마련하기 위해 애썼으며, 인도네시아는 그의 생일인 4월 21일을 카르티니의 날로 지정했다. Tropenmuseum, Collectie Stichting Nationaal Museum van Wereldculturen

↗ 1971년 칠레의 아우구스토 피노체트 장군. 1973년 쿠데타를 일으켜, 선거로 집권한 살바도르 아옌데의 사회주의 정권을 무너뜨리고 대통령이 되어 1990년까지 장기집권했다

↑ 1975년 7월 미국 메릴랜드주 캠프 데이비드에 도착한 인도네시아 대통령 수하르토를 미국 대통령 제럴드 포드가 맞이하고 있다. 수하르토 장군은 1965년 인도네시아공산당 학살을 계기로 정권을 장악하고 1966년부터 32년간 장기집권했으며 천문학적 액수의 부정축재와 인권유린을 자행했다.
U.S. National Archives and Records Administration

↗ 1954년 알렉산드리아에서 군중에게 환영받는 나세르와 혁명사령위원회 소속 장교들. 나세르 대령이 이끌던 자유장교단은 1952년 7월 쿠데타를 일으켜 왕정을 폐지했다.

↑ 1965년 백악관 다이닝룸, 베트남전과 관련한 역사적 결정이 내려진 유명한 〈화요일 오찬〉 모습. 등을 돌리고 앉아 있는 당시 대통령 린든 존슨의 맞은 편에 앉은 이가 월트 로스토우로 남베트남에 대한 군사적 공격을 집요하게 강조했다. 대통령 왼쪽에 앉은 인물은 국방부 장관이며 훗날 세계은행 총재가 될 로버트 맥나라마이다.

↗ 필리핀의 국제미작연구소IRRI 단지 항공사진. 포드재단이 설립한 이 연구소는 흔히 '통일벼'로 알려진 다수확품종 쌀을 개발해 녹색혁명을 이끌었다. IRRI

→ 다수확품종을 이용한 모내기 광경, 캄보디아. IRRI

↑ 1946년경 인도네시아 자바의 독립 군. 무기는 죽창이 대부분이고 몇 안 되는 소총은 일본군이 남기고 간 것이다. Collectie Stichting Nationaal Museum van Wereldculturen

↗ 1946년 인도네시아 자바. 독립 전쟁 중 민간인을 수색하는 네덜란드령동인도군. Collectie Stichting Nationaal Museum van Wereldculturen

↑ 1957년 8월 31일 쿠알라룸푸르에서 말레이시아 독립의 아버지 툰쿠 압둘 라만이 독립을 선언하는 광경. 말레이시아 역사에서 가장 유명한 장면이다.

라울 프레비시와 종속이론
Raul Prebisch and Dependency Theory 從屬理論

서구 유럽이 지중해와 중동의 범위를 넘어 세계로 지배 영역을 넓혀간 출발점이 바로 라틴아메리카였다. 1492년 콜럼버스의 신대륙 발견 이후 지금까지 라틴아메리카 대륙은 한 번도 서구 열강의 지배에서 벗어난 적이 없었다. 300년간 스페인의 식민지 통치는 중상주의 정책을 통해 라틴아메리카를 오직 광물과 열대 농산물을 공급하는 기능만을 수행하게 했다. 19세기 초 독립도 라틴아메리카 경제의 자립을 가져다주지 않았다. 일부 국가에서 자립적 산업화의 시도가 있었으나 내수 부족과 외세의 개방 압력으로 실패했다. 19세기는 스페인을 대신해 영국이 라틴아메리카를 경제적으로 지배했다. 20세기에 들어서는 미국에 대한 경제적 종속이 심화되었다. 그로 인해 라틴아메리카는 아직까지도 본질적으로 1차 산품 수출에 의존하는 경제에서 벗어나지 못하고 있다. 그렇다고 라틴아메리카에서 그러한 구조에서 벗어나고자 하는 노력이 없었던 것은 아니다. 아니 그 어떤 대륙보다 종속의 문제점을 심각하게 인식하고 그에게서 벗어나는 노력을 활발히 전개해왔다.

　　서구의 경제적 지배 틀에서 벗어나 민족 자립경제를 구현하려는 시도에서 가장 앞섰던 인물이 바로 아르헨티나의 경제학자 라울 프레비시이다. 그의 가장 큰 기여는 1차 산품을 수출하는 국가(주변부)와 공산품을 수출하는 국가(중심부)들이 흔히 말하는 비교우위론 따라 상호 이익을 누리는 것이 아니라 장기적으로 교역 조건의 악화로 인해 주변부 국가들이 손실을 본다는 점을 구체적

자료를 통해 입증한 데에 있다. 그는 1876년부터 1947년까지 70년 기간을 5년 단위를 나누어서 매 기간 동안 1차 산품이 공산품에 비해 교역 조건이 악화되어 가는 모습을 실증적 수치를 통해 보여주었다. 결론은 비교우위론은 허위이고, 자유무역은 1차 산품을 수출하는 주변부 국가의 부를 중심부 국가로 흡수하는 기능을 한다는 것이다.

프레비시는 이러한 구조에서 벗어나기 위해 주변부 국가는 무엇보다 자체적 산업화를 시도해야 하며, 그를 위해 국가는 국내 산업을 보호 육성하기 위한 보호무역주의 정책을 도입해야 한다고 주장한다. 그리고 대외적으로 1차 산품의 제값을 받기 위해 왜곡된 국제무역 질서를 개선하려는 노력을 기울였다. 자신이 소속되었던 유엔 산하 라틴아메리카경제위원회(CEPAL)를 통해 프레비시는 보다 많은 자본이 주변부에 투자되도록 하고, 1차 산품의 교역 조건 악화를 최대한 막고, 교역 조건 악화로 인한 손실을 보상할 국제적 금융지원 정책을 국제사회가 실현하도록 노력했다. 2차 세계대전 이후 자본주의와 공산주의 진영의 미소 냉전이 심화되는 과정에서 라틴아메리카의 이러한 요구를 서구 열강들이 무시할 수만은 없었기 때문에 프레비시의 노력은 부분적 성과를 거두기도 했다.

그러나 한편으로 프레비시의 사상은 라틴아메리카 지배 블록의 한 축인 산업 자본가의 이익을 대변한다는 한계가 있었다. 그는 사회구조의 근본적 변화 없이 산업화를 통한 경제 **발전**만으로 라틴아메리카의 정치사회적 문제를 해결할 수 있다는 '**발전주의**'적 시각을 가지고 있었다. 또한 그는 지배 블록의 분열을 원하지 않았기 때문에 자본주의 발전에 기본 조건이라고 할 수 있는 토지개혁 문제에서도 미온적 입장을 취했다. 외국 자본에 대해서도 제한과 규제의 필요성을 인정했지만 기본적으로 발전을 위해 필요하다는 긍정적 입장을 가졌다. 프레비시 사상의 이런 진보적 한계는 바로 종속이론의 탄생 배경이 되기도 했다. 어쨌든 프레비시는 서구 중심의 **발전** 전략이나 이론에서 벗어나 라틴아메리카에서 처음으로 주도적 **발전** 전략을 제시했다는 점에서 큰 의의가 있다.

1959년 쿠바 혁명 이후 탄생한 라틴아메리카의 종속이론은 쿠바 혁명으로 인한 기존의 마르크스주의 이론의 혼돈에서 시작되었다. 기존의 마르크스주의 이론에 따르면 공산주의 혁명은 자본주의가 성숙한 상황에서 발생한다. 그러나 쿠바는 라틴아메리카에서 가장 산업화가 뒤처진 나라였다. 그럼에도 불구하고 쿠바에서 공산주의 혁명이 성공을 거두었다. 이를 어떻게 설명할 것인가? 종속이론은 자본주의의 분석 대상을 한 나라로 국한하지 않고 그의 세계체제에 주목했다. 쿠바는 비록 국내적으로는 성숙된 자본주의가 아니지만 세계자본주의 체제에 편입된 순간 쿠바는 이미 자본주의라는 생각이다. 즉 1차 산품 수출 국가로서 세계자본주의 체제에서 가장 약한 고리를 형성하는 한 부분이라는 것이다. 하지만 1차 산품을 주로 생산하는 쿠바와 같은 주변부 국가들의 자본주의는 서구 자본주의와 그 형태가 완전히 다르다고 주장한다. 종속이론의 대가인 군더 프랑크에 따르면 저개발 국가의 자본주의와 선진 자본주의 국가의 자본주의는 하나의 동전의 앞뒷면과 같아서 하나의 같은 세계자본주의 체제를 형성하지만 서로 구조적으로 질적으로 완전히 다른 자본주의라는 것이다. 따라서 완전히 다른 형태의 자본주의를 가진 저발전 국가들은 결코 서구 선진 자본주의 국가처럼 될 수 없다는 것이 종속이론의 결론이다. 결국 종속이론에 따르면 저개발 국가들이 종속의 구조를 벗어나기 위해서는 반제국주의 민족해방의 길밖에 없다는 것이다.

종속이론은 지나치게 외적 모순에만 집착한 나머지 내부의 계급 모순을 간과했다는 정통좌파들의 비판도 있었지만 무엇보다 동아시아 **신흥공업국**들의 부상으로 인해 저개발 국가들이 결코 선진 공업국이 될 수 없다는 종속이론의 기본 전제가 흔들리면서 결국 이론으로서 힘을 잃어갔다. 물론 그렇다고 자본주의 세계체제와 저개발 국가들의 종속 문제가 완전히 사라진 것은 아니다. 하지만 저개발 국가들의 다양성은 인정할 수밖에 없다. 동아시아의 **신흥공업국**과 라틴아메리카는 서로 다르다. 종속의 문제도 이제 하나의 이론으로서보다는 현실적으로 주어진 상황으로 이해되어야 한다. 따라서 그에 대처한 결과도 국가마다 다양하게 나올 수밖에 없다. 하지만 그들 사이에는 다양함보다 저개발 국가로서의 동일함이 더 크다는 점을 잊지 말아야 한다. 저개발 국가들의 세계자본주의 체제 편입이 불가피한 것이라면 그 주어진 상황하에서 자신의 이익을 최대화하기 위해서는 그들 간 힘의 연대와 결속이 무엇보다 중요하다. (김기현)

마오주의
Maoism

마오주의는 중국 혁명의 최고 지도자인 마오쩌둥(1893~1976)의 이름으로부터 유래한 용어이다. 마오쩌둥은 1921년 중국공산당을 만든 창립자 중 한 명이며, 중국 농민의 혁명적 잠재력을 이해했던 최초의 인물들 가운데 하나이다. 1927년부터 그는 장개석이 이끄는 국민당 체제에 반대하는 투쟁을 이끌어나가며, 1937년부터 1945년까지 일본 제국주의에 반대하는 해방 전쟁을 이끌어나간다. 결국 1949년 인민해방군이 권력을 잡게 되고, 마오는 소련의 정치 모델에서 영향받아(하지만 소련에서 벌어졌던 스탈린적 숙청을 통한 공포정치는 제외하고) 생산수단의 국유화와 일당 체제, 그리고 당에 대한 권위주의적 지도로 특징지어지는 중화인민공화국을 선언한다. 하지만 흐루쇼프가 스탈린주의를 비판하는 보고서를 공개한 1956년 이후 중국은 소련과 입장을 달리하기 시작한다. 마오는 몇몇 유보 조건하에서 스탈린의 유산을 옹호한다. 이 시기 이후로 마오주의는 국제 공산주의 운동에서 변별적인 하나의 흐름으로 자리 잡기 시작한다. 1958~1959년 사이의 '대약진' 운동이 실패한 후, 마오는 당내에서 불리한 위치에 처하게 되었으며, 이에 근본적이고 급진적인 이데올로기적 변형의 이름으로 노동자와 청년을 '우익 세력'에 반대하는 '홍위병'으로 동원한, 수많은 희생자를 만들어냈던 1966~1969년의 **문화대혁명**을 개시한다. 마오의 죽음 이후 그의 지지자들은 제거되었지만, 그럼에도 마오의 이미지만큼은 계속 그 힘을 유지한다. 이와 동시에 덩샤오핑은 자본주의적 영역에 중요한 기능을 다시 부여하는 경제 개혁 과정을 개시한다.

정치적 흐름으로서 마오주의는 상당히 이질적 성격을 띠고 있다. 유럽에서 마오주의는 '마르크스-레닌주의적' 형태, 그리고 이보다 더 '자생주의적'(인민주의적)인 형태가 존재하며, 1960년대 말에 후자는 프랑스와 이탈리아에서 상당한 영향을 발휘했다가 1970년대를 지나는 동안 소멸했다. 아시아, 아프리카, 남미와 같은 남반부 국가들의 경우, 마오주의자들은 특히 농민 게릴라 운동을 지도하게 된다.

(미카엘 뢰비)

출전
- 미카엘 뢰비, 에마뉘엘 르노, 제라드 뒤메닐 지음, 『마르크스주의 100단어』, 배세진 옮김, 두번째테제, 2018; [프랑스어판] Michael Löwy, Gérard Duménil, Emmanuel Renault, *Les 100 mots du marxisme*, (c)PUF, 2010.

매판
Comprador 買辦

오적은 무엇이며 어디 있나 말만하면 네 목숨은
살려주마./죄수 놈이 이 말 듣고 옳다꾸나
대답한다./오적이라 하는 것은 재벌과 국회의원,
고급공무원, 장성, 장차관이란 다섯 짐승, 시방
동비고동에서 도둑시합 열고 있소./으흠,
거 어디서 많이 듣던 이름이다./ 정녕 그게
짐승이냐?/그라문이라우, 짐승도 아주 흉악한
짐승이지라우.

한국의 대표적 시인이자 사상가였던 김지하는 1970년 6월 잡지
『사상계』에 그의 걸작「오적」(五賊)을 발표했다. 이 시를 발표한 죄로
시인 김지하는 당시 정권으로부터 노여움을 사 다시 한 번 옥고를
치러야 했고, 그 시를 게재했단 이유로 월간『사상계』는 1970년 9월
29일자로 등록을 취소당했다. 그의 시는 한국을 지배하고 있던 다섯
무리의 인물을 아낌없이 풍자하고 있었다. 그가 다섯 짐승이라고
칭한 것은 재벌과 국회의원, 고급공무원, 장성, 장차관이었다. 그리고
이들은 다름 아닌 매판 세력이었다. 일본 제국주의 지배가 청산되지
못한 채 일제에 부역했던 많은 이들이 여전히 권력을 쥐고 휘두르는
데 대한 분노는 1960년 4.19혁명과 더불어 터져 나오기 시작했다.
그리고 그 시대의 젊은이들 사이에서 가장 유행한 낱말은 매판이
되었다. 세상을 걱정하는 이들의 말과 글에선 어디에서나 매판이란

낱말이 등장했다. 매판이란 제국주의에서 벗어났지만 총독과 제독만 없을 뿐 여전히 계속되는 식민주의를 일컫기 위해 등장한 개념이었다. 매판이란 **제3세계** 민중이 피땀 흘려 이룬 결실을 제1세계 자본가들에게 팔아치우고 그들이 나눠주는 떡고물로 위세와 부를 차지했던 이들을 가리키는 말일 뿐이었다.

1970년 김지하가 「오적」을 썼을 때 이 시는 머나먼 아프리카 케냐의 소설가에게 전달되었다. 「오적」이 발표된 지 딱 10년이 되는 해인 1980년 응구기 와 시옹오는 『십자가 위의 악마』란 소설을 발표하였다. 그리고 응구기 와 시옹오는 자신이 「오적」을 읽고 판소리라는 전통 구전문학 형식과 풍자적인 어법이 얼마나 쓸모 있는 정치적 각성의 방편이 될 수 있는지 누차 역설하였다. 김지하가 보여준 한국의 매판에 대한 풍자는 곧 응구기 와 시옹오의 케냐 매판에 대한 풍자로 이어졌던 셈이다. 김지하가 끌어들인 판소리는 이제 응구기 와 시옹오에게는 키쿠유족의 전통연희 기산디로 바뀌었다. 그리고 「오적」의 판소리 마당은 『십자가 위의 악마』에서는 '도둑질과 강도질 경연대회'로 탈바꿈되었다.

매판이란 말은 중국에서 비롯된 낱말이다. 중국 청대 말기 이후 매판이란 사회계층이 만들어지기 시작했다. 신대륙 발견 후 포르투갈·영국 등의 외국 상인이 중국에 와서 무역했을 때 외국 선박에 연료·식수·식료 등 필수품을 공급하고, 외국 상관(商館)에 고용된 외국인의 일상생활에 있어 주방 담당, 회계 관리, 통화 감정과 매매 중개 등을 하는 중국인이 생겼다. 전자는 선박매판, 후자는 사내(社內)매판이라고 불렸는데, 1834년 영국 동인도회사의 대(對)중국 무역 독점권 폐지 후 사내매판 의미에서의 매판이 큰 비중을 차지하게 되었다. 그들은 중국 측의 특권상인(行商)의 추천·보증을 받아 외국 상인을 감시하면서 위의 사내매판의 활동을 함으로써 외국 상인으로부터 연봉, 통화 감정료, 각종 수수료 등을 얻고 점차 부를 축적했다. 그때부터 매판이란 제국주의적 자본에 굽실대며 그들에게서 얻은 부로 자신의 사리사욕을 채우는 상인, 관료 등을 가리키는 낱말이 되었다. **제3세계**라는 기획은 바로 이러한 매판을 척결하고 대다수 민중의 이해에 봉사하는 새로운 사회관계를 형성하려는 투쟁이었다. (서동진)

멕시코 벽화운동
Mexican Mural Movements 墨國 壁畵運動

고대 마야 문명과 아즈텍 시대에 그려진 벽화가 아직 남아 있는 멕시코는, 16세기부터 300년 이상 스페인의 식민 지배를 받다 1821년 독립을 쟁취하였다. 1876년부터 포르피리오 디아스가 30여 년간 계속 집권하며 수탈과 억압이 극심해지자 농민과 노동자들이 봉기한다. 북부 탄광 노동자와 농민들을 규합한 '판초' 비야와 남부 농민운동의 핵심 에밀리아노 사파타 등이 이끄는 혁명군이 농민에게 토지 분배를 약속한 프란시스코 마데로를 적극 지지하며 싸운다. 이것이 바로 1910년 11월 혁명으로 알려진 멕시코혁명이다. 프란시스코 비야와 사파타는 멕시코 벽화에도 끊임없이 등장하는 전설적인 영웅들이다. 그러나 1911년 집권한 지주 출신 마데로가 토지 개혁과 노동자 권익 보호 공약을 이행하지 않자, 혁명 세력은 분열한다. 1916년 부르주아 혁명 세력이 소집한 제헌의회가 새로운 헌법을 제정하고, 이어 집권한 카란사 정권은 1919년 사파타를 암살한다(사파티스타 민족해방군은 바로 사파타에게서 자신들의 조직 이름을 따왔다. 이 조직은 북미자유무역협정이 발효된 1994년 1월 1일 멕시코 정부군에 선전포고를 하고 치아파스 주 7개 도시를 점령한 뒤 현재까지 투쟁을 이어오고 있다. 그들은 사파타가 완수하지 못한 농민혁명을 계승하는 중인지도 모른다).

　　1920년 집권한 오브레곤 정부는, 전통 문화유산과 인디오 문화의 우수성을 부각하고 스페인 식민 문화의 잔재를 없애자는 국민 계몽운동을 벌였다. 특히 교육부 장관 바스콘셀로스가 주창한 인디헤니스모(Indigenismo) 운동의 중심에서 멕시코를 대표하는 시각 예술로 꽃핀 것이 벽화다. 멕시코인들에게 고대 벽화, 스페인 지배 기간 동안 가톨릭 교회에 봉납하는 종교미술로 발전했던 레타블로스(Retablos), 민중들이 선술집 풀케리아(Pulquería)에 그린 벽화처럼 다양한 벽화들은 이미 삶의 일부였다. 이러한 전통을 바탕으로, 디에고 리베라, 호세 클레멘테 오로스코, 다비드 알파로 시케이로스 등이 멕시코 벽화운동을 이끈다. 프랑스와 이탈리아에서 르네상스 벽화를 연구하고 돌아와 오로스코 등 급진 성향의 작가들과 미술협회를 설립한 아틀 박사는 멕시코 벽화운동을 직접 지원했다. 멕시코 혁명 예술의 선구자 호세 과달루페 포사다도 멕시코 벽화운동에 큰 영향을 주었다. 그는 독학으로 목판화를 연마하고 일간지 등에 삽화를 연재하여, 문맹이 다수이던 멕시코인들에게 그림으로 정세를 알렸다. 리베라와 시케이로스는, 신랄한 풍자와 사회비판을 행한 포사다를 자신들의 작품에 여러 차례 등장시키고 그의 기법을 인용하며 경의를 바쳤다.

  디에고 리베라는 12세에 산카를로스 아카데미 미술학교에 입학하여 교수로 재직하던 포사다를 만났다. 리베라는 포사다에게서 멕시코 전통 민속예술의 활력과 사회를 시각적으로 통찰하고 표현하는 법을 배웠다. 그러나 아카데미의 틀에 박힌 교육 방식에 저항하던 리베라는 멕시코를 떠나 1907년부터 스페인에서 공부했다. 그는 1909년부터는 파리에 머물며 피카소, 모딜리아니 등과 교류했다. 자연스레 리베라는 큐비즘의 영향을 받았으나, 러시아 혁명 후부터는 대중과 소통하는 데 적합하지 않다며 큐비즘 양식을 작품에서 배제한다.

  호세 클레멘테 오로스코는 혁명을 국내에서 몸소 겪었다. 어린 오로스코의 등굣길에는 판화가 포사다가 일하던 인쇄소가 있었는데,

포사다의 작업 광경을 창 밖에서 지켜보며 미술가의 꿈을 키웠다. 그리하여 작가로 성장한 오로스코의 작품 중심에는 포사다를 본받아 여러 신문에 연재한 사회 풍자 캐리커처가 있었다. 멕시코시티 총영사로 근무하며 오로스코와 절친하게 지낸 칠레 시인 파블로 네루다는 "남녀 병사들, 마름의 총에 맞고 쓰러진 농민들, 끔찍한 십자형을 당한 사람들을 그린 오로스코의 작품은 우리 아메리카 회화의 불멸의 역작"이라고 쓴 바 있다. 리베라와 오로스코는 바스콘셀로스의 임기가 끝난 뒤에도 멕시코 역사를 장대하게 그린 벽화를 제작하며, 고대 문명과 식민 시대 및 혁명을 재조명한다. 그들은 멕시코의 미래를 전망하는 주된 재현 수단으로 벽화를 활용한다.

다비드 알파로 시케이로스는 군인으로 혁명에 참여했던 경험을 혁명 예술에 대한 이론과 실천으로 펼친다. 그는 1922년 바스콘셀로스의 의뢰로 벽화를 제작하기 시작했으며, 사회주의 운동과 예술가 동맹 결성에도 열성을 보였다. 1933년경부터 시케이로스는 아르헨티나와 미국을 오가며 안토니오 베르니, 레온 클리모프스키, 잭슨 플록, 악셀 혼 등과 협업한다. 가구산업동맹회의, 미주예술가회의 등 국제 연대 활동에도 열심이던 시케이로스는 과격분자로 몰려 몇 차례 수감 끝에 고국을 등지고 뉴욕에서 활동한다. 스페인 내전에 참전한 시케이로스는 1939년 멕시코로 돌아온다. 귀국 직후, 시케이로스는 미국의 강력한 영향력 때문에 산업국가로 변화하며 파시즘의 그림자가 드리운 멕시코 현실을 비판하는 〈부르주아의 초상〉을 멕시코 전력공사 중앙벽화로 제작한다. 시케이로스는 이 작품으로 40년대 이후 멕시코 벽화를 대표하는 작가로 인정받는다. 또한 그는 1950년 베니스비엔날레에 리베라, 오로스코, 루피노 타마요 등과 함께 초청받는다. 베니스비엔날레가 멕시코 작가들을 처음 선정한 이 해에 시케이로스가 은사자상까지 받자, 멕시코 벽화운동은 세계의 관심을 얻는다.

그러나 이를 못마땅하게 여기는 이도 있었다. 콜롬비아의 보고타 현대미술관 초대관장이었던 마르타 트라바는 멕시코 벽화 작품들을 극렬히 비난했다. 과거 양식에 기대어 라틴아메리카 예술을 퇴행시킨다는 이유에서였다. 시케이로스 자신도 이미 1930년대 중반에 과거 벽화운동에 대해 공개적으로 비판한 바 있었다. 시케이로스는 1934년 발표한 「리베라의 반혁명 노선」이란 글에서 벽화운동 초기에 리베라가 사회주의를 지향하고 벽화 기법을 개혁하자고 주창했으나 그 후 발전이 없었다고 비난한다. 또 1935년에 시케이로스는 정치적 유화책으로 정부에 이용되고 있는 벽화운동을 돌아보며, 관광객을 위한 탐미적 그림을 그리는 행위를 반성해야 한다고 '혁명 문필가와 예술가 동맹'에서 발언한다. 1947년에는 오로스코도 지난 멕시코 벽화운동을 비판하는 글을 쓴다. "자유를 외치는 장면에는 꼭 등장해야만 하는 끊어진 사슬 (...) 진보주의자들의 적이지만 여전히 벽화에 자주 등장하는 부르주아 계급의 전통적인 상징물들, (...) 용과 그 밖의 다른 괴물들, 이제는 너무 잘 알려져 친숙하며 무해한 깃털 달린 뱀 등 (...)."

그리하여 멕시코 벽화운동은 자기 갱신의 국면을 맞는다. 1940년대에 시케이로스는 반파시스트 전선 구축을 위해 페루, 에콰도르, 콜롬비아, 파나마, 쿠바 등 라틴아메리카 여러 나라를 돌며 정치가·예술가들과 연대를 모색하고 벽화를 그린다. 1950년대부터 시케이로스는 건축과 회화, 조각이 함께하는 조형 프로젝트를 구상하고, 이를 실현할 수 있는 멕시코 국립대학 건설 프로젝트에 열정적으로 참여한다. 멕시코 국립대학 프로젝트는 시케이로스의 구상대로 완결되지 못했으나, 1968년 멕시코 올림픽을 앞두고 올림픽

주경기장과 국립대학에 거대한 야외벽화와 조형물들이 들어서는 계기가 되었다.

비동맹운동에도 관심을 기울인 시케이로스는 1956년 9월 14일 이집트의 나세르와 면담하고, 곧이어 인도의 **네루**, 그의 딸 인디라 간디와도 만난다. **제3세계** 지도자들과 멕시코 벽화운동과 같은 국민 미술운동의 필요성을 교감한 시케이로스는 중국을 방문하여 저우언라이를 예방하기도 했다. 시케이로스와 함께 벽화 〈침략자에게 죽음을〉을 제작하며 우정을 나눈 바 있는 칠레 화가 호세 벤투렐리도 이 무렵 중국에서 벽화와 스테인드글라스 기법을 전수하며 장기 체류하고 있었다. 파블로 네루다와도 가까웠던 벤투렐리는 1988년 숨을 거둘 때까지 베이징에 머물렀다.

멕시코 벽화운동은 라틴아메리카와 북아메리카 미술운동에 직접적인 영향을 주었다. 멕시코 벽화운동의 선례를 따라 1960년대 후반 미국에서는 흑인 벽화운동이 발흥했다. 1980년대 한국 민중미술 운동의 주된 양식이었던 걸개그림도 멕시코 벽화운동을 참조했다. 아시아 판화운동에 멕시코 벽화가 끼친 영향도 무시할 수 없다. 멕시코 벽화운동은 미술의 정치적 실천 중 가장 눈부신 시도의 하나로 현대미술사에 남았다. (신은실)

참고문헌
- 남궁 문, 「멕시코 벽화 운동」, 남궁 문, 2000.
- 파블로 네루다, 「파블로 네루다 자서전 사랑하고 노래하고 투쟁하다」, 박병규 옮김, 민음사, 2008.

문화혁명
Culture Revolution 文化革命

중국의 문화대혁명은 1966년 6월경에 개시되어 대체로 1968년 여름 또는 1969년 9차 당 대회까지 2~3년간 전개된 사회주의 하의 모순적인 대중운동을 지칭한다. 이렇게 시기 규정을 하는 것 자체가 문화대혁명을 1965년 후반기 시작해 1976년 마오쩌둥의 사망과 '4인방'의 체포로 종료되는 '10년 대동란'이라고 규정하는 중국 공식 입장과는 구분되는 것이다. 쟁점은 권력 엘리트 내부 투쟁의 형태로 진행된 '위로부터의 문화대혁명'과 구분되는, 사회주의 하의 모순으로부터 기인하는 '아래로부터의 문화대혁명'이 동시적으로 착종되어 진행되었는가 하는 것이다.

  이 문화대혁명은 당대에 전 세계에 지대한 영향을 끼쳤고 세계 도처에 다양한 종류의 문혁주의자와 마오주의자를 낳았다. 대표적으로 거론되는 것은 프랑스 5월의 '68혁명'이지만, 식민지로부터 독립한 신생독립국의 향방을 둘러싼 논쟁과 정치적 대립, 동남아시아에서 라틴아메리카에 걸친 마오주의 게릴라 조직들 형성에도 그에 못지않은 영향을 주었다. 이미 1955년 **반둥회의** 무렵부터 싹을 보인 '혁명 이후 사회의 전망'에 대한 갈등과 이견은 1956년 소련 공산당 20차 당 대회에서 흐루쇼프의 스탈린 비판을 거쳐 그 가장 격렬한 대립 형태로 '중소 대립(중소 논쟁을 포함하는)'을 낳았다. 문화대혁명이 이 대립의 직접적 귀결은 아니지만 이 논쟁에서 등장한 '사회주의 이후의 모순'이라는 쟁점을 좀 더 분명하게 부각시킨 계기였다. 2차 세계대전까지의 시기가 파시즘과 제국주의의 세계 지배에 맞서 어떻게 인민들의 민주전선이 '집권'을 할 수 있는지가 관건인 시기였다면, **비동맹회의 이후 10여 년이** 지난 1960년대 후반의 시기는 여러 가지 형태의 '민주전선'을 거쳐 등장한 새로운 권력이 진정한 인민의 권력인지, 진정으로 사회혁명을 수행하고 있는지에 관한 근본적 질문이 제기되기 시작한 시점이었고, 문화대혁명으로부터 촉발된 이 근본적 질문은 예외 없이 거의 모든 전 지구를 휩쓸게 된다.

•

문화대혁명이 개시되던 시기 중국에는 사회주의의 전망을 둘러싸고 당 내에 서로 다른 의견들이 존재했다. 당의 권력 구도를 둘러싼 대립 또한 증폭되었으며, 1950년대부터 누적된 심각한 관료제 병폐와 그에 대한 대중의 불만도 고조되고 있었다. 사회주의하에서 계급을 점차 출신 성분에 따른 신분제로 만들어가는 데 대한 불만도 누적되었고, 엘리트주의 교육제도, 공장 관리 체제 등 다양한 문제들이 산재했다. 1957년 반우파투쟁 이후 이어진 다양한 정풍(整風) 캠페인은 대중 사이에 갈등의 씨앗을 상당히 많이 뿌려놓은 상태였다.

문화대혁명은 1965년 말부터 문예계와 학술계에 제한된 정풍운동으로 시작되었지만, 1966년에 들어서는 당 관료제에 대한 대중 도전으로 확대되기 시작했다. 문화대혁명이 새로운 양상을 띠게 된 계기는 1966년 6월부터 각급 기관과 학교에 파견된 공작조를 둘러싼 대립이었고, 이어 전개된 혈통론 논쟁이 갈등과 대립에 기름을 부었다. 투쟁의 주된 대상이 '네 가지 낡은 것의 타파'인지 관료적 당 조직인지를 놓고 대중조직 사이에 분열이 시작되었다. 마오쩌둥을 비롯한 문화대혁명 추동 세력은 '자본주의의 길을 걷는 당내 실권파(주자파)'를 타깃으로 삼아 운동을 확대하려 했고, 대중들 사이로 운동이 확대되자 쟁점은 관료주의적 작풍에 대한 문제와 사회주의하에서 계급이 출신 성분에 의해 결정되는지를 둘러싸고 확산되었다.

이 과정에서 공작조 및 기존 당 위원회를 옹호하며 구성된 홍위병 조직과 이들에 맞선 새로운 저항 조직인 조반파(造反派) 사이의 분열과 대립이 커졌고, 마오는 조반파를 옹호하면서 '사령부를 포격하라'는 자신의 대자보를 공표하기도 했다. 문화대혁명의 주장을 집약하는 문건은 1966년 8월 8일 공포된 ⟨문혁 16조⟩로, 여기서 문화대혁명의 성격은 '대중이 스스로를 교육해야 하고 대신할 수 없는 혁명'이자 '파리코뮌 정신을 계승하는 혁명'으로 규정되어 있다.

●

문화대혁명이 가장 고조된 시기는 1966년 6월부터 1968년 여름, 조금 더 길게 보아 1969년 4월까지로, 당의 통제를 벗어나 대중운동이 고양된 시기였다. 대중운동의 시기에 한정해보더라도 1967년 공장으로 확산되면서 노동자 내부의 분열이 심해졌고, 1967년 2월부터는 문화대혁명에 대한 군의 개입이 새로운 쟁점이 되었으며, 이를 계기로 대립의 구도 또한 전환되었다. 앞서 (당 조직을 옹호하는) 보수파와 대립하던 조반파가 이제는 급진 조반파와 온건 조반파로 분열되어 서로 간에 심각한 무장투쟁을 지속하는 국면이 전개되었다. 1968년 문화대혁명은 군조직과 결합한 당이 자신에 대한 도전을 반사회주의적 반혁명 범죄로 처리하면서 대대적인 개입을 위주로 하는 억압적 국면으로 전환되었다.

그 이후 대중운동이 소강기에 들어서면서부터 1971년 린뱌오 실각까지는 당의 관료 기구가 복원되고 당내 권력 갈등의 구도가 심화된 시기로 볼 수 있으며, 린뱌오 실각 이후 마오쩌둥이 사망한 1976년까지는 4인방을 중심으로 한 문화대혁명이 새로운 캠페인으로서 외양상 지속된 시기라 볼 수 있다. 1969년 이후 문화대혁명의 주요 특징은 홍위병이나 조반파 같은 대중조직이 해체되고, 지식인을 주요 숙청 대상으로 삼은 당 주도의 캠페인성 운동이 전개되었다는 점이며, 문화대혁명의 장소는 농촌으로 광범하게 확산되었다. 문화대혁명은 대중 자신의 개입에 의해 사회변화가 가능한가에 대한 질문과 모든 권위에 대한 도전이라는 유산을 남겼지만, 사회 전반에 걸쳐 오랫동안 지속된 정신적 상처 또한 남겼다.

문화대혁명의 진행 과정에서 사회주의 하의 근본 모순이라는 질문과 관련해 ①혁명을 수행한 당은 과연 사회주의 하에서 사회혁명을 계속 진행할 주체일 수 있을지, 만일 당 형태 자체가 문제의 근원이라면 어떤 해답을 찾을 수 있을 것인지 ②혁명하에서 과연 대중은 어떻게 정치의 주체로 형성될 수 있는지, 그리고 이 정치적 주체들은 무엇을 대상으로 어떻게 변혁이라는 과제를 수행할 수 있을지 ③'사회주의'라는 이름하에서 형성된 생산관계와 생산력은 과연 사회주의적인지, 만일 그렇지 않다면 어떻게 이를 극복하고 새로운 대안을 수립할 수 있을지 등의 핵심적 질문이 제기되었다.

문화대혁명은 '혁명은 대신할 수 없고 대중은 혁명 속에서 스스로를 교육한다', '조반유리(造反有利, 반역은 정당하다)', '사령부를 포격하라'와 같은 '68적' 구호들을 남기고 대중을 혁명의 주체로 만들고자 했으며, 또한 당의 무오류성과 진리 독점에 기반한 스탈린주의를 넘어서고자 했다. 그렇지만 대중운동이 방향을 잃고 폭력화되며, 마오쩌둥의 일관되지 않은 태도가 대중운동을 더욱 분열시키고, 대중운동과 이어서 당의 태도가 스탈린주의의 길로 다시 들어서면서 문화대혁명은 모순 속에서 종료되었다. 그렇지만 문화대혁명은 19세기적 질서가 무너지고 20세기적 질서가 형성되는 시기 새로운 정치의 무대가 되는 국민국가 중심의 혁명 전략에 대한

근본적인 질문 그리고 현대정치의 모순에 대한 근본적 질문을 던지는 역사적 사건으로 남아 있다. (백승욱)

민족경제론 / 민족문학론
民族經濟論 / 民族文學論

1970~1980년대 한국의 비판적 지식인을 사로잡은 지적 담론은 '민족문학론'과 '민족경제론'이라 해도 과언이 아니다. 두 이론 혹은 입장은 공통적으로 한국 사회를 '비판'적으로 인식하는 데 있어 민족을 내세웠다. 여기에서 민족은 보수적 민족주의자들이 내세우던 유구한 전통과 함께 자신의 얼을 간직한 종족적인 공동체로서의 민족이 아니었다. 그것은 외세에 종속된 탓에 자신의 자립적이고 민주적인 발전을 저지당한 사회적, 경제적 공동체였다. 이 공동체는 외세에 결탁함으로써 사회의 발전을 꾀한 탓에 그에 유착해 자신의 권력을 가지게 된 소수의 반민족적인 세력과 그들로 인해 억압과 고통을 겪어야 했던 대다수 민중들로 분열되어 있었다. 종속적 **발전**은 **발전**하면 할수록 민족의 이해에 반하게 된다. 한국전쟁 이후 한국은 종속적 **발전**을 통해 고도성장을 이뤘다. 다른 **제3세계**에 속한 나라들과 달리 한국은 미국이 주도하는 세계 경제 질서에서 미국과 일본이 우호적으로 제공한 자본으로 인해 그리고 새롭게 형성된 국제 분업 체제로 인해 전무후무한 성장을 이룩했다. **신흥공업국**으로 도약이 절정에 이르렀던 1970년대에, 민족문학론과 민족경제론은 닻을 올렸다. 그리고 이 두 이론은 암묵적으로 **제3세계**의 일원으로서 한국을 인식하는 데 상당히 기여했다. 반둥회의에서 타전된 **제3세계**주의의 신호는 십수 년이 지난 뒤 마침내 한국에 도착했던 것이다.

  제3세계를 민족문학론의 정신으로 기꺼이 수용한 것은 민족문학론이었다. 민족문학론을 이끌었던 문학평론가 백낙청은 「**제3세계의 문학을 보는 눈**」이란 글에서 이렇게 말한 바 있다. "구미 선진공업국 문학에의 정신적 종속관계를 청산하면서도 어디까지나 인류사회 전체를 향해 개방된 문학의 자세를 정립하려는 것이 민족문학론의 뜻하던 바였던 만큼 **제3세계**와의 새로운 연대의식을 모색하게 된 것은 당연한 귀결"이며, "세계를 셋으로 갈라놓는 말이라기보다는 오히려 하나로 묶어서 보는 데 그 참뜻이 있는 것이며 하나로 묶어서 보되 제1세계 또는 제2세계의 강자와 부자의 입장에서 보지 말고 민중의 입장에서 보자는 의도"라고 **제3세계** 문학을 정의했다. 그가 다른 지식인들과 함께 민족문학론을 펼쳤던 연속 출판물의 이름이 『민족문학과 세계문학』이었다는 것은 의미심장하다. 많은 이들이 이 제목 가운데 오직 민족문학만을 주목한다. 그러나 민족문학은 세계문학을 지칭하는 것이기도 했다. 그것은 민족문학이 자신의 문화적 정체성을 으뜸으로 삼는 배타적인 국민문학이 아니라 억압과 지배를 겪은 민족이란 관점에서 다양한 현실을 조망하고 새기는 급진적인 **민족주의**에 의거하고 있음을 나타낸다. 나아가 민족문학은 그 어떤 개별적인 인물과 이야기도 민족을 상징화하는 것일 수밖에 없음을 강조하고 있었다. 탈식민을 겪은 나라에서 개인의 인생 역정은 자신이 속한 세상을 나타내는 알레고리가 되는 수밖에 없었다. 민족문학은 이처럼 종속된 나라의 문학이 생산되고 수용되는 방식을 밝히고자 했다[이러한 **제3세계** 문학의 특징을 미국의 마르크스주의 평론가인 프레드릭 제임슨은 '민족 알레고리'(national allegory)란 개념으로 요약한 바 있었다). 나아가 민족문학은 서구의 모더니즘 문학에 주눅 든 이들에게 자신감을 주고자 했다. 백낙청이 「한국문학과 제3세계문학의 사명」에서 말하고 있듯, **제3세계** 문학으로서의 민족문학은

"경제적으로나 정치적·군사적으로는 제1세계나 제2세계에 뒤떨어져 있을망정 도덕적으로나 문화적으로는 오히려 더 떳떳한 위치에 서서 세계역사에 올바르게 기여하는" 문학이 될 수 있다는 것이었다. 그 때문에 그는 민족문학이 "**제3세계의 문학이 서구문학을 포함한 전 세계 문학의 진정한 전위가 될 수 있는 소지**"가 있다고 기염을 토했다.

한편 이러한 민족문학론은 그와 함께 큰 영향을 떨치고 있던 민족경제론과 짝을 이루었다. 『민족문학 개념의 정립을 위해』(1974)란 글에서 백낙청은 다음과 같이 언급한다.

> 오늘날 이러한 민족문학론의 필요성은 경제학계에 있어서 국민경제와 구별되는 민족경제의 이념이 갖는 의의와도 맞먹는 것이다. '우리가 개념지으려는 민족경제는 범세계적인 자본운동의 과정에서 한 민족이 민족적 순수성과 전통을 유지하면서 그에 의거 생활하는 민족 집단의 생활기반이다. 이것은 순수 경제적인 자본운동의 측면에서는 국민경제에 포괄되는 하위 개념이나 민족주체적 관점에서는 국민경제보다 높은 상위개념이다. 그리고 오늘날 현실에서 순수경제적인 개념만이 고집하는 것이 민족의 경제적 자주성에 대한 엄연한 위협을 간과하는 일이 되듯이 민족문학의 개념을 외면하는 것 역시 민족의 생존과 존엄에 대한 현실적 도전을 망각하는 결과가 될 수 있는 것이다.

여기에서 백낙청은 민족경제론과 민족문학론이 탯줄로 연결되어 있음을 단언한다. 그는 민족과 국민을 분리시키며 민족이란 관점에서 국민경제를 바라보는 민족경제론의 생각에 빗대어 민족문학론을 말한다. 이는 **국어**로 쓰인 국민문학을 어떻게 만들어가야 할 것인가를 다루는 관점이자 태도로서 민족문학론을 정의하려는 것에 다름없는 것이다.

민족경제론을 이끈 박현채는 민족경제론이 필요하게 된 배경을 『민족경제론의 기초이론』에서 다음과 같이 서술한다.

> 국민경제와 민족경제의 괴리는 지역적 개념으로서의
> 국민경제에 있어서 사회적 생산력의 발전과 자본제화가
> 식민지 피억압민족의 전통적인 생활양식의 파괴와
> 빈곤으로 됨으로써 식민지 피억압민족의 경제적 이해와
> 한 사회 또는 국민경제의 상황이 스스로 합치하지
> 않게 된다는 의미를 지니고 있다. 따라서 여기에서
> 식민지 반식민지적 경제상황을 비추어 보는 것으로서
> 경제 제량(諸量)이나 선진자본주의제국 일반의
> 경우에서 정립된 이론이 아닌 이들 이론을 보완하여
> 식민지 반식민지 피억압민족의 주체적인 민족주의적인
> 평가를 가능케 하는 이론으로서 새 이론을 정립해야
> 한다는 요구가 제기되는 것이다.

그는 민족경제론을 단순히 반식민, 반제국주의의 경제이론으로 보길 거부한다. 경제 체제와 구조는 한 국가와 다른 국가 사이의 관계에 의해 전적으로 결정되는 것이 아니기 때문이다. 그는 식민적 자본주의에 종속된 상황에서 그런 외세 자신의 대립이 주요한 모순임을 인정하면서도 그것이 종속된 사회의 내부적 모순에 의해 항상 결정될 수밖에 없음을 뚜렷이 인식하고 있었다. 나아가 외세에 의한 종속도 역시 외세의 내적 모순에 의해 강요된 것임을 파악했다.

한국 경제의 비약적인 발전은 선진 자본주의 국가들이 자신의 경제적 위기를 해결하기 위한 선택의 산물이었지 선견지명이 있는 정치가와 자본가의 능력 때문은 아니었다. 그렇기 때문에 박현채는 관변 **민족주의**와는 전혀 다른 민족경제론의 **민족주의**를 주장할 수 있었다. 그의 말을 빌자면 민족경제론과 민족문학론에서의 **민족주의**란 이런 것이었다. "오늘날의 역사적 상황에서 **민족주의** 개념은 자기외연을 확장하고 있다. 이것을 포괄적으로 규정하면 그것은 상대적인 독자성을 갖고 계승되는 민족적인 것의 한 사회의 구체적인 조건 속에서 실현되는 계급적인 것의 반영 그 자체이다."

민족문학론과 민족경제론의 역설은 그것이 **제3세계** 프로젝트가 위기에 직면했던 순간 등장했다는 것이었다. 민족문학론과 민족경제론이 청년층과 지식인 사이에서 성가를 드높이던 1980년대엔 이미 **비동맹운동**과 **제3세계** 프로젝트는 시름시름 명맥을 다하고 있었다. 한국에서는 앞다투어 **제3세계**를 내건 글들이 쏟아져 나왔지만 그것은 단지 맥없는 도덕적인 주장처럼 들렸다. **신흥공업국**의 선두였던 한국은 **제3세계**가 쫓아야 할 모범이 되어 있었다. 신자유주의적 세계화라는 쓰나미가 몰려오기 직전 한국은 **제3세계** 프로젝트를 침묵시키고자 하는 이들을 위한 최고의 알리바이 구실을 했다. 박현채는 지식인 사이에서 종속이론이 유행하는 현상을 경계하며, 자본주의의 기본적인 모순이 종속이라는 외적 모순보다 앞서는 것이라는 주장으로 식민주의가 취하는 역사적인 차이를 세심하게 이해하도록 촉구했다. 그러나 이미 때는 늦었다. 오늘날 민족경제론과 민족문학론은 **민족주의**에 매달렸던 딱하기 그지없는 이론적 프로젝트로 폄훼되기 일쑤이다. 그러나 이 두 이론은 자신들의 사회를 짓누르는 착취와 억압에 저항할 수 있는 집단적인 주체를 상상했던 마지막 이론이기도 하다. 그 후 서구에서 유입된 최신 이론들을 참조하며 시민사회, 다중, 네트워크, 소수자 같은 숱한 개념들이 저항의 주체를 가리키고자 등장했다. 그러나 이런 개념들은 그저 한 때의 유행처럼 명멸하고 말았다. 민족경제론과 민족문학론처럼 안과 바깥을 두루 아우르는 현실 인식의 논리는 이미 자취를 감추고 말았다. 게다가 헤아릴 수 없이 다양한 고통과 비참을 아우를 수 있는 이름은, 민족/민중이란 낱말 이후에 더는 등장하지 않고 있다. 민족경제론과 민족문학론의 유산이 더 없이 뼈아프게 소중한 것도 이 때문이라 할 수 있을 것이다. (서동진)

민족주의
Nationalism 民族主義

베네딕트 앤더슨은 오늘날 민족주의에 관해 공부하는 이들 사이에서 가장 중요한 업적으로 꼽힐 『상상된 공동체』란 책을 썼다. 그는 자서전에서 자신의 책이 어쩌다 갑자기 세계적 명성을 얻게 되었는지 토로한 바 있다.

> 그런데 1980년대 말 냉전이 끝나고 소련이 무너지자 상황이 급속도로 바뀌었다. 제국들이 다 그렇듯이 미 제국도 적이 필요하다. '공산주의의 위협'이 사라지자 그 공백을 '위험한 민족주의'라는 개념이 채웠다. 소련 연구의 센터 중 하나였던 케넌 연구소(Kennan Institute)의 높은 분이 급히 전화를 걸더니 빨리 와서 강연 좀 해달라고 호소했던 날이 생생하게 기억난다. 당시 나는 소련이나 러시아에 대해 잘 몰랐기 때문에 왜 그러냐고 물었다. 그러자 놀랍게도 그분이 이런 말을 했다. '소련 연구는 끝났네. 그래서 연구비도 안 들어오고 학생들도 취업을 못하고 있지. 구소련은 온통 민족주의자들로 넘쳐나는데 우리 연구소에는 민족주의를 연구한 사람이 없거든. 지금 미국에서 우리를 도와 연구소를 살릴 수 있는 사람은 몇 명 안 되는데, 자네가 그중 한 사람이거든.' 나는 가지 않았다.

이는 베네딕트 앤더슨이 쓴 『경계 너머의 삶』이란 자서전에 등장하는 흥미로운 일화이다. 여기에서 앤더슨은 매우 신랄하고 유머러스하게 민족주의를 둘러싼 붐을 설명한다. 공산주의라는 적 대신에 새로운 적이 필요했을 때 민족주의가 바로 그 후보가 되었다는 것이다. 이는 오늘날 더는 새삼스러운 일이 아니다. 이슬람 민족주의를 비롯하여 아시아, 아프리카, 남미 등지에서 나타나는 다양한 민족주적 분리운동이나 종교적 근본주의를 비난하는 것은 거의 일과가 되다시피 했기 때문이다. 그러나 그러한 '민족주의 때리기'를 두둔하려 앤더슨의 책을 써먹는 것은 오해라 할 수 있다. 앤더슨은 주저 없이 인도네시아에서 현장 연구를 하면서 스스로 인도네시아 민족주의자가 되어버렸다고 말하곤 했다. 그가 여기에서 기꺼이 자신의 감정과 생각을 내맡긴 인도네시아 민족주의란 오랜 네덜란드의 식민지 지배와 짧았지만 그 역시 강렬한 영향을 미친 3년여 간의 일본 제국주의 지배에 저항하면서 등장한 **비동맹운동**의 민족주의였다. **비동맹운동**의 창설자 가운데 한 명이었던 희대의 정치 지도자 **수카르노**는 **독립** 이후 인도네시아를 이끌 정치 이념으로서 나사콤(Nasakom)을 내세운 바 있다. 나사콤이란 민족주의(nasionalisme), 종교(agama) 그리고 공산주의(komunisme)을 하나로 합한 것이다. 여기에서 우리는 흥미롭게도 민족주의와 이슬람 종교 그리고 공산주의가 나란히 함께 결합된 신기한 이데올로기를 마주하게 된다. 민족주의가 이슬람 종교와 결합하여 독성이 높은 배타적이고 억압적인 이데올로기가 되어버린다고 믿는 것이야말로 오늘날의 상식이라 할 수 있다. 그러나 민족주의가 공산주의가 결합하여 탈식민화된 세상에서 해방과 연대의 국제주의적인 이데올로기로 활약할 수 있다고 기대하는 이들은 거의 없을 것이다. 앤더슨이 주목했던 것도 바로 이 민족주의였다.

민족주의는 냉전 질서가 종말을 고한 후 반동적인 이데올로기로 변신하게 되었지만 또한 그것은 **비동맹운동**과 **제3세계** 프로젝트의 시기에는 전연 다른 가능성과 전망을 품고 있었다. 흑인 민족주의나 아랍 민족주의와 같은 민족주의는 단지 국민국가의 국민들을 하나의 공동체로 묶어주는 상상에 그치지 않고 국가의 경계를 넘어 억압과 착취에 저항하는 자들의 국가를 가로지르는 국제주의적 연대를 가능케 한 전류였다.

  일본 제국주의 지배에 맞선 완고하게 투쟁했지만 일본의 패전 이후 연합국을 통한 해방을 맞이한 한국에서 민족주의는 판도라의 상자와 같은 것이었다. 사회주의적 자립(주체사상)을 내세운 북한과 자본주의적 근대화(한국적 민주주의)를 내세운 남한은, 모두 민족주의에 의지했다. 남한의 경우 제국주의와 식민주의에 부역하던 지배 집단을 몰아내려던 노력은 좌절하고 이들에게 부역하거나 협조했던 이들이 고스란히 지배 집단이 되었다. **원조**와 차관 공여를 통해 초기 자본을 집중할 수 있었던 남한의 재벌들은, 이러한 지배 집단과 깊이 공모했다. 그러나 그들은 자신들이 지배하는 사회를 결속시키고 불만을 잠재우기 위해 민족주의를 대대적으로 동원했다. 호국과 애국이라는 가치는 전장의 군대에서부터 공장의 '산업 역군들'에 이르는 모든 영역에 스며들었다. 아울러 근대 자본주의 사회로 접어들며 만들어진 상상의 산물인 민족은 5000년 역사의 민족이라는 장구한 정체성의 드라마로 둔갑했다. 민족이라는 하나의 공동체란 신화가 단단해지면 단단해질수록 사회 내부의 계급적이면서도 성별적 지배 관계는 흐릿해지거나 시야에서 사라졌다. 내부에서의 차이와 갈등은 외부와 우리 사이의 갈등(특히 분단 체제 아래에서는 북한)에 덮여버렸다.

  앤더슨의 말을 쫓자면, 민족/국민은 "이미지로서 마음에 그려진 상상의 정치 공동체"이다 그것은 근대 자본주의, 특히 출판 자본주의라고 부르는 것이 출현하면서 급격히 자리 잡았다. 출판 자본주의란 세속적인 대중의 말로 쓰인 신문과 소설 같은 것들을 통해 자신이 살아가는 세계를 민족(우리가 살아가는 세상과 그에 속한 사람들로서의 민족)으로 차츰 생각하고 그려내도록 한 조건을 가리킨다. 이는 자신들이 살아가는 공통의 시간을 상상하게 만들도록 했다. 균질적이고 공허한 시간 속에서 벌어지는 숱한 사건들은 이제 민족의 시간 속에 속한 사건들이 되는 것이다. 이를테면 우리는 1919년 한국에서는 어떤 일이 있었나와 같은 상상을 자연스럽게 할 수 있게 되는 것이다. 그러나 문화적 상상과 표현으로서의 민족주의를 움직이는 힘은 역시 제국주의와 식민주의 지배였다. 식민주의의 지배하에 놓인 이들은 자신들을 '같은 운명에 놓인 우리'로서 묶어줄 수 있는 이미지가 간절했다. 그 이미지는 바로 민족이었다. 그러나 그것은 반드시 국민일 필요는 없었다. 미국의 검은표범당은 흑인 민족주의를 내세웠다. 그들은 미국에서 인종주의적 지배에 시달리는 우리로서 흑인 민족이었다. 오랜 세월 식민주의 굴레에 놓여 있던 아프리카인들 역시 아프리카 민족주의, 즉 범아프리카주의를 발전시켰다. 이처럼 민족주의는 저항의 이데올로기로서 **제3세계 프로젝트**와 함께 빛을 발했다.

그러나 **제3세계 프로젝트**가 패배한 이후 상황은 변했다. 비자이 프라샤드는 『갈색의 세계사』에서 이렇게 쓸쓸히 술회한다. "**제3세계** 의제가 종말을 고하면서 **제3세계** 국가들에는 문화적 민족주의가 자라났다. 한때 다양한 형태의 사회주의가 차지했던 공간은 각종 사상의 복고적 형태로 채워졌다. 종교적 근본주의, 인종주의, 다시 살아난 구사회계급이 **제3세계** 프로젝트의 잔해 아래서 나타나기 시작했다." 그는 앞선 시대의 민족주의를 대체한 새로운 민족주의를

'문화적 민족주의'라고 부른다. 그것은 피억압 민중들의 상상이던 민족주의를 납치해 이제 다시 힘을 되찾은 왕년의 지배계급들의 이데올로기로 재가공한 것이다. 그러므로 민족주의 자체를 성토하는 것이 능사는 아닐 것이다. 제국주의에서 **신자유주의적** 세계화에 이르는 긴 역사적인 시대를 거치며, 종속에 시달리는 이들은 자신이 속한 공동체를 그려내기 위해 민족이라는 이미지에 매달려왔다. 민족주의를 위험하고 폭력적인 이데올로기라고 멀리하고 싶다면 먼저 민족이라는 공동체를 요청하는 식민주의가 사라진 세계를 만들어야 할 것이다. **제3세계** 프로젝트는, 그런 점에서 문화적 민족주의와는 거리가 먼 국제주의적 민족주의를 왕성하게 실험한 사례로서 깊이 기억되어야 할 것이다. (서동진)

반둥회의

Bandung Conference Konferensi Bandung

1955년 4월 18일, 인도네시아의 도시 반둥에서는 아시아, 아프리카 대륙의 총 29개국 대표가 모여 국제회의를 열었다. 인도네시아, 인도, 파키스탄, 스리랑카, 버마 다섯 나라가 중심이 되어 소집한 이 아시아 아프리카(A.A)회의는 이제 개최 도시의 이름을 딴 '반둥회의'라는 이름으로 더 유명하다. 반둥회의에 대표를 파견했던 여러 나라들은 문화적으로나 인종적으로 서로 두드러진 공통점을 가지고 있지는 않았지만, 한 가지 점에서 모두 일치했다. 바로 제국주의 열강의 식민 통치를 경험했고, 여기에 맞서는 반(反)식민주의의 역사를 어떤 식으로든 경험했다는 것.

    이 나라들은 식민주의가 1955년 시점에서도 여전히 강력한 힘을 발휘하고 있다는 데 의견을 같이했다. 식민주의는 이제 군사적 침략과 영토 점령이라는 과거의 노골적인 방법이 아니라, "경제적·지적 지배라는 현대적 의상으로 갈아 입"고서 보다 세련되고 교묘한 방식으로 진화했다는 것이다. 회의 개최국인 인도네시아 대통령 **수카르노**의 이러한 주장에 각국 대표들은 동의했고, 그들은 세계를 향해, 그리고 다른 누구보다 스스로를 향해 절실히 물었다. 식민주의를 끝내기 위해 무엇을, 어떻게 할 것인가. "원자폭탄과 달러가 지배하는" 이 세상에서 우리는 과연 무엇을 할 수 있을까.[1] 대부분 갓 **독립**한 신생국으로, 군사력도 경제력도 미비했던 이 나라들은 힘없는 약자들이 목소리를 내는 유일하면서도 가장 효과적인 방법을 그러나 이미 실천하는 중이었다. 한데 모여 힘을 모으는 것, 정치적인 힘을 모아

---

1 비자이 프라샤드, 『갈색의 세계사』, 박소현 옮김, 뿌리와이파리, 2015, 62쪽.

하나의 목소리를 내는 것. 바로 **제3세계**의 단결이었다.

    제3세계라는 개념을 애초 창안한 것은 프랑스의 사회학자 알베르 소비였지만, 반둥은 이 **제3세계**라는 개념을 단지 책 속에서가 아닌 살아 움직이는 국제정치 상의 현실로 만들어낸 결정적인 계기였다. **제3세계**란 자칫 시장 자본주의 질서를 따르는 부유한 1세계와 사회주의 계획경제를 실험하는 2세계 국가들을 제외한 세계의 나머지 지역, 다시 말해 무기력하고도 빈곤한 '잉여'의 나라들을 가리키는 말이기 쉬웠다. 그러나 소비가 일찍이 꿈꾸었던바 그대로, 반둥회의는 과거 식민지였던 아시아 아프리카 국가들의 연대를 실현하는 야심적인 정치적 플랫폼으로서 서구인들에게 적지 않은 충격을 안기며 등장했다. 서구인들에게 반둥회의가 심각한 도전으로 여겨졌던 것은 이 회의가 바로 1년 전인 1954년, 미국의 주도 아래 성립된 동남아시아조약기구(SEATO) 체제에 공공연히 반기를 든 것으로 받아들여졌기 때문이다. SEATO의 성립은 동남아시아를 과거 식민 정책의 틀 안에서 관리해 나가려던 유럽의 힘이 명백히 쇠퇴하고, 이제 미국이 그 자리를 대신 차지한 상황을 의미했다.

    그러나 정확히 말하자면, 반둥의 도전과 실험은 미국이라는 일극을 향한 것만은 아니었다. '평화 10원칙'으로 표현된 반둥 정신(Bandung Spirit)은 사실상 1세계와 2세계의 대표인 미국과 소련 양측 모두를 향한 담대한 선언이었다. 반둥회의가 우선 제시했던 목표는 전 세계를 양분화하는 미국과 소련 중심의 글로벌한 냉전 구도에 맞서, 그 어느 쪽에도 군사적으로 가담하지 않는 비동맹의 중립이라는 대안적 거점을 제시하는 것이었다. 반둥 국가들의 중립 노선은 결국 힘의 크기가 있는 국가들 간의 평화로운 공존이라는 궁극 목표와 연결될 터였다. 그렇다면 반둥 국가들이 주장하는 평화와 미소 양 진영으로 분할된 '적대적 공존' 체제인 **냉전** 하의 평화는 어떤 차이가 있을까. 유럽에서 국가 간의 대규모 전쟁이 일단 사라졌다는 점에서 **냉전**은 확실히 '평화로운' 상태이기는 했지만, 적어도 아시아 지역에서라면 **냉전**이 매우 다른 양상으로 전개되었다는 것은 그동안의 역사가 알려주고 있는 바 그대로였다. 예컨대, 중국의 국공내전(1946~1949)과 한국전쟁(1950~1953), 인도차이나전쟁(1946~1954)이 여실히 폭로한 것은 냉전 기간 동안 아시아 지역에서는 '열전'이 쉼 없이 벌어졌다는 사실, **냉전**의 평화가 결국 유럽에 국한된 것이며 따라서 그 평화란 '상상적'일 수밖에 없다는 명백한 현실이었다.

  1954년 인도차이나전쟁의 처리 과정에서 중국이 제안했던 '평화 공존 5원칙'(①영토 보전과 주권의 상호존중, ②상호 불가침, ③상호 내정 불간섭, ④호혜 평등, ⑤평화 공존)을 토대로, 반둥의 '평화 10원칙'은 유엔 헌장에도 부합하는 보편성의 차원으로 확장되어 설계되었다. 동일한 평화를 지향한다 해도 평화를 이끌어내는 주체가 누구인가의 문제에서 반둥의 평화는 실은 전혀 다른 것이었다. 제3세계의 평화가 미소 진영의 합의 및 거래를 따르며 수동적으로 '주어지는' 것이었다면, 반둥의 정신은 미소 양 진영에의 참가와 연루 자체를 거절하면서, 스스로 평화를 선취하는 주체가 된다는 것을 뜻했다. '반제'(反帝)와 '반식민'(反植民), '민족 자결', '평화 공존'으로 상징되는 반둥 정신의 요체는 동일한 지역이라는 귀속 감각과 굴욕적인 식민의 역사라는 공통성을 기반으로, 서구 발 냉전 서사를 내적으로 파열시키려는 **제3세계**의 실험적인 시도였다.

  그렇다면 1955년 당시 한국은 반둥회의의 정신을 어떻게 받아들였을까. 반둥회의를 통해 국제무대에 화려하게 재기한 중화인민공화국(PRC)의 존재와 반둥의 중립 노선은 **냉전** 체제의 초(超)'우등생'이며 완전히 미국 측으로 경사되었던 대한민국

정부로서는 불편할 수밖에 없는 요소들이었다. 반공을 국시로 삼은 대한민국에게 중립이란 공산주의를 용인하는 '용공'(容共)의 다른 이름일 따름이었다. 반둥회의 개최 측에서도 노골적인 정치 편향성과 호전성, 인종차별주의 등의 이유를 들어 남북한, 타이완, 남아프리카공화국, 이스라엘 등은 초대하지 않았다. 그러나 초대조차 받지 못한 이 반둥회의는 한국의 몇몇 정치인과 지식인에게는 깊은 인상을 남겼다. 예컨대, 진보당 대표였던 조봉암은 반둥 정신에 영감을 받은 것이 분명한 '평화통일론'을 주장하여 한국 유권자들의 적지 않은 지지와 호응을 얻어냈다. 1959년, 조봉암은 국가보안법 위반이라는 죄목하에 끝내 사형을 당했지만, 그의 죽음으로부터 불과 1여 년 후 최인훈의 『광장』이 발표되었다. 4·19의 혁명적 분위기에 힘입어, 『광장』은 한국 소설 최초로 중립 노선에 대한 상상을 대담하게 실험할 수 있었다.

세계를 놀라게 한 반둥회의의 실험은 그러나 오래 지속되지는 못했다. 10년 후인 1965년, 2차 아시아 아프리카 회의인 알제리 회의 개최가 직전에 무산된 것이다. 중립 노선의 주축이었던 중국과 인도가 국경 분쟁으로 무력 충돌한데다 **인도네시아 공산당 학살** 당시 다수의 화교들이 희생되면서 반둥의 평화 원칙은 끝내 와해되기에 이른다. 그렇다면 반둥은 왜 실패했을까. 반둥 정신의 몰락은 국민국가 시스템의 강고함을 고스란히 보여주는 사태이지만, 그러나 좀 더 근본적으로 사유할 필요가 있지 않을까. 반둥 정신은 평화와 민족 자결을 강조하기는 했지만, '발전'을 지상 최고의 가치로 설정하는 시장경제 패러다임 너머를 전망하는 상상력을 보여주지는 못했다. 오히려 근대화와 개발을 명분으로 민주주의의 가치에 거의 무관심했다는 점, 이후 **제3세계 비동맹운동**이 악명 높은 독재자들에 의해서 계승되었다는 점[2]은 지금 – 여기 반둥 정신의 새로운 버전을 꿈꾸는 이들 모두의, 회심의 출발점이 되어야 하지 않을까. (장세진)

---

2 이동기, 「평화텍스트 12선(4): 반둥 아시아 아프리카 회의 최종의정서」, 『경향신문』, 2013.2.3.

"(아시아아프리카회의 참가국은) 세계 핵전의 위기를 안고 있는 국제적 긴장 현상에 대한 깊은 우려를 표명하면서 보다 큰 자유 속에서 사회적 진보와 생활 수준의 향상을 누리기 위하여 요구되는 10원칙을 선언한다.

- 기본적 인권 및 유엔 헌장의 목적과 원칙에 대한 존중
- 모든 국가의 주권 및 영토 보전에 대한 존중
- 모든 인권의 평등 및 대소 국가의 평등
- 타국 내정 개입 및 내정 간섭 금지
- 유엔 헌장에 따른 개별적 집단적 자위권 행사 존중
- 강대국의 특수 이익을 위한 집단 방위 협정의 사용 금지 및 타국에 대한 압력 행사 삼가
- 타국의 영토 보전 및 정치적 독립에 대한 침략 및 침략 위협 및 무력 사용의 회피
- 모든 국제적 분쟁의 평화적 해결
- 상호이익과 협조의 증진
- 정의와 국제적 의무에 대한 존중"

― 반둥회의 최종의정서 중

발전 / 개발
Development 發展 / 開發

> 그렇다면 저발전은 1949년 1월 29일에 탄생한 셈이다. 그날 전 세계 20억 명이 넘는 사람들은 하루아침에 저발전 상태에 놓이게 되었다. 그날 이후 이들은 정녕 자신의 다양한 정체성을 잃게 되었고, 남들의 현실을 거꾸로 비추는 거울 속에서 우스꽝스러운 모습으로 변형되었다. 이 거울은 저발전국 민중의 정체성을 규정했다. (...) 그런데 이런 기준을 제시한 것은 서구권의 일방적이고 편협한 소수의 인류였다.

멕시코의 대표적 지식인인 구스타보 에스테바가 한 말이다. 에스테바는 여기에서 발전과 저발전이라는 '생각'이 출생한 날을 딱 꼬집어 찾아낼 수 있다고 단언한다. 발전이란 관념이 모든 사회가 스스로의 처지를 비춰보는 거울처럼 구실하고 모든 사회가 쫓아야 하는 이상처럼 여겨지던 때가 있었다. **비동맹운동**의 시대, 세 개의 세계의 시대는 어쨌든 발전이란 깃발이 나부낀 시대였다. 그리고 이러한 시대가 저물고 실패하자 그 시대를 이끈 주된 나침반이었던 발전이란 생각을 의심하고 그것을 하나의 도그마로 여기며 그를 비판하는 목소리가 높아졌다. 이런 목소리들은 발전이야말로 불평등에서부터 환경 위기에 이르기까지 수많은 문제를 낳은 주범으로 성토한다. 그리하여 '발전에서 벗어나기'와 같은 생각은 적어도 비판적인 지식인들 사이에서는 큰 인기를 누린다.

그런데 왜 저발전과 발전이란 생각이 탄생한 날이 하필 1949년 1월 29일일까. 그날은 바로 미국 대통령 조지 트루먼이 취임한 날이었다. 그날 취임 연설에서 트루먼 대통령은 훗날 세계 대다수 사람들이 마음속에 새길 역사의 방향을 선언했다. "우리는 우리가 누리는 과학 발전과 산업 진보의 결실이 저발전국의 발전과 성장에 활용될 수 있도록 하기 위해 대담하고 새로운 프로그램에 착수해야 합니다. 해외에서 이익을 수탈하는 낡은 제국주의는 우리 계획안에서 설 자리가 없습니다. 우리가 구상하는 것은 공정한 민주적 거래에 토대를 둔 발전 사업입니다." 저발전에서 발전으로! 이 말은 곧 많은 **제3세계** 나라의 정치가들과 개혁가들이 추구할 목표가 되었다. 제3세계의 나라들이 발전을 꾀하면 꾀할수록 저발전 상태에서 벗어나지 못하는 상황을 개탄하고 이것이 여전한 제국주의 지배에 따른 결과임을 폭로하고자 했던 종속이론가들 역시 발전이란 말은 의심하지 않았다. 그들은 **제3세계**, 특히 남미의 사회들이 종속적 발전의 길을 걸었으며, 이러한 발전은 모국의 다국적기업과 금융 자본 그리고 그들과 결탁한 자국의 부르주아지와 관료, 군부의 부를 늘리고 노동자와 농민에겐 빈곤하고 헐벗은 삶을 강요했을 뿐임을 꾸준히 알렸다. 발전을 약속받았지만 저발전이 초래되었을 뿐이라는 점을 규탄했어도 그들은 발전이 바람직한 것임을 부인하지는 않았다. 발전은 탈식민화된 이후 자신들의 국가를 수립한 나라의 국민들에겐 공통의 청사진이었다. 그렇기 때문에 **제3세계**라는 기획은 또한 발전이라는 기획과 쉽게 손을 잡을 수 있었다. 발전은 단순히 경제의 문제를 넘어 이를 가능케 하는 정치적 동원과 조직, 즉 강력한 국가와 그것을 이끄는 정치 정당을 요구한다. 그렇기 때문에 발전은 경제를 넘어 정치의 문제이기도 한 것이었음을 명심할 필요가 있다.

그런데 발전이란 생각 자체를 터부시하는 것은 너무 조급한 것처럼 보일 수도 있다. 발전은 자신의 의지에 따라 선택하고 버릴 수 있는 것이 아니기 때문이다. 자본주의 생산 양식이 지배하는 사회라면 끊임없는 발전과 성장이라는 저주에서 벗어날 수 없다. 자본주의란 더 많은 가치를 생산하는 가치를 통해서만 작동하는 세계이다. 이러한 세계는 자신의 세계에서 살아가는 사람들의 안녕과 부를 늘리는 것이 아니라 오직 맹목적으로 더 많은 돈을 벌어들이는 것이 지상 목표인 세계이다.

> 부르주아지는 생산 도구를 끊임없이 변혁하지 않고서는, 따라서 생산 관계와 더 나아가 사회관계 전반을 혁신하지 않고서는 존재할 수 없다. 반면에 종전의 산업에 종사하던 모든 계급들의 첫 번째 생존 조건은 낡은 생산 양식을 그대로 유지하는 데 있었다. 생산의 계속적인 변혁, 모든 사회관계의 끊임없는 교란, 항구적인 불안과 동요가 부르주아 시대를 그 전의 모든 시대와 구별해준다. 굳어지고 녹슬어버린 모든 관계는 그에 따르는 부산물들, 즉 아주 오래 전부터 존중되어온 관념이나 견해와 함께 해체되며, 새로 생겨나는 모든 것조차 미처 자리를 잡기도 전에 이미 낡은 것이 되고 만다. 신분적인 요소와 정체된 것은 모두 사라지고, 신성한 것은 모두 모욕당한다. 그리하여 사람들은 마침내 자기의 생활 상태와 서로 간의 관계를 냉정한 눈으로 바라볼 수밖에 없게 된다."

마르크스와 엥겔스는 일찍이 저 유명한 『공산주의 선언』에서 이렇게 밝힌 바 있다. 그리고 그들의 예측과 진단은 그 어느 때보다 오늘날 더 적중한다.

자본주의가 생명을 유지하고자 한다면 더 많은 발전, 더 많은 성장이라는 운명에서 벗어날 길이 없다. 그러나 한계 없는 성장과 발전이란 여러모로 터무니없는 생각이 아닐 수 없다. 먼저 발전과 성장을 계속하기 위해서는 지구 차원에서 자원의 절대적 한계와 맞닥뜨릴 수밖에 없기 때문이다. 지속적인 성장과 발전을 위해 기후변화는 물론 지구 생물종의 다양성의 파괴 및 다수 종의 멸종, 삼림 파괴 등이 초래될 수밖에 없다. 한편 성장/발전은 모든 사회가 따라야 할 하나의 일반적인 방향이 있음을 가리킨다. 그리고 그 방향은 언제나 서구 자본주의 나라들을 가리킨다. 그 나라들에서 이룩한 것은 곧 모든 나라가 따르고 본받아야 하는 모델이 된다. 그 결과 세계의 모든 나라는 발전의 사다리 위에서 앞서거니 뒤서거니 하면서 차례로 발전을 겪거나 추구하고 있다고 이해되어왔다. 여전히 자주 듣게 되는 선진발전국, 발전도상국, 저발전국, 최저발전국 같은 구분은, 발전 사다리라는 생각이 얼마나 뿌리 깊게 자리 잡고 있는지 알려준다. 그리고 이러한 생각은 **제3세계**에 속한 나라들은 전통에 얽매인 탓에 발전을 이룩하지 못했으며 발전을 꾀하려면 낡은 습속과 문화에서 벗어나야만 한다는 **근대화론**을 통해 뒷받침되었다. 그러나 어떤 발전도 하나의 나라 안에서 일어나는 일은 아니다. 수출용 단일 작물 재배를 통해 얻은 부로 무기를 구입하고 도로를 건설할 수 있지만 그것은 이미 세계 자본주의 내에서 비롯된 불평등한 관계에서 비롯된 것이다.

　발전이라는 생각 속에 자리 잡은 또 하나의 중요한 생각은 발전의 단위이자 주인공은 국가라는 생각이다. 아프리카는 탈식민화 이후 마치 자를 대고 줄은 그은 것처럼 반듯한 모양으로 여러 나라로 분할되었다. 그 때문에 제멋대로 그어진 국경선을 따라 만들어진 국민국가를 뛰어넘으려는 아프리카 민중의 투쟁이 나타났다.

범아프리카주의라는 목표를 향한 아프리카인들의 노력이 바로 그런 것이다. 그러나 유엔이 말해주듯이 탈식민화 이후 세계는 국민국가들의 연합처럼 간주되었다. 국가에 속한 이, 즉 국민으로 살지 않는 이는 세계에서 어떤 권리도 보호도 얻지 못하는 것처럼 되었다. 그러나 범아프리카주의는 국가를 뛰어넘은 국제주의적 민족주의 역시 가능하다는 것을 보여주었다. 무엇보다 **비동맹운동**은 이러한 국가를 뛰어넘고자 한 시도였다. **비동맹운동**의 기치 아래 모인 나라들은 자신들이 공통의 운명을 짊어진 **제3세계** 민중들의 연합을 꿈꾸었다. 물론 이는 언제나 불안정한 것이기도 했다. 이는 **비동맹운동** 역시 국가들의 모임이었고 그들이 활동한 가장 큰 무대 역시 이러한 국가들의 연합인 유엔이었기 때문이다. 그러나 문화적 정체성에 따라 민족 혹은 국민을 상상하고 그러한 정체성을 지킨다는 이유로 타인들을 배척하고 공격하는 문화적 민족주의는 **제3세계**와 **비동맹운동**에 스며 있던 국제주의를 스스럼없이 포기하고 배반한 것이다.

발전이라는 기획 혹은 관념은 경제 성장을 신처럼 숭배하고 국가가 유일한 정치 공동체인 것으로 다루었다는 점에서 많은 비판을 받아왔다. 발전과 성장이라는 청사진을 통해 그려진 것과는 다른 미래를 향한 꿈을 그리려는 생각은 소중하다. 그럼에도 불구하고 발전을 향해 나아가면 나아갈수록 저발전의 덫에 걸리는 발전의 모델이 아닌 다른 발전의 모델을 향한 꿈 역시 가치 있는 것이다. **비동맹운동**과 **제3세계**라는 기획이 실패한 이후 발전에의 꿈을 비관하는 것은 이해할 만한 일이다. 제1세계인 서구의 삶의 수준을 꿈꾸는 것이 아닌 발전의 꿈은 무엇일까. 우리는 그러한 대안적이고 유토피아적인 발전이란 무엇인지 묻고 답해야 하는 시점에 서 있을 것이다. (서동진)

범아프리카영화작가연합

Pan-African Federation of Filmmakers

Fédération Panafricaine des Cinéastes

식민 종주국 영화 산업의 영향력에서 벗어나려는 노력은 **제3세계** 영화운동이 공통으로 추구한 숙제였다. 인력, 제작, 상영, 배급 제도를 개혁해 공공재로서의 영화 제작을 실행해야 했다. 국가나 정부 소유를 넘어서, 인민을 위해 인민에 의해 운영되고 작동하는 영화 산업이 필요했다. 쿠바 영화예술산업기구(ICAIC)는 **제3세계** 영화 산업 기구의 한 전형이었다. 아무것도 없는 상태에서 시작한 아프리카 영화계의 상황은 더욱 긴급했다.

    19세기부터 프랑스가 지배했던 알제리, 모로코, 튀니지 등 북아프리카 영화는 프랑스어와 프랑스 교육 제도, 프랑스 문화의 영향을 받지 않을 수 없었다. 영화인들도 대부분 프랑스 영화학교 교육과 제작 지원, 개봉 지원 제도의 수혜를 입었다. 전쟁으로 독립을 쟁취한 알제리 영화가 프랑스에 대한 문화 종속을 타파하려 한 노력은, "영화로 역사를 쓰"며 '투쟁하는 영화' 즉 시네마 무자히드(Cinéma Moudjahid)의 흐름을 낳는다. 신생 국가가 문화 정체성을 만들어가는 과정을 영화로 해내려 한 알제리 영화인들은, 산업 분야에서의 실천을 위해 1967년 민족영화산업위원회(ONCIC)를 설립한다.

    다른 아프리카 국가보다 독립이 빨랐던 이집트의 영화 제작은 1930년대부터 활발했다. 나세르 집권 이후, 이집트 영화인들은 아랍 **민족주의**를 지지하는 작품을 제작해 약 십 년간 범아랍 영화의 황금기를 이끈다. 짧은 아랍 영화의 전성기가 저물 무렵, 상업영화 감독으로 해외 영화제에서 각광받던 유세프 샤힌은 알제리민족해방전선을 지지하는 ‹자밀라›(1958)를 발표한다. 그는 알제리 독립 이후 알제리 민족영화산업위원회와 합작영화도 여러 편 만든다. 샤힌은 6일 전쟁 이후에 팔레스타인 민족해방투쟁을 지지하는 ‹참새›(1972)를 발표하는 등 범아랍 영화의 구심점 역할을 계속한다.

 1975년에야 포르투갈 지배에서 벗어난 모잠비크는 국립영화기구(INC)를 독립 직후에 설립했다. 초대 대통령 사모라 마셸은 새로운 사회주의 국가를 건설하는 데 영상의 힘이 중요하다고 믿었다. 국립영화기구 사업 중 뉴스릴 쿡사 카네마(Kuxa Kanema) 제작은 널리 알려졌다. 프랑스어권 감독 장 루슈, 장뤼크 고다르, 시네마노보 운동에 참여한 브라질의 루이 게라 등이 모잠비크를 방문해 국립영화기구 국제교류사업과 교육에 참여했다. 그러나 독립 직후 발발한 내전 때문에 모잠비크 영화 산업은 기틀을 다지지 못했다. 또한 국립영화기구는 1991년 화재를 당한 뒤 복구되지 못하고 몇몇 부서만 가동하는 상태이다. 역시 포르투갈어권인 기니비사우와 앙골라는 라틴아메리카 영화, 특히 쿠바 및 브라질 영화운동과 활발히 교류했다.

 사하라 이남 지역 등 전 아프리카 대륙 영화를 포괄하기 위한 노력은 기실 대다수 아프리카 국가들이 식민 지배를 받고 있던 1950년대부터 있었다. 독립 베넹의 수도가 될 포르토노보에서 태어난 폴랭 수마누 비에이라와 동료들이 1952년 아마추어 영화 집단인 아프리카 영화(Cinéma Africain) 그룹을 결성한 일도 그중 하나이다. 프랑스 국립영화학교에서 연출을 전공한 뒤 세네갈에서 활동한 비에이라는 니제르, 토고, 콩고, 카메룬, 마다가스카르의 **독립** 과정을 다큐멘터리로 제작하고 상고르 대통령의 이집트, 소련, 이탈리아

방문 공식 기록영화를 연출한다. 또한 비에이라는 1969년에 다른 아프리카 영화인들과 함께 범아프리카 영화작가 연합(PAFF) 창설을 발의한다. 아프리카 영화의 활발한 배급과 영화인 교류, 영화 교육을 목적으로 부르키나파소 정부가 창설한 우아가두구 범아프리카 영화 및 텔레비전 페스티벌(FESPACO)도 같은 해 시작되었다. PAFF가 설립되기 이전부터 아시아 여러 나라의 **독립과 반둥회의**, 네그리튀드 운동 등에 크게 영향받은 아프리카 영화인들은 1959년 로마에서 열린 흑인작가예술가회의에 모여 영화 분과를 만들고 비에이라를 대표로 선임했다. 이들은 1966년 세네갈 다카르에서 처음 열린 흑인세계예술축제에서 아프리카 16개국 영화 26편 상영을 주관했다. 같은 해 튀니지 정부도 아프리카 영화를 진흥하기 위해 카르타고 영화제를 창설한다.

이러한 배경에서 1970년 설립 작업을 완료한 PAFF는 "제작, 배급 및 상영 등 아프리카 영화 산업의 강화에 초점을 두고, 아프리카 대륙 여러 지역의 영화 제작자들의 목소리"를 내고자 했다. 모든 아프리카 감독을 포괄하며, 제국주의를 반대하는 저항과 투쟁을 강령으로 명시한 PAFF와 같은 영화 단체는 다른 대륙에서는 찾아볼 수 없는 모델이었다. PAFF는 아프리카 영화 제작과 배급 진흥 외에도 아프리카 각국의 영화제를 주관하고, 아프리카 영화 제작자 조합 및 아프리카 여성 영화 기구를 창립하며, 아카이브를 세우고 아프리카 영화 전문 잡지 『아프리카의 스크린』을 발행했다. PAFF는 유네스코에 NGO로 가입했고, 아프리카통일기구(OAU)에 옵서버 자격으로 참여했으며, 아랍연맹 및 각국 국립영화 기구와 협력하고 라틴아메리카 영화계와 적극 교류했다. PAFF를 대표하는 인물인 세네갈 감독 우스만 셈벤은 탄자니아 대통령 니에레레 등 아프리카 정치인들과 직접 만나 영화 산업의 기반 건설을 위한 지원을 강력히 요청하기도 했다. PAFF를 대표하는 여성 감독 사라 말도로르는 프랑스령 과들루프 출신으로, 우스만 셈벤과 함께 모스크바 국립영화학교에서 연출을 전공한 뒤 ⟨알제리 전투⟩ 조연출로 일했다. 말도로르는 앙골라해방인민운동(MPLA)의 창립자인 반려자 마리우 핀투 드 안드라드와 협업한 ⟨삼비장가⟩(1972) 등 아프리카 반식민 영화의 대표작들을 만들었다.

제3영화의 영화운동에서 중요한 분기점이 된 1973년 알제리 민중영화위원회 '공동제작회의' 의장도 우스만 셈벤이 맡았다. 이 회의에는 옴베르토 리오스(볼리비아) 등 라틴아메리카 영화인들도 참여했지만, 플로라 고메스(기니비사우), 모하메드 압델와하드(모로코), 엘 하시미 셰리프(알제리), 라민 메르바(알제리), 벤살라 모하메드(알제리), 세바스티앙 카인바(콩고), 메드 혼도(모리타니아) 등 아프리카 영화인들이 더 많았다. 이들은 영화가 "문화를 개발하는 역할을 하며, 무기이자 민중 자각과 개발을 위한 표현 방법"이라 규정했다. 또한 "공동 제작은 무엇보다 **제3세계** 국가를 위한 반제국주의의 단합의 표명으로 존재해야 한다"는 인식 아래, "**제3세계** 국가들의 경제적 방법과 가능성의 실체 그리고 주체성을 모색하기 위한 새로운 형식을 찾자"고 결의했다. 제3세계 영화가 독자적인 미학적 방법론을 탐구하고 실천할 필요성을 강조한 것이다. 어려운 정치·경제 상황에서도 가나, 말리, 모로코, 모리타니, 부르키나파소, 세네갈, 수단, 알제리, 에티오피아 등 21세기 아프리카 영화가 보여주고 있는 새로운 활력은 PAFF를 비롯한 아프리카 영화운동이 낳은 성과이다. (신은실)

참고문헌
- 서울영화집단, 『'서울영화집단'이 엮은 영화운동론』, 도서출판 화다, 1985.
- 서울영화집단, 『새로운 영화를 위하여』, 학민사, 2000.
- 박은지, 『지중해의 영화』, 산지니, 2014.

↑ 1954년 유엔 산하 라틴아메리카경제위원회(CEPAL) 위원장으로 활동하던 라울 프레비시(1901~1986). 주로 1차산품을 생산하고 수출하는 제3세계가 비교우위론에 따라 이익을 보기는커녕 손실만 본다는 것을 구체적 수치로 증명해보이고, 왜곡된 국제무역질서를 개선하고자 했다. 그런 노력은 1964년 유엔 무역개발협의회(UNCTAD) 발족으로 국제적인 전기를 맞았으며, 프레비시는 초대 사무총장을 맡았다. Arquivo Nacional Collection Brazil

↑ 1968년 문화혁명 당시 중국의 소년소녀 홍위병들의 활동
↗ 반둥회의에 참석한 아랍권 대표들. (가장 왼쪽의) 사우디아라비아의 왕세자 파이살, (왼쪽에서 세 번째) 이집트의 나세르, 북예멘의 이맘 아흐마드 등이 보인다.

↑ 1955년 반둥회의 개최 당시 행사장 전경. 식민지 시절 플랜테이션에 둘러싸인
  서늘한 고지대의 도시 반둥은 "자바의 파리"라고 불리며 휴양도시로
  사랑받았다. 유럽인들의 사교장 콘코르디아 클럽으로 식민질서의 상징이었던
  이 건물은, 독립 후 독립회관(Gedung Merdeka)이 되었으며 1955년에는
  새로운 세계 질서의 시작을 알린 반둥회의 개최 장소가 되었다. 지금은
  아시아아프리카회의 박물관이다.
↗ 반둥회의에 모인 각국 정상들

↑ 반둥회의 직전 1955년 3월 준비호부터 시작해 회의기간 중에는 매일, 회의 종료 후 6월 정리호까지 총 10회에 걸쳐 인도네시아 외교부가 발행한 회의 소식지 표지

↗ 1968년 설날 사이공. 구정공세의 일환으로 베트공이 벌인 공격으로 검은 연기에 뒤덮인 사이공 시내와 불자동차가 출동하는 모습. U.S. National Archives and Records Administration

↑ 1973년 파리평화조약에 서명하는 응우옌티빈 장관
↗ 1971년 샌디에고대학교에서 열린 베트남전 반전시위

↑ 미국의 급진적인 정치 조직 검은표범당은 흑인민족주의(black nationalism)를 내걸고 인종주의에 맞서 투쟁하였다. 사진은 미국 캘리포니아주 오클랜드에 있던 검은표범당 본부 앞에 서있는 두 지도자 바비 실(Bobby Seale)과 휴이 뉴튼(Huey P. Newton)

베트남전쟁
Vietnam War 越南戰爭

베트남전쟁이란 1차 인도차이나전쟁 이후 베트남, 캄보디아, 라오스 일대에서 1955년부터 1975년까지 지속된 전쟁을 가리킨다. 프랑스와 북베트남 간의 1차 인도차이나전쟁에 이어 벌어졌으므로 2차 인도차이나전쟁이라고도 하고, 베트남에서는 미국이 벌인 전쟁이란 의미에서 미국전쟁이라고 부른다. 그러나 전쟁 난민 출신 작가 비엣 타인 응우옌은 이 전쟁을 부르는 어떤 이름도 이 전쟁에서 벌어진 일을 정확히 설명하지 못한다며 이 전쟁의 복잡성과 불가해함 그리고 전쟁에 관한 기억의 비대칭성을 지적하기도 했다. "베트남 공산주의자들은 초음속 전투기, 네이팜탄, 백린탄, 항공모함, 전략폭격기, 제초제 그리고 섬광과 굉음 속에서 분당 6,000발을 발사할 수 있는 소위 미니 기관총이 장착된 헬리콥터를 사용하는 괴물 같은 거대 산업과 비대칭적 전쟁을 벌였다. 전투기 몇 대와 미사일을 제외하고, 거의 아무것도 보유하지 못한 상태였다. 그들은 게릴라전이라는 비대칭적 방식으로 대응했다." "미국은 이 전쟁에서 5만 8,000명가량의 인명 손실을 입었고, 한국은 5,000명 정도가 목숨을 잃었다. 반면에 베트남, 라오스, 캄보디아는 공식적인 전쟁 기간 동안 약 400만 명이 목숨을 잃었다." 그러나 미국은 이 전쟁에서 패배했다. 미국이 왜 그토록 깊이 베트남에 개입하게 되었는지에 관해서는 여전히 해명되지 않은 부분이 많다. 하지만 외국 특히 서구의 간섭 없는 진정한 **독립**과 통일을 이루고자 하는 베트남인의 열망을, 공산주의의 확장을 경계하는 **냉전**의 틀로만 바라보면서 전쟁의 성격을 오판했다는 견해가 차츰 설득력을 얻고 있다.

 1945년 **호찌민**이 이끄는 베트민이 8월 혁명에 성공, 독립을 선언하고 베트남인민민주공화국을 수립했다. 그런데도 프랑스는 인도차이나를 되찾겠다는 일념으로 군대를 파병하면서 1차 인도차이나전쟁이 시작되었다. 미국이 비용의 80퍼센트를 댄 이 전쟁은 8년을 끌었으나, 어느 쪽도 절대적인 우위를 점하지 못했다. 결국 1954년 5월 제네바에서 한반도 전후 처리문제와 함께 인도차이나 정전 협상을 시작하기로 합의했다. 회담 직전 디엔비엔푸 전투에서 치욕적으로 패배한 후 프랑스는 전쟁을 계속할 의지를 완전히 잃었다. 그러나 미국은 중국의 공산화 이후 전략적 중요성이 한층 더 커진 베트남이 공산화되는 것을 용납할 수 없었다. 특히 미국 대통령 아이젠하워는 인도차이나가 공산화되면 동남아시아 전체로 공산주의가 확장될 것이라는 소위 도미노 이론을 내세웠고, 이후 미국의 인도차이나 정책은 이 강박에서 벗어나지 못했다. 미국은 제네바협상에서 북위 17도선을 경계로 베트남을 남북으로 일시적으로 분단하고 민주적인 절차를 거쳐 통일한다는 안을 관철시켰다. 그 사이 남베트남에 강력한 반공 정권을 세워 공산주의의 확장을 막을 심산이었다.

 그러나 **호찌민**이 이끄는 북베트남 정권이 아래로부터 광범위한 지지를 받는 것과 달리, 프랑스가 인위적으로 만들어낸 남베트남 정권은 허약할 수밖에 없었다. 하지만 미국은 응오딘지엠 대통령 일가의 권력 남용과 부정부패가 문제일 뿐 이 정권의 기원 자체가 문제의 핵심임을 인정하지 못했다. 따라서 남베트남 정권이 과연 지킬 만한 가치가 있는 정권인가라는 근본적인 질문을 놓치고 말았다. 남베트남의 도시를 벗어난 지방에는 행정력이 미치지 못해 농촌지역은 통치의 진공상태였다. 그런 상태에서

(베트콩으로 더 잘 알려진) 남베트남민족해방전선은 남베트남 정권에 맞선 민족해방전쟁을 공개적으로 선언하고 북베트남의 지원을 받으며 지하에서 농촌을 본격적으로 공략하기 시작했다. 상황이 어려워질수록 남베트남 정권은 미국에 의존할 수밖에 없었고, 그럴수록 민심은 이반했다. 미국의 막대한 원조로도 상황은 나아지지 않았다. 1964년경 직접 병력을 투입하지 않고는 남베트남의 붕괴를 막을 수 없을 것이 확실해지자 통킹만 사건을 일으켜 파병의 명분을 만들고 의회의 승인을 받았다. 1965년 3월 최초로 미 해병대 3,500명이 다낭에 상륙하면서 본격적인 지상전이 시작되었다.

전쟁은 단계적으로 확대되었으며 그에 따라 파병 규모도 점차 커져 1968년경이면 미군 50만 명이 베트남에 주둔하고 있었고, 북베트남에는 2차 세계대전 당시 독일과 일본에 떨어뜨린 폭탄을 합친 것보다 더 많은 폭탄이 떨어졌다. 한국, 태국, 필리핀 등 미국의 동맹국 또한 대규모 지상 병력을 파병했으며 일본과 태국은 보급기지의 역할을 해서 전장인 베트남을 중심으로 동아시아 전체가 분쟁에 휘말려 들었다. 그런 가운데 베트콩은 1968년 설날 40곳 이상의 마을과 도시 지역을 동시에 기습 공격하는 구정 공세(Tet Offensive)를 감행했다. 며칠 지나지 않아 미군이 우월한 화력을 동원해 빼앗긴 거점을 모두 회복하고, 도시 지역의 베트콩 조직은 궤멸당했다. 그러나 이 사건으로 미군이 승리하고 있으며 전쟁의 끝이 멀지 않았다는 공언은 의심받기 시작했다. 북베트남의 입장에서 구정 공세는 실패한 전술이었지만 성공한 전략이 된 것이다.

또한 미국 정부는 전장 밖에서 또 다른 반발에 직면하게 되는데, 바로 반전 여론이었다. 학생들이 반전시위를 조직하기 시작할 때만 해도 미약한 흐름이었으나, 1967년 민권운동 지도자 마틴 루서 킹이 베트남전쟁 반대 입장을 공개적으로 밝히면서 폭발적인 힘을 얻었다. "호 아저씨(**호찌민**)의 정부는 중국이 세운 정부가 아니라 베트남 바로 그곳에 사는 공산주의자들을 포함한 인민이 세운 정부이며, 농민들에게 이 새 정부는 그들에게 절박한 토지개혁을 한 정부입니다." 여기에 구정공세로 전쟁에 대한 미국인의 의구심은 커졌고 1968년 미라이 학살이 폭로되자 이 전쟁이 '더러운 전쟁'이라는 여론은 더 확대되었다. 반전운동은 68혁명을 비롯한 반문화운동의 흐름과 결합해 전 세계로 퍼져나갔다.

 1968년 말 미 대통령 선거에서 닉슨은 베트남전쟁을 끝내겠다는 공약을 내걸고 당선되었다. 그러나 그는 전쟁을 끝내기는커녕 '종전을 위해서'라는 핑계로 캄보디아와 라오스를 공격해 전쟁을 확대한. 이에 미국에서 반전운동은 더 불붙어 최대 규모의 시위와 총파업이 연일 이어졌다. 그리고 마침내 1973년 1월 파리평화협정이 체결되고, 모든 외국 군대가 베트남에서 철수했다. 그 후 베트콩과 북베트남은 1973년의 대공세 등을 통해 점차 남베트남을 압박했고, 마침내 1975년 4월 30일 남베트남민족해방전선의 깃발을 단 탱크가 사이공의 대통령궁에 진입하면서 30년에 걸친 전쟁이 일단락되고 통일이 이루어졌다. (박소현)

참고문헌
- 비엣 타인 응우옌, 「아무 것도 사라지지 않는다」, 부희령 옮김, 더봄, 2019.
- 박태균, 「베트남전쟁」, 한겨레출판, 2015.
- 레주언, 「미래를 위한 전진」, 클라이브 크리스티 편저, 「21세기 동남아시아의 역사」, 노영순 옮김, 심산, 2005.

오늘 우리 4,500만 인민은 1975년 봄 총공세와 봉기를 통해 거둔 큰 승리를 환호하고 있습니다. 우리는 미 제국주의의 침략과 신식민주의 지배를 완전히 물리치고 우리나라의 절반인 남부를 온전히 해방시켰으며 (…) 베트남의 승리는 베트남에서 민족 독립과 사회주의의 승리일 뿐만 아니라, 국제적인 중요성을 가진 획기적인 사건입니다. 이는 미 제국주의의 세계 전략을 뒤집어놓았습니다. 이로 인해 제국주의를 차례차례 몰아내고 부분부분 타도해버릴 우리 시대의 세 가지 혁명적인 흐름이 사회주의 세계에서, 서구에서, 제3세계에서 공세를 취하고 있습니다. 이제 제국주의, 미 제국주의조차 어떤 사회주의 국가의 땅을 1인치도 차지할 수 없습니다. 또한 민족 독립을 위한 어떤 운동도 후퇴시킬 수 없으며 여러 나라의 사회주의를 향한 발걸음도 멈추게 할 수 없습니다. (…) 형제와 같은 라오스와 캄보디아 인민의 위대한 승리와 함께 우리의 승리는 세계 사회주의 세력을 강화시키는 데 긍정적인 공헌을 했으며 인도차이나와 동남아시아에 평화와 민족 독립을 보호하는 유리한 환경을 새로이 조성했습니다. 우리는 민족 독립을 다시 획득하고 유지하기 위한 투쟁에서, 주권을 공고히 하는 투쟁에서, 제국주의와 신구를 막론한 식민주의의 모든 음모에 저항하는 투쟁에서 우리 동남아시아의 이웃과 제3세계 국가들과 단합하고 친선 관계를 강화하는 정책을 계속 밀고 갈 것입니다.

― 베트남공산당 총서기 레주언이 남베트남이 무너진 직후인 1975년 5월 15일 한 연설 '미래를 위한 전진' 중

「분지」
盆地

남정현의 「분지」는 1965년 『현대문학』 3월호에 게재된 단편소설이다. 이 작품은 주인공 홍만수가 미군에게 성폭력을 당한 후 자살한 어머니에게 자신이 주도한 사건의 경위를 알리고 자기 행위와 결단의 필연성과 정당성을 역설하는 형식을 취한다. 서술 시점에서 주인공은 미군에 포위된 채 펜타곤의 공격에 노출되어 있다. 그는 "미국의 병사를, 그의 아내의 순결을 짓밟"은 "저주받은 강간자"이자 "미국의 아니 자유민의 명예에 똥칠을 한 간악한 범법자"로 규정하고 있다. 소설은 공격 직전의 20여 분을 울리는 인물의 육성을 담고 있다. 강간, 복수로서의 강간, 절멸과 전멸이라는 미국의 '처벌', 죽음을 앞둔 최후의 독설과 토로라는 설정으로 직조된 「분지」에서 주목할 점은 다음과 같다.

첫째, 이 작품에 내재된 내셔널리즘이다. "홍길동(洪吉童)의 제10대손이며 동시에 단군의 후손인 나"라는, 인물의 반복되는 존재론적 설명에서부터 미국 및 남한 반공주의에 대한 전면적 비판에 이르기까지 내셔널리즘의 인식틀은 뚜렷하게 표출되어 있다. 남한 국가의 대미 종속과 반공주의는 냉전형 식민성의 적나라한 표현인 바, 「분지」에서 이 점은 "민중을 위해서 투쟁한 별다른 경험이나 경륜이 없어도 어떻게 '반공'과 '친미'만을 열심히 부르짖다 보면 쉽사리 애국자며 위정자가 될 수 있는 것 같은 세상", "오로지 정치자금을 제공한 몇몇 분들의 이익과 번영만을 위해서 입법(立法)이며 행정(行政)이 민첩하게 움직"이는 현실에 대한 일갈로 구체화된다.

1960년대는 4.19혁명, 한일회담 및 국교 정상화를 전후한 반대 투쟁 등을 계기로 '민주주의'와 '민족' 문제가 부상한 시기였다. 당시 『청맥』지를 중심으로 한 지식계의 (신)식민주의론이나 **제3세계 (신)민족주의론**의 전개도 이러한 움직임을 반영하고 있다. 「분지」는 민족과 국가의 주체성 확보를 지향하고 친미 반공주의의 극복을 추구하며 반민족-반민중적 통치 세력에 대한 저항을 강조한, 1960년대 내셔널리즘의 소설적 구현으로 볼 수 있다.

    둘째, 「분지」가 구사하고 있는 표상 체계의 젠더 배치를 살펴볼 필요가 있다. 점령되거나 종속된 민족-국가의 현실을 여성 내지 훼손된 여성 신체로 대체하는 방식은 특히 1950년대 전후 소설들을 통해 본격화되었다. 이러한 젠더 배치는 내셔널리즘의 표상 체계에서 반복되어온 클리셰인데, 「분지」 역시 그 전형을 재생산하는 텍스트이다. 그러나 기존의 상징 방식에 견주어볼 때 이 작품의 상상력에는 특징적인 면이 있다. '양공주'가 된 여성, 미군의 '첩'이 된 여성이 민족-국가의 종속 상태를 상징하는 경우는 1950년대 소설에서 종종 볼 수 있는데, 「분지」가 보여주는 '강간'이라는 극한 폭력의 적나라하고 공격적인 면모는 특이한 면이 있다. 작품의 중심 사건인 성적 폭력에 관한 독설에 가까운 묘사는 그 자체로 미군-미국의 폭력성을 극대화하여 환기시키는 효과를 갖는다. 또 다른 특징으로는 성적 폭력이 미군-미국에 대한 복수와 대항으로 의미화되고 있다는 점이다. 주인공은 미군-미국이 어머니와 여동생에게 가한 가혹한 폭력을, 똑같은 형태의 폭력으로 미국-여성에게 되갚는다. 미국 여성의 신체에 폭력을 행사한다는 철저한 보복과 점령의 모티프는 기존의 젠더화된 내셔널리즘 표상 체계에 흔히 등장한 것은 아니다. 남성화된 내셔널리즘 충동을 정당화하고, 여성을 폭력 행사와 대항폭력 행사의 장으로 고착화하는

「분지」의 젠더링과 신체성 감각은 오늘날 비판적 독해가 더 필요한 부분이다.

마지막으로, 「분지」를 논할 때 놓쳐서는 안 될 필화 사건을 들 수 있다. 「분지」는 반공법 위반으로 법적 심판의 대상이 된 최초의 작품으로 알려져 있다. 남정현은 작품을 게재한 후 두 달이 지난 5월부터 당국의 조사를 받기 시작하여 같은 해 7월에 구속된 후 같은 달 23일 구속적부심사 끝에 석방되었다. 1년간 사건 처리가 지연되다가 다음 해인 1966년 7월, 서울 형사지방법원에 불구속 기소된다. 「분지」 사건은 이 작품이 5월 8일자 북한의 「통일전선」에 전재되면서 시작되었다. 남정현의 변호인이었던 한승헌이 남긴 「남정현의 필화, '분지' 사건」에는 당시 상황이 자세하게 기록되어 있다. 「분지」에 적용된 법조항은 반공법 제4조 1항 "반국가단체나 그 구성원 또는 국외의 공산계열의 활동을 찬양 고무 또는 동조하거나 기타의 방법으로 반국가단체를 이롭게 하는 행위를 한 자는 7년 이하의 징역 및 자격정지에 처한다"는 규정이었다. 공소장은 이 작품을 "남한의 현실을 왜곡 허위선전하며 빈민대중에게 계급 및 반정부 의식을 부식 조장하고 북괴의 6.25남침을 은폐하고 군복무를 모독하여 방공의식을 해이케 하는 동시에 반미감정을 조성 격화시켜 반미 사상을 고취하여 한미 유대를 이간함을 표현하는 등을 주요 내용으로 하여" "북괴의 대남적화 저력의 상투적 활동에 동조"한 반국가적 텍스트로 낙인찍고 있다.

1965년 9월부터 판결 선고 시점까지 총 8회에 걸쳐 공판이 열렸는데 가장 중요한 제3회 공판(1967.2.8)의 검찰 측 증인으로는 한재덕(공산권문제연구소장), 최남섭(대남간첩) 등이, 피고인 측 증인으로는 문학평론가 이어령이 참석했다. 이어령은 이 소설이 "우화적 수법을 쓴 작품으로 친미도 반미도 아니"며, "민족문화의 주체성을 지켜야겠다는 생각"을 담고 있는 작품으로 "용공적"이지 않다고 변호했다. 그러나 결심공판(1967.5.24.)에서 용공성과 이적성을 근거로 징역 7년과 자격 정지 7년이 구형되었다. 이 공판에서 변호인 한승헌은 반공법 확대 적용이 국민의 자유를 침해할 위험성을 지적했다. 그리고 특별변호인 안수길은 작가를 법으로 심판, 처벌하는 양태를 문제 삼았다. 1967년 6월 28일, "형의 선고 유예"가 선고되었다. 무죄판결을 바란 각계의 분위기에도 불구하고 남정현은 1심, 2심 모두 유죄판결을 받은 것이다. 재판이 진행되는 동안 한국문인협회, 한국청년문학가협회를 비롯하여 문학계와 언론계에서는 반공법 적용의 전횡에 우려를 표한 것으로 알려져 있다. 「분지」 필화 사건은 반공 국가 공권력의 맹목성과 폭력성을 증명하는 대표적인 사례로 기록되고 있다. (김예림)

브란트 위원회 보고서
Brandt Commission Report

제3세계 나라들은 신국제경제질서를 끊임없이 요구했다. 과거 식민지 국가들이 남기고 간 경제 구조를 변화시키고 새로운 국민국가를 수립하려 한다면, 이는 불가결한 것이었다. 그러나 과거의 식민 모국들은 이러한 요구에 아랑곳하지 않았다. 결국 **제3세계** 나라들이 **신국제경제질서**를 만들고자 한 노력에 대한 반응은 두 개의 회의로 결실을 맺었다. 그 회의들은 마침내 신국제경제질서를 수립하고자 했던 **제3세계** 나라들의 요구에 대한 뒤늦은 응답이었지만 동시에 그것을 가능케 했던 역사적 시대, 즉 **제3세계**의 시대, **비동맹운동**의 시대를 종결시키는 새로운 출발점을 만들기도 했다. 조만간 **제3세계**는 남부(South)란 이름으로 대체될 것이고, **신국제경제질서**는 워싱턴 컨센서스로 대체될 것이었다.

    신국제경제질서를 향한 요구를 반영한 첫 번째 회의는 1975년 파리에서 열린 국제경제협력회의였다. 당시 프랑스 대통령이었던 지스카르 데스탱이 주도했던 이 회의에는 개발도상국 19개 나라를 포함해 모두 27개 나라가 참여했다. 회의 결과는 처참하리만치 **제3세계** 나라들의 요구를 무시한 것이었다. 이 회의에서 채택한 결의안의 주요 내용은 석유나 천연자원의 고갈 가능성을 고려해 이를 유통하고 분배하는 데서 국제적으로 협력하도록 한다거나 국제 무역을 촉진시키기 위해 공동 기금을 조성하고 이를 유엔무역개발회의에 맡긴다는 것 등이었다. 그러나 가장 중요한 것은 가난한 **제3세계** 나라들의 긴급한 빈곤 해결을 위해 고작 10억 달러를 지원하기로 한 약속이었다. 그런데 이미 **제3세계** 나라들이 브레튼우즈 기관들이나 미국과 영국의 민간 은행들로부터 진 빚만 해도 1,800억 달러가 넘어서고 있었다. 과거의 제국주의와 식민주의가 남긴 뿌리 깊은 유산에 더해 독립 후에 펼쳐진 불평등한 국제 경제 질서로 인해, 대다수 제3세계 나라들은 빈곤과 저발전, 그리고 빚에 시달려야 했다. 이러한 문제를 해결해야 한다는 압력을 전적으로 무시하기란 불가능한 일이었다. **비동맹운동**이 드리운 그림자가 아직 지평선에서 완전히 사라지지 않고 있었던 탓에 더욱 그러하였다.

결국 당시 세계은행 총재였던 로버트 맥나마라의 제안으로 '국제 개발 문제에 관한 독립위원회'(흔히 브란트 위원회라고 줄여 부른다)가 만들어졌다. 맥나마라는 세계은행 총재를 맡기 전, 포드자동차의 경영자로 재직했고, **베트남전쟁**이 시작되자 펜타곤에 몸을 담고 전쟁을 진두지휘했다. 그는 시장을 우선시하는 자본가였고 또한 북부의 이해를 위해 **제3세계**를 파괴하고자 했던 이력을 지닌 인물이었다. 그러던 그가 이제는 제3세계의 문제를 해결할 결정적인 중재자가 되었다. **베트남전쟁**에서 배운 교훈대로, 그는 빈곤과 불평등의 굴레에서 벗어나도록 하지 않는다면 **제3세계**는 반란이라는 위험에 직면하게 될 것이라고 믿었다. 개혁이라는 정치적 대가를 지불하는 것이 혁명과 소요에 시달리는 것보다는 좋은 일이라는 게 그의 생각이었다. 그리고 그는 이렇게 하는 것이 경제 위기에 봉착한 북부에게도 좋은 일이 될 것이라 믿었다. 맥나마라는 최빈국의 빈곤 문제를 해결하고 나아가 남부와 북부 사이의 격차가 깊어가는 것을 막고자 했다. 그러나 그렇다고 해서 그가 **비동맹운동**이 제안한 **신국제경제질서**를 선뜻 받아들인다는 것도 불가능한 일이었다. 그는 어쩔 수 없이 세계은행이라는 **브레튼우즈 기관**의 수장이었다. 그는 자유주의적인 시장 경제를 수호하고 선진국 자본가들을 지킬 책임을 지고 있었다. 그러나 잠자코 있을 수만은 없었다. 그는 남부와 북부의 다양한 전문가들을 초대해 위원회를 만들었다. 의장은 전 서독 수상이었던 빌리 브란트가 맡았다. 그리고 마침내 1980년 유엔 사무총장에게 이 위원회는 보고서를 제출한다.

'브란트 위원회 보고서'라고 알려진 문서는 통일된 의견을 제시한 것은 아니었다. 그럼에도 그것은 처음이자 마지막으로 남부와 북부의 공동 번영을 위한 원대한 꿈을 견지하고 있었다. 민주적이면서도 평등한 **발전** 모델과는 제법 거리가 있었지만 적어도 그것은 지구라는 행성 차원에서 복지 사회를 만들고자 했던 전례 없는 꿈이었다. 이는 유럽의 **발전**된 나라들에서 전개된 사회민주주의적 정책을 전 지구적 차원에서 실행하려는 것이었다. 브란트 위원회가 제출한 보고서의 제목은「남과 북 생존을 위한 프로그램」이다. 이 보고서는 남북 관계가 바뀌고 **신국제경제질서**를 향한 남부의 요구가 거세지고 게다가 장기적인 불황에 처한 선진국들의 상황을 고려하며, 남북이 서로 협력할 수 있는 새로운 경제 관계를 구축하기 위해 남북의 대표가 회의를 가져야 한다고 권고했다. 브란트 위원회 보고서에서 가장 두드러진 점은 성장만을 강조하던 기존의 **발전** 모델과 선을 긋고 성장과 재분배를 함께 도모하려 했다는 것이었다. 이를 위해 브란트 위원회 보고서는 저 유명한 '본질적인 인간 욕구'란 개념을 제안했다. 이 인간 욕구에는 영양, 주거, 교육, 문해력, 고용 등이 포함되었다. 지금까지 성장이란 오직 댐과 저수지를 건설하고 **녹색혁명**을 통해 생산성을 높이는 문제였을 뿐이다. 그러나 맥나라마는 그러한 관점에서 벗어나야 한다는 점을 잘 알고 있었다. 브란트 위원회 보고서도 이런 생각을 계승했다.

브란트 위원회 보고서는 북부는 남부의 빈곤과 저발전 문제를 해결하기 위한 기금(일명 세계발전기금)을 조성해야 하고 그에 대응해 남부는 안정적인 석유 공급과 가격을 유지한다는 것을 골격으로 삼고 있었다. 이는 보고서가 새롭게 내놓은 상호존중(mutual regard)이나 상호이해(mutual interests)란 노선에서 잘 드러났다. 제3세계 프로젝트를 이끈 반둥 정신은 도덕적인 이상을 가슴에 품고 있었다. 신국제경제질서 역시 그런 이상을 흐릿하게 비추고 있었다. 그러나 이를 선진국의 정부와 초국적기업들은 받아들이길 거부했다. 그러나 북부가 상호이해를 거부하고 경제를 끌어가는 원리로서 고집했던 자기이해(self-interest)라고 해서 북부에게 이득이 되는 것은 아니었다. 무엇보다 이는 남부와 북부 모두가 동등하게 직면하고 있던 위험을 깨닫지 못한 것이었다. 인플레이션과 결합되어 지속되던 세계경제의 침체, 화폐 질서의 혼란, 부채와 적자의 증대, 에너지, 식량, 원료를 둘러싼 경쟁의 고조, 세계 인구의 증가와 남부와 북부 모두에서의 실업난, 그리고 무엇보다 환경에 대한 위협의 심각화 (삼림 파괴, 사막화, 어류 남획 및 과도한 방목, 대기 및 수질 오염 등). 이 모두는 남부의 문제만도 북부의 문제만도 아닌 공동의 운명이 걸린 문제였다.

  브란트 위원회 보고서는 세 개의 세계로 이뤄진 지구 행성이란 이미지를 제시하고, 남과 북이라는 세계로 구성된 인류란 이미지를 세상에 제안했다. 그러나 브란트 위원회가 결성되어 활동할 즈음 역사는 이미 다른 궤도를 향할 준비를 마친 상태였다, 브란트 위원회는 미국과 북유럽에서 케인즈주의적 복지 국가가 위기에 봉착하고 **신자유주의**로 넘어가고자 하던 시기에 출현했다. 그것은 이미 저물어가고 있던 역사적 시대의 끝자락에서 그 시대가 여전히 지속될 것을 기대하고 있었던 셈이다. 결국 브란트 위원회는 과거의 식민주 국가들이 **제3세계**가 처한 문제들을 함께 해결하고자 진지하게 시도했던 마지막 몸짓이 되었다. 브란트 위원회 보고서의 운명은 얄궂게도 이 보고서의 권고에 따라 1981년 10월에 개최된 남북 서밋(칸쿤 서밋)에서 결정되었다. 멕시코 칸쿤에서 회의가 열리기 전 브란트를 포함한 브란트 위원회의 주요 위원들은 이 회의에 참여할 정부 대표들에게 간곡한 부탁을 전했다. 그들은 이 회의가 남북 간 발전을 둘러싼 오랜 대화의 실패를 겪은 후 최후의 수단이 될 것이며, 지구의 운명은 바로 이 대회를 통해 남북 간 균형을 회복하는 것에 달려 있다고 호소했다. 그러나 대회를 이끈 이들은 레이건과 대처였다. 새롭게 정치 무대에 오른 이 두 명의 정치가는 대서양 양쪽의 초국적기업과 은행가들의 이해와 관련 없는 모든 것은 헛소리이자 몽상이라 치부했다. 브란트 위원회는 이 회의가 남과 북 사이의 위대한 대화의 서곡이 될 것이라고 말한 바 있었다. 그러나 역설적이게도 그것은 대화의 끝이었다. 칸쿤 회의가 끝나고 나서 브란트는 침통한 어조로 이 회의는 어디에도 이르지 못했다고 말했다. 그러나 그것은 오해였다. 그 회의는 바로 남부의 민중들이 **신자유주의적** 세계화로 향하는 궤도에 이르게 한 결정적인 전환점이었다. (서동진)

브레튼우즈 기관
Bretton Woods Institutions

2차 세계대전이 남긴 전쟁의 참화 속에서 세계 경제를 재건하려는 서구 선진국들의 노력은 국제 은행을 설립하려는 계획으로 이어졌다. 이는 처참하게 무너진 세계 무역을 되살리는데 큰 역할을 할 것이라는 기대를 받았다. 전쟁이나 식민 지배로 황폐해져버린 나라들에 신용 대출을 해준다면 무역이 회복될 것이라는 기대는 곧 세계 여러 나라들이 참여하는 은행을 만들자는 계획으로 이어졌다. 그리하여 마침내 1944년 미국 뉴햄프셔주의 브레튼우즈에서 세계 44개 나라에서 온 재무 장관들은 새로운 국제 은행 체제를 만드는 데 합의했다. 그 결과 훗날 무시무시한 힘을 발휘하게 될 두 개의 자매 기구가 만들어졌다. 국제통화기금과 세계은행이 그것이다. 사람들은 이 두 개의 기관이 만들어진 회의 장소를 본 따 이 두 기관을 '브레튼우즈 기관'이라 부르고 있다.

  브레튼우즈 회의에서 의장직을 맡았던 헨리 모겐소는 다음과 같은 말로 자신의 포부를 밝힌 바 있었다. "이런 조치를 통해 세계 경제가 창조될 것이다. 그렇게 될 때 모든 나라 인민은 평화롭게 자신의 잠재력을 구현할 수 있을 것이며 (...) 무한한 천연자원으로 축복받은 이 지상에서 더 많은 물질적 진보의 과실을 향유할 수 있을 것이다. 이 조치는 자유와 안전에 필수 불가결한 초석이다. 다른 모든 것은 이 같은 기반 위에서 만들어진다. 기회의 자유는 다른 모든 자유의 토대가 되기 때문이다." 그는 전쟁의 폐허를 딛고 일어날, 그리고 탈식민주의 투쟁을 통해 발전을 꾀하게 될 많은 나라들이 이

기관으로부터 도움을 받을 것이라고 장담했다. 그러나 그가 그토록 미더움을 보였던 그 기관들이 훗날 외채 위기를 만들어내며 숱한 **제3세계** 나라들을 파산시키고 다시금 빈곤과 수탈이 가득한 세계의 수렁 속에 빠뜨리는 주범이 될 것이라는 것을 예상하지 못했다.

    브레튼우즈 기관은 회원국들의 출자로 만들어졌다. 세계은행의 경우 회원국들이 출자한 몫에 더해 국제 자본 시장에서 조달한 자금을 더해 개발 지원 자금을 마련했다. 한편 국제통화기금은 각 나라의 외환 시세를 안정시키기 위해서 필요하면 각 나라의 정부에 자금을 공여할 수 있다. 얼핏 보아 국제통화기금과 세계은행은 탈식민주의적 전환이 일어난 시대에 새롭게 **독립**한 나라들의 '**발전**'을 돕고자 만들어진 선의의 기관처럼 보였다. 국제통화기금은 각 나라의 재정을 안정시켜 국제 무역을 재활성화하고 세계은행은 제1세계의 기술 자원을 수입할 수 있도록 재정을 지원한다는 생각은 꽤 그럴듯하게 보였다. 그리고 실제로 세계은행은 그런 역할을 충실히 수행했다. 세계은행이 만들어진 후 20년간 그 기관은 교통 운송 시스템이나 전력 생산 시설을 건설하는 데 상당한 돈을 건네주었다. 또한 대규모의 환금성 작물 재배에도 투자를 아끼지 않았다. 물론 이는 국제 노동 분업을 강화했다. 이른바 비교 우위란 명목으로 많은 나라들이 수출을 위한 작물이나 가축을 재배하느라 나라의 경제가 불안정한 처지에 놓여도 세계은행은 잘 하고 있다고 박수를 쳤다. 그러나 어쨌든 국제 무역은 늘어났다. 적어도 숫자상으로 보았을 때 경제는 성장하는 것처럼 보였다. **제3세계**에 속한 많은 나라들은 짧은 기간 동안 서구의 선진국처럼 산업화될 수 있기를 꿈꿨다. 그러나 이는 노동 집약적 생산을 대신한 자본 집약적 생산을 위한 길이었다. 이는 전통적 농업을 파괴하고 인구 대다수를 이뤘던 농민들을 도시로 몰려들게 해 빈민이 되도록 만들었을 뿐이었다.

브레튼우즈 기관들이 세계 모든 나라의 발전을 위한 기관이라고 자처했어도 그 기관들은 처음부터 명백하게 서구 선진국들을 위한 기관으로서 구실했다. 무엇보다 그 기관들의 성격이 그것을 나타내주었다. 세계은행은 미국을 포함한 5개 나라의 주주국이 통제했다. 나머지 나라들은 남은 이사 자리 7개를 나눠가졌다. 또한 세계은행 총재 자리는 미국이 임명하도록 정해졌다. 반면 국제통화기금 총재 자리는 유럽의 강대국들이 임명하게 되었다. 세계은행은 개발 프로젝트에서 외환 결제 비용을 제공하면서 서구 기술에 대한 수입을 장려했다. 이에 더해 국제통화기금은 자신이 신용을 제공해주는 대가로 특정한 조건에 따를 것을 요구하는 권한을 가지게 되었다. 이는 훗날 **구조조정정책**으로 알려지게 될 파괴적인 협박을 보장해 주었다.

　세계은행은 차관을 제공하는 대표적인 기관이었다. 자신들의 사회를 발전시킬 자원을 갖지 못한 나라들이 세계은행에 신세를 지려고 할 때, 세계은행은 자신들이 내어준 돈이 어떻게 쓰여야 할지 간섭을 마다하지 않았다. 대다수 민중들의 생활 조건을 개선할 수 있을 분야에 대한 투자는 세계은행이 좋아하는 것이 아니었다. 세계은행은 그러한 사회적 투자 대신 수출형 농업 같은 생산적 투자를 선호했다. 게다가 걸핏하면 세계은행은 해당 정부를 믿을 수 없다는 핑계로 다양한 권한을 지닌 기관들이 그 예산을 집행하는 책임을 맡도록 요구했다. 이는 **제3세계**에 속한 나라의 정부들이 발휘할 수 있는 역할을 심각하게 침해하는 것이기도 하였다. 결국 말하자면 세계은행은 발전이 어떤 방향을 취할 것인지 결정하는 데서 서구 선진국들에게 이로운 방향으로 결정하는 권한을 독점했던 셈이다. 이는 세계 전체가 발전을 꾀할 수 있도록 돕는다는 이상을 스스로 배반하는 활동 방식이었다. 당연히 발전도상국 나라의 어떤 정부가 사회주의적 정책을 취하면 세계은행은 차관을 줄여 그에 보복했다.

1980년대 이후 **신자유주의적** 세계화가 세계를 휩쓸면서 브레튼우즈 기관들의 역할은 새로운 차원을 맞이하게 되었다. 채무국의 경제 정책을 좌지우지하면서 새로운 형태의 식민주의를 강요하던 이 기관들은 전에 없던 막강한 권력을 행사하게 되었다. 1982년과 1984년 멕시코를 파산시킨 외환위기, 1997년 동아시아를 쓰나미처럼 휩쓴 위기, 그리고 그 뒤를 이은 1998년 러시아와 브라질, 2000년 터키, 2001년 아르헨티나 등의 위기를 거치면서, 국제통화기금은 엄청난 액수의 돈을 쏟아 부었다. 그러나 그들이 지출한 돈은 대다수 민중들의 생활을 향상시키는 데 사용된 것이 아니었다. 그 돈은 채권자인 부유한 선진국들의 빚을 갚는 데 사용되어야만 했다. 그들이 외환위기를 겪어야 했던 이유가 바로 그들 채권자들 탓이었는데도 말이다. 이는 가난한 남부의 나라들에 빚을 빌려주어도 손해를 보는 일은 없을 것이라는 채권자들의 믿음을 강화하고 그들의 탐욕을 더욱 부풀리는 결과를 낳았다. 이 때문에 무려 1백여 개가 넘는 발전도상국들은 국제통화기금의 **구조조정정책**에 굴욕적으로 서명해야 했다. 이런 서명에 따르는 조건은 가혹했다. 가급적 수출을 위해 대다수의 생존에 필요한 많은 분야의 생산을 북돋우기 위한 정책을 포기할 것, 모든 것을 기꺼이 민영화할 것, 가난한 이들의 생존을 보완하기 위해 필수불가결한 정부 지출은 가차 없이 줄일 것. 결국 브레튼우즈 기관들은 **제3세계** 프로젝트와 **비동맹운동**을 파괴하는 데 그 어떤 정부나 정치가보다 탁월한 역할을 수행했다. 그리고 이를 통해 브레튼우즈 기관들은 사라질 뻔했던 식민주의와 제국주의를 되살리는 데 결정적으로 공헌했다. (서동진)

비동맹운동

Non-Aligned Movement 非同盟運動

2차 세계대전 이후 세계를 동서 혹은 1세계와 2세계로 나눈 **냉전** 질서에서 **제3세계**가 탄생했다면, 비동맹운동은 **냉전**에 대한 제3세계의 응답이라고 할 수 있다. 탈식민주의와 동시에 시작된 냉전 질서는 신생국들에게도 한 진영의 선택을 요구했으나, 서구 식민주의에서 막 벗어난 아시아와 아프리카 신생국 대부분은 신식민주의적으로 보이는 어떤 조약이나 동맹에도 가입하기를 꺼릴 수밖에 없었다. 따라서 어느 진영에도 속하지 않고 중립 노선을 걷겠다는 '비동맹'은 1950년대에 매력적인 대안으로 떠올랐다. 특히 신생국의 **독립** 과정을 주도하며 자신감을 얻은 대중적이고 카리스마 있는 각국 지도자들을 사로잡았다. 세계 질서가 재편되던 당시에는 비동맹 국가들이 세계무대에서 새로운 세력으로 부상해 실질적인 역할을 할 가능성도 커보였다.

    1947년 뉴델리 범아세아대회부터 신생국 지도자들은 한 목소리를 낼 수 있는 플랫폼을 만들고자 애썼다. 본격적인 결집을 전 세계에 알린 사건은 1955년 **반둥회의**였다. 반둥회의의 성공 이후 **제3세계** 지도자들은 다양한 회의에서 만나고 토론하며 '비동맹'에 대한 구상을 구체적으로 만들어갔다. 1956년 말 네루는 워싱턴 DC에서 이렇게 연설했다. "비동맹은 사고와 행동의 수동성, 믿음이나 확신의 부재를 뜻하지 않습니다. 우리가 악으로 여기는 것에 대한 굴복을 뜻하지 않습니다. 비동맹은 우리 앞에 높인 문제들에 다가가는 긍정적이고 역동적인 접근법입니다. 우리는 각국이 자유를 누릴 권리뿐 아니라 자국의 정책과 삶의 방식을 결정할 권리도 있다고 믿습니다." 이어 1958년에는 "비슷한 생각을 하는 나라들이 함께 모여 의논하고 유엔에서 함께 행동하는 것이 옳다"고 밝히기도 했다.

소련과 갈등을 겪다가 코민포름에서 제명당한 후 새로운 길을 모색하던 유고슬라비아의 **티토**는 1956년 7월 나세르와 네루를 브리주니로 초청해 반둥회의의 성과를 논하고 비동맹을 구상했다. **제3세계판 얄타회담**이라고 할 수 있는 1956년 브리주니 회담의 최종 성명문은 이렇게 밝힌다. "공포와 걱정이 세계를 지배하는 한 평화를 위한 단단한 토대는 만들어질 수 없다. 동시에 이런 공포와 걱정을 금방 없앨 수는 없으므로 점진적인 단계를 밟아야 한다." 그 첫 단계는 양 진영에 속하기를 거부하는 신생국들을 한 자리에 모으는 것이었다. 마침내 1961년 유고슬라비아의 수도 베오그라드에서 첫 비동맹운동 정상회의가 열렸다. 알제리전쟁이 격화되고 베를린장벽이 세워지는 등 나날이 고조되던 "세계의 긴장"(World Tension)이 의제였다. 21개 참가국은 세계정세에 우려를 표하며 무장 해제, 핵무기 실험의 중단, 냉전 거부와 평화 공존, 유엔의 변화를 요구했다. 비동맹운동은 베오그라드 정상회의에서 구체화되었으며 미래의 비동맹운동 회의는 모두 여기서 시작되었다고 할 수 있다. 비동맹운동 회원국 자격에 관해, 외국 군대나 기지가 주둔하는 나라나 강대국의 동맹국은 가입할 수 없다는 원칙도 이 자리에서 합의되었다. 따라서 비동맹은 **반둥회의**의 아시아-아프리카주의 그 이상을 뜻하며, 세계의 평화를 지키기 위해 어느 쪽에도 줄 서지 않는 정책이었다. 동서로 양극화되어가는 따라서 어떤 국제 문제도 해결할 수 없는 세계에 신생국들이 내놓은 대안이기도 했다. **수카르노**는 개막 연설에서 비동맹의 의의를 이렇게 밝혔다.

비동맹은 중립이 아닙니다. 우리 여기에 혼동이 없도록
합시다. 비동맹은 중립이 아닙니다. 비동맹은 홀로
떨어져 경건한 척하는 태도가 아닙니다. (...) 비동맹
정책은 전쟁이 나면 중립을 취하는 정책이 아니며,
비동맹은 아무 색깔 없이 중립을 취하는 정책이
아닙니다. 비동맹은 두 거대 진영 사이에서 완충 지대
역할을 하는 것이 아닙니다. 비동맹은 독립, 영구 평화,
사회 정의, 자유로워질 자유라는 대의에 대한 적극적인
헌신을 말합니다. 비동맹은 이런 대의에 복무하고
인류의 사회적 분별과 조화를 이룹니다.

그러나 비동맹운동 안에는 너무 다양한 정치적 입장을 가진
지도자들이 있어 일관된 사상이나 통일된 입장을 내는 것이
실질적으로 불가능해 보였다. 무엇보다도 세계정세를 바꾸어낼
실질적인 힘이 없었다. 베오그라드회의 후 비동맹운동은 모스크바와
워싱턴에 특사를 보내 핵무기 감축을 위한 '평화호소문'을 전달했지만,
양국의 공허한 답변만 받았을 뿐이었다. 윤리적 호소가 별다른
성과를 거두지 못하자 비동맹운동은 유엔 안에서 세력화를
추구하고 특히 안전보장이사회의 민주화를 요구하기 시작했다.
아시아와 아프리카가 회원국 수에 비해 제대로 대변되지 않으니
안전보장이사회와 경제사회이사회의 규모를 확대해야 한다는
제안서를 제출하기도 했다.

  1964년 카이로회의는 중국이 반둥 후속 회의를 조직하기
전에 비동맹운동 회의를 개최하고자 하는 **티토**와 **네루**의 노력으로
서둘러 열렸다. 소련과 중국 간의 갈등이 나날이 심화되고 있었으나
국제적인 동서 긴장은 다소 완화되었기에, 본격적으로 경제 문제에

관해 논하고자 했다. 개막 연설에서 이집트의 나세르는 "빈곤과 부는 평화롭게 공존할 수 없다"고 밝히며 세계 빈부의 격차를 좁히고자 하는 회의의 주제 "경제 발전"과 변화된 국제 환경에서 비동맹운동의 의미를 밝혔다. 카이로회의에는 48개국 회원국과 옵서버 11개국이 참가해 1회보다 2배로 규모가 커졌다. 그 사이 여러 아프리카 신생국이 독립했기 때문이기도 하지만 나세르, **티토**, **네루**가 유럽과 라틴아메리카로 비동맹운동을 확대하기 위해 많은 노력을 기울였기 때문이다. 핀란드가 옵서버를 보내고 아메리카 대륙에서는 쿠바가 정식으로 참가했으며 칠레와 멕시코 등 7개국이 옵서버를 보냈다. 한편 인도네시아의 **수카르노**는 평화 공존이 아니라 더 전투적으로 서구에 맞서야 한다는 입장을 내놓아 비동맹운동 안에서 노선을 둘러싼 이견이 처음으로 제기됐다. **티토**는 이에 관해 "자유 없이는 평화도 없는 것은 분명하지만 현재의 조건에서는 평화 없이는 자유도 있을 수 없는 것도 사실"이라고 주장하며 평화와 자유가 대립하는 것은 아니라고 맞섰다. 또한 카이로회의는 아프리카 포르투갈 식민지의 무장 투쟁을 지원하기로 결정했다. 이에 관해 카보베르데의 **아밀카르 카브랄**은 "공존하기 위해서는 먼저 존재해야 하므로" 존재하기 위한 무장 독립 투쟁은 평화 공존을 위한 것임을 역설했다. 이런 무장 투쟁에 관한 전투적 열기는 1966년 아바나 삼대륙회의로 이어졌다.

1970년 잠비아의 수도 루사카에서 열린 3회 비동맹운동 회의의 의제는 '경제 자립'이었다. 탄자니아 대통령 **니에레레**는 소국에게 위협은 대국의 군사력이 아니라 경제력에서 오며, "매순간 우리가 경제·사회·정치적 선택을 할 진정한 자유가 경제 발전의 필요성에 의해 위협받는 상황을 목격하고 있다"고 주장했다. 따라서 비동맹운동은 외부로부터 경제적 압력에 취약한 회원국들

간의 경제 협력을 증진할 방안을 고민해야 한다고 제안했다. 또한 루사카회의에서는 비동맹 안에서 서로 다른 두 관점이 확연하게 드러나기 시작했다. 비동맹운동은, 티토가 이끄는 평화 공존을 위한 열망으로 통일된 제3세력이어야 한다는 입장과, 식민주의와 제국주의에 반대하는 더 확고하고 강력한 운동이어야 한다는 아프리카 신생국들과 쿠바의 입장이었다.

알제리의 알제에서 열린 1973년 4차 회의는 **신국제경제질서**를 내걸고 세계 경제 구조의 재편을 요구했다. 특히 비동맹국가들이 생산하는 원자재를 무기로 영향력을 행사할 수 있을 것이라는 인식 아래 더 큰 목소리를 내기 시작했다. 잠비아 대통령 케네스 카운다의 발언이 관련한 논의를 잘 요약했다. "**제3세계**는 우리 천연자원이 마구잡이로 착취되도록 방관해서는 안 되며 (...) 현재 가격으로 세계의 수요에 맞춰 계속 공급할 수도 없습니다. 이대로라면 머지않은 미래에 천연자원은 고갈하고 석유는 말라붙을 것이 분명한데 생산국에게는 사회 경제 발전을 지속할 수단이 아무것도 없을 것입니다. 우리는 **제3세계의 귀중한 자원의 활용을 극대화할 수 있도록 진지하게 노력하고 대화해야 합니다.**" 바로 다음 달 석유수출국기구OPEC가 내린 석유 금수 조치로 인한 오일쇼크는 이런 맥락에서 벌어진 일이기도 했다.

1976년 콜롬보회의에서 비동맹운동은 '경제 협력'을 의제로 내걸고 "**제3세계의 노조**"를 표방했다. 1975년 비동맹운동 장관급 회의에서는 OPEC를 모델로 한 각종 1차 산품 카르텔 결성을 위한 연대 기금이 조성되고, 국제 경제 구조에 관한 남북 간 대화가 시작되는 등 신국제경제질서를 둘러싼 움직임이 활발하던 시기였다. 콜롬보회의 선언문은 **77그룹**과의 연대를 굳건히 하며 **신국제경제질서**를 향해 나아가겠다는 입장을 공격적으로 천명했다.

또한 서구 통신사들의 편향적이고 왜곡된 제3세계 관련 보도에 맞서는 비동맹뉴스기구연합을 설립해 **신국제정보통신질서**를 구축하자는 안이 제안되기도 했다.

1979년 아바나회의는 전투주의적 열기가 사그라진 후 비동맹운동 내부에서 노선 차이가 가시화된 회의였다. 이집트의 미군기지 설치, 아프리카에서 쿠바의 역할, 서사하라 분쟁, 니카라과 불안정, 베트남의 동남아시아 정책 등 의견이 대립되는 국제 문제가 논의되는 가운데, 주최국 수반 **카스트로**의 친소련 노선이 명백하게 드러났다. 1975년 베트남의 승리, 포르투갈 식민지들의 독립, 1978년 아프가니스탄의 좌파 정권 수립을 비롯한 민족 해방 세력의 승리로 확신을 얻은 소련이 추진한 비동맹운동과의 반식민주의 동맹을 관철하고자 했던 것이다. 탄자니아 대통령 **줄리어스 니에레레**는 반대 입장을 대변했다. 그는 "비동맹운동은 진보운동이지 진보적인 국가들의 운동이 아니"라며 입구는 덜 이데올로기적이지만 회의장 안은 더 예리한 입장을 요구하는 커다란 천막 같은 접근법을 제안했다. 비슷한 맥락에서 인도 외무부 장관은 "우리는 한 발은 비동맹에 걸치고 다른 발은 동맹에 걸칠 수 없다"고 발언했다. 그 결과 최종 선언문은 비동맹운동 그 자체의 "진정한 독자적이고 비진영적 요소"에 집중하는 동시에 쿠바의 반제국주의적 입장을 상당 부분 유지하는 절충적인 내용이 되었다.

1983년 뉴델리 비동맹운동 정상회의는 경제 위기로 **제3세계** 전체가 흔들리는 가운데 '세계경제불황'(world recession)을 주제로 열렸다. 노선 차이는 더 극명해서, **카스트로**는 『세계경제와 사회적 위기』라는 장문의 연설문집을 배포하며 경제 위기에 대응하기 위해서는 국가 개입을 확대해 인민의 요구를 받아들여야 한다고 주장했다. 반면 싱가포르 외무 장관 라자라트남은 **아시아의 네**

마리 용의 자신감으로 국가 주도형 발전을 폐기하고 국가 개입을 축소하자고 했다. "아무리 소리를 질러댄다고 해서 무임승차가 가능할 리 없습니다. 히치하이커는 뒤쳐질 수밖에 없습니다"라는 표현을 써가며 정치 개혁과 경제 개혁의 분리를 주장하기도 했다. 뉴델리회의에서 **카스트로**의 원칙적 입장은 선언으로만 남고 비동맹운동은 **신국제경제질서**를 슬그머니 내려놓았다. 뉴델리회의 선언문은 정치적으로는 강대국에 무장 해제를, 경제적으로는 남반구와 경제 협력을 위한 대화를 촉구했다. 그러나 **신국제경제질서**와 경제 질서의 정치적 재구성을 요구하기를 포기한 비동맹운동의 목소리는 더 이상 이전처럼 큰 울림을 낼 수 없었다. 비동맹운동은 지금도 120개 회원국을 거느린, 유엔 다음으로 큰 국제기구로 건재한다. (박소현)

참고문헌

- 비자이 프라샤드, 『갈색의 세계사』, 박소현 옮김, 뿌리와이파리, 2015.
- Gwyneth Williams, *Third World Political Organizations*, Macmillan Press, 1987.

살바도르 아옌데
Salvador Allende

20세기의 가장 위대한 시인 가운데 한 명일 파블로 네루다. 그는 살바도르 아옌데(1908~1973)를 이렇게 기억한다. "방금 우리 민중은 사막의 초석 광산에서, 해저 석탄 광산에서, 험준한 고산 지대의 구리 광산에서 장엄한 해방운동을 전개했다. 이 운동의 결과 아옌데라는 인물은 대통령이 되었는데, 이는 즉시 개혁을 단행하고 정의를 실현하며 외국인의 손아귀에 들어간 국민의 자원을 환수하라는 뜻이었다. 먼 외국에서도 아옌데 대통령이 가는 곳마다 사람들은 경의를 표했고, 우리 정부의 특출한 다원성을 칭송했다. 뉴욕의 유엔 본부가 창설된 이래, 세계 각국의 대표들로부터 열렬한 박수갈채를 받은 사람은 없었다. 여기 칠레에서는 수많은 난관에도 불구하고 훌륭한 사람들의 희생정신과 국민적 자부심과 주권이라는 기초 위 진정으로 올바른 사회를 건설하고 있었다. 헌법과 법률, 민주주의와 희망이, 우리 편 즉 칠레혁명의 편이었다." 그러나 이 혁명은 불과 3년을 버티지 못했다. 미국의 CIA가 주동한 피노체트의 군사 쿠데타는 칠레혁명을 짓밟았다. 무엇보다 아옌데가 구리 산업을 국유화한 것이 문제였다. 만약 이것이 다른 나라들이 따를 모범이 된다면 이는 미국은 물론 모든 **발전**된 식민 국가에겐 악몽이 될 것이었다. 막대한 수입의 원천인 구리를 소유하고 있던 미국 기업들은 군부를 은밀히 지원했다. 칠레의 또 한 명의 대통령이었던 1백 년 전 발마세다 대통령이, 영국이 차지한 질산염 광산을 국유화하려다 역시 **군부** 쿠데타에 의해 무너졌던 일이 다시금 반복되었다. 네루다는 다시 이어 말한다. "불멸의 국민적 가치를 지니는 아옌데 정부의 정책과 업적은 칠레 해방을 원치 않는 적들의 분노를 샀으며, 그 비극적인 상징이 바로 대통령 궁 폭격으로 나타났다. (...) 칠레의 공군 조종사들은 180년 동안 민선 정부의 보금자리였던 대통령궁에 급강하 공격을 퍼부었다." 모두 『파블로 네루다 자서전』에 실린 글이다. 이 겸손한 시인은 살바도르 아옌데를 향한 뜨거운 탄식을 토하며 자신의 자서전을 맺는다. 그의 자서전의 말미는 간략한 아옌데의 전기인 셈이다. 네루다는 아옌데가 숨을 거둔 후 얼마 뒤 같은 해에 영욕의 세월을 마감했다.

네루다는 칠레 공산당의 당원이었고 한 번도 그 당의 당원임을 후회한 적이 없다. 끔찍한 반공주의가 지배하는 남미에서 공산당이 집권한다는 것은 요원한 일이다. 조직된 노동자와 농민, 청년층의 지지를 받아도 선거에서의 승리를 위해 언제나 다른 세력과의 연합이 불가피했다. 네루다는 이를 잘 알고 있었고 기꺼이 아옌데를 지지했다. 아옌데가 이끄는 인민연합은 승리했고 네루다는 얼마 뒤 파리 주재 대사로 임명되었다. 이 위대한 시인은 아옌데의 사람이기도 하였다. 살바도르 아옌데는 그의 마지막 모습을 보여주는 유명한 사진처럼 찬란하면서도 비극적인 최후를 맞이한 혁명적인 정치 지도자로 기억된다. 그러나 그의 최후만을 기억하는 것은 옳지 않을 뿐 아니라 그를 배신하는 것이기도 하다. 무엇보다 아옌데의 삶은 칠레는 물론 남미에서 전개된 대중들의 투쟁의 기나긴 역사를 응축하고 있기 때문이다.

아옌데는 1908년 칠레 항구 도시이자 그가 자주 정치 활동의 거점으로 삼았던 발파라이소에서 태어났다. 그는 평생 변함없이 견결한 사회주의자였지만 그의 배경은 제법 화려한 중산층 출신이었다. 그의 선조들은 급진적인 정치 성향을 지니고 있었고,

이는 아옌데에게도 전승되었다. 그러나 그와 같은 성장 배경을
지닌 많은 이들이 아옌데와 맞선 정적이 되고 말았음을 생각하면
아옌데의 성장과 변모는 남다른 것이었다고 할 수 있다. 아옌데는
자신의 할아버지처럼 가장 가난하고 곤궁한 이들에게 보탬이 되는
삶을 살겠다는 결심을 품고 의학을 전공으로 택한다. 그는 마치
프란츠 파농을 연상케 하는 졸업 논문을 쓰고 대학을 졸업한다. 논문
제목은 「정신위생과 범죄」였다. 그가 산티아고 정신병원에서 겪은
경험을 바탕으로 쓴 논문이었다. 그는 칠레의 노동자 계급과 빈민층의
가족을 관찰하고 기록했다. 그가 훗날 모자 보건을 비롯한 공중보건에
평생 큰 관심을 기울인 이유도 이 때문이었다. 그리고 곧 아옌데는
사회주의자로서 정치 활동에 참여한다. 이합집산 하는 다양한 정치
조직과 정파 사이에서 그가 가장 오랜 동안 적을 두고 활동한 곳은
사회당이었다. 그는 이 정당의 후보로서 상원의원에 당선되기도 하고,
여러 차례 좌파들의 정치 연합 세력의 대통령 후보로 대통령 선거에
출마했다. 인민행동전선에서 인민연합으로 바뀌는 다양한 좌파
연대체를 대표하는 후보로서 그가 반복해 선택되었다는 것은, 그가
얼마나 대중들로부터 두터운 지지를 받았는지를 확인해준다.

 체 게바라인가 살바도르 아옌데인가. 아마 이것은 남미에서의
제3세계 프로젝트를 지켜보는 이들의 머릿속에서 좀체 떠나지
않는, 그러나 잘못된 물음일 것이다. 아옌데는 선거제도를 통해
사회주의를 건설하고자 했던 인물로서 많은 이들로부터 기회주의자,
의회주의자, 개량주의자라는 조롱과 비판을 받아야 했다. 반면 **체
게바라**는 혁명적인 투쟁의 순교자로서 어떤 현실 정치제도와도
타협하지 않고자 했던 순결한 사회주의자로서 추앙된다. 그러나 이는
매우 그릇된 이미지라고 하지 않을 수 없다. 커다란 정변이 드물었고
나름대로 의회제도가 구실하고 있었던 칠레에서 군사적인 게릴라

투쟁을 한다는 것은 무모하고 쓸데없는 일일 수 있었다. 그러나 절대적으로 불균형한 자원과 수단으로 선거에 임하면서 겪을 수밖에 없었던 실패, 그리고 승리의 코앞에서 잇달아 좌절하면서 비롯된 깊은 실망과 회의, 그리고 쿠바혁명으로 대표되는 군사적인 혁명과 게릴라 투쟁의 전과(戰果)를 둘러싼 다수의 열광과 흥분. 이 모든 것은 역시 아옌데를 압박하고 또 위기에 처하도록 만들기도 했다. 그러나 아옌데는 눈먼 평화주의자가 아니었다. 그는 헌법이 부정하지 않는 한 헌법이 마련해주는 제도적 공간 안에서 자신의 사회주의를 실천하고자 했을 따름이다. 아옌데는 무자비한 독재 정권이 부르주아 민주주의에 참여하는 시민의 권리마저 침해하는 곳에서만 게릴라 운동이 발생한다고 주장하곤 했다. 그에게서 우리가 눈여겨보아야 할 점은 반제국주의자로서 평등과 정의를 위한 평화적인 사회주의 혁명을 위한 정치가로서 그가 무엇을 행하고 실천했는가일 것이다.

아마 **게바라**인가 아옌데인가를 따지는 물음을 보잘 것 없게 만드는 것은 다음과 같은 일화일 것이다. **체 게바라**가 볼리비아에서 목숨을 잃고 그와 함께 하던 게릴라 부대 생존자들이 칠레로 탈출했을 때 이들의 구출을 위해 아옌데는 팔을 걷어붙였다. 혁명 좌파운동을 지지하는 급진주의자들이 게릴라 부대를 지원하고자 움직이고 있었다. 그러나 남미 지역에서 자신의 영향을 강화하기 위한 미국의 존슨 행정부는 자신들의 이해에 반하는 정권이 들어서면 군사쿠데타를 조종하고 그렇지 않은 경우에는 경제적인 종속을 위해 달러 외교를 펼치는 방식으로 남미를 옥죄고 있었다. **게바라의** 게릴라 부대가 칠레에 입성하고 그들을 보호한다는 것은 빨갱이 공포 선동에 나서려는 칠레의 지배 집단에겐 아주 좋은 빌미가 될 수 있을 때였다. 아옌데는 상원 연설에서 게바라를 추모하며 그를 애도하는 연설을 하였다. 그리고 연설 도중 **게바라**가 그에게 선물로 준 『게릴라전 교법』을 꺼내 보이기도 했다. **게바라**는 그 책에 이런 글귀를 남겨두었다. "똑같은 목적을, 나와 다른 수단을 통해 추구하고 있는 살바도르 아옌데에게." 이에 더해 우리는 다음과 같은 일화를 추가해볼 수도 있을 것이다. 1959년 쿠바혁명이 성공한 직후 아옌데는 쿠바를 방문해 **피델 카스트로**를 만났다. 그때 **카스트로**는 자신의 동지에게 "라틴아메리카에서 다음번 혁명을 쟁취해낼 인물을 알고 있다"며 아옌데를 소개했다. 그들은 제국주의 없는 사회주의 라틴아메리카를 염원하는 형제들이었다.

    이제 아옌데의 사회주의 혁명에 대하여 다시 주목할 때가 왔을 것이다. 분홍색 물결이 휩쓸며 **신자유주의적** 라틴아메리카를 새로운 평등의 대륙으로 재건하기 위한 시도가 여기저기에서 터져 나왔다. 그러나 이는 노동자와 농민의 빈곤과 착취를 해결하는 대안을 내놓지 못하고 결국 위기에 처하게 되었다. 그렇기에 아옌데가 이끈 인민연합이 집권하며 내놓았던 40개 항의 프로그램은 다시금 귀감이 될 수도 있을 것이다. 노동자의 경영 참가를 보장하는 민주적으로 계획된 경제, 주민소환제도를 포함한 정치 개혁, 남녀 동일임금제와 국민 생활임금제, 사회보장제도 확대, 전 국민 대상 예방치료 의료보장 등의 사회 개혁 프로그램 등. 이는 오늘날 권장되는 원칙과는 전연 다른 것임에 분명하다. 지난 수십 년간 어디에서나 이런 이야기들이 들려왔다. 모든 것은 시장에 의해 결정될 뿐이며 국가가 나서는 일은 가급적 억제되어야 한다는 것, 더 좋은 것은 각 개인들의 자발적인 참여와 자기 개선의 의지가 모여 만들어지는 공동체나 시민사회가 참여하는 협치만이 관료주의적 비효율과 낭비를 막을 수 있다는 것, 운운. 그러나 이는 마치 각자 자신의 삶은 스스로 책임지고 감당해야 한다는 이야기를 듣기 좋고 어렵게 되풀이하는 것에 불과하다. 그런 주술과도 같은 말들로부터 탈출하고자 한다면 우리는 아옌데 그리고 그와 함께했던 칠레 민중들을 상기할 필요가 있을 것이다. 아옌데, 그는 베르톨트 브레히트의 시에 딱 맞는 인물이다. 그는 "하루를 위해 투쟁하는 사람이 있다. 그들은 좋은 사람이다./1년을 위해 투쟁하는 사람이 있다. 그들은 더 좋은 사람이다./여러 해 동안 투쟁하는 사람이 있다. 그들은 더욱이 좋은 사람이다./하지만 평생을 두고 투쟁하는 사람도 있다. 그들은 절대 버릴 수 없는 사람이다." 아옌데는 영원히 칠레와 라틴아메리카를 넘어 남반구의 푸에블로(pueblo) 즉 민중의 상징으로 남을 것이다. (서동진)

참고문헌
- 빅터 피게로아 클라크, 『살바도르 아옌데: 혁명적 민주주의자』, 정인환 옮김, 서해문집, 2016.
- 장석준, 『세계 진보정당 운동사』, 서해문집, 2019.
- Atilio Borón, "Salvador Allende: 'Not in My Name'," *Monthly Review*, Vol. 70, No. 1, 2019.

이 마지막 순간에, 제가 여러분께 드릴 수 있는 마지막 연설을 해 저는 여러분이 이 교훈을 얻길 바랍니다. 국내의 반동 세력과 결탁한 외국 자본과 제국주의가, 군대가 자신의 전통을—군 출신이면서도 그 희생양이 된 분들, 즉 슈나이더 장군이 가르쳐줬고 아라야 사령관이 다시 확인을 한 그 전통을—깨버리도록 분위기를 조성했다는 것 말입니다.

이제 오늘 저들 반동 세력은 자신들의 이윤과 특권을 끈질기게 지키기 위해 외세의 힘을 빌려 권력을 탈환하려 하고 있습니다. 저는 여러분, 누구보다도 먼저 이 땅의 겸손한 여성들, 우리를 믿어준 여성 농민들, 어린이들에게 쏟은 우리의 관심을 알아준 어머니들에게 말씀드립니다. 저는 또한 이 나라의 참된 전문가들에게 자본주의 사회를 옹호하는 전문가 단체, 기득권 단체가 저지르는 방해 선동에 맞서 줄기차게 활동한 애국적 전문가들에게 말씀드립니다.

저는 청년들에게, 함께 노래하고 이 투쟁에 자신들의 행복과 영혼을 바친 분들에게 말씀드립니다. 저는 이제 몇 시간만에 이 나라를 장악한 파시즘에게 박해받을 칠레인, 노동자, 농민, 지식인들에게 말씀드립니다. 암살 테러 속에서도 충성을 맹세했던 자들의 침묵에 맞서, 다리를 폭발하고 철로를 절단하며 석유 파이프와 가스 파이프를 파괴하고 있는 여러분에게 말씀드립니다.

저들은 위태로운 상황에 있습니다. 역사가 저들을 심판할 겁니다.

라디오 마가야네스는 곧 끊어질 게 분명합니다. 그러면 제 차분한 목소리도 더 이상 여러분에게 닿지 않겠지요. 하지만

그건 중요하지 않습니다. 여러분은 계속 듣게 될 테니까요. 저는
항상 여러분과 함께 있을 겁니다. 적어도 당당한 애국자의 기억
속에 함께할 겁니다. 민중은 스스로를 지켜야 하는 법이지만,
스스로를 희생하지는 마십시오. 민중은 굴종과 박해를
허용해선 안 되는 법이지만, 스스로를 자학할 필요도 없습니다.

이 나라의 노동자 여러분, 저는 칠레와 그 운명을 믿습니다.
반역자들이 우리에게 강요하려는 이 암울하고 가혹한 순간을
딛고 일어서 또 다른 사람들이 전진할 겁니다. 이걸 잊지
마십시오. 자유로운 인간이 활보할, 더 나은 사회를 향한 크나큰
길을 열어젖힐 일이 얼마 남지 않았다는 걸.

칠레 만세! 민중 만세! 노동자 만세!

이게 저의 마지막 말입니다. 저는 제 희생이 헛되지 않으리란
것을 확신합니다. 결국에는 제가 대역죄인과 비겁자 그리고
반역자를 심판할 도덕적 교훈이 될 것임을 확신합니다.

— 살바도르 아옌데 대통령궁에서의
마지막 라디오 연설(1973) 중에서

삶의 노래
เพลงเพื่อชีวิต Songs for Life

1973년 10월 14일, 태국의 수도 방콕의 민주주의 기념탑 앞에 50만 명의 시민들이 운집한다. 그 해 6월 람캄행대학교 총장은 군사 독재를 비판하는 팸플릿을 작성한 학생을 퇴학시키려다 저항에 부딪혀 총장직에서 물러난 바 있었다. 몇 달 뒤 민주헌법 제정을 요구하는 전단지를 돌렸단 이유로 11명의 학자와 대학생이 체포된다. 그리고 이에 맞서 수십만 명이 거리에 나섰던 것이다.

그들은 대개 젊은 대학생들과 청년 노동자들이었다. 그들은 오랜 군사 독재 정권이 물러나도록 요구했다. 또한 인접한 인도차이나 지역에서의 잇단 반제국주의적 투쟁과 사회주의 혁명에 고무되어 미국과 일본의 태국에 대한 지배에 손을 뗄 것을 요구했다. 절대군주제를 타도하고 근대적인 국가를 세웠지만 태국은 1957년의 군사 쿠데타로 싸릿 군사 정권의 지배하에 있었다. 그 사이 한국전쟁과 **베트남전쟁**의 특수로 태국 경제는 꾸준히 성장했고 노동자들의 수 역시 폭발적으로 증대했다. 그러나 노동자들은 저임금에 시달렸다. 그들에게 노동조합을 결성할 권리가 보장되었을 리 만무했다. 단지 혹독한 노동 통제만이 있었다. 그러나 1973년 이러한 사정도 흔들리기 시작했다. 노동자들은 파업을 이끌며 변화를 요구했다. 그러나 변화를 이끈 이들은 태국 청년층이었다. 1969년 지금은 람캄행대학교로 이름을 바꾼 람캄행 개방대학교는 태국의 1970년대에 가장 중요한 곳이라 할 수 있다. 전문 기술직에 대한 수요가 늘고 교육열이 높아지면서 이를 해결하기 위해 등장한 람캄행대학은, 1960년의 서울, 1968년의 도쿄와 파리의 대학들이 그러했던 것처럼, 민주주의와 평등, 자주를 위한 투쟁의 기지가 되었다. 특히 이 대학교의 중추였던 공학부의 학생들은 '노란 호랑이'라는 이름의 가장 전투적인 집단을 이루게 되었다. 학생들의 비무장 시위를 군대가 진압하기 시작하자 방콕의 일반 시민들도 가세하기 시작했다. 그리고 '노란 호랑이'는 판파교의 경찰서를 향해 군인들에게서 탈취한 화기를 개조한 분사기를 쏘아대며 격렬히 저항했다.

　　1973년 **태국 민주화운동**은 또한 반제국주의적인 **제3세계** 투쟁의 중요한 일환으로서의 의의를 갖는다. 투쟁에 참여한 학생들은 미 제국주의으로부터의 태국의 **독립**을 요구했다. 태국의 군사 독재는 전후 **냉전** 체제에서 미국과 긴밀한 동맹 관계를 유지했다. 1973년 만해도 태국 내에 12개의 미군 기지가 있었고 이 안에는 550대의 전투기 그리고 수천 명의 미군 병사들이 주둔했다. **마오주의** 노선을 견지하던 태국 공산당은 태국이 반-식민지 상태에 있다고 주장해 왔고, 사람들은 그러한 주장을 점차 수긍하기 시작했다. 그리하여 미군 기지를 몰아내자는 투쟁이 시작되었다. 이 투쟁의 결과, **베트남전쟁**이 종결된 직후 꾸끄릿 총리는 미군 군사 기지 철수를 요구했다.

　　1976년 10월 6일 방콕의 탐마삿대학교에서 발포가 시작되었다. 캠퍼스 안에 머물던 학생들과 지지자들은 극우 비공식 집단인 '빌리지 스카웃', '끄라띵-댕(태국을 대표하는 유명한 자양 강장 음료 레드불의 이름이 그것이다)', '나와쁜' 등의 무리들로부터 무자비한 공격을 받았다. 학교에서 끌려나온 학생들은 왕궁 근처의 광장인 사남루앙 근처 나무에서 교수형을 당했고, 다른 학생들은 법무부 건물 앞에서 산 채로 불태워졌다. 그 사이에 무리들은 불길 주위에서 덩실덩실 춤을 추었다. 1975년 마침내 태국에 인접한 라오스, 캄보디아, 베트남은 사회주의적 **독립**을 성취했다. 그리고 태국에서 공산당의 힘은 점차 강해지고 있었다. 태국의 국왕은 라오스의 군주제가 무너지는 모습을 보고 경악했다. 그래서 그간 학생들에게 온정적이던 입장에서 물러났다. 그 결과 지난 3년간의 민주화 투쟁을 통해 얻은 모든 성과들이 파괴되었다. 노동자, 학생들을 비롯한 모든 단체의 활동이 금지당했으며 비판적인 언론들은 판금되었다. 수많은 책들 역시 금서가 되었다. 대학도서관의 서가를 뒤져 책을 찾아내고 공개적으로 소각하는 일들이 비일비재했다.

 피의 대학살이 일어나자 태국의 대학생들은 하나둘씩 무장투쟁을 위해 태국 공산당이 활동하는 시골 지역으로 이주했다. 그러나 마오주의적 태국 공산당은 도시의 노동자 계급과 청년 세대들보다 농민들에 의지한 혁명을 꿈꾸었다. 그 결과 시골로 탈출한 새로운 청년 세대들과 태국 공산당 사이에 긴장이 감돌았다. 태국이 이미 상당한 자본주의적 사회관계에 접어들었다는 사실을 감안할 때 농촌의 가난한 농민들을 보호하는 것을 우선시한 태국 공산당의 입장은 태국을 새로운 사회로 변혁시키려는 것과는 거리가 멀었는지도 모른다. 그리고 1988년에 이르렀을 무렵 태국 공산당에 가담했던 많은 학생 출신의 혁명가들은 도시로 돌아온다. 그렇게 귀환한 옛 학생운동가 가운데 한 명이 수라차이이다.

 수라차이 웅아 잔띠마톤은 세계에서 가장 유명한 저항 음악의 한 갈래일 "삶의 노래 플렝 프아 찌윗"을 개척한 캐러밴의 리더이다. '삶의 노래'는 태국의 풍부하고 다양한 근대 대중음악의 갈래 가운데 세계에 가장 널리 알려진 흐름 가운데 하나이다. 여기에서 '삶의 노래'는 태국 공산당의 창설자로, 태국의 체 게바라로 칭해지곤 했던 시인이자 문헌학자, 역사학자였던 찟 푸미삭에서 비롯된다. 그는 사회주의 리얼리즘적 예술운동의 일종이던 '삶을 위한 예술'을 제창했다. 삶의 노래는 바로 그 예술운동에서 영향을 받았다. 푸미삭에 대한 그들의 애정과 경모의 감정은 그들의 첫 번째 앨범에 수록된 7번째 곡이 「푸미삭」인 것에서도 잘 나타난다. 람캄행대학교의 열정적 학생운동가였던 수라차이는 동급생 위라삭 순타운시와 함께 태국의 전통적인 포크 발라드(태국 북동부 지역의 룩퉁 같은)와 미국을 비롯한 서구의 포크 록으로부터 빌린 요소들을 섞어 '플렝 프아 찌윗'의 발판을 닦았다. 그러나 1979년 사면을 받고 태국 북동부 이산 지방이나 라오스 등지에서 활동하던 급진적인 청년들은 방콕으로 돌아오게 된다. 수라차이 역시 다시 밴드를 결성한다. 그러나 세월이 흐른 현재 캐러밴의 멤버들은 얄궂게도 보수적인 왕당파, 옐로셔츠파를 지지하며 그들의 정치 집회에서 연주하기도 했다.

(서동진)

삼대륙회의

Tricontinental Conference 三大陸會議

삼대륙회의란 1966년 1월 쿠바 아바나에서 삼대륙의 혁명적 운동이 한 자리에 모인 회의로, 정식 명칭은 제1회 아시아 아프리카 라틴아메리카 인민 연대회의이다. 이 회의는 크게 1) 반식민주의 운동으로 독립해 1961년 비동맹운동을 결성한, 반드시 급진적인 체제는 아닌 국가들, 2) 여전히 민족해방을 위한 반식민 투쟁을 진행 중인 더 급진적인 세력과 1957년 결성된 아시아 아프리카 인민 연대회의(AAPSO)에 모인 세력이 주축이 되어 조직했다. **비동맹운동**과 아시아 아프리카 인민 연대회의는 여러 차원에서 자주 협력하고 다양한 회의를 개최해 삼대륙회의가 열릴 수 있는 문화적 공간을 만들어냈다.

삼대륙회의에서 기존의 아시아 아프리카 인민 연대회의는 라틴아메리카까지 포함한 아시아 아프리카 라틴아메리카 인민 연대회의(OSPAAAL)로 확대되었다. 그리고 이로써 반둥에서 시작된 반식민 반제국주의 운동의 지평이 전 세계로 드넓게 확장된 계기가 마련됐다고 할 수 있다. 삼대륙회의는 **반둥회의**와 **비동맹운동**의 연장선상에 있기도 하지만, ①삼대륙 전체에서 민족해방 성향의 정권과 운동들을 불러 모았다는 점에서 ②국제 문제 특히 베트남전쟁에 어떻게 연대할 것인가를 놓고 심각한 입장차가 있었다는 점에서 다르기도 했다.

비동맹운동은 민족해방 투쟁을 지지하고 그들의 승리를 축하했지만, **베트남전쟁**에 개입할 수단이 없었다. **카스트로**가

보기에는 비동맹 세력이 제안하고 소련이 채택한 "평화 공존은 일부 지역에만 적용되고 그 외부에서는 전쟁이 계속되는 이상한 상황"이 이어졌다. **비동맹운동**과 소련이 베트남을 비롯해 아직 식민지에서 벗어나지 못한 민족을 위해 더 확실한 조치를 취해야 한다고 여기는 이들이 늘어났다. 그런 맥락에서 무장 투쟁의 필요성이 제기되었고 그런 전투적 입장이 최고조에 달한 자리가 바로 삼대륙회의였다. 세계 최강대국 미국에 맞선 베트남의 저항이 계속되고 있었고, **체 게바라**는 삼대륙회의에 보내는 서한을 남기고 콩고의 민족 해방 투쟁에 연대하기 위해 아프리카로 발걸음을 옮겼다. "지금 베트남 인민에 대한 전 세계 진보 세력의 연대는 원형 경기장에서 검투사를 구슬리는 로마 평민들의 씁쓸한 아이러니와 닮은 데가 있습니다. 중요한 것은 침략의 피해자가 이기기를 바라는 것이 아니라 그와 운명을 함께 하는 것입니다. 우리는 그가 죽건 승리하건 상관없이 함께해야 합니다. (…) 우리가 밝은 미래에 얼마나 가까이 갈 수 있는가는 전 세계에 제2, 제3 또는 수많은 베트남이 번성하는가에 달려 있습니다. 제국주의에 맞선 저마다의 희생과 엄청난 비극, 일상의 영웅주의와 반복되는 타격과 급습으로 전 세계 인민의 더해가는 분노 속에서 그 세력을 키워야 합니다."

    삼대륙회의는 평화와 사회주의를 목표로 설정하고, 이 목표를 이루기 위해 어떤 수단이라도 사용할 것임을 천명했다. 그 수단은 무장 투쟁은 물론 의료, 경제, 문화 등 전 분야를 망라한 것이었다. 삼대륙회의에서 결성된 OSPAAAL이 발간한 잡지 『트리콘티넨탈』은, 미국 검은표범당의 지도자이자 범아프리카주의 운동가였던 스토클리 카마이클에 따르면, 당시 "혁명적 운동 사이에서 성서와 같은 역할"을 했다고 한다. 잡지를 통해 반식민주의와 사회주의, 국제주의와 연대의 메시지를 전파하는 포스터를 지속적으로 보급하기도 했다.

1966년 여름부터 2019년 여름 해산하기까지 53년 동안 OSPAAAL이
제작하고 배포한 포스터는 350종에 달한다. 포스터의 주제는
베트남부터 아프리카 각국의 민족해방운동, 미국의 흑인민권운동,
반아파르트헤이트 운동, 한반도 통일 등 전 세계의 진보운동과
의제를 골고루 망라한다. 한때 쿠바의 미국계 광고사에서 일하던
디자이너들을 비롯해 쿠바의 주요 시각 디자이너들이 대거 참여 했다.
2019년 런던에서 OSPAAAL 프로파간다 오리지널 포스터 전시가
열리면서 다시 주목받고 있다. (박소현)

FIDAYIN FIDAYIN
FIDAINE FIDAINE
FEDAYEEN FEDAYEEN
FIDAYIN FIDAYIN
FIDAINE FIDAINE
FEDAYEEN FEDAYEEN
OSPAAAL

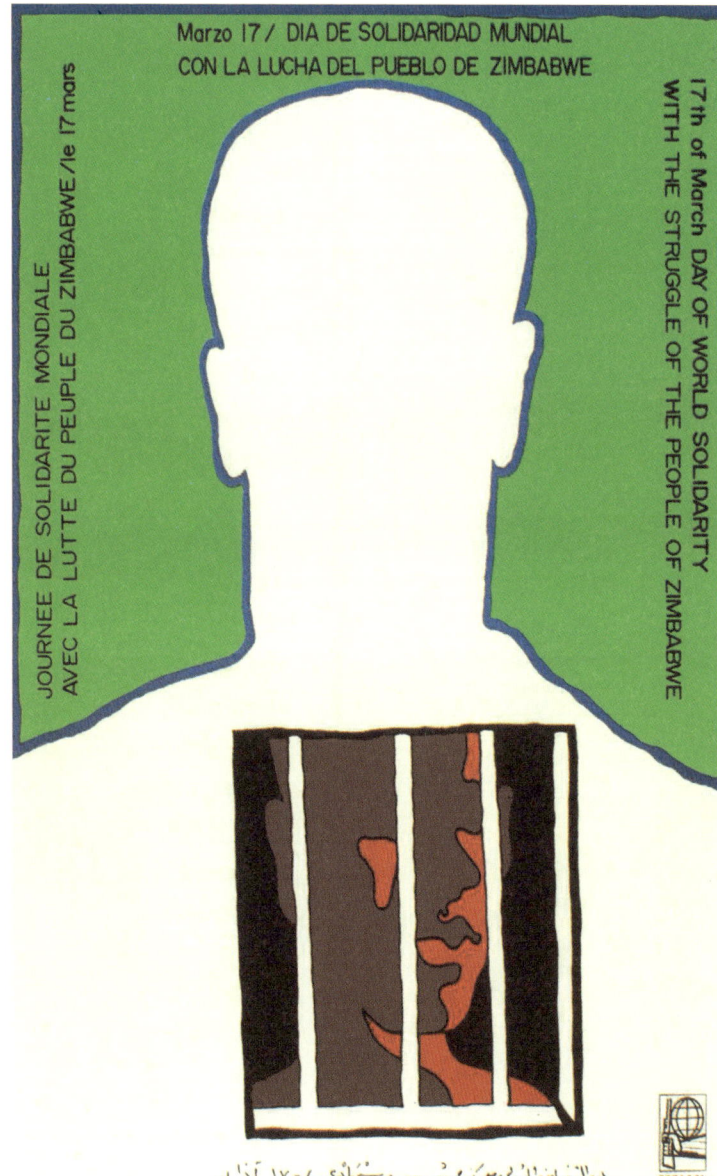

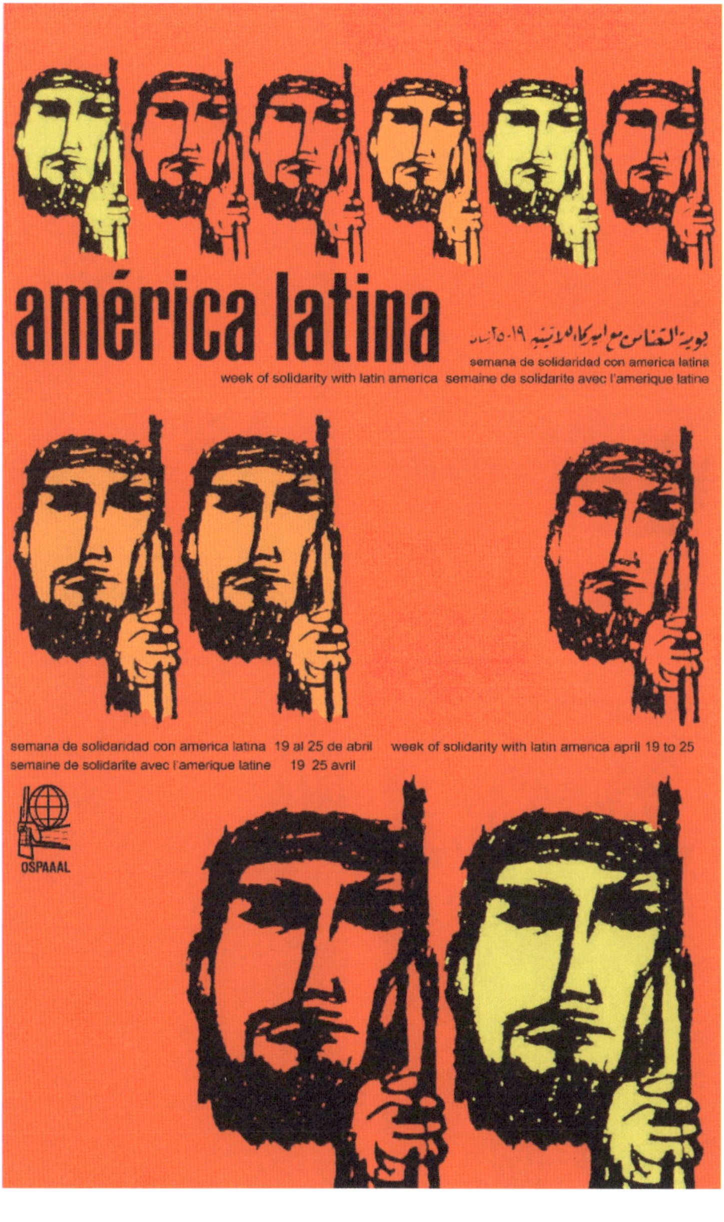
américa latina
semana de solidaridad con america latina
week of solidarity with latin america semaine de solidarite avec l'amerique latine
semana de solidaridad con america latina 19 al 25 de abril week of solidarity with latin america april 19 to 25
semaine de solidarite avec l'amerique latine 19 25 avril
OSPAAAL

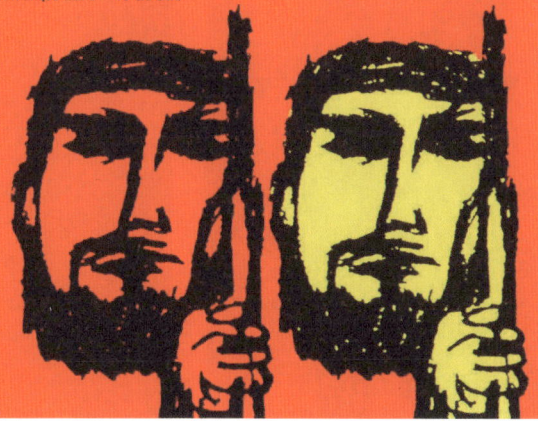

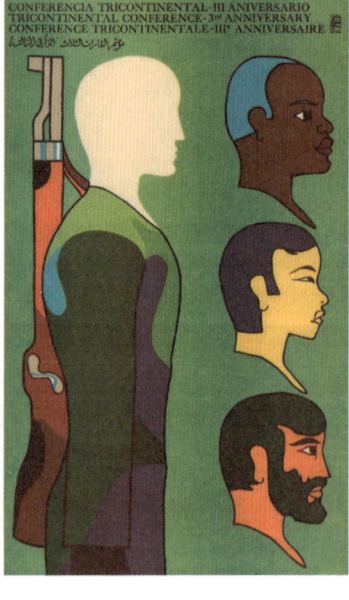

석유 달러
Petrodollar

석유는 제3세계 나라들에서 발견된 가장 수익성 높은 1차 산품이다. 흔히 소비사회라고 불리는 시대는 비록 선진적인 자본주의 나라들만 누릴 수 있는 것이었지만, 그것은 자동차와 플라스틱, 나일론 같은 석유 화학 제품들로 채워져 있었다. 바야흐로 '악마의 똥'이면서 '검은 황금'이기도 했던 석유의 시대야말로 소비사회의 시대였다. 얄궂게도 바로 이 석유는 **제3세계** 프로젝트의 운명을 쥐락펴락하는 마법의 힘을 발휘했다. 이는 단지 석유만의 문제는 아니었다. 그것은 가장 많은 석유를 수입하고 소비하는 미국과 미국의 화폐인 달러와 떼려야 뗄 수 없는 관계였기 때문이었다.

종속이론의 대부 혹은 라틴아메리카의 '케인스'로도 알려진 **라울 프레비시**는 **제3세계** 나라들이 식민주의가 남긴 유산으로 인해 빈곤과 불평등에서 벗어나기 어려운 조건에 처하게 되었음을 날카롭게 분석하고 폭로한 바 있었다. 그가 제3세계 나라들을 대변하면서 유엔 라틴아메리카경제위원회와 유엔무역개발회의를 이끌었을 때, 그가 요구한 것을 한 마디로 요약하자면 신국제경제질서였다. 대다수의 **제3세계** 나라는 오랜 식민주의의 첫 번째 유산인 단일 작물이나 단일 원료에 의존해 나라 살림을 이끌어가야 했다. 경제학자들은 이러한 특화된 생산을 비교 우위란 이름으로 그럴 듯하게 포장하여 장려하곤 했다. 그런데 이러한 1차 산품은 언제나 취약한 상태에 놓이게 마련이었다. 상대적으로 안정된 가격을 유지하는 공산품과 달리 수요에 따라 가격이 널뛰듯 하는 1차 산품에 의지해서는 **제3세계**

민중들에게 이로운 사회 발전을 이루기는 요원한 일이었다. 따라서 다양한 경제 부문이 고루 발전하고 상호 의존하는 경제 체제를 가질 수 없었던 탈식민화된 **제3세계** 나라들에서 중요한 것은 이러한 1차 산품의 카르텔을 만들어 가격을 안정적으로 유지하고 자신들의 협상력을 높이는 것이었다. 그렇지 않다면 발전하면 할수록 저발전 상태에 놓이는 늪에서 벗어날 수 없을 것이다. 그러나 그 어떤 1차 산품도 카르텔을 형성할 수 없었다.

단 석유는 예외였다. 1960년 베네수엘라, 사우디아라비아, 쿠웨이트 등의 나라들이 주도하여 만든 석유 카르텔, 즉 석유수출국기구는 석유라는 천연자원을 이용하여 민족주의를 펼칠 수 있는 강력한 플랫폼이 될 수 있었다. 석유수출국기구가 발족하기 전 해인 1959년, **반둥회의**를 이끌었던 인물들 가운데 한 명인 나세르가 주도한 이집트와 아랍연맹은 아랍석유회의를 개최했다. 여기엔 아랍 국가들은 물론 베네수엘라의 대표도 참석했다. 베네수엘라 대표였던 페레즈 알폰소는 이 자리에서 석유 카르텔을 결성할 필요를 역설했다. 그 결과 산유국 대표들은 이라크의 바그다드에 다시 모여 석유 카르텔을 결성하기로 합의했다. 마침내 석유수출국기구가 발족한 것이다. 하지만 **프레비시**의 노력에 힘입어 석유 카르텔을 본받은 몇 개의 카르텔이 만들어지긴 했지만 그것은 큰 힘을 쓰지 못했다. 상품 가격을 안정시키기 위해선 일정한 재고를 비축해야 하는데 이런 카르텔 결성을 주도했던 유엔무역개발회의는 그를 위한 자금을 마련할 수 없었다.

석유수출국기구가 1차 산품 카르텔의 든든한 출발점으로서 제3세계 나라에게 유리한 경제 질서를 만드는 주춧돌로 기능할 것이라는 기대는 금세 무너졌다. 석유수출국기구는 제3세계 나라들을 위한 기구가 아니라 미국을 위한 구원 투수가 되어주었기 때문이다.

2003년 미국이 사담 후세인의 이라크를 공격했을 때, 그들이 내세운 명분을 모두가 믿은 것은 아니었다. 미국이 이라크를 공격한 것은 미국이 대량 살상 무기를 보유하였기 때문이 아니라 이라크가 석유 대금 결제를 유로화로 하고자 했기 때문이라는 소문이 파다했다. 이는 바로 몇 년 전인 2011년 카다피가 이끌던 리비아를 미국과 나토가 군사적으로 공격했을 때도 다르지 않았다. 잔인무도한 독재 정권으로부터 국민을 구원한다는 명분으로 단행된 이 군사적 개입은 금 디나르(gold dinar)라는 아프리카 단일 통화로 리비아 석유 값을 결재할 수 있도록 도모했기 때문이라는 것이었다. 이 모두는 바로 달러가 세계 경제의 맹주로서 기능할 수 있도록 하는 핏줄 역할을 하고 있음을 입증하는 것이었다. 석유는 바로 미국의 부를 나타내는 표현인 달러라는 화폐 가치를 떠받치는 무기였던 것이다. 그 때문에 많은 이들은 미국의 달러를 석유 달러로 부르고 미국의 경제적 지배와 폭력을 석유 달러 제국주의로 부르는 것이다.

석유 달러가 부상하게 된 배경을 이해하자면 브레튼우즈 체제의 등장으로 거슬러 올라가지 않을 수 없다. 1944년 미국의 브레튼우즈에 모인 경제 각료들은 새로운 전후 경제 질서를 수립하는 결정적인 선택을 했다. 그것은 바로 금-달러 본위제라는 것이었다. 이전까지 전 세계의 무역을 위한 결재는 금으로 이뤄졌다. 그런데 이제 그것이 바뀐 것이다. 이제 무역과 상업을 위한 거래는 모두 달러를 통해 이뤄지게 되었다. 미국 달러가 사실상 세계 화폐가 된 것이다. 그러나 달러의 가치는 항상 일정하게 유지되어야 했다. 그래서 금 1온스에 35달러로 달러 가치는 금에 고정되도록 했다. 그리고 각 나라의 통화는 다시 미국 달러에 고정되었다. 그렇게 되면 모든 통화들 사이의 교환 비율, 즉 환율은 일정하게 유지될 수 있다고 생각했던 것이다. 그리고 세계 통화로서 인정받은 달러를 가진 누군가가 미국 측에 그것의 가치가 떨어질 것을 우려해 금으로 교환하길 원하면 미국은 금으로 교환해주어야만 했다. 그런데 1960년대가 되면서 사정은 완전히 바뀌었다. **베트남전쟁**에 자금을 조달하느라 미국의 금 보유고는 바닥이 나기 시작했다. 난관에 봉착한 미국은 대안을 찾아야만 했다. 그때 미국이 택한 묘책은 달러를 금으로 바꿔주는 태환을 거부하는 것이었다. 1971년 닉슨 정권은 금 태환 정지를 선언하면서 변동환율제를 도입했다. 이제 미국 달러의 가치는 무엇인가에 고정될 필요가 없었다. 그렇다면 달러의 가치 변동을 우려한 이들이 달러 대신 다른 통화, 예컨대 급부상하고 있던 경제 대국인 독일의 마르크화나 일본의 엔화를 보유하게 된다면, 미국의 경제적 지위는 크게 흔들릴 위험이 있었다. 이에 대처하기 위해 미국이 낸 꾀는 세계에서 가장 큰 몫의 결제 대금이 소용되는 석유 결제 대금을 오직 달러로만 하도록 하는 것이었다. 이를 위해 미국은 석유수출국기구의 주축을 이루던 사우디아라비아를 설득했다. 사우디아라비아의 정권을 보호하고 군사적 지원을 제공하는 대가로 석유수출국기구가 오직 달러만을 받아들이도록 하는 계약이 맺어진 것이다.

  석유를 필요로 하지 않는 나라는 세계 어디에도 없다. 결국 그들은 경제 활동을 영위하는 데 가장 큰 에너지원인 석유를 구입하기 위해 수중에 달러를 가지고 있어야만 했다. 그리고 그렇게 석유를 팔고 받은 달러, 즉 석유 달러는 고스란히 미국으로 흘러들어갔다. 아울러 그 돈은 대개 미국의 국채를 구입하는 데 쓰였다. 미국 국채는 미국 정부가 지급을 보장하는 가장 안전한 돈으로 여겨졌기 때문이다. 그것이 이른바 석유 달러의 환류(recycling)였다. 미국은 제 마음대로 지폐를 찍어낼 수 있다. 그리고 그렇게 자신의 통화 공급을 늘리거나 줄임으로써 혹은 이자율을 높이거나 내림으로써 세계 경제를 통제할 수 있는 막강한 힘을 거머쥐게 되었다. 오일 쇼크로 인해 석유 가격이

4배 가까이 오르자 당연히 4배나 많은 달러가 필요했다. 물론 이 말은 곧 미국에 4배나 많은 투자가 이뤄지게 되었다는 말과도 같은 것이었다. 그러나 석유를 필요로 했던 가난한 나라들에게 이는 재앙과도 같은 일이었다. 그들은 어쩔 수 없이 다시 미국으로 달려가 빚을 얻었다. 금-달러 본위제가 지배하던 시대에 각 나라들은 정부가 통제하는 중앙은행을 통해 국제 금융과 대부를 통제할 수 있었다. 그 때문에 민간 은행이나 투자 기업들이 제멋대로 자본을 이동하는 일은 금지되었다. 이는, 현실과 제법 거리가 먼 말이긴 하지만, 그래도 돈이 한 나라에 머무르면서 장기적인 경제·사회적 발전을 위해 사용되어야지 단기적인 이윤을 노리며 투기적으로 국경을 넘나드는 것은 바람직하지 않다는 생각이 널리 자리 잡고 있었던 탓이다. 많은 이들이 매일 하루에도 수십 번씩 증권 시장이나 선물 시장의 시황을 점검하는 오늘날, 즉 **신자유주의적 세계화 이후의 세상에서는**, 믿을 수 없는 일이 상식처럼 자리 잡고 있었던 것이다. 그러나 이제 그러한 생각이 통하던 시대는 막을 내렸다.

  한편 미국 연방준비제도는 달러가 가진 막강한 힘을 이용해 세계 경제를 뒤흔들었다. 레이건 정권이 들어서면서 미국이 이자율을 21퍼센트나 올리자, 빚을 진 대다수의 **제3세계** 나라들은 **외채 위기**를 겪기 시작했다. 멕시코를 시작해 남미, 나아가 동남아시아와 동아시아, 그리고 그 동구권의 나라들을 거쳐 유럽에까지 상륙한 외채 위기는, 구제 금융을 주는 조건으로 **구조조정정책**을 실행하는, 이른바 **신자유주의적** 개혁을 세계로 확대했다. 그러나 달러 발행권을 가지고 있는 미국 정부는 아무리 빚을 늘려도 세계 통화로 많은 돈을 찍어내며 끄떡없었다. 달러를 필요로 하는 나라들, 그 가운데서도 가장 가난한 나라들이 미국의 경제를 지탱해주는 이상한 일이 오늘날의 경제 원리가 되었다. 그러나 이러한 끔찍한 상황이 한없이 지속될 수는 없을 것이다. **제3세계**라는 프로젝트가 꿈꾸었던 보다 균등하고 정의로운 경제 질서를 향한 꿈이 되살아난다면 이러한 상황은 종식될 수 있을 것이다. 그는 무엇보다 석유 달러의 위력을 중단하고 새로운 결재 통화를 도입하는 것에서부터 시작될지 모를 일이다. 그리고 이는 무엇보다 지난 수십 년간 되풀이되어온 중동에서의 끔찍한 전쟁과 참화로부터 벗어나는 길을 열어줄 것이다. (서동진)

수에즈 위기
Suez Crisis

1956년 이집트 정부가 수에즈 운하를 국유화하면서 벌어진 일련의 국제적 긴장. 전후 세계 질서 재편을 알리는 상징적인 사건. 유엔 사무총장이었던 부트로스 부트로스갈리는 수에즈 운하 국유화를 "1955년 **반둥회의**의 후속 조치"라고 평하기도 했다.

    수에즈 운하는 지중해와 홍해를 잇는 총길이 192킬로미터의 운하로 1869년 개통된 이래 유럽과 아시아를 잇는 가장 중요한 해상 운송로였다. 수에즈 운하를 지나지 않고 뱃길로 유럽에서 아시아에 가려면 아프리카 대륙을 돌아야 하므로 당시 기준으로도 한 달 가까이 더 걸리기 때문이다. 운하 개통으로 유럽과 아시아를 잇는 시간이 획기적으로 단축되자 유럽 각국은 더 빨리 군사력을 투입할 수 있게 됐을 뿐 아니라 유럽인 여성이 본격적으로 식민지 아시아로 이주하기 시작하는 등 식민 통치의 방식에도 많은 영향을 미쳤다. 또한 전보의 발명, 만국우편연합 발족 등 정보통신기술의 발달과 더불어 전 세계 시공간을 획기적으로 단축시키고 축소한 "19세기의 마지막 20년 동안 '이른 세계화'(early globalization)를 가능케 한 사건이기도 했다. 베네딕트 앤더슨은 "안전하고 빠르고 저렴한 증기선이 국가에서 국가로, 제국에서 제국으로, 대륙에서 대륙으로" 사람과 물자와 사상이 방대한 규모로 이주하는 것이 가능해졌다고 지적했다. 식민지 지식인들이 호세 리살이나 **호찌민**이 그랬듯 증기선을 타고 유럽에 가거나 편지를 주고받으며 새로운 사상을 접하고 새로운 공동체를 상상해보기 시작했다. 이 상상은 1895년 쿠바와 1896년 필리핀에서 연달아 민족주의 봉기가 벌어져 스페인 제국이 몰락하는 계기가 되었다.

    수에즈 운하는 프랑스 차관에 의존해 1869년 완공되었고, 1876년 영국은 차관에 시달리는 이집트를 보호령으로 삼았다. 그리고 수에즈 운하 주식을 매입하고 군대를 진주시켜 운하 운영에 깊이 개입해왔다. 1922년 근대 이집트 왕국이 '**독립**'했지만 수에즈 운하에는 여전히 외국 군대가 주둔했다. 1952년 자유장교단을 이끌고 쿠데타를 일으켜 왕정을 폐지한 나세르는 이집트를 근대적 공화국으로 만들고자 했다. 토지 개혁을 추진하고 1956년에는 세계은행에서 차관 2억 달러를 승인받았다. 나일강에 아스완댐을 건설해 농업 생산을 50퍼센트 증대하려는 계획의 일환이었다. 그러나 미국이 주도한 바그다드조약 가입을 거부하고 체코슬로바키아에서 무기를 사들였을 뿐 아니라 소련과 관계를 과시하자 돌연 세계은행 차관 승인이 취소됐다. 미국의 압력이 있었던 것이다. 한편 6월에는 마지막 영국군 부대가 이집트에서 철수했다.

    그런 상황에서 1956년 7월 26일 이집트 알렉산드리아의 해방광장에서 나세르는 폭탄선언을 했다. "워싱턴을 떠도는 소문이 이집트는 미국의 원조를 보장받을 만큼 강하지 못하다고 말할 심산이라면 나는 이렇게 말하겠습니다. '마음껏 분노하시라. 하지만 당신들은 결코 우리에게 명령을 내리거나 폭정을 휘두르지는 못할 것이다. 우리는 우리가 갈 자유와 영광과 존엄의 길을 알기 때문이다. (...) 우리는 무력에도 달러에도 굴복하지 않을 것이다.'" 그동안 외세가 부당하게 차지해온 수에즈 운하를 국유화해서 그 수입으로 아스완댐을 건설하겠다는 선언이 이어졌다. 즉각 이집트군이 출동해 수에즈 운하를 점거했다.

    이 선언은 세계를 뒤흔들어 놓았고 특히 구 제국 영국과 프랑스에 큰 충격과 분노를 안겨주었다. 두 나라는 이스라엘을 부추겨 10월 29일 시나이반도와 수에즈 운하까지 진격하게 했고 이로써 제2차 중동전쟁이 발발했다. 11월 5일에는 영국과 프랑스 공수부대가 투입돼 수에즈 운하를 점령했다. 영-불-이스라엘군은 군사적으로 승리한 듯했다. 그러나 소련이 원자탄을 투하하겠다는데도 미국은 나서서 말리지 않았다. 뿐만 아니라 유엔은 사건 발생 열흘만에 전격적으로 정전 결의안을 통과시켰다. 전후 양대 진영을 이끌던 미소 양국과 떠오르는 세력인 **제3세계**가 한목소리로 양국을 비난하자 바로 점령군을 철수시킬 수밖에 없었던 것이다. 이 승리로 나세르는 이집트뿐 아니라 아랍 세계 전체의 희망이 되었다. (박소현)

참고문헌
- 베네딕트 앤더슨, 『세 깃발 아래서』, 서지원 옮김, 도서출판 길, 2009.
- *Andrew Hsiao·Audrea Lim, The Verso Book of Dissent*, Verso, 2010.

1956년은 한 세대 전체에게 흔적을 남긴 해였다. 수에즈 사태는 한 시대의 종말을 상징했다. 한때 압도적인 제국주의 세력이었던 영국은 이제 독자적으로는 어떤 주도권도 행사할 수 없었다. 수에즈 동쪽에서건 서쪽에서건 어떤 행동을 취하기 위해서는 미국의 사전 승인이나 허가를 받아야 했다. 나세르의 정치적 성공으로 식민 세계에서 중립주의는 잠재성 있는 세력이 되었다. 나세르, 네루, 티토는 비동맹을 이끄는 세 명의 왕이 되었다. (…) 새로운 제3세계 민족주의의 발흥은 그해의 가장 흥분되는 사건으로 보였다.

— 타리크 알리, 『1960년대 자서전』.

↑ 비동맹운동회의에 참석한 은쿠르마와 함께 베오그라드 시내에서 카퍼레이드를 벌이는 티토
↗ 1961년 비동맹운동 정상회의 회의장 내부

↑↑ 한 자리에 모인 비동맹운동 회의 참가국 정상들
 ↑ 1961년 제1회 비동맹운동 정상회의 참가국 정상들의 사진과 명단
 ↗ 1961년 베오그라드 비동맹운동 회의 중 나세르, 티토, 네루. 세 정상은 1956년 유고슬라비아 브리주니에서 만나 비동맹운동을 구상하고 실현해낸 주역이다

↑ 1964년 9월 칠레 대통령선거에서 살바도르 아옌데 지지자들이 행진하고 있다. 살바도르 아옌데는 여러 차례 낙선 끝에 1970년 9월 선거에서 승리해 최초의 민주적 사회주의 정부를 탄생시켰다. US Library of Congress
↗ 1970년 대통령 당선 후 살바도르 아옌데

↑ 태국의 체 게바라로 불린 태국공산당 지도자 찟 푸미삭(1930~1966). 문헌학자이자 시인이며 혁명가였던 그는, "삶을 위한 예술"이라는 예술운동을 이끌며 훗날 태국 민주화투쟁을 이끈 젊은 세대의 등불이 되었다.

↗ 삼대륙회의에서 발언하는 피델 카스트로와 회의장 모습. 1966년 쿠바 아바나에서 열린 삼대륙회의에는 아시아, 아프리카, 라틴아메리카 세 대륙 100개 이상 국가 정부와 진보적운동이 참여했다. 반둥에서 시작된 제3세계의 지평이 전 세계로 확장되고, 전투주의적 무장투쟁에 대한 열기가 최고조에 이른 순간이기도 하다.

↑ 아랍 산유국 장관들. 1960년 중동 국가들과 베네수엘라 등 산유국이 결성한
석유수출국기구OPEC는 석유 카르텔을 만들어 원유가격을 안정적으로
유지하고 협상력을 높여 국제경제질서에 반격하고자 했다. CIA
↗ 1960년 연설 중인 나세르. 1956년 수에즈운하 국유화 선언, 이어진 영국-
프랑스-이스라엘과의 전쟁과 승리로 나세르는 아랍세계의 희망이 되었다.

↑ 1956년 수에즈 작전에 투입된 영국 항공모함 5척 중 이글호가 선두에, 불와크호와 알비온 호가 뒤따르고 있다. Imperial War Museum Collection

수카르노
Sukarno

수카르노(1901~1970)는 네덜란드령 동인도 자바에서 하층 귀족의 아들로 태어나, 아버지가 초등학교 교사였던 덕분에 유럽식 교육을 받을 수 있었다. 19세기 말이면 유럽 국가들은 제국 통치를 위해 서구식 교육을 받은 원주민 행정 관료가 더 쓸모 있다는 것을 깨닫게 된다. 그런 탓에 원주민이 서구 사상과 교육에 접근할 통로를 마련할 필요성을 인식하게 된다. 그 결과 네덜란드령 동인도에도 초중등학교는 물론 사범학교와 대학교가 세워졌다. 물론 이런 교육의 혜택을 누린 원주민은 극소수였지만, 교육을 통해 '근대'와 접한 이들은 이전 세대와 완전히 다른 세계관을 가지게 되었다. 그렇게 교육받은 이들 중에서 20세기 초 반식민주의 운동을 이끌고 제국의 몰락에 기여하는 **민족주의** 지도자들이 등장하는데, 수카르노는 바로 그 전형적인 인물이었다.

  수카르노는 반둥이과대학에서 건축을 공부하고 건축 사무소를 열기도 하지만 정치에 대한 열망이 더 컸다. 반둥연구모임을 조직해 『인도네시아 무다』라는 잡지를 발행하면서 식민주의에 반대하는 모든 세력 간의 연대라는 정치적 전망을 세우기 시작했다. 1927년에는 동료들과 함께 인도네시아 국민당(Partai Nasional Indonesia, PNI)을 창당하고 본격적으로 정치 활동을 시작했다. 당시 네덜란드령 동인도에서 식민 지배에 맞선 주요 세력에는 **민족주의**자뿐 아니라 이슬람교도와 마르크스주의자도 있었다. 서로의 차이에도 불구하고 모든 세력이 **민족주의** 아래서 함께하자는 것이 수카르노와 국민당의 입장이었다. 이런 모호하지만 절충적인 입장은 곧 광범위한 지지를 얻었고 국민당과 수카르노는 반네덜란드 투쟁에서 지도적인 위치로 떠올랐다. 1930년부터 수카르노는 네덜란드 당국에 의해 투옥되거나 외딴 섬으로 추방당하기를 반복하다가 일본 점령기를 맞았다.

일본 점령기 동안 수카르노는 일본에 맞서기보다는 협력하면서 인도네시아의 **독립**을 얻어내고자 했다. 일본의 점령 정책에 협조하는 동시에 일본 측에 인도네시아의 **독립**을 계속해서 요구했다. 일본에 협조하라는 라디오 연설을 하면서도 인도네시아인만 알아들을 수 있는 메시지를 심어두기도 했다. 최인훈의 『태풍』에서 나파유군의 감시 아래 있던 '아이세노딘'의 민족 지도자 '카르노스'는 이 시기의 수카르노를 모델로 한 것이 분명해 보인다. 자신이 '나파유'인이라고 믿었던 (식민지) '애로크'인 오토메나크가 돌아갈 곳이 없음을 깨닫고 절망하자 카르노스는 "새로운 사회에서 (광의의) 민족 구성원으로 새로운 사회적 삶을 살라"고 권유한다. 수백 종족으로 구성되고 수백 가지 언어를 사용하는 사회를 인도네시아라는 하나의 국민국가로 통합해내고자 했던 그로서는 너무나 당연한 충고였을지 모른다. 1945년 8월 15일 일본이 항복을 선언한지 이틀 후인 8월 17일 수카르노는 모함마드 하타와 함께 인도네시아의 **독립**을 선언했다. 그러나 되돌아온 영국군와 네덜란드군에 맞서 4년에 걸친 무력 투쟁과 지난한 협상을 거친 후인 1949년 말에 가서야 정식으로 주권을 이양 받았다.

인도네시아는 정식 독립 이후 의원내각제를 채택했는데, 1957년까지 7년 사이 내각이 6번이나 바뀌는 등 의회민주주의는 혼란스럽기만 했다. 그때마다 수카르노는 개인적 카리스마를 이용해 국민의 연대감을 고취하고 단결된 인도네시아라는 기획에 호소하는 식으로 문제를 돌파하고 대중적 영향력을 키워나갔다. 1955년 선거에서 28개 정당 중 어느 정당도 안정적인 의석을 차지하지 못하고 불안정한 정국이 계속되던 가운데, 1956년 3월 수카르노는 교도민주주의를 주창하며 의회민주주의를 폐기하고 정당을 해산시켰다. 1957년에는 계엄령을 내리고 1959년에는 1945년 헌법을 복원시켰다. 또한 교도민주주의를 떠받칠 통치 체제로서 나사콤(Nasakom)을 내세웠는데, 민족주의(Nasionalisme), 이슬람/종교(Agama), 공산주의(Komunisme) 세력 간에 균형을 이루면서 대통령의 권한을 강화하고자 한 것이었다.

대외적으로 수카르노는 제국주의와 식민주의에 반대하는 입장을 굳건히 하며 다른 신생 독립국과 목소리를 함께했다. 1955년 4월 반둥에서 **비동맹운동**과 **제3세계**의 시작을 알린 아시아아프리카회의를 성공적으로 개최했다. 고조되던 **냉전**의 분위기를 잘 이용해 중국과 소련으로부터 막대한 지원을 받는 한편 인도네시아의 공산화를 우려하는 미국의 원조도 받아냈다. 1960년 네덜란드가 이리안자야(파푸아)에 독립 정부를 세우려 하자 수카르노는 네덜란드와 외교를 단절하고 이리안자야 해방 투쟁을 선언했다. 1963년 미국의 중재로 이리안자야의 공식 반환이 결정되자 수카르노의 권력은 더 강화되는 듯했다. 아시안게임을 둘러싼 마찰 끝에 국제올림픽위원회(IOC)에서 탈퇴해 1963년 11월에는 **신흥국경기대회(GANEFO)**를 독자적으로 개최하고, 말레이시아 연방 안에 반대하며 말레이시아와 대결을 부르짖었다. 인도네시아의 반대에도 말레이시아가 유엔 안보리 비상임이사국으로 선출되자 1965년 유엔은 물론 각종 국제기구에서 탈퇴하는 강수를 두기도 한다.

내부적으로 교도민주주의의 나사콤 체제는 더 불안정했다. 고립으로 인한 경제 혼란이 극심한 가운데 지역의 반란을 평정하기 위해 강력한 군부에 의지하는 동시에 그 견제책으로 공산당에도 기대며 아슬아슬한 균형을 유지했다. 수카르노의 후원 아래 1960년대

인도네시아공산당은 당원 수만 350만에 달해 당시 공산 진영 밖에서 가장 큰 규모의 공산당으로 성장했다. 인도네시아 공산당은 수카르노의 핵심 기반이면서도, 산업화가 이루어지지 않은 **제3세계**에서는 진보적 부르주아지와 협력해 민주적 자본주의를 이뤄야 한다는 코민테른의 공식을 충실히 따르며 국가권력에는 도전하지 않았다. 국내 정치가 혼란할수록 외교 정책에서 수카르노의 수사는 급진성을 더해갔으며, 나날이 커져가는 공산당의 대중적 권력에 대한 우파와 이슬람 세력의 적대 또한 커져갔다. 1965년 9월 30일 군부의 친공산주의 장교들이 쿠데타를 일으키고 장군들을 납치 살해하는 사건이 벌어졌다. 쿠데타 시도는 바로 저지되었으나 이로 인해 시작된 1965년 **인도네시아 공산당 학살**은 최소 10만에서 최대 500만의 희생자를 내고 인도네시아 역사에서 가장 어두운 장이 되었다. 이 사태로 수카르노는 권좌에서 물러나고 1966년 3월 11일 수하르토 장군에게 전권을 이양하고 만다. 쿠데타와 이어진 학살에 관해서는 여전히 해명되지 않은 부분이 많으며 학살의 규모 또한 정확히 밝혀지지 않았다. 확실한 것은 이 대규모 폭력을 딛고 강력한 반공 군부독재 '신질서'가 세워졌으며, 동남아시아 **냉전** 체제가 분기점을 맞이했다는 점이다. 수카르노는 실권 이후 가택 연금에 가까운 상태로 지내다 1970년 죽음을 맞았으나 형식적인 추모 이상은 받지 못했다.

그러나 32년이나 지속된 수하르토 체제가 더 지독한 독재로 치닫자 수카르노 시기의 짜릿한 기억이 대중적으로 소환되었다. 수카르노의 딸 메가와티가 정치에 입문하면서 수카르노에 대한 관심은 더욱 커졌다. 아버지의 후광으로 인한 대중적 인기 덕분에 메가와티는 1993년 민주당 대표로 선출되었고, 1998년 민주화 이후 두 번째 대통령이 되었다. (박소현)

몇 십 년 전만 해도 우리 인민의 대표자들이 모이려면 다른 나라 심지어 다른 대륙까지 가야 했습니다. 그런 맥락에서 브뤼셀에서 30여 년 전에 열렸던 '반제국주의 반식민주의 연맹'이 기억납니다. 지금 이 자리에 참석한 수많은 걸출한 대표들이 그 회의에서 서로 만나 독립을 위한 각자의 투쟁에 새로운 힘을 얻었습니다. 그러나 회의 장소는 수천 마일 떨어진, 외국인들 틈에 낀 낯선 나라, 낯선 대륙이었습니다. 그러고 싶어서가 아니라 그럴 수밖에 없었기 때문입니다. 오늘은 그때와 크게 다릅니다. 우리 민족과 나라는 더 이상 식민지가 아닙니다. 이제 우리는 자유롭고 독립적인 주권국입니다. 이제 우리는 회의에 참석하러 다른 대륙까지 가지 않아도 됩니다 (...).

거부할 수 없는 힘이 두 대륙을 휩쓸었습니다. 전 세계의 정신적·영적·정치적 얼굴이 바뀌었고 아직 그 과정은 다 끝나지 않았습니다. 전 세계에 새로운 조건, 새로운 개념, 새로운 문제, 새로운 이상들이 퍼져나갔습니다. 민족적 각성과 부흥이라는 허리케인이 대지를 휩쓸며 세계를 흔들고 바꿔놓았습니다. 더 나은 내일을 위해 세계를 바꿔놓았습니다 (...).

분쟁은 피부색이나 종교가 달라서가 아니라 욕망이 달라서 벌어집니다. (...) 우리는 그것이 어떤 형태든 간에 식민주의에 대한 공동의 증오심으로 한데 모였습니다. 우리는 인종주의에 대한 공동의 증오심으로 한데 모였습니다. (...) 우리 이제 쓰라린 과거가 아니라 미래에 시선을 고정합시다. 삶과 자유만큼 달콤한 신의 축복은 없다는 것을 잊지 맙시다. 어떤 민족이나 민족의 일부가 여전히 압제에 시달리는 한 전체 인류의 위상은 허약하다는 것을 잊지 맙시다. 인간의 가장 고결한 목표는 두려움과 빈곤의 굴레, 오랫동안 인류 대다수가 성장하지 못하도록 방해해온 물질적·정신적·지적 굴레에서 해방되는 것임을 잊지 맙시다. 형제자매들, 이 모든 것을 위하여 우리 아시아 아프리카인들은 단결해야만 한다는 것을 잊지 맙시다.

— 1955년 반둥회의 개막 연설 「새 아시아와
새 아프리카가 탄생하게 하라」
(Let a New Asia and a New Africa be Born)

식민주의, 신식민주의, 포스트식민주의
Colonialism, neo-colonialism, post-colonialism,
植民主義, 新植民主義, 後期 植民主義

총독과 군대가 물러나자 사람들은 제3세계에서 식민주의란 것은 마침내 종료되었다고 생각하는 이들이 늘어나기 시작했다. 1차 세계대전을 전후하여 점차 사라지기 시작한 유럽의 제국주의는 2차 세계대전이 끝나면서 마지막 위기에 직면했다. 그렇게 된 데에는 여러 가지 이유가 있었다. 먼저 식민주의 지배에 저항하는 민중들의 저항이 끈질겨졌기 때문이다. 게다가 이러한 투쟁들은 그들의 싸움을 지지하는 구소련, 중국, 쿠바 등의 지원으로 더욱 힘이 강해졌다. 그들은 더 이상 고립된 싸움을 하던 것이 아니었다. 두 번째로, 여러 차례의 전쟁으로 유럽의 제국주의 국가들은 기진맥진해진 상태였다. 따라서 자신이 지닌 식민지를 유지하는 데 필요한 비용을 마련할 여유가 없었다. 때마침 자신들이 지배하는 식민지 민중들로부터의 거센 저항에 직면해야 했다. 마지막으로, 미국이 월등한 힘을 가지고 과거의 제국주의 나라들을 앞지르기 시작했다는 점을 꼽을 수 있다. 미국은 지난 시절에 만들어진 무역 블록이 자신들의 경제적 힘을 확장하는 데 장애물이 된다고 생각했다. 그들에겐 식민주의와 제국주의는 불필요할뿐더러 별반 이익을 주는 게 아니었다. 새로운 세계 자본주의 맹주는 과거의 제국주의를 지지할 이유가 없었다.

    그러나 식민주의가 사라졌다고 해서 식민지 민중들이 겪던 고통과 가난이 사라진 것은 아니었다. 총독이나 사령관이 없었지만 즉 직접적으로 자신이 지배하는 사회의 주권을 찬탈하고 영토를 지배하는 제국주의는 사라졌지만, 보다 교묘하고 간접적인 식민주의가 모습을 나타내기 시작했다. 이를 두고 사람들은 신식민주의란 이름을 붙였다. 신식민주의란 말을 짚어보려면 **콰메 은크루마**를 떠올리지 않기란 어려운 일이다. 1957년 아프리카에서 처음으로 독립을 획득한 가나의 지도자가 **콰메 은크루마**였다. 그는 독립을 이룩한 이후 1965년 『신식민주의: 제국주의의 마지막 단계』란 기념비적인 책을 간행했다. 이 책은 레닌이 쓴 『제국주의: 자본주의의 마지막 단계』라는 책의 대구처럼 보였다. 그는 그 책에서 이렇게 썼다. "신식민주의의 본질은 그에 종속된 나라가 이론적으로는 **독립**해 있고 국제 주권이라는 외적인 미사어구를 누린다는 것이다. 그러나 실제로는 경제 체제와 정치적 정책이란 면에서는 전적으로 외부에 의해 지배당하고 있다." 요컨대 **독립**이란 순전히 헛소리일 뿐이었다. **은크루마**가 보기에 신식민주의란 자본주의 국가들이 겪고 있던 사회적 갈등을 수출해 자기네 나라와 **제3세계** 나라 사이의 갈등으로 둔갑시키는 것일 뿐이었다. 달리 말하자면 이는 서구 선진국들은 자기네 나라의 복지 국가를 유지하기 위해, 상대적으로 높은 생활수준을 노동자들에게 보장해주기 위해, 자신들의 나라에서 벌어지는 계급적 갈등을 국제 노동 분업으로 전환하려는 것이었다. 국제 노동 분업이란 새로운 자본주의 질서를 가리키는 이름이라 할 수 있다. 점점 비용이 부담스러운 생산은 **제3세계**로 수출하고 자신들은 더 높은 가치를 생산하는 분야를 맡음으로써 자신들의 사회적 안정을 지키고 **제3세계** 나라들을 끝없는 가난의 상태에 몰아넣는 것이 국제 노동 분업이었다. 그래서 **은크루마**는 이를 미국이 주도하는 식민지 없는 제국의 단계라고 쏘아붙였다. **은크루마**는 다른 수단을 통해 과거의 식민주의를 계속하는 것이 신식민주의라는 점을 분명히 밝혔다.

그러나 신식민주의가 과거의 식민주의를 계승한다는 점을 강조한다고 해서 **독립** 이후에 **제3세계** 나라들에서의 저항과 변화를 무시하는 것은 아니다. 오히려 신식민주의가 경제적·정치적 지배와 착취를 강조하면서 탈식민 이후 나타난 문화적 변화를 무시한다는 포스트식민주의의 생각은 섣부른 것일지 모른다. 포스트식민주의는 서구 학계를 중심으로 **독립** 이후 즉 식민주의 지배 이후 나타난 다양한 변화들을 분석하는 것을 선호하는 주장이라 할 수 있다. 그런 점에서 포스트식민주의는 이전의 식민주의, 신식민주의 이론들이 **독립**과 **발전**을 둘러싼 정치적·경제적·문화적 프로젝트였던 것에 비해 문화이론에 가깝다고 할 수 있다. 포스트식민주의는 기존의 탈식민 국가를 이해할 때 국가와 민족이 지나치게 강조되어 왔음을 비판한다. 민족이란 개념은 그 안에 존재하는 다양한 사회적 차이를 묻어버린다는 것이다. 한편 민족 역시 순수하고 단일한 공동체로 상정할 수 없음을 역설한다. 그 때문에 포스트식민주의를 옹호하는 이들은 이주와 정착, 문화적 교류를 통해 여러 문화들이 뒤섞이고 발효되면서 혼종적인(hybrid) 면모를 띤다고 말한다. 그렇기 때문에 그들의 눈으로 볼 때 민족주의 담론은 순수하고 일관된 민족 정체성을 강요하며 억압의 담론이 되어왔다고 힐난한다. 또한 포스트식민주의자들은 **발전**이라는 프로젝트를 당연시하며 이를 의문시하지 않은 것에, 불만을 토로한다. **발전**과 성장을 받들었던 탈식민 국가들은 서구의 계몽주의적 합리성을 비판하지 못한 채 그 논리를 답습하고 있다는 것이다.

포스트식민주의는 '**제3세계 민족주의**'의 한계에 대해 흥미로운 비판을 제기해왔다. 그러나 포스트식민주의는 또한 **신자유주의적** 세계화 이후 발생한 이데올로기적 변화의 일부로 볼 수 있다. 이전 시대의 중요한 정치적 행위자였던 계급이나 민족은 가치를 상실하고 개인과 집단 정체성이 그런 자리를 대신해야 한다는 이데올로기는 포스트식민주의에 대해서도 적용해볼 수 있을 것이다. 그러나 **신자유주의적** 세계화는 그 어느 때보다 강력한 힘을 가지고 탈식민화된 나라의 민중들을 지배하는 자본주의의 위력을 보여준다. 그리고 국민국가 형태를 취한 저항이 실패한 것은 **제3세계 민족주의의** 오류라기보다는 그러한 주권적 장벽을 무력으로 혹은 간접적인 수단을 통해 무력화하며 자신들의 경제적 회로 속으로 쓸어 넣은 신제국주의의 끈질긴 전략 때문이었다. 서구에서 **신자유주의가** 들어선 것을 두고 케인즈주의적 복지 국가로 인해 주춤해야 했던 지배 계급이 본격적으로 반격에 나선 것이라 말하는 주장을 참고한다면, 남반구에서 세계화가 대대적으로 진행된 것 역시 자신의 권력을 되찾고자 돌아온 식민주의의 반격이라고 부를 수 있을 것이다. 이러한 새로운 식민주의에 맞설 수 있는 이들의 이름이 **제3세계**이거나 민족일지는 중요하지 않을 것이다. **제3세계와 민족은** 식민주의에 저항하는 유토피아적 프로젝트였고 그 프로젝트를 다시 부활시키는 것이 관건이기 때문이다. 그러한 유토피아적 프로젝트가 다시 가동될 때 그것을 추진하는 이들은 스스로 자신들을 가리키는 이름을 얻고 자신들의 세계를 새로운 낱말로 칭하는 상상을 발휘할 것이다.

(서동진)

신국제경제질서
New International Economic Order
新國際經濟秩序

신국제경제질서는 1970년대 **제3세계** 나라들이 가장 큰 노력을 경주한 목표였다. 석유수출국기구가 만들어낸 '오일 쇼크'는 그간 마땅한 부를 누리고 있다고 생각한 나라들을 겁먹도록 만들었다. 갑작스레 석유 가격은 네 배 가까이 뛰었다. 석유가 없으면 굴러가지 않는 자본주의 산업 경제는 석유를 생산하는 나라들이 요구한 것에 귀 기울이지 않을 수 없었다. 그 요구는 훗날 신국제경제질서라고 불리게 될 **제3세계**의 더 공정한 경제 질서였다. 그리고 신국제경제질서는 남반구와 북반구의 사람들이 경제 질서를 둘러싸고 마침내 대화를 하게 되었음을 알리는 신호였다. 제2차 세계대전이 끝난 뒤 탈식민화된 나라들은 세계 경제 질서를 토론하는 자리 어디에도 초대받은 적이 없었다. 그러나 이제 그들은 대등한 자격으로 북반구의 대표들과 만나 협상을 할 자격을 갖게 되었다.

그러나 오일 쇼크로 인해 신국제경제질서가 등장했다고 말하는 것은 옳지 않다. 그것은 탈식민화 이후 아시아, 아프리카 그리고 남미의 많은 나라들이 끈질기게 주장하고 요구했던 것이기 때문이다. 1964년 발족한 **유엔무역개발회의(UNCTAD)**는 1947년 제정된 관세 및 무역에 관한 일반 협정(GATT)이 제 구실을 못하고 있다는 데 대한 깊은 불만이 결실을 맺은 것에 불과할 뿐이다. GATT는 가맹국 사이에 무역 제한이나 차별을 방지하자는 취지에서 만들어진 것이었다. 그러나 식민주의와 제국주의의 지배로 인해 '저발전'된 나라들의 눈으로 보기에 그것은 여전히 미국과 유럽의 부유한 나라들을 위한 무기에 불과했다. **유엔무역개발회의**는 바로 **제3세계** 나라들이 집단적으로 세계 경제 질서를 개혁할 것을 요구한 최초의 국제 포럼이었다. 그 때문에 이 기구는 **비동맹운동**과 **제3세계** 프로젝트가 가장 눈부시게 활약했던 순간, 경제학자 필립 맥마이클의 말을 빌자면 **"비동맹운동**에서 유래한 집합적 정치의 정점"이었다.

    신국제경제질서를 제창함으로써 **유엔무역개발회의**는 많은 국제기구에 제3세계주의가 확산되도록 만들었다. 유엔은 **제3세계주의**의 무대가 되었고 마침내 1974년 5월 「신국제경제질서 수립 선언」이 유엔 총회에서 채택되었다. 미국의 잇단 방해와 저지에도 불구하고 그리고 무려 79번이나 상정된 끝에, 유엔 총회 투표에서 그 선언은 찬성 120표, 반대 6표, 기권 10표의 결과로 결국 통과되었다. 이 선언에 반대한 나라들은 벨기에, 덴마크, 룩셈부르크, 영국, 미국 그리고 서독이었다. 선언의 요점은 **제3세계** 국가들은 자기 영토에서 활동하는 다국적기업의 활동을 규제하고 통제할 권리를 갖는다는 것, 그리고 **제3세계** 국가들에 우호적인 조건으로 외국 자산을 국유화하거나 수용할 수 있다는 것, 석유수출국기구처럼 기본재 생산자들의 연합체를 자유롭게 결성할 수 있으며 모든 나라는 이를 인정해야 하며 이런 시도를 억제하려는 의도에서 경제·군사·정치적 조치들을 취해서는 안 된다는 것, 그리고 **제3세계** 국가들의 생산물에 대해 안정적이고 정당한 가격을 보장해주어야 하며 어떤 관세 차별도 있어선 안 되고 부가 조건 없이 기술을 이전해야 한다는 것이었다.

    그러나 신국제경제질서는 결국 1980년대에 접어들며 비틀거리기 시작했다. 급기야 신자유주의 이데올로기를 내세운 공세로 인해 붕괴되고 말았다. 이미 신국제경제질서에 맞서 G7을

결성하며 대응했던 서구의 발전된 자본주의 국가들은 북반구의
경제적 승리를 유지하기 위해 맹공을 퍼부었다. 그 첫 번째 대상은
신국제경제질서였다. G7이 신국제경제질서를 붕괴시키고자 동원했던
무기는 부유한 제1세계 국가의 자본가들을 위한 보디가드 역할을
맡은 IMF와 세계은행이었다. 그 사이에 **제3세계**의 나라들은
'최저발전국'(LDCs; Least Developed Countries)과 신흥공업국
혹은 부유한 산유국으로 나뉘었다. **비동맹운동**이 상징하던 **제3세계**의
통일전선은 무너지고 있었다. 반면 G7으로 대변되는 제1세계의
자본가 권력은 자신들의 세계 지배를 되찾고자 보다 공고한 단결을
이루어나갔다. 그리고 마침내 **외채 위기**가 제3세계를 휩쓸었다.

　1980년 미국 연방준비제도이사회는 달러화의 가치 하락을
막고자 이자율을 올림으로써 풀려나간 미국 달러를 회수하고 과잉
순환을 줄이려는 조처를 취했다. 당연히 **제3세계** 나라로 향하던
융자도 줄어들었다. 엎친 데 덮친 격으로 이자율은 높아지고 상환
기한은 단축되었다. 그로 인해 **제3세계** 국가들의 신규 대출은 거의
이전의 대출금과 이자를 갚는 데 쓰였다. 제1세계의 경기 침체로
수출까지 줄어들었는데, 공산품 수출 가격에 비해 언제나 가격이
불안정할 수밖에 원자재들은 가격이 폭락했다. 많은 나라들의 GDP가
줄어들었다. 채무 체제(debt regime)가 짓누르는 부담이 특별히
가혹했던 아프리카의 경우, 탄자니아, 수단, 잠비아의 경우에는 한
해에 수출로 벌어들인 수익 전부를 외채를 갚는 일에 써야 했다. 결국
이 나라들은 빚의 덫에 걸렸고, IMF와 세계은행이 요구한 조건에 따라
구제 금융을 받아들이게 되었다.

　바로 그 조건을 가리키는 악명 높은 이름이 바로
구조조정정책이다. 국제통화기금은 세계은행이 제공하는 구조조정
차관을 활용해 부채의 상환 기일을 조정해주는 대가로 채무국에 경제

질서를 개편하도록 요구했다. 이제 **발전**이라는 목표는 세계 시장 참여라는 이름의 가치로 대체되었다. 그리고 국가의 역할은 현저히 축소되고 이른바 **제3세계** 국가 형태의 긴축이 강요되었다. 채무 체제가 초래한 위기와 파산은 결국 신국제경제질서를 최종적으로 붕괴시켰다. 신국제경질서는 초국적 독점 기업과 금융 자본 중심의 **신자유주의적** 세계 경제 질서에 패배했다. 그러나 그것이 권력을 변함없이 유지하지 못할 것이라는 의문을 던지는 이들이 늘어나고 있다. 브릭스(BRICs) 즉 브라질, 러시아, 인도, 중국, 남아프리카공화국과 같은 나라들은 이제 경제 대국이 될 것이라는 기대를 받고 있다. 그리고 이들 나라는 미국과 서유럽이 주도하는 현재의 경제 질서를 다시 짤 것을 요구하고 있다. 그러나 그것인 과거 **비동맹운동**이 얻어낸 것과 같은 새로운 경제 질서를 구축할 것인지는 아직 분명하지 않다. 그러나 현재와 같은 **신자유주의적** 세계화가 초래한 극단적인 불평등을 타파하려는 남반구 민중들의 투쟁은 계속될 것이다. (서동진)

신국제정보통신질서
New World Information and Communication Order
新國際情報通信秩序

2019년 원주민 출신의 볼리비아 대통령은 부정 선거를 저질렀다며 항의하는 잇단 시위 끝에 결국 대통령직에서 물러났다. 그는 주변의 인물들이 잇단 신변의 위협을 받고 테러를 당하기도 하자 결국 망명을 결심했다. 그때 세계의 모든 언론은 에보 모랄레스 대통령의 하야를 성난 시민들의 민주화 열망에 의해 물러난 것처럼 일제히 보도했다. 그러나 정작 그것이 미국이 주도하는 남미 나라 연합의 지지를 받고 미국이 비호한 군사 쿠데타에 의한 정권 찬탈이라고 보도하는 곳은 극히 소수에 불과했다. 양심적이거나 진보적인 소수의 학자와 언론인, 운동가들은 실상을 알리기 위해 동분서주했다. 그러나 이는 세계의 모든 눈과 귀를 장악한 국제통신사들(한 세기 동안 변함없이 국제 뉴스 시장을 독점하고 있는 로이터, AFP, AP 등)의 독점적인 뉴스 공급을 막지는 못했다. 한술 더 떠 전 세계로 24시간 뉴스를 공급하는 케이블 TV 뉴스 채널인 CNN과 BBC까지 가담해 세계의 뉴스를 좌우하고 있었다. 그리하여 원주민 출신으로, 베네수엘라와 더불어 남에서 가장 끈질기게 빈곤층과 농민, 노동자들을 위한 경제 개혁을 실시하고 더불어 **신자유주의**적 구조 조정에 대항하고자 했던 에보 모랄레스는 눈 깜짝할 새 독재자라는 낙인이 붙여졌다. 그리고 세상은 이 독재를 조롱하고 경멸하는 말들로 넘쳐났다.

    그러나 이는 전연 낯선 일이 아니었다. 그보다 몇 년 전부터 베네수엘라에서 똑같은 일이 벌어졌기 때문이다. 세계의 주요 통신사들은 베네수엘라에서 탈출하는 시민들의 행렬과 살인적인 인플레이션을 다루어 보도하면서 '21세기 사회주의'를 내건 베네수엘라의 개혁이 파산했음을 공공연히 보도하였다. 이는 세계의 눈과 귀임을 자처하는 주요 언론사들이 여전히 부유한 북반구의 입맛에 따라 좌우되고 있다는 것을 보여주는 생생한 사례였다. 그러나 이 언론사들은 어느 누구도 베네수엘라의 수도 카라카스의 쾌적하고 우아한 호텔 방의 TV에 대해서는 말하지 않고 있었다. 그 호텔의 손님들은 푹신하고 아늑한 의자에 기대 미국의 비호를 받는 베네수엘라 지배 집단이 장악한 연예 방송과 뉴스는 물론 세계의 모든 뉴스 채널과 스포츠 채널을 즐길 수 있다. 그러나 단 하나의 방송만은 볼 수 없다. 그것은 텔레수르이다. 이 방송은 남미의 입장에서 미국을 비롯한 서구의 미디어 독점에 맞서 뉴스 정보의 주권을 되찾겠다는 일념으로 남미 여러 나라들이 연합해 만든 대안적인 국제 뉴스 채널이다. 이를테면 이는 남미의 비동맹 채널이라 할 수 있다. 그러나 그 방송은 자신의 앞마당에서 금지당하고 방해받기 일쑤이다. 인터넷의 등장과 더불어 자유롭고 제한 없이 정보를 생산하고 소비할 수 있게 되었다는 신화는, 끊임없이 텔레수르 위성 수신을 차단하려는 미국의 방해 공작을 떠올리자면, 허튼 소리로 들릴 수밖에 없을 것이다.

따라서 여전히 세상에서 어떤 일이 벌어지고 있는가를 알리는 일은 소수의 국제 통신사들이 독점하고 있다. 그리고 그들은 북반구의 초국적 자본과 금융 집단의 이해관계를 쫓는 뉴스를 생산한다. 그런데 이러한 국제정보통신질서의 심각한 불균형과 편파성을 극복하고자 하는 시도가 전연 없었던 것은 아니다. 1973년 알제리의 알제에서 **비동맹운동** 정상회담이 개최되었다. 이 회의에서 참가국 대표들은 전 지구적 경제 불균형에 더해 사회적·문화적 제국주의에 맞서 싸우는 것이 중요한 일임에 동의하고 발전 국가에 대한 이데올로기적 지배의 위협에 맞설 것을 주장했다. 그리하여 1975년 12개의 **비동맹운동** 국가들의 통신사들은 마침내 비동맹뉴스기구연합을 설립한다. 소속한 통신사들 사이의 다자적 정보 교환의 방법을 강조하면서, 이들은 자신의 기관에 연합(Pool)이란 이름을 덧붙였다. 이러한 새로운 국제 통신 질서를 수립하는 데 앞장서며 분주히 준비했던 이는 유고슬라비아의 티토였다. 그 탓에 구 유고슬라비아의 '탄유그'(Tanjug) 통신사가 비동맹뉴스를 관장하는 조정 통신사로 선정되었다. 탄유그 통신사는 **비동맹운동** 소속 나라들의 뉴스와 정보의 수집과 전송을 조정하는 주도적 기관으로서 활약하며 비동맹 국가들의 국제 통신사로 약 20년간 활약했다. 탄유그 통신사는 유고슬라이바아가 해체된 이후에도 건재하다. 지금 이 통신사는 세르비아의 국가 통신사 역할을 하고 있다.

일찍이 1970년 유네스코 16차 총회에서 처음으로 비동맹 국가들의 노력에 의해 신국제정보통신질서가 제기된 바 있었다. 이는 1974년 **신국제경제질서**를 선언하는 과정에서 비롯되었다. 1976~1978년부터 신국제정보통신질서는 간단히 신세계정보질서 혹은 신국제정보질서로 칭해졌다. 탄유그 통신은 1944년부터 1993년까지 22개 유럽 국가, 6개 남미 국가, 15개 아시아 국가, 14개 아프리카 국가 그리고 미국과 호주에 각각 통신원을 파견하여, 모두 237명의 국제 통신원을 두었다. 그리고 각 나라의 통신사들은 교육과 훈련을 위해 저널리스트들을 탄유그 통신에 파견했다. 탄유그 통신은 서구의 독점적인 국제 통신사들을 능가하는 활동을 전개하며 서구의 통신사들이 하지 못한 특종을 잇달아 보도했다. 이를테면 1961년 최초로 선거로 선출된 콩고 수상 파트리스 루뭄바가 암살된 마지막 날이나, 같은 해 쿠바에서 벌어진 미국의 피그만 침공, 1973년 칠레의 인민연합 정부와 합법적으로 선출된 **살바도르 아옌데** 대통령을 암살한 미국이 후원한 군사 쿠데타, 1986년 미국의 트리폴리 폭격 등이 그에 해당된다. 비동맹뉴스기구연합은 1978년의 경우 87개 국가에 영어, 프랑스어, 스페인어, 아랍어 등 4개의 언어로 1일당 40만 단어의 뉴스를 송출했다. 이는 미국의 연합통신이 1일당 9개 언어로 1백만 단어 이상의 뉴스를 송출한 것에 비해 현저히 떨어지는 수치이지만 **비동맹운동** 국가가 처한 현실을 감안한다면 너무나 눈부신 성과였다고 말하지 않을 수 없다.

그리고 **비동맹운동**이 수립하고자 투쟁했던 보다 평등하고 호혜적이면서 국제주의적인 정보통신질서를 위한 노력은 여전히 계속되고 있다. 비동맹뉴스네트워크가 대표적인 예일 것이다. 말레이시아의 수도 쿠알라룸푸르에 설립된 이 통신사는 과거의 비동맹뉴스의 정신을 계승하며 새로운 정보통신질서를 구축하고자 여전히 싸우고 있다. 또한 국제 통신사는 아니지만 '알자지라'와 텔레수르의 활약 역시 눈여겨볼 필요가 있을 것이다. 북부의 권력이 독점하고 있는 국제 뉴스 시장의 한계를 넘어서기 위해 아랍의 카타르에 기반을 둔 알자지라 방송이 문을 열었다. 이 방송은 미국을 비롯한 서구의 뉴스 헤게모니에 대항하는 역할을 하는 것은 분명하지만 많은 한계를 지니고 있기도 하다. 카타르 왕실의 후원을 받고 BBC 출신의 저널리스트로 방송 인력이 대부분 충원되었다는 점이나 뉴스의 제작과 송출 방식에서는 굴지의 뉴스 채널의 방식을 답습함으로써 **제3세계** 민중의 증언자와는 거리가 멀다는 점 등은 꼭 새겨보아야 할 문제이다. (서동진)

신자유주의
Neoliberalism 新自由主義

브라질 사회학자인 에미르 사데르는 과거에 **제3세계**였던 나라들을 휩쓴 신자유주의를 이렇게 요약한 적이 있다. "시장이 국가를 대체하고, 소비자가 노동자와 시민을 대체하고, 경쟁이 권리를 대체하고, 신용 카드가 노동자 증명서와 선거인 명부를 대체하고, 쇼핑센터가 대중 광장을 대체하고, 텔레비전이 인간적 유대를 대체하고, 전 지구적인 것이 일국적인 것을 대체하고, 사회적 배제가 사회적 통합을 대체하고, 차별이 평등을 대체하고, 불평등이 정의를 대체하고, 이기심이 연대를 대체하고, 소비자주의가 휴머니즘을 대체하고, NGO와 자발 조직이 정당과 사회운동을 대체한 것." 그가 간결하게 요약하는 이 신자유주의의 풍경은 신자유주의가 남과 북 어디에서도 똑같은 모습을 하고 있음을 웅변한다. 그런데 신자유주의는 무엇이고, 이는 **제3세계**에서는 어떤 경위로 출현하게 되었을까.

신자유주의를 설명하기 위해 등장했던 주장들은 다양하다. 먼저 자유로운 경쟁과 무역만이 경제를 널리 융성하게 한다는 생각[이는 하이예크나 프리드먼처럼 시카고학파를 이끈 경제학자들이 퍼뜨린 이념이다. 이들을 일컬어 사람들은 시카고 보이즈(Chicago boys)라 부르기도 했다. 이들은 칠레의 **아옌데** 정부가 이룩한 평화적이고 민주적인 사회주의혁명을 파괴한 피노체트 군사 정부를 통해 최초로 신자유주의 경제 개혁을 실험했다], 국가가 경제를 관리하고 소득을 재분배함으로써 복지 국가를 유지해야 한다는 목표를 공격하는 것, 산업 생산보다는 통화 관리를 통해 경제를 조절하는 정책, 그리고 무엇보다 억제되거나 조절된 자본주의(흔히 케인즈주의라고 부르기도 하는 재정 지출을 통해 일자리를 만들어내고 그를 통해 불평등을 누그러뜨려야 한다는 정책 방향)나 사회주의보다 자본주의가 모두에게 이로울 것이라는 정치적 이념, 복지 국가로 인해 자신들이 차지할 수 있는 이윤을 나눠줘야 했던 지배 계급이 자신들의 보다 많은 몫을 차지하기 위해 일으킨 반란 등등. 그런데 이런 주장들은 과거의 **제3세계** 지역에서 신자유주의가 득세하게 되었던 이유를 설명하는 데 결함이 있었다. 앞서의 설명들은 북미와 유럽에서 등장했던 신자유주의를 신자유주의의 전부라고 생각한다. 그리고 아시아, 남미, 아프리카에서 밀물처럼 들이닥친 신자유주의를 이러한 나라들에서의 신자유주의를 그대로 복제한 것이라고 여기기 일쑤이다. 그러나 사정은 그리 간단하지 않았다.

과거 **제3세계**였던 나라들에서 신자유주의가 상륙하고 결국 전 지구적 남반구(global south)로 바뀌게 된 배경은 부유한 자본주의 나라들에서 신자유주의가 등장했던 배경과는 사뭇 다르다. 식민주의 지배에서 벗어난 대다수 **제3세계** 나라들은 사회 정의를 실현하는 방편으로 크게 세 가지의 경제 전략을 취했다고 볼 수 있다. 하나는 수입 대체 산업화였다. 이는 **라울 프레비시**가 이끌었던 유엔 라틴아메리카경제위원회(CEPAL)가 이끌었던 전략으로, 멕시코, 아르헨티나, 브라질과 같은 남미 나라들이나 남아프리카공화국, 호주 같은 나라들이 이러한 전략을 택했다. 두 번째는 구소련의 사회주의적 계획 경제 모델을 본받은 국가 중심의 경제 전략으로서 이는 이집트, 알제리, 중국, 베트남 같은 나라들에서 널리 받아들여졌다. 그리고 마지막의 것은 인도로 대표되는, 앞의 두 가지 방향을 뒤섞은 것이었다. **제3세계**였던 나라들에서 신자유주의는 이러한 세 가지 전략이 한계에 맞닥뜨린 데 대한 반응이었다. 그러므로 신자유주의는 하나의 움직임이라기보다는 여러 갈래의 것이었고 무엇보다 **제3세계**였던 나라들에서 신자유주의가 도입되는 방식은 또 다른 것이었다.

　제3세계 나라들에서 수입 대체 산업화가 제법 큰 성과를 냈음에도 불구하고 또한 사회주의적 경제 모델이 소득 불평등을 줄이는 데 상당한 몫을 했음에도 그러한 경제 질서가 위기로부터 벗어날 수 있도록 했던 것은 아니었다. 국가 경제의 전체 몫에서의 성장이 이뤄졌다고 해서 반드시 인구 대다수의 삶이 나아지는 것은 아니었기 때문이다. 국가 총생산이 늘어났다고 해서 대다수 민중들의 삶이 나아진 것은 아닐 수 있다. 앞의 것이 성장이고 후자가 **발전**이라면 성장과 함께 발전도 이뤄지는 것은 아닐 수 있는 셈이다. 그리고 신자유주의 경제학자들과 정치가들은 이러한 한계를 파고들었다. 그들은 자신들이 대안이 될 만한 발전의 모델을 가지고 있다고 주장했다. 그들은 외국 자본에게 문호를 개방하고 세계 시장에서 비교 우위가 있는 수출 산업으로 전환하도록 독촉했다. 어떤 나라는 광업에, 또 어떤 나라는 기업형 농업이나 값싼 노동에 기반한 제조업에 유리할 수 있다. 그렇다면 거기에 집중하면 된다는 것이다. 그러나 이는 급속한 경제 성장을 가져올 수 있지만 다른 생산 부분에서는 심각한 정체를 가져올 수 있었다. 한편 이러한 수출 지향의 **발전** 모델은 값싸고 손쉬운 국제적 상품 운송은 물론 자본의 자유로운 이동[사람들은 이를 규제 완화(deregulation)라고 부른다]을 초래했다. 그리고 오늘날 경제학자들이 우아하게 '글로벌 공급 사슬'이라고 부르곤 하는, 북부 자본이 지배하는 경제 질서에 완전히 통합되어버렸다.

　이러한 과정에서 국가를 재분배를 위한 수단이자 자주적인 경제 질서를 이끄는 장치로 만들려 했던 탈식민주의자들의 노력은 물거품이 되었다. 가장 끔찍한 실패가 나타난 곳은 사하라사막 이남의 아프리카였다. 그곳에서는 자원을 착취하고 약탈적으로 거래하는 외국 자본의 뒤를 봐주는 대가로 엄청난 부를 누리면서 군사적·행정적 힘을 독점하는 이들이 국가를 장악했다. 그것은 국가라기보다는 정부 관료들로 구성된 개인들이 자신들의 폭력을 행사하는 수단이었다. 외국 자본을 편든 구조조정을 강행하면서 그나마 국가를 장악하고 있던 지배 집단이 제공하던 보잘 것 없지만 요긴했던 혜택들마저 사라졌다. 그리고 끝내는 그동안 지배 집단과 민중 사이에 알게 모르게 유지되었던 암묵적 사회계약도 끝이 나버리고 말았다. '아랍의 봄'은 바로 그에 따른 반응이었다. 또한 이는 그 이전에 남미에서 이미 목격한 일이기도 했다. 외채 위기를 겪으며 신자유주의적 개혁가들에 의해 도입된 신자유주의는 극단적인 부의 불평등을 초래하였고, 급기야 이에 저항하는 '분홍색 물결'(pink tide)이 21세기에 들어 남미를 휩쓸었다. 분홍색 물결이란 신자유주의에 반대해 남미 전역에서 온건 사회주의자들이 잇달아 권력을 장악하게 된 현상을 가리킨다. 물론 이는 비단 과거 **제3세계**였던 나라들에서만 벌어진 일은 아니었다. 2014~2015년 그리스와 스페인을 휩쓸었던 신자유주의적 구조조정의 긴축에 반대하는 대중들의 투쟁은 이제 신자유주의에 맞선 저항이 모든 곳에서 분출하고 있음을 보여주었다. 그러나 신자유주의에 맞선 이러한 저항이 새로운 **제3세계** 기획으로 이어질 것인지는 아무도 알 수 없다. 일찍이 범아프리카주의를 이끌며 아프리카에서의 탈식민운동을 이끌었던 **줄리어스 니에레레**는 남부위원회를 결성해 전 지구적 남반구에 있는 나라들끼리의 남-남 협력을 통해 새로운 제국주의적 경제 질서에 저항하자고 호소했다. 그러나 이는 큰 반향을 얻지 못했다. 남부위원회를 이끈 나라들 가운데 다수는 신자유주의적 개혁을 적극 옹호하고 나섰기 때문이다. 그러나 여전히 계속되는 새로운 모습의 식민주의인 신자유주의적 세계화에 맞서면서, 그것과의 동맹을 거부하고 새로운 비동맹운동을 개시하려는 희망을 짓밟을 수 없을 것이다. 세계사회포럼을 비롯한 신자유주의적 세계화에 맞선 새로운 사회운동은 한때 그러한 희망의 불꽃이었다. 그러나 비정부기구(NGOs)나 시민운동만으로는 신자유주의적 세계화를 이끈 금융과 자본 과두제 권력을 저지할 수는 없을 것이다. 남부의 노동자, 농민, 여성, 청년, 지식인들에게 **제3세계**라는 프로젝트가 미래를 위한 기억인 것도 이 때문일 것이다.
(서동진)

신흥공업국
Newly Industrialized Countries 新興工業國

한국이 스스로를 **제3세계**의 일원으로 여기는 데 인색하게 된 것은 무슨 까닭일까. 새로운 모습을 띠고 지속되던 경제적·군사적·문화적 식민주의에 저항하는 데 실패한 가장 큰 이유는 무엇일까. 이는 적어도 한국만은 바로 다른 제3세계 나라와 다르다는 신화에서 비롯되었다 해도 지나친 말이 아닐 것이다. 이는 국가 주도의 수출 지향 산업화를 이루면서 꾸준히 성장을 지속해왔던 개발 독재 정권이 확산시킨 생각이기도 했다. 물론 이것이 초래한 희생, 대표적으로 민주주의의 억압은 빈곤과 저발전 상태를 극복하기 위해 치러야 할 어쩔 수 없는 대가였다는 생각은 아직도 뿌리 깊게 남아 있다. **제3세계**라는 프로젝트와 거리를 두고자 했던 많은 나라들 역시 크게 다르지 않은 입장을 보였다. 한국을 비롯해 대만, 싱가포르, 홍콩 그리고 남미의 브라질과 멕시코 같은 나라들이 여기에 속했다. 사람들은 이러한 나라들의 두드러진 성과를 두고 이미 발전된 나라들이나 발전도상국들과 구분해 신흥공업국 즉 새롭게 산업화된 나라들이라고 불렀다.

    이들 나라는 1960년대 말부터 비약적인 성장을 이룩했다. 먼저 다른 **제3세계** 나라들과는 비교할 수 없는 10퍼센트에 가까운 경제 성장을 이루는 성과를 보였다. 이는 냉전 질서 아래에서 서구 자본주의 국가들이 **제3세계** 프로젝트를 분열시키고자 갖은 노력을 기울인 결과였다. 이들 나라는 강력한 권위주의적인 반공 정권을 유지하고 군사 원조를 제공하면서, 동시에 민간 해외 투자를 이들 나라에 집중적으로 제공했다. 이들 나라에 투자된 자본은 대개 수출용 섬유 제품이나 전자 제품 생산에 투입되었다. 세계 자본 투자의 ¾은 거의 모두 북미와 유럽 사이에 이뤄졌다. 나머지는 신흥공업국에 집중되었다. 신흥공업국이 빠르게 발전하게 된 데에는 바로 **제3세계** 가운데 선별된 몇몇 나라에 집중 투자가 이뤄졌기 때문이다. 이러한 투자는 한국전쟁과 **베트남전쟁**으로 이어지는 그리고 멕시코혁명에서 쿠바혁명으로 이어지는 아시아와 중남미 지역에서, **제3세계**라는 프로젝트와 **비동맹운동**을 차단하고 분열시키는 데 큰 역할을 했다. 그리하여 **제3세계** 프로젝트가 무르익어가던 시대인 1960년대와 1970년대에 아시아 신흥공업국 네 나라는 **제3세계** 제조업 전체의 절반 이상을 차지하는 지경에 이르렀다. 그리고 **제3세계** 프로젝트에 매달린 이들과 달리 이들이 이룬 엄청난 경제 발전을 기리기 위해 아시아의 기적이니 **아시아의 네 마리 용**이니 하는 아첨 같은 말들이 유행했다. 나아가 이는 제3세계 나라들이 **신국제경제질서(NIEO)**를 수립하고 수입 대체 산업화를 통해 식민주의가 남긴 경제 질서를 재편하고 민중들의 평등과 복지를 보장하는 사회를 만들어가는 전망은 결국 틀린 것임을 입증하는 증거처럼 받아들여졌다. 신흥공업국의 성공은 곧 **제3세계**의 실패를 보여주는 리트머스 시험지처럼 간주되었던 셈이다.

2019년 도널드 트럼프 미국 정부는 한국이 세계무역기구에서 개발도상국 지위를 유지하고 있다고 비난하며 그 지위를 포기할 것을 요구했다. 많은 이들이 한국은 이미 **제3세계**에서 벗어나 선진국의 대열에 진입했다고 믿어오던 터였다. 그런데 이런 소식은 뚱딴지같은 말처럼 들리지 않을 수 없었다. 이미 부자 나라들의 클럽인 OECD에 가입한 지 오래고 G20의 일원이 되었는데, 왜 한국은 개발도상국 지위를 유지하고 있었던 것일까. 그것은 그런 지위를 유지함으로써 한국은 수입산 농산물에 대한 관세를 유지하고 농민들에게 적지만 보조금을 지불할 수 있었기 때문이다. 이제 한국은 그런 지위를 더는 누릴 수 없게 된 것이다. 이는 가뜩이나 위축되고 위태한 상태에 처한 한국의 농업과 먹거리 주권에 큰 위협이 될 것이다. 그런데 한편으로 이는 한국이 어떻게 신흥공업국이 될 수 있었는가를 밝혀주는 결정적 힌트를 알려준 것이기도 하였다. 간단히 말해 한국은 미국이 주도하는 자본주의 국제 분업 체제에 속함으로써 서로에게 유리한 방식으로 고속 성장을 이룰 수 있었음을 말한다.

    미국이 한국 경제의 수호천사였던 적은 없으며 한국 역시 남다른 선견지명과 투지가 있어 뛰어난 발전을 이룬 것은 아니었다. 미국은 이미 1950년에 접어들며 세계에서 가장 큰 농업생산물 수출국이 되어 있었다. 반면 한국은 수입 대체 산업화를 포기하고 중화학 공업 육성 계획에 따라 수출 주도 산업화 전략을 채택했다. 이때 미국은 전체 수출에서 공산품이 차지하는 비율을 91퍼센트까지 끌어올릴 수 있도록 시장을 제공했다. 그러나 이러한 제품을 만든 이들은 모두 농촌 출신의 노동자들 특히 여성 노동자들이었다. 한국전쟁이 끝난 직후인 1953년 전체 산업 생산에서 농업이 차지하는 비율은 47퍼센트 수준에 이르렀다. 그러나 2018년 한국은행의 국민계정에 따르면 GDP에서 농림업 부가가치가 차지하는 비중은 1.8퍼센트에 불과하다. 이는 먹거리의 대부분이 값싼 외국산 농산물임을 알려준다. 가뜩이나 불안정한 일자리에 낮은 임금까지 유지하고자 한다면 노동자들이 생활하는 데 드는 비용을 줄이는 것이 필수적이다. 그런 비용 가운데 큰 몫을 차지하는 것이 식료품 가격인 것은 두말할 것도 없다. 이는 한국의 정권들이 유례없이 농업을 해체하면서 대다수의 농민들을 산업 노동자로 바꾸고 그들에게 낮은 임금과 장시간 노동을 유지하기 위해 값싼 농산물, 그것도 대부분 미국산 농산물을 수입해야 했음을 알려준다. 결국 한국의 경제 기적은 미국이 제공한 값싼 식량에 기댄 산업화 정책과 수출용 제품의 미국 시장 진출이라는 국제 분업에 의존하고 있었음을 말해준다. 이는 한국이 비약적으로 발전할 수 있었던 것이 단지 정치 지도자들이 탁월한 선택과 결단을 했기 때문이라는 미신과도 같은 신화가 얼마나 허튼 소리인지 말해준다.

    불행하게도 신흥공업국은 **제3세계** 기획으로부터 좌절을 겪은 많은 나라들이 모방하고자 하는 모델이 되었다. 중국과 동남아시아의 많은 나라들, 특히 인도네시아, 말레이시아, 베트남, 그리고 인도로 대표되는 남아시아의 여러 나라들은 급속한 수출 주도 산업화를 추진해왔다. 때마침 불어 닥친 정보통신기술의 발달과 값싸고 효율적인 물류 산업의 발달에 힘입어 이들 나라는 세계의 공장이 되었다. 그러나 이러한 발전이 대다수 민중의 삶을 나아지게 한 것은 아니다. 그들이 생산해 얻은 이윤은 곧 외국의 자본에게 돌아가고 농업은 수출용 작물 중심의 단작 체제가 되면서 대다수 소농들인 농민들은 더욱 가난해진다. 자신의 삶의 터전에서 쫓겨난 농민들은 도시의 빈민가에 거주하면서 근근이 목숨을 이어간다. 신흥공업국이라는 신기루가 걷히면서 나타난 풍경은 자카르타의 탐보라(Tambora)나 방콕의 클롱뜨이(Khlong Toei)처럼 연옥과도 같은 슬럼인 것이다. (서동진)

신흥국경기대회(가네포)
Games of the New Emerging Forces 新興國競技大會

> 1936년 베를린올림픽이 열리기 직전 인민내전 상태였던 스페인에서 이에 대항한 '인민올림픽'이 준비되고 있었다. 독일의 지식인 벤야민은 나치즘의 핵심적 특징을 정치의 심미화라고 불렀다. 말인즉슨 정치가 사람들의 마음을 사로잡는 이미지와 감정을 연출하는 일이 되어버렸다는 뜻이었다. 베를린 올림픽은 이를 적나라하게 보여주었다. 당연히 나치즘에 저항하는 유럽과 세계의 시민들은 베를린올림픽에 반대했다. 이들은 프랑코 독재라는 파시즘에 저항하며 인민전선 정부와 함께 대항적인 '인민올림픽'을 개최하고자 했다. 불행히도 인민내전이 발발하며 이 대회는 무산되었다. 그러나 경기에 참여하기 위해 스페인으로 왔던 선수들 가운데 많은 수가 인민내전의 빨치산이 되어 투쟁했다. 인도네시아에서 개최되었던 신흥국경기대회는 올림픽의 서구 중심적, 제국주의적 성격에 저항한 마지막이자 가장 뜨거웠던 시도라고 할 수 있다. 올림픽은 처음부터 세계공화국의 이상을 실현하기는커녕 식민주의 나라들에 휘둘러왔다. 그리고 냉전 아시아의 내부에서 어떤 아시아인가를 둘러싼 첨예한 갈등 역시 아시안게임과 아시아가네포의 대립으로 이어졌다. 남한은 아시안게임의, 북한은 아시아가네포의 대표국이 되었다. 가네포의 역사는 비동맹운동이 정치, 경제, 문화, 예술을 넘어 얼마나 너른 영역에서 추진된 프로젝트였는지 예시해주는 사례라고 할 수 있을 것이다. ─ 편집자

신흥국경기대회 혹은 가네포는 1963년 11월 10일부터 23일까지 인도네시아의 자카르타에서 처음으로 그리고 단 한 번 열린 대규모 국제 스포츠 행사로 잘 알려져 있다. 이 행사는 중화인민공화국과 중화민국(타이완), 북한과 남한, 북베트남과 남베트남, 이스라엘과 그

적인 대부분의 아랍 국가들 사이에서 누가 '아시아'를 대표하는가를
놓고 경합한 또 다른 정치적 이해의 결과였다. 개최국 인도네시아는
중화인민공화국의 재정 지원을 받아 비동맹과 친사회주의 국가들을
초청한 스포츠 행사를 현실로 만들어냈다. 가네포 참가국 중 일부는
1962년 8월 24일부터 9월 4일 사이에 자카르타에서 열린 4회
아시안게임에 참가할 수 없거나 참가하길 원치 않았고, 그로 인해
벌어진 정치 분쟁으로 가네포가 설립되기에 이르렀다. 따라서
가네포란 대략 1962년에서 1966년 사이 활동하며 1963년
자카르타 가네포뿐 아니라 1966년 11월 25일부터 12월 6일에
개최된 캄보디아 프놈펜의 '아시아가네포'도 주관한 국제 스포츠
기구를 가리키기도 한다.

    인도네시아 대통령 **수카르노**는 1955년 아시아 아프리카 회의 곧
반둥회의 주최국인 인도네시아를 1961년 공식 설립한 **비동맹운동**의
지도국이라고 여겼다. 1950년대 말 미국과의 긴장이 고조된 이래,
수카르노는 세계의 문제를 "구세력"의 여전히 불패인 제국주의적이고
신식민주의적 구상에 맞서 자유를 찾기 위한 "신흥세력"의
투쟁이라고 설명하는 일이 많아졌다. **수카르노** 정부가 조직위원회에
포진했는데도 불구하고 1962년 자카르타 아시안게임을 비동맹
친사회주의 국가들이 연대를 다지는 행사로 만들고자 한 시도는
실패하고 말았다. 북한, 이집트, 중화인민공화국, 북베트남을 초청할
수 없었기 때문이다. 그러자 인도네시아 조직위원회는 이스라엘과
타이완을 제외하기로 결정했다. 이 결정은 아시안게임 개최를
관장하던 아시아경기연맹의 각국 대표들 사이에서 더 큰 논란을
불러일으켰다. 그 결과 **수카르노** 정부는 1962년 아시안게임 기간
동안 새로운 국제 스포츠 행사의 조직을 만들자고 선전하기 시작했다.
1963년 2월 국제올림픽위원회(IOC)가 이스라엘과 타이완을 제외한

사안을 놓고 인도네시아를 제명하자, 이 결정이 제국주의적 공격 행위로 해석되면서 논쟁은 더 격화되었다.

    1963년 가네포는 1960년대 전반에 정점에 달했던 **제3세계** 국제주의에 기여하며 아시아, 아프리카, 라틴아메리카, 공산권 국가들과의 협력을 강조했다. 가네포 정신에 적대적이지 않았던 서구 운동선수로 구성된 팀도 참여해, 가네포에는 총 51개국 대표가 참여했다. 그러나 1965~1966년 **수카르노**가 실각하고 중국이 **문화혁명**을 시작하면서, 가네포는 금세 무너져 내리고 말았다. 가네포는 단명했지만 그 영향력은 여전히 발휘되고 있다. 가네포가 친사회주의 연대를 강조하고 타이완과 남한을 제외한 대규모 국제 스포츠 행사에 북한과 중국처럼 고립된 국가가 참여할 기회를 주었기 때문이다. 가네포는 국제올림픽위원회가 자신이 후원하는 지역 스포츠 행사가 정치적인 이유로 특정 국가를 제외하는 행위를 처벌할 때 더욱 숙고하게 만든 계기이기도 하다. (스테판 휴프너)

(금단아 금단아 아버지 아버지)
금단아 금단아 소리치는 아버지 십삼 년만에
이국 땅 동경에서 낯설은 땅에서
아버지 그동안 안녕하셨습니까
꿈인가요 생신가요 하늘도 울고
땅도 울었소

이 노래는 황금심이 불러 큰 인기를 모은 노래 「눈물의 신금단」의 가사이다. 여기에 등장하는 인물 신금단은 가네포를 생각할 때 잊을 수 없는 인물이다. 그녀는 북한이 배출한 불세출의 육상 선수였다. 그녀는 수많은 국제 공인/비공인 신기록을 수립했다. 북한의 스포츠 영웅이었던 그녀는 1964년 일본에서 대최된 제18회 도쿄올림픽에 북한 선수단의 대표로 선수들을 이끌고 참여했다. 그러나 올림픽조직위원회로부터 정치적인 성향의 경기인 '가네포'에 참여했다는 이유로 출전을 금지당했다. 그녀는 주저 없이 올림픽 참가를 취소하고 선수단을 철수하기로 결정했다. 그런데 그녀의 근황이 남한에 전해졌다. 그녀의 소식을 접한 아버지 신문준 씨는 정부에 호소해 일본 도쿄를 방문해 딸과 상봉하게 되었다. 북한 선수단이 귀환을 위해 니가타항으로 이동하려 도착한 도쿄 우에노역에서 그는 딸과 단 10분 동안 상봉하게 되었다. 인터뷰에서 신문준은 "딸이 내게 선물로 인삼을 주었지만, 내게 있어 최고의 선물은 그녀가 나를 알아보고 흘린 따뜻하고도 따뜻한 눈물이었습니다"라고 술회했다. 한국전쟁이 끝난 지 10년밖에 지나지 않은 한국에서 이 소식은 이산의 슬픔과 고통을 생생하게 증언해주었다. 신금단 부녀의 상봉은 세간의 화제가 되었고, 이를 다른 노래들이 앞다투어 쏟아지고 영화도 제작되었다. 남한 정부는 이 부녀 상봉을 반공 캠페인으로 활용하는 데 주저하지 않았고, 신금단 부녀의 상봉은 "온 세계 자유민이 울분을 터뜨리게 한" 사건이라고 홍보 했다.

아밀카르 카브랄
Amílcar Cabral

아밀카르 카브랄(1924~1973)은 포르투갈령 아프리카 식민지 해방 투쟁을 이끈 혁명가이다. 그러나 **제3세계** 프로젝트를 이끌고 **비동맹운동**에 헌신한 혁명가들은 어쩌면 밤하늘의 별만큼이나 많을 것이다. 카브랄이 특별한 인물인 점은 그가 **제3세계** 유토피아주의의 가장 찬란한 순간을 나타내는 전사라는 점 때문이다. 그는 기니비사우 민중 사이에서 순교자이지만 역시 영원히 자신들의 가슴 속에 살아 숨 쉬는 인물로 기억된다. "카브랄은 죽지 않았다"(Cabral ka muri)는 말은 언제나 카브랄을 따라다닌다. 그리고 많은 뮤지션들은 이 문구를 노래 제목으로 삼기도 했다. 수퍼 마마 좀보(Super Mama Djombo)의 노래 「솔 마이오르 파라 코만다」(1979)가 그 대표적인 노래일 것이다. 이 아름다운 노래는 유튜브에서 들을 수 있다.

    물라토 아버지에게서 태어난 카브랄은 리스본대학교로 유학을 떠나 공부를 하는 동안, 역시 같은 포르투갈 식민지였던 앙골라나 모잠비크 출신 청년들을 만나며 **제3세계 민족주의**에 깊은 영향을 받았다. 훗날 앙골라해방인민운동(MPLA)을 창설하게 될 아고스티뉴 네투와 마리우 핀투 드 안드라드 같은 청년들이 그가 교류한 친구들이었다. 학위를 마친 후 아프리카로 돌아온 카브랄은 곧 포르투갈령 아프리카 해방운동을 이끄는 영웅이 된다. 대학 졸업 후 식민 정부의 '지방 농업 및 임업부'에서 일하게 된 카브랄은 자신이 맡은 직무 때문에 기니비사우 전역을 순회할 수 있었다. 이를 통해 그는 대중들과 긴밀히 접촉하고 또 그들을 살펴볼 기회를 얻게 된다. 카브랄은 식민 지배 아래에서 아프리카 민중들이 겪어야 했던 비참한 삶에 대해 더욱 깊이 이해할 수 있었다. 결국 이러한 카브랄의 행적은 포르투갈 식민 정부의 눈 밖에 나게 되었고 그는 어쩔 수 없이 일자리에서 쫓겨난다. 이에 카브랄은 곧장 앙골라해방인민운동에 가담한다. 그는 이제 기니비사우와 카보베르데 민족해방 투쟁에 깊이 참여하게 된다. 그러나 이로 인해 다시 한 번 식민 당국의 미움을 산 카브랄은 포르투갈로 망명길에 오른다. 그 사이 카브랄은 적어도 포르투갈이 지배했던 아프리카의 경우, 식민 지배로부터 벗어나기 위한 평화적인 길이란 불가능하다는 것을 깨닫게 된다. 그리하여 카브랄은 1956년 기니를 방문하면서 기니비사우-카보베르데 아프리카독립당(PAIGC)을 결성한다. 바야흐로 무장 투쟁이 시작된 것이다. 이때부터 훗날 아프리카의 **체 게바라**로 기억될 카브랄의 여정은 시작된다. 그리고 이는 **프란츠 파농**이 역설했던 탈식민 투쟁에서 폭력의 필연성을 직접적인 실천으로 보여준 것이기도 하다.

그러나 카브랄과 **체 게바라**를 비교하는 것은 흥미로운 일이겠지만 둘 사이에 놓인 결정적인 차이를 놓치는 것이기도 하다. "민중들이 우리의 산악이다." 카브랄은 1971년 영국 런던을 방문하면서 행한 강연에서 기니비사우에서의 민족해방 무장 투쟁을 두고 이렇게 말했다. 왜 민중들이 카브랄이 이끈 게릴라들에겐 산악이었을까. 게바라가 펼친 게릴라 투쟁은 산악에서의 투쟁이었다. 그러나 기니비사우는 모두 평지로 이뤄진 곳이었다. 그것은 게릴라전 교과서에 언급하곤 하는, 효과적인 게릴라전을 행할 수 있는 곳과는 거리가 먼 곳이었다. 게릴라전을 가장 효과적으로 수행할 수 있는 곳은 산악 지대였기 때문이다. **체 게바라**가 전투를 시작한 곳 역시 쿠바의 산악 지대였다. 그렇다면 기니비사우에서는 어떻게 게릴라전을 행할 수 있을까. 카브랄에겐 그러한 산악 지대가 굳이 필요치 않았다. 바로 민중들이 바로 산악 지대였기 때문이다. 여기에서 엿보이는 카브랄의 민중에 기반한 혁명 전략은 카브랄이 각별한 인물이었음을 알려준다.

기니에서 PAIGC는 교육과 겸양을 앞세운 수평적으로 조직된 반식민 투쟁을 통해 민중들을 단결시키는 데 성공을 거두었다. 이때 농사일과 지적 노동은 동등한 가치를 지녔다. 카브랄은 『기니에서의 혁명』에서 이렇게 말했다.

> 식민주의자들은 걸핏하면 우리에게 역사를 가져다 준 것은 자기네들이라고 말하곤 한다. 오늘날 우리는 그것이 전연 사실이 아님을 보여주고 있다. 그들은 우리에게 역사로부터, 우리의 역사로부터 벗어나도록 하고는 그들을 따르도록 했다. 오늘날 자신들을 해방시키기 위해 무기를 들었던 타 민중들의 뒤를 이어 스스로를 해방시키고자 우리가 무기를 들 때, 우리는 스스로의 수단과 희생을 통해 자신들의 발로 선 역사로 귀환하고자 한다.

카브랄은 아프리카인들은 역사가 없는 사람들이라는 유럽인들의 관념에 도전했다. **콰메 은쿠루마**의 도움으로 가나에 군사기지를 마련한 카브랄은 새로운 게릴라 장교들을 양성하는 일에 나섰다. 그리고 곧 모잠비크해방전선(FRELIMO), 앙골라해방인민운동 등과 함께 포르투갈 식민지 민족주의자 기구회의를 조직하는 데 갖은 애를 썼다. 그리고 이후에는 기니공화국, 프랑스에서 해방된 세네갈에 새로운 훈련 캠프를 만들어 게릴라들을 훈련시켰다. NATO와 미국, 스페인, 남아공 등으로부터 지원을 받은 포르투갈 군대와 맞서 싸우는 것은 쉬운 일이 아니었다. 그러나 이러한 투쟁에서 카브랄의 지도력은 결정적인 역할을 했다.

    반식민 투쟁에서 카브랄이 가장 돋보였던 점 가운데 하나는 그가 식민화된 민중들에게 미친 **식민주의**자들의 사회적·심리적 지배에 대하여 깊이 이해하고 있었다는 점이었다. 사르트르가 고통스럽게 증언했듯이 식민지 민중들은 유럽 **식민주의**자들에 의해 인간성을 박탈당하고만 주변적 존재였다. 사르트르는 "얼마 전에 지구의 인구는 20억 명을 넘어섰다. 그중 5억 명은 인간이고, 15억 명은 원주민이다. (…) 이제 그런 시대는 끝났다. 입들이 스스로 열렸다. 노랗고 검은 목소리들은 여전히 우리의 인간주의를 말했으나 그것은 우리의 비인간성을 책망하기 위해서"였다고 토로한다. **파농**의 『대지의 저주받은 사람들』을 위해 쓴 서문에서 였다. 카브랄은 사르트르가 언급했던 바로 그 **제3세계** 인물의 전형일 것이다. 카브랄은 민족해방 투쟁이 아프리카인으로서 자신들의 인간성을 되찾을 수 있도록 할 것이라고 굳게 믿었다. 그는 **식민주의**가 남긴 고통으로부터 벗어나는 것뿐 아니라 자신들의 역사를 쓰고 말하는 데 있어 아프리카인들의 권리를 되찾는 것이 바로 민족해방 투쟁이라고 역설하였다. 이 때문에 그는 자신들의 동지들에게 교육과 문화적 훈련을 항상 강조했다. 그는 **파울루 프레이리**가 이끈 '억압받는 자들을 위한 교육'과 같은 **제3세계** 민중을 위한 교육운동을 적극 지지했다. 또한 민족해방 투쟁에서 영화가 차지하는 의의를 강조하면서 프랑스의 크리스 마커와 같은 급진적 영화감독을 초청해 기니비사우 민중들과 함께 하는 영화 교육을 시도하기도 하고 또 청년들을 쿠바로 보내 남미에서 만개하기 시작한 새로운 영화운동을 배우고 오도록 했다. 크리스 마커의 에세이 영화 ‹태양 없이›(1982)에 등장하는 기니비사우의 풍경은 바로 그러한 카브랄의 반식민주의 문화 투쟁의 흔적들을 보여주는 단편이라 할 수 있을 것이다.

한편 그는 더없이 명석한 마르크스주의자이기도 하였다. 그 점은 그가 얼마나 **식민주의**의 문제를 계급의 문제로서 예리하게 포착하고 있었는가를 통해 잘 보여준다. 그는 민족해방을 향한 실천에서의 결정적인 걸음은 식민화된 엘리트와 식민주의자들이 서로 연계되어 있음을 깨닫는 데 있음을 강조하였다. 특히 매판 세력을 대표하는 프티부르주아지에 대한 카브랄의 비판은 가차 없었다. 그 때문에 그는 프티부르주아지에게 "계급적인 자살"을 마다하지 않고 노동자 계급들과 연대할 것을 요구했다. 이는 민족해방 투쟁을 반식민에 그치는 것이 아니라 계급적 불평등을 없애는 것으로 여겼기 때문이었다. 그런 점에서 그는 민족해방 투쟁은 또한 생산 양식에 의해 규정된다는 점을 강조하는 데 인색하지 않았다. 그는 교조적이지 않은 방식으로, 많은 이들이 알튀세르적인 마르크스주의의 틀을 참조했다고 말할 정도로 독창적인 방식으로 아프리카의 역사를 이해하고자 했다. 자본주의가 존재하기 전에는 역사가 있을 수 없다는 생각과 달리, 바로 유럽의 자본주의가 존재하기 위해 아프리카가 있어야만 했었음을 폭로하면서 아프리카를 세계사의 무대 위에서 생각하고자 했다.

그러나 불행하게도 카브랄은 1974년 기니비사우와 카보베르데의 독립 선언이 이뤄지기 전에 세상을 떠나고야 말았다. 그는 PAIGC에 속했던 인물에 의해 살해당하고 만다. 그가 세상을 떠난 해인 1973년 세계평화위원회는 **식민주의**와 제국주의에 맞서 싸운 그의 삶을 기리기 위해 아밀카르 카브랄 상을 제정했다. 카보베르데국제공항은 아밀카르 카브랄 국제공항으로 이름을 바꾸었다. 심지어 서아프리카 축구대회 역시 아밀카르 카브랄 컵 대회로 개명했다. 그러나 그에 대한 최고의 헌사는 무엇보다 "카브랄은 죽지 않았다"일 것이다. 그는 아프리카 민중들의 마음속에서 여전히 살아 있으며, 그들을 덮쳐누른 **신자유주의**적 세계화의 악몽에서 깨어나도록 이끌 것이다. (서동진)

민족해방을 자신의 손 안에 두기 위해서는, 프티부르
주아지에게 단 하나의 길만이 있다. 부르주아지가 되어 무역
체제 안에서 관료들과 거간꾼들의 부르주아로 발전하여
가거나, 자신을 사이비 민족–부르주아지로 바꾸어가거나
하는 것에 몸을 맡기는 것이다. 다시 말해 혁명을 거부하고
필연적으로 자신을 제국주의 자본에 종속시키는 것. 현재
이는 신식민적 상황, 즉 민족해방의 목표를 배신하는
것과 진배없다. 민족해방이란 목표를 배신하지 않으려면
프티부르주아지에게는 오직 한 가지의 길만이 있다. 자신의
혁명적 의식을 버리는 것, 부르주아지가 되려는 자신의
유혹과 자신의 계급적 사고방식의 어쩔 수 없는 가식을
벗어던지는 것. 노동자 계급과 동일시하면 혁명의 온당한 발전
과정에 저항하지 않는 것. 이는 민족해방 과정에서 자신에게
할당된 몫을 완전히 수행하기 위하여, 자신이 속한 민중의
가장 깊은 소망들과 전적으로 동일시하는 혁명적 노동자
계급의 조건 속에서 자신들의 삶을 되살려내기 위하여,
혁명적인 프티부르주아지는 스스로 계급적인 자살을 행할
수 있어야만 한다.

—「아밀카르 카브랄, 사회구조와의 관계에서
민족해방의 전제와 목표들」,
『단결과 투쟁: 아밀카르의 연설과 논문』, 1979.

아세안
Association of South East Asian Nations

동남아시아(Southeast Asia)라는 지리적 개념이 사실 **냉전** 특히 인도차이나-베트남전쟁에 대처하는 진영 논리에서 기원했다는 역사적 사실은 이제는 거의 잊힌 듯하다. 동남아시아 지역을 일컫는 명칭은 고대부터 있었지만 어느 것도 현재의 동남아시아 개념과 정확하게 일치하지 않는다. 동남아시아는 이 지역이 **냉전**의 최전선으로 부상하면서 안보적 관점에서 20세기 후반에 구성된 **냉전**의 산물이다.

    2차 세계대전 중이던 1942년 세워진 미국 전략사무국(OSS)의 '동남아시아' 사령부는 실론(지금의 스리랑카)에 있었다. 실론에서 OSS는 버마와 말라야의 반일 게릴라전을 후방에서 지원하고, **호찌민**이 이끄는 베트남의 반일 게릴라와도 연락을 주고받았다. 일본이 항복하고 2차 세계대전이 끝나자 민족 지도자들은 저마다 **독립**을 선언하지만, 과거의 식민 제국이 식민지를 되찾겠다며 돌아오자 상황은 첨예해진다. 특히 프랑스가 되돌아온 인도차이나에서는 7년이 넘는 전쟁이 이어졌다. 1954년 5월 한반도 문제와 함께 인도차이나 문제를 논의하기 위해 소집된 제네바협정은, 미국이 이끄는 진영에게 동남아시아에서 공산주의의 확장을 지연시킬 조치를 취할 시간을 벌어주었다. 미국은 동남아시아에서 프랑스군이 결정적으로 패배한 베트남에서 남베트남을 지원해 지속 가능한 반공 정권을 확립하고, 중립 지대인 라오스에도 반공산주의 요새를 건설하는 것을 목표로 삼았다. 특히 1954년

9월 마닐라에서 결성된 동남아시아조약기구(SEATO)를 결성해 이 지역의 집단안전보장조약을 마련했다. 그런데 이 상호방위조약에 가입한 국가는 미국, 오스트레일리아, 프랑스, 뉴질랜드, 파키스탄(지금의 방글라데시인 동파키스탄), 필리핀, 태국, 영국으로, 오늘날 동남아시아 국가는 필리핀과 태국뿐이다. 따라서 여기서 '동남아시아'라는 명명은 지역적이기보다는 **냉전**적이며, SEATO는 1차 인도차이나 전쟁에 대한 서구의 직접적 응답이라고 보아야 할 것이다.

이듬해인 1955년 4월 **반둥회의**에서 SEATO 가입국 필리핀, 태국, 파키스탄은, 조약 가입이 "작고 허약한 조국"을 공산주의로부터 지키기 위해 어쩔 수 없는 선택이었다고 주장했다. "해가 지지 않는다던 어제의 제국들이 하나둘씩 아시아에서 떠나간다. 이제 우리가 두려워하는 것은 해가 결코 뜨지 않을 것으로 아는 새로운 공산주의 제국이다." 필리핀의 로물로는 이렇게 설명하기도 했다. 실제로 동남아시아는 냉전의 최전선이었고, 공산주의가 세를 확장하던 베트남, 라오스, 캄보디아뿐 아니라 사회주의 버마에 둘러싸인 태국의 불안과 강박은 극에 달해가고 있었다. 1961년에는 친서방 국가인 태국, 필리핀, 말레이시아가 모여 동남아시아연합(Association of Southeast Asia)을 결성했다.

1965년은 동남아시아 지역 질서 재편의 결정적인 분기점이었다. 3월 베트남에 미군 지상군이 처음 파병되어 **베트남전쟁**이 본격화되었으며, 8월에는 싱가포르가 말레이시아에서 쫓겨나다시피 분리 독립해 독자적인 생존을 모색하게 되었고, 10월에는 인도네시아에서는 친공산 쿠데타 이후 **인도네시아공산당 학살**이 벌어지면서 **수카르노**가 실각했다. 곧 1965년이 지나자 전쟁은 더욱 격화되었으며 동남아시아에는 새로운 친미 반공 국가 싱가포르와 인도네시아가 탄생해 반공산주의 지역연합체의 토대가 만들어졌다. 1967년 방콕에서 싱가포르, 말레이시아, 태국, 필리핀, 인도네시아 5개국 외무 장관이 모여 "**베트남전** 본격화와 인도차이나 공산주의 확산에 공동 대응하기 위해" 동남아시아국가연합(ASEAN)을 창설했다. 이 연합체는 회원국 간 다방면에서의 협력과 지역 평화를 내걸고 있으나, 가장 중요한 결성 동기는 국내외의 공산주의 확산에 대한 공통의 두려움이었다. 그런 이유로 1975년 **베트남전쟁**에서 베트남이 승리하면서 역내 세력 균형이 변화하자 더 큰 결집력을 보였다. 첫 아세안 정상회의가 1976년에야 열린 것 또한 같은 맥락에서다. 아세안은 1979년 베트남이 크메르루주의 캄보디아에 쳐들어가자 한 목소리로 베트남을 규탄하기도 했다.

    그러나 **냉전** 체제가 무너지자 가장 먼저 아세안에 가입한 것도 베트남이었다. 1995년 베트남 가입을 시작으로 1997년 미얀마와 라오스, 1999년 캄보디아가 가입하면서 현재의 아세안 10개 가입국이 모두 가입했다. 이로써 '동남아시아'와 아세안의 경계가 거의 일치하게 되었다. 1995년에는 동남아시아 비핵지대조약을 체결했으며, 2000년대 이후로는 지역 공동체로서 통합을 향해 그 속도를 높이고 있다. 2008년에는 유럽연합(EU) 수준의 통합을 이루겠다는 계획을 발표하고 필요한 상호조약을 체결했다. (박소현)

아시아 판화운동
Asian Woodcut Movements 亞細亞 版畵運動

아시아 판화운동은 다양한 영향 속에서 성립되었다. 브레히트는 짧은 이야깃거리를 그림과 함께 싣는 19세기 독일 달력화(Kalendergeschichte)를 인민 교육에 활용하려 했다. 멕시코혁명 예술의 선구자 호세 과달루페 포사다가 제작한 풍자화나, 혁명가 사파타의 초상을 목판화로 남긴 수많은 농민 화가들의 활동도 기억할 만하다.

    중국 작가 루쉰은 화약, 나침반에 필적할 중국 문화유산으로 '목각'을 꼽으며 목판화 운동을 전개했다. 루쉰은 1929년 『근대목각선집』을 출판, 중국에 최초로 서구 목판화를 소개한 장본인이기도 하다. 19세기에는 일본의 다색판화 우키요에가 먼저 이름을 떨쳤다. 한데 우키요에는 작화와 각판을 따로 해야 하기에 2~3인 이상의 인력이 필요했고, 수련과 기예를 요구하는 전문 상업미술로 남았다. 한편, 루쉰이 보급한 새로운 목판화는 밑그림, 조각, 찍기까지 모두 혼자 할 수 있어 작가뿐 아니라 일반 대중들에게도 큰 호응을 얻었다. 1930년 소련 판화를 간추린 『신러시아화 선집』을 내며 루쉰은 이렇게 부연한다. "혁명 시기에는 판화의 용도가 아주 넓으며, 아무리 바쁜 때라도 짧은 시간에 만들 수 있다." 루쉰을 정신적 지주로 삼아 예술은 인민을 위해 복무해야 한다고 주창한 청년 미술단체 '일팔예사'가 상하이와 항저우에 설립되어 목판화를 본격 제작했다. 1931년에 루쉰은 상하이에 온 일본 목판화가 우치야마 가키치와 목판 강습회를 여는 한편, 전쟁에 반대하며 독일 인민의 죽음, 빈곤, 질병, 저항을 형상화한 케테 콜비츠의 판화를 중국에 소개했다. 노동자와 농민을 위한 예술론을 정립하는 데 힘쓴 루쉰은 사재를 털어 목각 강습회와 전시회, 강연을 열었다. 루쉰은 목판화가 중국 민족에만 국한된 것이 아니라 세계성을 지닌다고 했는데, 세계 어느 나라의 민중도 환호성을 올리며 즐길 수 있는 예술이기 때문이다. 항일 반제 혁명미술로서의 역할을 톡톡히 해낸 목판화 운동은 중국 현대미술과 혁명문예사의 중심으로 발돋움한다. 이후 국민당의 대대적 탄압으로 많은 청년 작가들이 체포되지만, 대중적 호소력이 탁월한 목판화운동은 아시아 전역에 퍼져나간다.

중국 판화운동 진영과 교류했던 일본은, 1920~1930년대의 사회주의 운동, 아나키즘 운동, 반전운동 선전선동 수단으로 목판화를 일찍부터 활용했다. 1930년에는 작가이자 판화가였던 나가노 시게하루 등이 프롤레타리아 판화미술연구소를 도쿄에 설립, 목판화와 리소그래프를 대중운동 수단으로 삼았다. 미군정이 끝난 뒤에는 일본 전역에서 목판화 바람이 다시 일었다. 중국 목판화를 초청한 전시가 200회 넘게 열렸고, 아마추어 목판화 운동이 대중화되었다. 어린이를 위한 대안교육 과정, 노동자 가족을 대상으로 한 생애사 기록 프로그램에도 자기표현 수단으로 목판화가 널리 채택되었다.

대만에서는 본토에서 패퇴한 국민당 정권이 대만인들을 탄압하고 학살한 1947년 2·28 사건을 고발하는 수단으로 목판화가 쓰였다. 판화가 황룽칸의 작품이 대표적이다. 중국 충칭 출신 황룽칸은, 2·28 직후 대만에서 2개월 동안 사건을 조사한 뒤 ⟨공포의 검사⟩라는 목판화를 제작했다. ⟨공포의 검사⟩ 원본을 직접 상하이로 가져간 황룽칸은 리쥔이란 가명으로 1947년 4월 28일자 『문회보』에 작품을 발표하며 사건의 실상을 밝히고, 11월에 상하이에서 열린 «전국목판화전»에 출품한다. 전시를 마친 뒤 황롱칸은 ‹공포의 검사›를 친구 우치야마 가키치에게 주었다. 5년 뒤, '백색 테러' 시기에 국민당 정부는 황롱칸을 반란 혐의로 처형했고, 우치야마는 일본 가나가와현립근대미술관에 ‹공포의 검사›를 기증했다. 그리하여 2·28이라는 역사를 재현한 가장 중요한 작품 중 하나로 꼽히는 ‹공포의 검사›가 국민당 정부의 파괴 공작을 피해 온전히 보존될 수 있었다. 1980년대 말에야 이루어진 2.28 진상 규명과 피해자 명예 회복에도 목판화 작품들이 크게 기여했기에, 현재도 그 전시가 활발하다.

    영국 식민지였던 인도에도 1940년대에 국제공산주의운동 네트워크를 통해 중국 목판화가 소개되었다. 독립 전야의 반제국주의·민족주의 운동과 건국 전후 노동·문화·교육운동에 목판화가 일익을 담당한다. 특히 영국이 벵골 분할령을 철회하게 만든 민족해방운동 '스와데시'와 노동자·농민 운동이 일찍부터 활발했던 벵골 지역에서 목판화는 사회운동과 정치 비판 수단으로 각광받는다. 예를 들어 700만 명이 굶어죽었다는 벵골 대기근의 참상을 그린 치타프로사드의 목판화가 1943년 공산당 기관지 『인민의 전쟁』에 실려 크게 주목받는다. 이에 자극받은 영국 총독부는 『인민의 전쟁』 발행을 강제로 중단시키는데, 식민 당국의 탄압 덕분에 치타프로사드의 ‹배고픈 벵골› 연작은 인도 민중의 성원을 되레 더 받는다. 이러한 과정을 거쳐 목판화는 인도민중극회(IPTA)와 더불어 벵골 문화예술운동의 중심을 이루고 '벵골 르네상스'를 낳는다. 1971년 파키스탄으로부터 분리 독립을 선언한 동파키스탄(동벵골)이 파키스탄 정부의 무력에 맞서 방글라데시 건국 운동을 펼치며 선전 포스터 제작에 판화를 활용한 것도 우연은 아니었다.

1950~1960년대 인도네시아에서는 공산당 공식 기관지
『하리안라캿』 등 신문 지상에서 정치 풍자를 골자로 연재되는 목판화
만평이 큰 인기를 얻었다. 수도요노와 헨드라 구나완 같은 화가들은
각 지역에서 대중 목판화 워크숍을 개최했고, 『하리안라캿』 일요판은
워크숍이 배출한 민중 목판화 작품을 자주 소개했다. 사회주의
리얼리즘을 기치로 삼아 인민을 교육하는 것을 목표로 설립된
문학예술운동 단체인 '인민문화협회'(LEKRA)도 대중과 만나는
수단으로 목판화를 적극 이용하여 포스터, 티셔츠, 선전 스티커 등을
만들었다. 비슷한 시기 싱가포르에서는 카툰 창작에 목판화 기법이
각광받았다. 싱가포르에도 2차 대전과 건국 이전부터 중국 목판화와
케테 콜비츠의 작품이 소개되었고, 목판화를 연구한 작가들이 많았다.
1954년 말라야 비상사태 와중에, 식민 통치 당국에 항의하는 화인
고등학교 학생들을 영국이 투입한 싱가포르 경찰이 폭력 진압한 5·13
사건을 목판화로 새긴 추켕광도 그중 한 사람이었다. 〈5·13 사건〉은
식민 시기에는 대중에게 공개되지 못했으나 1950년대 싱가포르
학생운동에 기폭제가 되었다. 또 이 시기 목판화 작품들은 이후
말레이시아와 싱가포르 미술운동에 공히 영향을 미쳤다.

베트남전쟁 중 북베트남도 민속화를 활용한 선전물을 목판화로
제작했다. 북베트남 박닌 성 동호 지역에서는 17세기부터 '뗏'(설날)
세시 풍속으로 연하장 구실을 하는 목판 민속화를 제작했다. 프랑스
식민 지배를 거치며, 이 목판화들은 단순한 풍속화에 머물지 않고
제국주의에 저항하는 선전 매체 역할을 수행한다. 인도차이나전쟁
기간 동안 화가 쩐 반 깐 등은 동호 지역민들과 목판화 작업장을 차려
반제국주의 선전물을 대량 생산한다. 전통문화와 민족해방운동의
기백이 공존하는 '동호 판화'의 작풍은 **베트남전쟁** 시기 선전물에도
계승된다. 집단 작업으로 인쇄된 반미 항전 목판화들은 해방과 혁명을

형상화하는 대표적인 시각예술이었다.

1970~1980년대 아시아 민주화운동에서도 목판화는 큰 역할을 했다. 마르코스 집권기 필리핀에서 목판화는 중요한 저항 매체였다. '연대'(Kaisahan) 예술그룹 등이 목판화를 매개로 사회적 리얼리즘을 표방하며 독재에 맞서는 민중예술운동을 수행했다. 1980년 5월 광주 시민들을 학살한 신군부가 정권을 장악한 한국에서 목판화는 전성기를 맞았다. 오윤과 같은 민중미술 작가들이 많은 판화를 제작했고, 집회장에 걸린 걸개그림뿐 아니라 달력 등 생활미술운동에서도 목판화가 폭넓게 활용되었다. 21세기에 들어서서도 목판화는 아시아 여러 곳에서 폭넓게 활용되었다. 반자본주의·반세계화를 표방하며 함께 일하고 공부하는 말레이시아 예술공동체 운동, 대만의 '해바라기 학생운동', '우산혁명'이라 불린 홍콩민주화운동에서도 목판화는 중요한 매체 역할을 수행했다. 수공예적인 특성을 지니면서도 대량 복제가 가능한 목판화는 여전히 위력적이다. (신은실)

참고문헌
- 현실과 발언, 『1980년대의 새로운 미술을 위하여』, 열화당, 1985.
- 정하은 편저, 『케테 콜비츠와 魯迅』, 열화당, 1987.

↑ 1945년 8월 17일 자카르타에서 인도네시아의 독립을 선언한 직후 수카르노. 8월 15일 일본의 무조건 항복 이후 수카르노 등 지도자들이 결단을 내리지 못하자 급진적 노선을 따르는 청년들이 수카르노와 하타를 납치해 독립선언을 하도록 했다.

↗ 1950년 인도네시아를 방문한 인도총리 네루를 맞이하는 수카르노와 부통령 하타(오른쪽). 네루는 인도네시아가 독립전쟁을 치를 당시 네덜란드의 군사작전을 규탄하는 국제여론을 만드는데 주도적인 역할을 했다.

↑ 1965년 3월 카이로에서 만난 저우언라이, 수카르노, 나세르. 세 정상은 이 자리에서 알제리 문제를 의논하고 11월에 2차 아시아아프리카회의를 열기로 했다. 그러나 그해 10월에 벌어진 인도네시아공산당 학살로 수카르노가 실권하면서 아시아아프리카회의는 영원히 열리지 못했다. Nationaal Archief

↗ 수카르노 재임기에 자카르타에 세워진 여러 기념비 중 하나인 투구판초란(Tugu Pacoran). 건축가이기도 했던 수카르노는 사리나 백화점, 호텔 인도네시아, 종합경기장 등 근대적 건축물과 기념비를 곳곳에 세우는데 열성이었다. Nationaal Archief

↑ 1962년 자카르타 아시안게임을 준비하면서 수카르노의 지시로 세운
  인도네시아 최초의 오성급 국제호텔 호텔 인도네시아. 아시안게임 이후로
  신흥국경기대회를 비롯한 각종 국제행사의 단골개최지였으며, 인도네시아
  근대화의 상징이었다. Nationaal Archief
↗ 베오그라드의 탄유그 통신사 건물. 유고슬라비아의 탄유그 통신사는 1973년
  알제리 비동맹운동 회의에서 제안된 비동맹뉴스기구연합을 관장하는
  조정통신사로 활약했다.

↑ 전통 모자인 베레모인 숨비아를 쓴 아밀카르 카브랄. 1964년 기니비사우 남부 카사카에서 개최된 회의에 참가했을 때로 추정된다. 카브랄은 1956년 기니비사우-카보베르데 아프리카독립당(PAIGC)을 결성해 포르투갈로부터 독립을 얻기 위한 무장투쟁을 이끌다가 독립 직전인 1973년 암살당했다.

↗ 1973년 1월 네덜란드 헤이그 포르투갈대사관 앞에서 열린 카브랄 암살에 항의하는 시위 Nationaal Archief

↑↑ 1966년 마닐라회의에서 필리핀 대통령 마르코스와 미국 대통령 린든 존슨. 건너편의 여성은 필리핀 영부인 이멜다 마르코스. 마닐라회의에는 필리핀, 태국, 한국, 오스트레일리아 등 아시아태평양 지역의 친서방 국가 정상이 모여 역내 동맹을 공고히 할 방안을 논의했다. US National Archives and Records Administration

↑ 1967년 아세안 결성의 또다른 주역인 싱가포르의 리콴유와 인도네시아의 수하르토

↗ 1960~70년대 내내 공산주의에 대한 공포에 시달렸던 태국에서는 공산주의 인도차이나가 태국을 위협한다는 이런 식의 시각화가 자주 등장했다. Thanavi Chotpradit

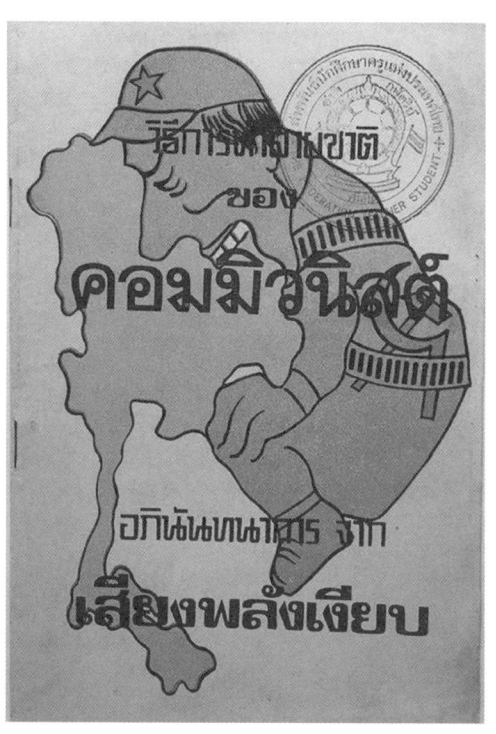

아시아·아프리카 작가회의
Afro-Asian Writers' Conference

1955년 반둥회의 이후 각 분야에서 아시아 아프리카 신생국 간 국제 교류와 공론장을 통한 발언이 활발해졌다. 문학은 그중에서도 선도적일뿐 아니라 가장 오랫동안 공론장을 이어가고 발언한 분야이다. 먼저 1956년 인도 뉴델리 아시아 작가회의에서 아시아 작가들이 한 자리에 모였고, 1957년 카이로에서 열린 1차 아시아 아프리카 인민 연대회의에서는 더 확장된 형태의 작가회의가 제안됐다. 이 제안을 바탕으로 이듬해인 1958년 10월 제1회 아시아·아프리카 작가회의가 (당시 소비에트연방이었던) 우즈베키스탄의 수도 타슈켄트에서 열렸다. 첫 회의는 '동서 교류'를 강조하며 서구에서도 배워야 한다는 점을 강조했다. 타슈켄트는 동양과 서양이 만나는 역사적 공간이자 제2세계와 **제3세계**가 만나는 장소였다. 그렇기에 문화 교류에 어울리는 곳이었으며, 이어 아시아·아프리카 영화제가 열리기도 했다. 회의에는 세네갈의 우스만 셈벤, 인도네시아의 **프라무디아 아난타 투르** 등 장차 각국을 대표할 젊은 작가들이 대거 참석했다. 또한 여권을 압수당해 반둥회의에 가지 못했던 90세의 W.E.B. 듀보이스도 타슈켄트에는 올 수 있었다. 범아프리카주의의 창시자라 할 그는 아프리카의 작가들을 만나 열성적으로 범아프리카주의를 실현할 방안에 대해 논의했다.

    1960년 카이로에서 열린 2차 회의 이후 1961년에는 아시아·아프리카 작가협회가 결성되었고 실론(지금의 스리랑카)의 수도 콜롬보에 상임사무국을 설치했다. 같은 해 3월에는 1960년부터 시작된 일본의 안보 투쟁을 지지하기 위해 도쿄에서 긴급회의를 열었다. 이 기회를 통해 일본 문인들은 제국주의적 과거와 결별하고 **제3세계**와 연대를 모색하는 한편 이후 작가회의에 주도적으로 참여할 수 있는 계기를 만들었다. 콜롬보 사무국은 영어 잡지 『더 콜』을 발간해 아시아 아프리카 문학을 널리 소개하기도 했다. 한편 1960년대 중반부터 고조된 중소 분쟁의 여파로 작가회의도 분열한다. 1964년 인도네시아 발리에서 개최하기로 했던 4차 작가회의가 노선 차이로 무산된 후, 1966년 카이로에서 따로 상임국 회의가 소집되고 카이로에 새로운 사무국을 열었다.

카이로 사무국은 1968년부터 잡지 『로터스』를 영어, 프랑스어, 아랍어로 발행, 아시아와 아프리카의 문학 작품을 소개했다. 또한 1971년부터는 잡지에 수록된 작품을 중심으로 선정한 아시아 아프리카 문학 시리즈 『아시아 아프리카 문학 시선집』과 『아시아 아프리카 문학 단편 선집』 등을 보급했다. 두 권짜리 단편 선집에는 다자이 오사무(일본)부터 탄콩펭(말레이시아), 포아드 토카클리(이라크), 그레이스 오곳(케냐) 등 41개국 작가들의 단편이 실려 있어 그 다양한 스펙트럼을 확인할 수 있다. 작가회의는 번역의 역할에 주목해 아시아 아프리카 문학 작품이 한 아시아 아프리카 언어에서 다른 아시아 아프리카 언어로 직역돼 지역과 언어의 장벽을 넘어 더 많은 독자에게 전달되어야 한다고 강조했다. 서로 다른 민족/국민 문학이 문화의 위계를 거부하고 서구의 매개 없이 동등한 위치에서 만날 때 진정한 문화 교류가 가능하다고 보았기 때문이다. 이 분야에서는 소련의 프로그레스 출판사가 핵심적 역할을 했다. 러시아어 도서를 비유럽 언어로 번역했을 뿐 아니라 우르두어를 아랍어로, 한국어를 스와힐리어로 번역하는 등 다양한 방향의 번역에 지원을 아끼지 않았다. 1960년대 말 인도에서 태어난 비자이 프라샤드와 판카지 미슈라는, 가격은 싸지만 삽화는 화려한 프로그레스판 아동 도서를 통해 러시아, 아프리카, 아시아의 전래 동화를 읽으며 자란 어린 시절을 회상하기도 한다.

작가회의는 1969년부터 로터스상을 제정해 매년 작가와 평론가 세 명에게 수여했다. 1988년까지 20년간 수여되면서 **제3세계**의 노벨문학상이라고 불리기도 한 이 상은, 영미 학계가 탈식민(postcolonial) 문학 등의 범주로 아시아 아프리카 문학을 '재발견'하기 훨씬 전부터 지역의 작가들을 발굴하고 그들이 서로 대화하고 교류하며 서로 영향을 주고받을 수 있는 플랫폼을 제공했다. 1973년 수상자인 응구기 와 시옹오가 그해 작가회의에 참석하러 카자흐스탄 알마티에 갔다가 얄타에 머물며 초기 소비에트 서사의 영향을 받은 『피의 꽃잎들』을 쓰고, 1975년 수상자인 김지하의 『오적』이 보여준 마당극 형식을 빌린 『십자가 위의 악마』를 쓴 것은 그 대표적인 예다. 수상자의 면면을 들여다보면, 모더니즘부터 전투적인 민족해방 전사의 목소리, 사회주의 리얼리즘부터 마술적 리얼리즘까지 다양한 미학과 사조를 포괄하고 있다. **치누아 아체베, 응구기 와 시옹오를 비롯해 탈냉전 시대에도 이어진 로터스상 수상자들의 문학적 성취와 명성은 이 상이 제3세계 문학의 논의를 세계적 차원으로 끌어올리는 데 성공적이었음을 보여주는 지표이기도 하다.** 또한 로터스상은 싸우고 있거나 위기에 처한 나라에서 등장한 민족/국민 문학을 더 배려하고 지원하고자 했다. 그런 배려로 **팔레스타인 문학**은 가산 카나파니와 마흐무드 다르위시 등 5명의 최다 수상자를 냈고, 베트남도 4명을 배출했다. **제3세계 국가들을 두루 망라해 지역적 안배도 적절하게 고려했지만, 여성 수상자는 우즈베키스탄 시인 줄피아와 몽골 작가 소노민 우드발 두 사람뿐이어서 여성에 대한 배려는 상대적으로 부족했던 것으로**

보인다. 또한 소련 출신 수상자들에서 카이로 사무국에 대한 소련의 영향력을 엿볼 수 있는데, 사실 『로터스』와 로터스상 운영에 필요한 재정의 대부분을 소련의 지원으로 충당했기에 불가피한 일이었다. 1980년대 말 소련의 재정 위기와 연방 해체로 지원이 중단되자 작가회의 활동도 실질적으로 중단될 수밖에 없었다. (박소현)

참고문헌

- Rossen Dijagalov, *From Internationalism to Postcolonialism: Literature and cinema between Second and the Third World*, McGill-Queens Univ. Press, 2020.
- Vijay Prashad(ed), *The East was Read, Leftword*, 2019.
- Pankaj Mishra, The East was Red, *The Guardian*, 2006.2.4.

아시아의 네 마리 용
Four Dragons of Asia

1960년대 이래 예외적으로 급속한 산업화를 이룬 홍콩, 대만, 싱가포르, 한국을 가리키는 말로 1970년대에 등장해 1980년대에 널리 쓰였다. 홍콩과 싱가포르는 세계적인 금융 중심지로, 대만과 한국은 전자제품을 비롯한 공산품 생산지로 각광받았다. 1960년 이래 네 마리 용의 경제 성장률은 연간 7퍼센트를 상회했으며, 1960년과 1990년 사이 수출액에서 차지하는 비중의 변화를 살펴보면, 세계 수출 총액에서는 1.5퍼센트에서 6.7퍼센트, 제3세계 수출 총액에서는 6퍼센트에서 34퍼센트, 제3세계 공산품 수출 총액에서는 13.2퍼센트에서 무려 61.5퍼센트로 증가했다. 네 나라 모두 소득 분배 수준 또한 실질적으로 개선되었다. 그 때문에 급속한 발전에 따르게 마련인 불평등의 심화도 상대적으로 두드러지지 않았다. 네 마리 용이 거둔 성과가 가시적으로 드러나자 세계은행 등은 "동아시아의 기적"이라고 칭송하며 이들 나라를 저**발전**국가가 쫓아야 할 모범으로 치켜세웠다. 수출 주도형 공업화, 최소한의 세금과 복지, 국가의 적극적인 경제 정책 개입 등이었다.

그러나 네 마리 용은 **제3세계**의 보편적인 **발전** 모델이 될 수 없었다. 먼저 홍콩과 싱가포르는 배후지가 전혀 없는 도시 국가이자 식민지 시기부터 개발된 중계 무역항이다. 신생 국민국가의 일반적인 형태가 아닌데다 생산과 노동은 최소한도로 존재하고 상품을 선적하는 기능과 금융만 고도로 발달한 곳이다. 대만과 한국은 일본의 식민지였던 시절 강제 토지 개혁을 겪으며 봉건제가 얼마간 해체되는 과정을 겪었다. 게다가 **냉전** 시기 자유 진영의 최전방에 자리 잡은 체제 경쟁의 쇼케이스로 미국의 엄청난 **원조**를 받을 수 있었다. 뿐만 아니라 미국의 주도하는 세계 경제 체제에서 1960년대 네 국가 공히 다국적기업의 투자에 절대적으로 의존했다. 네 마리 용이 공업화를 추진하기 위해 투자해야 했던, 국민경제의 수준을 넘어서는 규모의 자본은 이렇듯 모두 외부에서 조달된 것이었다.

싱가포르 외무 장관 라자라트남은 싱가포르를 '세계 도시'(global city)라고 불렀다. 싱가포르는 1965년 말레이시아에서 쫓겨나듯 **독립**하게 된 절박한 상황에서 배후지 없이 수입 대체 전략을 추진할 수 없었다. 그 대신 다국적기업들을 연결시켜 세계 경제의 틀 안으로 편입하고 가장 선진화한 산업 사회를 따라잡는 지름길을 찾아내 20~30년만에 다른 나라가 한 세기에 걸쳐 이룰 발전을 이룰 수 있었다는 것이다. 라자라트남은 이제 싱가포르–홍콩–타이페이–서울–도쿄로 긴밀하게 얽힌 도시의 사슬이 "각기 다른 중요도로 세계 경제 체제를 공유하고 명령할 것"이라고 예언했다. 1980년대가 되면 이 예언은 완벽하게 실현된 것처럼 보였다. 네 마리 용은 저렴한 노동력과 규제 없는 **자유무역지구**를 무기로 1970년대 신국제분업에서 한 자리를 차지했다. 다국적기업은 동아시아 수출자유지역 공장에 제조업을 하청하고 공장의 소유권은 넘겨주었다. 이런 공장의 노동자는 대부분 여성이었으며 노조도 없고 노동법의 보호도 받지 못한 채 생산성을 높이기 위한 고강도 노동과 저임금에 시달렸다(1970년대 한국 노동운동에서 여성 노동자의 역할이 두드러졌던 것 또한 이 때문이다). 이 체제와 높은 성장률을 유지하기 위해서는 강력한 정부의 개입과 권위주의적 정치 체제의 억압이 필수적이었다. 홍콩은 1997년까지 영국의 식민지였고, 싱가포르는 인민행동당(PAP)이 통치하는 실질적인 일당 체제였다. 대만은 1949년부터 1987년까지 세계에서 가장 긴 계엄령하에 있었으며, 한국은 1961년부터 1987년까지 **군부** 독재가 계속됐다. 내적 자유를 희생해서라도 경제적 도약을 이루겠다는 네 마리 용의 야심은 싱가포르 초대 총리 리콴유가 쓴 자서전 "**제3세계에서 제1세계로**"(한국어판 제목은 『내가 걸어온 일류국가의 길』)에서 노골적으로 드러난다. 1세계로 도약하기 위해 위해서라면 **제3세계**와 공동 운명체이기를 거부할 수도 있다는 듯 들리기도 한다. 어쨌거나 네 마리 용이 이런 경로로 세계 시장과 국제 분업 안에서 만들어낸 생산 플랫폼은 1980년대에 눈부시게 빛나보였고 같은 시기 다른 **제3세계** 국가들은 외채 위기에 허덕였다.

"동아시아의 기적"으로 칭송받던 네 나라의 성공은 경제적 불평등을 구조적으로 해결해보고자 분투하던 **제3세계**의 노력에 찬물을 끼얹었다. 신생 **독립국**이었던 네 마리 용이 여러 제약을 극복하고 공업화와 경제적 도약에 성공했다면, 다른 **제3세계** 국가라고 해서 이루지 못할 이유가 없다는 주장이 득세했다. 특히 싱가포르는 1970년 **비동맹운동** 가입 이후 내부에서 적극적인 노선 투쟁을 벌였다. 1973년 알제 **비동맹운동** 회의에서 싱가포르는 경제 개혁과 정치 개혁 사이의 고리를 끊어야 한다고 주장했다. 그런 주장은 경제 사안을 결정하는 정치 구조를 바꾸고 경제 질서를 정치적으로 바꾸기를 원하는 **제3세계**의 도전을 발목 잡는 일이었다. 또한 이 탓에 동아시아 경제 기적은 **비동맹운동** 전반에 끼친 아주 강력하면서도 끈질긴 영향을 미쳤다. **신국제경제질서**는 무너졌고, 네 마리 용은 신국제분업에서 살아남았다. **비동맹운동**의 세계 경제에 맞선 정치경제적 도전은 이제 힘을 잃게 되었다.

아시아의 네 마리 용이 특히 성공한 이유를 설명하려는 시도는 다양했다. 그 가운데 가장 큰 영향을 미친 것은 이들 나라가 모두 유교 문화권에 속했기 때문이라는 것이다. 문화적 요인으로 성공 비결을 설명하는 것이다. 자본주의 등장에 프로테스탄트 윤리가 큰 역할을 했다는 베버의 주장처럼, 근면, 성실, 안정, 예의 같은 유교 문화가 공업화를 이루는 데 핵심적인 역할을 했다는 것이다. 네 나라의 권위주의 체제를 유교 문화와 연결 지어 그 정당성을 확보하려는 것이었다. 특히 싱가포르의 리콴유는 '아시아적 가치'(Asian Value)를 내세우며 아시아 사회에는 서구식 민주주의가 맞지 않으며 유교적 가치만이 안정과 성장을 가져온다고 주장했다. 1994년 김대중은 「문화는 운명인가?」라는 글을 『포린폴리시』에 기고해 문화는 변명일 뿐 민주주의의 확장이 아시아가 갈 길이라며 리콴유의 주장을 설득력 있게 반박했고, 1996년 경제학자 스티글리츠는 얼마 전까지만 해도 유교는 이 나라들의 저발전을 설명하는 전통적 가치였다고 비판하기도 했다. 경제 발전에서 문화를 중요한 요인으로 강조하는 주장은 문화적 민족주의를 강화하는 역할을 했다. 그리고 한편으로는 **제3세계**가 지향하던 국제주의적이고 포괄적인 **민족주의**에서 종족적이고 협소한 **민족주의**로의 퇴행을 보여주는 양상이기도 하다. (박소현)

참고문헌
- S. Rajaratnam, "Singapore: The Global City", Wee Teong Boon, ed., *The Future of Singapore — The Global City, Singapore*, Democratic Socialist Club, n.d.
- Kim Dae Jung, "Is Culture Destiny? The Myth of Asia's Anti-Democratic Value", *Foreign Affairs*, Nov/Dec 1994.

아우구스토 보알
Augusto Boal

인도네시아의 민중 극작가이자 시인인 W. S. 렌드라의 희곡 「나가족의 투쟁」(1979)은 가상의 왕국 아스티남을 배경으로 한다. 극이 시작되자마자 자바 전통 그림자 인형극 와양의 인형 조종자이며 해설자인 달랑이 등장하여, 극중 사건이 인도네시아에서 일어나는 것이 아님을 거듭 강조한다. 한편, 이 작품 3막에서는 나비넥타이에 단장을 든 미국, 네덜란드, 소련, 일본, 중국 대사들이 등장해 이렇게 노래한다.

> 개발도상국 대사들의 업무는 빚을 얻어내는 것/선진국 대사들의 업무는 상품을 팔아먹는 것/시장, 시장, 시장을 찾아라!/숲을 베어 넘겨라!/광석을 파내라!/바다를 깨끗이 쓸어버려라/원자재를 움켜쥐어라!/이것이 우리의 첫째 가는 일이지

「나가족의 투쟁」 외에도 렌드라의 연극은 대부분 전통극 구성과 인물을 활용하는 한편, 노래 등 거리 두기 요소를 삽입한다. 그의 작품들은 전통문화의 틀에 개발과 진보, 경제 종속과 통제된 언론 등 현실을 결합하여 대중성을 겸비한 교훈극이었다. 렌드라의 연극은 당대 인도네시아 관객들의 큰 호응을 얻었으며, **제3세계**를 비롯한 세계 연극계의 주목을 받았다. 렌드라의 극작법에 가장 큰 영향을 미친 요소로 독일 극작가이자 시인 브레히트의 서사극 이론이

꼽힌다. 렌드라는 브레히트의 희곡을 인도네시아어로 번역하고 공연하기도 했다.

아시아 민중극에 미친 브레히트의 영향력이 눈에 띄는 사례는 더 있다. 방글라데시로 독립하게 될 동벵골 다카에서 태어난 리트윅 가탁은, 인도민중극회(IPTA)의 연출가 겸 배우로 활동하며 브레히트의 희곡과 이론서를 벵골어로 번역했다. 견결한 마르크스주의자였던 가탁은 영화감독이 된 뒤에도 영화 연출 방법론에 서사극 이론을 적용해, 벵골 지역의 전통과 브레히트적 거리두기 장치를 함께 썼다. 1970년대부터 김지하, 채희완을 중심으로 한 '마당극' 미학이 중심을 이루던 한국 민족극 운동 진영에서도 브레히트 방법론의 영향을 크게 받은 극단 한강, 새벽 등이 1980년대 후반과 90년대 초반에 활발히 활동했다. 또 1960년대부터 정치적 의지를 표출하던 아프리카 반제국주의 혁명 연극은, 왈레 소잉카 등 걸출한 극작가들이 전통문화와 무의식에「억척어멈과 그 자식들」등 브레히트 연극의 실천을 결합한 결과였다. 브레히트의 연극 이론이 가면극 등 기존 전통에 기댄 민족극 미학 구축으로 **제3세계 연극**이라는 정체성을 찾으려 하던 아시아·아프리카 연극운동에 새로운 길을 제시한 것이다.

이라크 극작가 라미세 엘아마리는 아랍 세계 내에서 브레히트의 수용을 가리켜 다음과 같이 일컫는다.

> 브레히트가 연극을 변혁에의 수단으로 바꿔놓았기에, 노동자 계층과 연극이 밀접하게 연결되었다. (...) 1956년 수에즈 위기 때 소련이 행한 아랍 세계 지원, 1958년 이라크혁명, 1962년 알제리 독립은 아랍 상황을 크게 바꾸어놓았다. 현대 아랍 연극은 50년대 후반까지 지난

세기 서구 연극의 모방이 대다수를 이루고 있었다. 아랍 연극의 동일화 드라마와 선동 드라마에서는 무엇보다 아리스토텔레스의 이론이 지배적인 바탕을 이루고 있었다. 브레히트의 교훈극은 아랍의 기성 극단에서 출구를 쉽사리 발견할 수 있었다.

브레히트의 연극 이론은 고대 그리스의 아리스토텔레스까지 거슬러 올라가는 전통에 대한 도전이었다. 브레히트는 연극에 변증법적 유물론을 적용시켜 연극을 단순한 공연 매체에서 변혁에 영향을 미칠 수 있는 수단으로 바꾸어놓았다. 그가 예술 실천으로 파시즘에 저항하기 위해 20세기 전반 유럽에서 정초한 연극 미학은 이후 **제3세계** 연극을 위한 프로그램이 된다.

아우구스토 보알(1931~2009)은 브레히트의 연극 이론을 창작 이론과 교육 실천을 겸비한 **제3세계** 연극론으로 종합한 인물이었다. 브라질 리우데자네이루에서 태어난 보알은 1956년에서 1971년까지 브라질 상파울루 '원형극장'의 대표를 지냈다. 그는 브라질에 군사 정권이 들어선 동안 아르헨티나, 페루, 포르투갈, 프랑스 등에서 긴 망명 생활을 이어갔다. 보알은 연극 창작 및 공연 과정과 **제3세계** 민중의 삶을 결합해 연극의 기능을 갱신하는 작업을 "억압받는 자들의 시학"이라는 개념으로 체계화했다.

보알은 아리스토텔레스 시학이 상정하는 카타르시스 효과를 먼저 비판한다. "관객은 극장에 들어서자마자 모자와 함께 자신의 뇌까지도 벗어버리는 무아 상태에서 극중 사건에 몰입하기를 강요받는다." 따라서 관객은 자신의 일상과 현실의 삶에서 완전히 벗어나 극이 창출하는 공포, 흥분에 몰입하여 일상에서 자기 속에 축적된 감정도 모두 씻어내버린다. 이 결과, 관객들이 살아가며 품는 불만과 갈등까지 함께 제거하여 사회의 안전판 구실을 한다.

　예술이 세계를 변혁하는 데 이바지해야 한다고 믿었던 브레히트의 서사극은 카타르시스와 대비되는 양식이다. 서사극은 관객이 등장인물에게 몰입해 자신의 사유를 일임해버리는 구경꾼이 되길 거부하고, 극중 사건을 관객 스스로 판단하게 한다. 관객은 무대를 훔쳐보는 구경꾼이 아니라 극중 사건을 '역사화'하여 비판적 거리를 유지하는 관찰자가 된다. 그런데 보알은 브레히트가 무대와 관객 사이에 둔 비판적 거리가 관객이 사건에 이성적 판단을 내리게 할 뿐이며 무대에의 적극적인 참여를 막는다고 생각했다. 보알은 그에 대한 대안으로 "감정 이입과 성찰"을 동시에 유발할 수 있는 '조커(joker) 체계'를 제안한다. '조커'는 트럼프 카드의 조커처럼, 연극에서 어떤 역할도 맡을 수 있고 극 전개를 되돌릴 수 있는 특수한 인물을 가리킨다.

　보알은 전통 연극 양식이 등장인물에 위임했던 관객의 사유하는 힘은 물론이고 행동하는 힘까지 민중극이 찾아와야 한다고 주장한다. 연극이 관객의 의식을 일깨워야 할뿐 아니라, 일깨운 의식을 실생활에서 즉시 실천에 옮겨야 한다는 것이다. 이를 위해 보알은 연극이 특정한 '예술성'을 갖지 않아도 무방하다고 여긴다. 그 극단적인 예가 "눈에 띄지 않는 연극"이다. 보알은 "연극이 아닌 연극", "눈에 띄지 않는 연극"을 본 이들이 끝까지 이를 연극이라고 알아채지 못해야 연극의 힘이 더욱 현실성을 획득하고 실제에 연결될 수 있다고 주장했다. 보알은, 라틴아메리카의 해방 투쟁에서 지배 계급이 만들어놓은 장벽을 허무는 일은 배우와 관중 사이에 놓인 장벽을 부수는 것으로부터 시작해야 한다고 여겼다. (신은실)

참고문헌

- 정지창, 『서사극 마당극 민족극』, 창비, 1988.
- 라미세 엘아마리, 「아랍세계 내에서의 브레히트」, 『제3세계와 브레히트 – 민중연극운동의 실천논리』, 김성기·윤부한 편역, 도서출판 일과놀이, 1984.
- 아우구스또 보알, 『민중연극론』, 민혜숙 옮김, 창작과비평사, 1985.

아프리카의 해 1960
Year of Africa 1960

1945년 아프리카에서 명목상이나마 **독립**국은 이집트, 에티오피아, 라이베리아, 남아프리카 연방 이렇게 네 나라뿐이었다. 15년 후인 1960년 2월, 아프리카계 최초의 노벨평화상 수상자이자 유엔 결성에 공헌했던 랠프 번치는 한 인터뷰에서 이렇게 예언했다. "1960년은 '아프리카의 해'가 될 것이다. 아프리카에서 최소한 4개 어쩌면 7~8개 회원국이 나올 예정이기 때문이다." 정작 그해 아프리카에서 새로 **독립**한 나라는 무려 17개국으로 드러나 번치의 예상을 훨씬 뛰어넘었다. 17개국 모두 그해 말 유엔에 가입했고 1960년은 명실상부한 아프리카의 해가 되었다.

아프리카의 **독립**이 아시아 각국에 비해 늦어진 것은, 기본적으로 영국과 프랑스를 비롯한 식민 열강이 아프리카의 **독립**에 부정적인 입장이었기 때문이다. 영국은 아프리카 식민지를 보호령 14개국으로 분리해 통치하면서 단계적으로 자치권을 부여하되 20세기 말까지는 지배권을 유지할 계획이었고, 프랑스는 식민지를 '프랑스 연방'의 일부라 부르며 본국과 보호령은 나누어질 수 없는 운명 공동체라고 주장했다. 또 다른 식민 열강 벨기에와 포르투갈은 아프리카인의 정치 활동을 전면 금지하고 탄압하며 식민지를 유지하기에 급급했다.

이런 상황은 전후 세계 질서의 재편과 **냉전**으로 균열이 생기기 시작했다. 영국에게 가장 중요한 식민지이자 최대의 코코아 산지 골드코스트에서 공산주의 지도자 **콰메 은크루마**가 대중의 절대적인 지지를 얻고 자치를 요구했다(그는 1955년 **반둥회의**에 참가한 몇 안 되는 아프리카 대표이기도 하다). 몇 차례의 **폭력** 사태와 지난한 협상, 총선거 끝에 1957년 골드코스트가 가나로 정식 **독립**했다. 마침내 독립을 이룬 **은크루마**는 가나뿐 아니라 "아프리카 대륙의 완전한 해방"을 위한 싸움에 매진했다. 1958년에는 전아프리카인민회의(All-African People's Conference, AAPC)를 개최해 그 싸움을 전 대륙으로 확대하고자 했다. 이 자리에는 아프리카 각국 민족해방운동의 지도자가 되는 **줄리어스 니에레레**(탄자니아), 케네스 카운다(잠비아), 파트리스 루뭄바(콩고), **아밀카르 카브랄**(기니) 등이 참석했고 이들은 고국으로 돌아가 독립운동을 주도했다. 영국과 프랑스는 아프리카 대륙에서 자국의 지배를 연장하기 위해 경제적·정치적·문화적 압력을 전면적으로 행사하고, 그마저 통하지 않으면 알제리전쟁에서처럼 가공할 만한 **폭력**을 휘둘렀다. 그러나 1950년대 말에 이르면 **독립**이 거스를 수 없는 대세임을 받아들일 수밖에 없었다.

1960년 프랑스-아프리카 공동체의 11개 회원국과 프랑스의 신탁통치 국가인 카메룬과 토고가 독립했다. 8월 한 달 동안에만 다호메이, 니제르, 오트볼타(부르키나파소), 코트디부아르, 차드, 중앙아프리카공화국, 가봉, 세네갈이 차례로, 9월에는 말리, 11월에는 모리타니가 **독립**했다. 영국령이던 나이지리아와 소말리아도 아프리카 신생국에 그해 동참했다. 아프리카를 휩싼 독립의 열기는 세계무대까지 이어졌다. 그해 12월 14일 유엔은 아프리카 신생국들의 주도로 「식민지 및 피종속 인민에 대한 독립 부여에 관한 선언」을 채택했다.

아프리카의 해는 정치적 사건인 동시에 문화적 사건이기도 했다. 직전인 1959년 아프리카에서 인류가 최초로 등장했다는 연구 결과가 발표되어 아프리카인의 자긍심이 한껏 고조됐으며, 최초의 범아프리카 히트곡이 탄생하는 계기가 되기도 했다. 르 그랑 칼레로 잘 알려진 콩고의 뮤지션 조제프 카바셀레는 1960년 독립 문제를 논의하는 벨기에-콩고 원탁 협상단에 합류하게 됐다. 그는 그해 초 협상에 대한 기대를 담아 룸바곡 <앵데팡당스 차차>를 발표했는데, 이 곡이 1960년 독립의 열기를 타고 전 대륙적 인기를 얻었다. 쿠바 흑인음악과 아프리카적 비트가 혼합된 룸바곡에 링갈라어로 된 가사는 다음의 후렴구를 반복하며 콩고의 각 정당과 정치 단체, 조세프 카사부부와 파트리스 루뭄바 등 식민 통치에 맞서 싸운 정치인에 관해 언급한다. (박소현)

참고문헌
- 마틴 메러디스, 『아프리카의 운명』, 이순희 옮김, 휴머니스트, 2014.
- Adom Getachew, Introduction, "Reflections on 1960, the Year of Africa", *The New York Times*, 2020.2.7.

알제리 민족해방전선
Front de Liberation Nationale

아프리카의 해로 불린 1960년, 이매뉴얼 월러스틴은 자신이 현장 연구를 진행하던 가나에서 **프란츠 파농**을 만난다. **콰메 은크루마**가 주도하던 가나공화국은 범아프리카주의의 산실이자 요람이었다. 골드코스트와 아이보리코스트의 민족주의 운동과 여러 자발적 결사체들에 대한 연구로 박사학위 논문을 쓰게 될 월러스틴은 **은크루마**의 범아프리카주의를 마음 깊이 지지하고 있었다. 그러나 세계체제론으로 20세기 후반 사회과학에서 중요한 혁신을 이룩하게 될 이 사회학자의 마음을 두고두고 사로잡은 것은 **파농**이었다. 그는 자신의 이론 세계를 만드는 데 가장 큰 영향을 미친 세 명의 인물 가운데 한 명으로 **파농**을 꼽았다. "내게 **파농**은 근대 세계 체제에 의해 권리를 빼앗긴 자들이 그들 자신의 목소리와 전망을 가지고 있으며, 단지 정의에 호소하는 것이 아니라 지적 판단을 요청하고 있다는 것을 깨우쳐주었다." **파농**을 아는 이들은 많다. 그러나 그가 알제리 민족해방전선(FLN)의 투사였다는 것을 깊이 헤아리는 이는 드물다.

FLN은 프랑스의 식민 지배에서 벗어나기 위해 무장 투쟁을 벌인 알제리의 군사적인 반식민 조직이다. 이탈리아 출신의 감독 질로 폰테코르보의 영화 ‹알제리 전투›(1966)는 FLN이 알제리 민중들 사이에서 어떻게 투쟁을 펼쳤는지를 마치 눈앞의 풍경처럼 보여준다. 목숨을 건 용기와 희생정신, 그리고 이를 탄압하려는 제국주의자들의 잔인함과 야수성은 이 영화의 모든 순간을 장악하고 있다. 이 영화는 FLN에서 활동했던 야세프 사아디(그는 이 영화에 직접 자신을 연기한다)가 기록한 실제 사건에 바탕을 두고 있었다. 이 영화에서 관객들은 프랑스 식민주의자들이 알제리 **독립**을 위해 투쟁하는 민중들을 어떻게 잔인하고 혹독하게 탄압하는지 목격하게 된다.

 FLN을 이끈 이는 아흐메드 벤 벨라였다. 그는 프랑스 군대에 입대하여 제2차 세계대전 기간 동안 혁혁한 무공을 세우고 알제리로 돌아온 터였다. 처음에 벤 벨라는 알제리의 민족주의 운동 단체인 자유민주승리운동(MTLD)에 적을 두고 활동을 하며 시의원으로 당선되어 활약했다. 그러나 그는 이 조직이 보여준 프랑스 제국주의에 대한 미적지근한 태도, 무엇보다 평화적 선거를 통한 **독립**이라는 생각에 실망한다. 곧 벤 벨라는 자유민주승리운동과의 불화, 나아가 이 조직의 방해에도 불구하고 혁명가 여덟 명과 함께 FLN을 결성한다. 프랑스군이 인도차이나의 디엔비엔푸 전투에서 패배했다는 소식은 이들을 고무했다. 이들은 1954년 11월 1일 봉기를 일으켰다. 이리하여 저 악명 높은 '알제리 독립전쟁' 혹은 '알제리혁명'은 시작되었다. 카이로에서 방송된 FLN의 라디오에서는 "이슬람이란 틀 아래에서 알제리 국가 주권의 민주적, 경제적, 사회적 회복"을 이루자는 방송이 흘러나왔다.

 FLN의 첫 전투는 처참한 패배로 끝났다. 그러나 FLN은 실제로 패배하지 않았다. 1954년부터 1962년까지 계속된 알제리 전투는 헤아릴 수 없는 인명 손실과 고문, 폭력, 테러를 초래했음에도 불구하고 대중들의 폭넓은 지지를 받는 데 성공했다. 이는 영화 ‹알제리 전투›를 보면 생생히 드러난다. 그리고 프랑스의 잔인한 탄압은 FLN이 다양한 세력들로부터 지지를 얻는 데 더욱 큰 힘을 보태주었다. 노동조합도 알제리 공산당도 자유주의자들도 기꺼이 FLN에 힘을 모았다. FLN은 그 어떤 민족해방운동 조직보다 폭넓은 대중들의 지지와 참여를 이끌어냈다. 그리하여 FLN이 내건 민족해방과 민족의식은 탈식민 투쟁의 과정에서 대중들을 동원하기 위해 내건 대중들의 또 다른 소망에 그치지 않았다. 적어도 FLN에 투신한 이들은 이 조직이 민중의 평등과 자유를 향한 꿈을 민족이란 이름 속에 지켜내고 실행하길 원했다. 그러나 이를 지켜내기란 쉽지 않은 일이었다. 그것은 FLN의 문제였지만 또한 탄자니아, 콩고, 케냐, 이집트를 비롯한 많은 아프리카의 **독립** 국가들이 함께 직면한 문제였다.

민족 **독립**을 이룩할 때 광범위하게 참여했던 민중들은 국가를 건설하고 운영하는 과정에서도 참여할 수 있어야 한다. 그러나 민중들의 광범한 참여를 동원한 경우는 그리 없었다. 어렵게 얻어낸 **독립**을 지켜내기 위해서는 집중된 권력이 필요하고 국가를 건설하고 운영하는 과정에는 잘 훈련되고 규율 잡힌 전문가들이 필요하다는 것은 분명하다. 그러나 그것이 민족해방투쟁을 이끌었던 원천이자 에너지였던 대중들 위에 군림하는 것을 뜻하는 것은 아니었다. 한편 이러한 민족의식이 다른 민족과의 연대를 멀리하는 평계가 될 수는 없었다. 한때 FLN은 이를 지켜나가는 데 노력했다. 그 때문에 알제리의 수도 알제는 '혁명의 메카'로 알려졌다. 미국의 검은표범당의 전사들부터 팔레스타인 게릴라 그리고 피노체트의 군사 쿠데타를 피해 망명한 칠레의 투사들까지, 수많은 이들이 알제리로 모여들었다. 알제리는 **제3세계의** 투사들을 위한 안식처였고 용광로였다. 그러나 알제리는 이러한 자신의 원칙을 끝까지 지키지 못했다. 이슬람주의를 통해 민족의식과 민족문화를 만들어가겠다는 태도는 알제리 인구 가운데 상당수를 차지하는 베르베르인들을 배제하는 것이었다. 이러한 민족의 딜레마는 FLN의 활동에 깊이 참여하였던 **파농**의 근심 속에도 잘 드러났다. **파농**은 『대지의 저주받은 사람들』에서 이렇게 쓰고 있다.

> 국가 수립이 민중의 의지를 담아내고 아프리카 민족들의
> 열의를 반영한 것이라면 (...) 필연적으로 보편적
> 가치를 발견하고 장려하는 일이 따르게 마련이다.
> 그러므로 민족해방은 다른 나라들로부터 멀어지는
> 게 아니라, 민족이 역사의 무대에서 제 역할을 하도록
> 이끈다. 국제적 의식이 살아나고 자라나는 곳도 바로
> 이 민족의식의 한 복판에서이다. 이 이중의 생성은
> 궁극적으로 모든 문화의 원천이다.

그는 민족이 타 민족의 지배로부터 벗어난 것이지만 그것은 타 민족이 제 발로 서도록 하는 역할을 한다는 것을 역설했다. 그것은 **반둥회의** 이후 **비동맹운동**이 내건 국제주의의 영혼이기도 하였다.

    1963년 제정된 헌법은 FLN을 제외한 모든 정당을 폐지했다. FLN의 의장은 국가 정책을 결정하는 유일한 인물로서 군림하게 되었다. 그러나 이는 생산 수단을 모두 사회화하고 사회주의적 경제를 향해 나아가려는 알제리의 희망에 도움이 되지 못했다. 프랑스 식민지 출신의 자본가들과 전문가, 숙련 노동자들이 모두 사라진 뒤, 자주 관리를 통해 공장을 재가동하고 협동농장을 조직하려면 노동자와 농민의 자발적인 참여가 필요했다. FLN은 1963년 '3월 칙령'을 포고하고 새로운 경제 질서를 수립할 포부를 밝혔다. 그러나 그것은 바로 그러한 경제 질서의 주역인 노동자들을 의사 결정의 과정에서 배제하고 있었다. 알제리 노동자총연맹은 FLN으로부터 초대를 받지 못했다. 이는 농민이나 소수 부족의 경우에도 마찬가지였다. 국가 수립 과정에서 행정과 기술, 관리 등을 맡는 전문직의 필요는 늘어났다. 그런데 이 자리를 채운 사람들은 프랑스로 미처 탈출하지 못한 구 식민지의 엘리트 계층들이었다. 이들은 국가 기구 속으로 스며들면서

FLN과 이들 사이에 굳건한 유대가 만들어지게 되었다.

그러나 기회가 없는 것은 아니었다. 노동자들과 여성, 청년, 지식인들의 저항에 직면한 FLN은 대중과의 화해를 시도했다. 벤 벨라가 이끌던 FLN은 알제리 노동자총연맹과 협상을 시도하고 알제리 공산당에 대해서도 유화적인 입장을 보였다. 민족해방을 향한 실험은 곧 사회를 민주화하고 평등한 경제 질서를 만들어내는 실험과 결합하는 듯이 보였다. 바로 이 때 우아리 부메디엔이 나타났다. 그는 벤 벨라를 권좌에서 몰아냈다. 이유인 즉슨 그가 개인 숭배를 조장한다는 것이었다. 그러나 정작 이유는 다른 데 있었다. 그가 대중들과 함께 하면서 민족 부르주아지를 비롯한 엘리트 계층과 군부를 멀리하려 했기 때문이다. 부메디엔이 이끄는 정권은 알제리를 급속하게 산업화했다. 다행히 알제리는 풍부한 석유를 가지고 있었다. 정권은 제철·철강 공단, 정유 산업, 비료 공장, 천연가스 액화공장 등에 엄청난 자금을 쏟아 부었다. 1인당 공업 생산고는 매년 평균 14퍼센트씩 증가했고, 전체 공업 생산고는 두 배로 늘어났다. 덕분에 농업은 고사되다시피 했다. 산업 노동자의 임금을 낮게 유지하기 위해 농산물 가격과 농민 임금이 동결된 탓이다. 이 과정에서 도시로의 이주는 폭발적으로 증대했다.

그러나 1970년대까지 고도성장을 이룩하던 알제리는 1980년대에 들어서며 휘청거리기 시작했다. 석유 수익이 감소하기 시작했고 수출액의 97퍼센트에 이르는 원리금 상환 비율, 엄청난 물가 상승, 30퍼센트에 육박하는 실업률 등으로 사회는 위태로워 보였다. 그리고 마침내 알제리도 북아프리카 전역을 휩쓴 이슬람주의의 제물이 된다. 알키얌(Al-Qiyam, '가치'라는 뜻)이 나서 이슬람의 진정한 가치를 위반한 정권을 비난했다. 이들은 곧 불법화되었지만 이들의 주장을 잠재울 수는 없었다. 이슬람주의자들은 산업화,

근대화 과정에서 배제되거나 주변으로 밀려난 이들을 돌보고 구제했다. 이슬람주의 운동은 결국 마침내 FLN의 일당제를 붕괴시켰다. 이슬람구원전선, 이슬람무장그룹, 이슬람구원군, 살라피스트설교전투그룹 등으로 이어지는 이슬람주의 운동과 군부를 중심으로 한 정권 사이에서 끝없는 전투가 알제리의 일상이 되었다. 또 다른 알제리 전투가 시작된 것이다. 그러나 그 전투는 민족해방을 위한 전투, 독립되고 평등한 **제3세계** 나라를 설립하기 위한 민중의 전투는 아니었다. 그것은 실패한 **제3세계** 프로젝트의 폐허 위에서 비동맹운동의 한계와 모순에 기생하면서 자신들의 권력을 차지하기 위해 발버둥치는 지배 세력 사이의 전투였다. (서동진)

연대미술관
Museo de la Solidaridad, Museum of Solidarity

칠레 산티아고 공화국 거리 475번지에는 귀환한 '**살바도르 아옌데 연대미술관**'이 자리하고 있다. 1991년, 세상을 떠돌던 '**살바도르 아옌데 국제저항미술관**'(1975~1990)이 드디어 칠레로 돌아온 것이다. 세계 최초로 선거를 통해 당선된 사회주의자 대통령 **아옌데**의 죽음 이후 이 미술관은 칠레로부터 벗어나 세상을 표류했다. **아옌데**가 대통령에 취임한 지 20년째 되는 해, 이 미술관은 과거의 모든 기억을 되찾으며 부활했다. 그것은 비엔날레나 마니페스타와 같은 전 지구적 미술 이벤트가 흥청대며 새로운 미술관들이 다투어 건설되던 오늘의 풍경과 대조할 때 너무나 거리가 먼 미술관이었다. 이 미술관은 **신자유주의**적 세계화의 시대가 만들어낸 '글로벌 컨템포러리'(global contemporary) 미술이 상상하는 미술과는 전연 다른 미술을 상상했다. 무엇보다 그 미술관은 미술관의 역사에서 전례 없는 국제주의적 유토피아 미술관의 모습을 보여주었다.

    살바도르 아옌데가 이끌었던 인민연합은 자신들이 민중들의 연합을 이끌고 있음을 선거운동을 통해서도 여지없이 보여주었다. **아옌데**는 1971년 대통령의 자리에 오르기 전 이미 여러 차례 대통령 후보로 나섰던 경력이 있었다. 그때마다 **아옌데**는 칠레 민중들을 만날 수 있다면 모든 곳을 누볐다. 산간벽지의 광산 노동자이든 인적이라고는 없었던 저 먼 곳의 농장의 농민들도 그는 멀리 하지 않았다. 1958년 선거운동 시절 **아옌데**는 자신이 후보였던 인민행동전선을 위한 선거 유세에서 '승리의 열차'를 활용했다.

그 열차는 인민행동전선을 지지하는 음악가와 작가, 지식인과
정치인 등을 가득 태우고 있었다. 물론 파블로 네루다도 그 열차의
탑승자였다. 빅터 피케로아 클라크가 쓴 『혁명적 민주주의자:
살바도르 아옌데』는 승리의 열차의 모습을 이렇게 감격적으로 전한다.

> 아옌데를 태운 '승리의 열차'가 마을에 도착한다는 건
> 대단한 행사였다. 대중가요를 들을 수도 있고, 시인이
> 직접 낭송하는 시도 듣고, 당대의 인기 스타를 만날 수도
> 있었다. '승리의 열차'는 모두 136곳을 방문했다. 최대
> 하루 10곳에서 유세를 펼쳤다. 유세가 열리는 곳마다
> 수천 명이 운집해 아옌데의 연설을 들었다.

그 다음의 선거운동에서도 역시 **아옌데**는 같은 전략을 펼쳤다.
이번에는 '승리 버스'였다. 아옌데는 낡은 대형 버스에 소형 발전기와
천막 스크린, 영사기와 음향기기를 장착했다. 그리고 버스의 지붕은
간이 무대로 사용할 수 있도록 개조했다. 차체 내부에는 각종 그림 및
인쇄용 물품을 완비했다. 그리고 유세장에 도착하면 버스는 마을을
돌며 유세를 알리고 영화를 상영했다. 지지자들에겐 신문을 가져오게
해 **아옌데**의 모습을 붙이고 이를 다시 공공장소에 부착하도록 했다.
작가들은 바위나 거리 벽면에 **아옌데**의 모습과 지지 구호를 그렸다.

그러나 1971년 인민전선을 대표하는 대통령 후보로 선거에
임했을 때, 아옌데는 선거운동에 그치지 않는 **제3세계** 예술운동, 그
가운데서도 미술관의 모습과 전망을 송두리째 바꾸어놓을 실험을
동원했다. 그것은 단순히 선거 캠페인에 예술을 활용함으로써 예술과
정치의 만남을 중재하는 일이 아니었다. 선거운동 기간 동안 **아옌데**는
'인민연합시각예술가위원회'와 함께하고 있었다. 선거가 끝나자마자

이 위원회는 «민중의 승리에 바치는 경의»라는 전시를 이끌었다
전시를 조직한 곳은 라틴아메리카예술연구소였다. 이 전시에는
칠레는 물론 남미 여러 나라의 작가들이 열성적으로 참여했다. 전시에
참여한 작가들은 자신들의 참여가 "새로운 사회의 건설을 향한
전폭적인 지지와 기여"일 뿐이라고 주장했다. 전시를 이끈 위원회는
선거운동 기간에도 **아옌데**의 지지를 위한 전시를 개최한 바 있었다.
이들은 30여 개의 실크스크린을 제작해 칠레 전역에서 전시했다.
원하는 이는 매우 값싼 가격에 작품을 구입할 수도 있었다. 그리고
이 작품들은 남미 여러 나라에서 순회 전시되기도 했다. 위원회는
이 전시가 "예술이 부유한 자들, 소수의 배타적인 특권층만이 살
수 있는 대상이 되길 거부하는 우리들의 뜨거운 욕망"을 표현하는
것이라고 선언했다.

칠레의 헌법상 의회의 승인을 거쳐야 대통령직에 취임할
수 있었던 **아옌데**는, 미국의 노골적인 지원을 받는 지배 세력이
장악하고 있던 의회로부터 한참의 망설임을 견뎌야 했다. 그러나
정당한 선거에서 압승한 그를 부정할 수는 없었다. 1970년 10월 26일
마침내 **아옌데**가 대통령으로 추인된 뒤, 위원회는 '민중문화열차'를
이용해 다시 순회 전시를 시작했다. 이 벽 없는 미술관은 순회 문화
플랫폼으로서 톡톡한 구실을 했다. 민중문화열차에는 미술 작품뿐
아니라 라이브 공연, 영화 등이 함께했다. 한 번도 영화를 보거나
미술 작품을 보지 못했던 이들은 나들이옷을 입고 환호성을 지르며
몰려들었다. 그리고 이 과정에 참여한 작가들 역시 삶이 완전히
뒤바뀌는 경험을 맛보았다. 민중문화열차는 고급예술은 대중적일 수
없다는 흔한 믿음을 산산조각 냈다.

'연대미술관'이 윤곽을 드러낸 것도 이즈음이었다. 선거에
당선되었지만 자신들의 권력을 포기하지 않고 되찾으려 했던 구 지배

계급은 미국의 지원을 등에 업고 집요하고 잔혹한 반대 캠페인을 벌였다. 남미 전역으로 확산되었던 반공주의 프로파간다는 칠레에서 가장 극성을 떨어대기 시작했다. 외국의 주요 언론사들은 물론 칠레 전체의 주류 언론들이 곧 전체주의적인 공포의 시대가 다가올 것이라는 흑색선전에 여념 없었다. 작가들은 이렇게 궁지에 몰려가는 정권을 방어하기 위한 투쟁에 나섰다. 그들은 '진실 작전'이라는 캠페인을 조직했다. 그들은 지배 언론과 정당들이 퍼뜨리던 더러운 루머에 맞서기 위해 칠레 곳곳을 누비며 활동했다. 이를 위해 50명이 넘는 작가, 영화감독, 음악가, 시인, 성직자, 저널리스트 등이 해외에서 초청을 받았다. 그들은 자신의 눈으로 보고 직접 대중들과 대화를 나누며 얻은 지혜를 자신들의 세계에 알리게 될 것이었다. 그런데 뜻하지 않게 이 과정에서 새로운 미술관을 만들자는 아이디어가 튀어나왔다. 칠레의 혁명적인 투쟁을 지지하는 작가들로부터 기부를 받아 전에 없던 미술관을 만들자는 것이었다. 마침 비동맹운동의 사무국이자 **제3세계운동**의 요새로 간주되던 **유엔무역개발회의**가 칠레 산티아고에서 열릴 예정이었다. 아옌데는 이 아이디어에 즉각 지지를 보내고 **유엔무역개발회의**를 위해 신축되고 있던 건물을 새로운 미술관으로 사용하자고 제안했다.

그 결과 곧장 '국제예술연대위원회'가 조직되었다. 이를 이끈 이는 칠레에 망명 중이던 브라질 미술평론가 마리우 페드로자였다. **아옌데**는 제국주의로부터 해방되어 새로운 평등한 사회를 향해 나아가는 칠레에 대한 지지를 호소하며 전 세계의 작가들에게 작품을 기증하도록 부탁했다. 그렇게 해서 도착한 7백여 작품들은 남미 사회적 리얼리즘을 비롯해 앵포르멜, 추상표현주의, 개념주의적 작업에 이르기까지 다양한 형식을 망라하고 있었다. 그러나 이는 컬렉션을 구축하기 위한 절충적인 수집의 결과는 아니었다. 위원회는

'필수 선언'이란 것을 발표하며 자신들이 어떤 작품을 선택하며 어떤 미술관의 원칙을 견지하고자 하는지를 명료하게 주장했다. 새로운 미술관은 기존의 미술 체계, 나아가 저 멀리 외딴 곳에 자리 잡은 채 부를 집중하면서 예술 및 작가를 능멸했던 미술 제도를 거부했다. 연대미술관은 '미술관에 맞서는 미술관', '안티미술관'이 될 터였다. 그러나 이 벽 없는 미술관이 자신들이 수집한 작품들로 전시를 조직하며 마침내 새로운 미술관에 정착하기 전, 군사 쿠데타가 발발했다. 새로운 미술관을 창설하려던 실험은 무산되고 말았다. 인민연합과 관련한 무엇이든 없애고자 했던 군사 독재 정권은 큐비즘에 관한 책도 공산주의 쿠바를 연상시킨다며 불태워버렸다. 기증된 7백여 작품들도 뿔뿔이 흩어졌다. 그러나 망명길에 오른 칠레의 작가들, 그들과 기꺼이 연대한 작가들 및 문화예술계 인사들은 이 미술관의 이상을 지속하는 데 혼신을 다했다. 그리하여 불발로 그친 채 사라진 '연대미술관'을 대신해, '**살바도르 아옌데** 국제저항미술관'이 만들어졌다. 그리고 새롭게 수집한 작품들로 세계 전역에서 칠레의 군사독재에 저항하는 예술운동을 이어갔다.

    1972년 칠레 산티아고에서 개최된 유네스코 세미나에서는 오늘날 새롭게 부활한 미술관을 둘러싼 토론이 열띠게 펼쳐졌다. 미술관 노동자들은 문화적 재생과 정치적 해방을 연결시키는 새로운 유형의 '사회적 미술관' 혹은 '통합 미술관'에 관한 제안을 쏟아냈다. 그로부터 얼마 뒤 1979년 유고슬라비아 대통령 **티토**는 1979년 쿠바 아바나에서의 제6차 **비동맹운동회의**에서 "문화적 장에서의 탈식민화를 위한 결연한 투쟁"을 언급했다. 그것은 지적 시민주의와 문화적 종속으로부터 벗어나는 것이 탈식민의 중요한 의제 가운데 하나임을 역설하는 것이었다. 이는 단순히 **제3세계**를 이해의 대상으로 삼는 것이 아니라 발언하는 장소로서 만들어내는 것이었다. 그러나 새로운 미술관의 미래를 향한 모든 토론과 대화의 뒤꼍에는 '연대미술관'이 메아리처럼 주변을 맴돌고 있었음을 잊을 수 없을 것이다. 이 미술관은 오늘날의 타락한 미술관을 부정하며 '래디컬 뮤지엄'을 찾기를 요청하는 발언들이 귀 기울여야 하는 곳임은 두말할 나위 없다. 물론 연대미술관은 **제3세계** 프로젝트와 **비동맹운동**이 정치적 이상을 넘어 자신의 미학적 이상을 제출한 역사적 투쟁이었음을 상징한다는 것 역시 잊지 않고 밝혀두어야 할 것이다. (서동진)

참고문헌
- 서동진, 「남반구의 비엔날레는 새로운 삼 대륙 예술 인터내셔널을 만들 수 있을까?」, 『국립현대미술관 연구 2019: 초국가적 미술관』, 2019.
- María Berríos, 'Struggle as Culture': The Museum of Solidarity, 1971–73, *Afterall: A Journal of Art, Context and Enquiry*, Volume 44. 2017.
- Carla Macchiavello Cornejo, "Weaving Forms of Resistance: The Museo de la Solidaridad and The Museo Internacional de la Resistencia Salvador Allende," *Arts*, Vol.9 No. 1. 2020.

외채 위기
Debt crisis 外債危機

제3세계 프로젝트는 1970년대 후반까지 명맥을 유지할 수 있었다. 이렇게 버틸 수 있었던 가장 큰 힘은 초국적기업을 비롯한 외국 자본의 야욕과 그들을 보호한 권력의 지배에 완강히 대항할 수 있었기 때문이었다. 그러나 1980년대 초반에 이르며 상황은 급격히 달라지기 시작했다. 그렇게 시작된 과정은 아무런 되돌림도 단절도 없이 오늘에 이르고 있다. 무엇보다 채무 위기 탓에 **제3세계** 프로젝트는, 누군가의 말을 빌자면, 살해당하고 말았다. 유엔 초국적기업위원회는 **제3세계** 프로젝트와 **비동맹운동**이 힘을 발휘했던 30여 년 동안 초국적기업이 **제3세계** 나라들에 나쁜 짓을 하지 않도록 하는 행동 수칙을 정하는 데 전력했다. 그러나 채무 위기로 **제3세계** 프로젝트가 붕괴되자 그것은 낯빛을 완전히 바꾸었다. 그리고 자신의 활동 목표를 수정했다. 이제 이 기관은 초국적기업들의 고충을 들어주는 문제 해결사로 전락했다.

  채무 위기는 **제3세계** 프로젝트와 비동맹운동이 무너지는 데 결정적인 역할을 했다. 채무 위기는 멕시코에서 시작해 남미를 휩쓸고 나아가 동구권이 붕괴된 뒤에는 과거의 동유럽 나라들, 폴란드와 유고슬라비아, 루마니아를 덮쳤다. 결국 이 나라들은 국제통화기금과 채권자들이 요구한 **구조조정정책**을 받아들이지 않을 수 없도록 했다. 이른바 **신자유주의**적 구조 개혁이라 불리는 일들이 남반구를 장악하게 된 것이다. 이러한 채무 위기가 초래된 데에는 몇 가지 요인이 있다. 먼저 1970년대 북반구의 부유한 자본주의 나라들에 들이닥친 위기가 있었다. 급격하게 이윤율이 떨어지고 생산은 위축되었지만 적자 탓에 투자되지 못하고 쌓아놓은 달러와 석유 위기로 폭발적으로 늘어난 석유 달러들이 은행에 몰려들었다. 그리고 부유한 나라의 은행들은 이 돈을 **제3세계**에 광적으로 빌려주기 시작했다. 다음으로 미국의 새 대통령 로널드 레이건 그리고 영국의 수상 마가렛 대처와 같은 정치 지도자들이 복지 국가라는 허울을 벗어던지고 **신자유주의로의** 전환을 꾀했다는 점을 꼽을 수 있다. 이러한 전환을 뒷받침한 것은 미국 연방준비제도이사회의 의장이던 폴 볼커가 취한 조치였다. 그는 이자율을 급격히 올렸다. 그러자 미국에 투자하는 것이 유리하다 생각한 세계의 투자자들이 돈 보따리를 싸들고 미국으로 몰려들었다. 그러나 이러한 이자율의 상승은 **제3세계**의 나라들에겐 재앙이 되었다. 이들이 빌린 돈은 영국에서 은행 간 거래를 할 때 사용하는 금리인 리보(LIBOR) 금리 및 이자율에 연동되는 것이 일반적이었다. 얼마 전까지 4~5퍼센트였던 이자는 이제 16~18퍼센트가 되었다. 그리고 **제3세계** 정부들은 원금보다 3배가 넘는 액수를 갚아야 하는 처지가 되었다. 서로 가져다 쓰라고 빌려준 돈은 이제 자신의 목을 죄는 올가미가 된 셈이다.

  여기에 엎친 데 덮친 격으로 **제3세계** 나라들의 주요 수입원이었던 원자재와 농산물 가격이 급락했다. 빚을 갚기 위해 어쩔 수 없이 돈이 될 수 있는, 즉 달러와 같은 경화(硬貨)를 벌어들이려면 어쩔 수 없이 수출에 매진하는 수밖에 없다. 그러나 돈을 벌려 더 많은 상품을 시장에 내놓을수록 경쟁 탓에 가격은 더욱 떨어질 수밖에 없었다. 결국 **제3세계** 나라들은 악순환에 빠졌다. 빚은 늘어나는데 그 빚을 갚으려 생산을 하면 할수록 손에 쥐는 것은 줄어드는 상황에 갇혔던 것이다. 1982년 8월 멕시코는 더 이상 빚을 갚을 수 없다고 선언했다. 그 뒤를 아르헨티나와 브라질이 이었다. 이러한 외채 위기는 1990년대에도 지속되었다. 이번에는 동남아시아와 한국이었다. 물론 이러한 외채 위기의 물결은 여전히 계속되고 있다. 그러나 달라진 것도 있었다. 앞다투어 빚을 빌려주었다가 낭패를 겪은 미국의 거대 은행들을 위해 국제통화기금이 팔을 걷어붙이고 나섰다. 이 기관은 빚을 갚을 수 없게 된 나라에 구조조정 차관을 빌려주었다. 그들은 거대 민간은행들의 연합체인 '런던클럽'이나 빚을 준 나라들의 연합체인 '파리클럽'의 요구를 모두 들어주었다. 대마불사란 말처럼 절대 망하는 일 없이 거대 은행이나 보험사들은 자신들이 진 빚을 구제받을 수 있었고, 그런 구제 금융을 위해 차관을 얻어 쓴 나라들은 어쩔 수 없이 그 조건으로 굴욕적인 구조조정을 감내해야 했다.

결국 외채 위기는 이른바 구조조정을 강행하고 채권자들의 입맛에 맞게 빚을 진 나라의 경제 질서를 송두리째 바꾸는 구실이 되었다. **제3세계** 프로젝트는 이 직격탄을 맞고 비틀거렸다. **구조조정정책**의 기본은 보건, 교육, 사회의 기초적인 인프라에 쏟는 비용을 대폭 삭감하는 이른바 긴축 그리고 노동권을 제한하고 임시직, 계약직, 일용직과 같은 비정규직 노동을 정상적인 노동 형태로 만드는 규제 완화 또는 유연화 같은 것이라 할 수 있다. 이는 제3세계 민중들에겐 자연재해 못지않은 사회적 재난이었다. 그렇기 때문에 **구조조정정책**은 새로운 모습으로 부활한 식민주의라고 할 수 있다. 영토를 지배하거나 주권을 빼앗지 않아도 외채로 다른 나라를 통제하고 지배할 수 있도록 만든 것이 **구조조정정책**인 탓이다.

외채 위기에 따른 **구조조정정책**이 동반한 충격 조치는 다양하다. **구조조정정책**에는 언제나 긴축이란 이름으로 정부의 지출을 줄이도록 하는 것이 포함되어 있다. 이는 최소 소득이 없는 곳에서 먹고 사는 데 필수적인 식품이나 상품, 서비스 가격을 안정화시키던 정부의 역할을 중단시키는 것이었다. 그 때문에 **구조조정정책**이 실행된 나라들에서 끊임없이 식료품 가격의 폭등이나 석유 가격, 버스 요금이나 지하철

요금 인상 등에 항의하는 폭동이 일어날 수밖에 없었다. 1980년대 남미를 뒤덮은 잇단 식량 폭동은 이러한 외채 위기의 결과였다. 반둥 정신을 짓밟고 군사 쿠데타를 통해 정권을 장악하여 수십 년간 집권했던 인도네시아의 수하르토 정권도 결국 1998년 생필품 지원금이 폐지된 데 저항하는 국민들에 의해 독재를 마감해야 했다. 남부의 나라들이 채무 위기에서 벗어날 수 있는 유일한 길은 순수출을 늘려 외화를 벌어들이는 것이었다. 외화를 벌어들일 수 있다면 천연자원이든 노동 집약적 생산품이든 공공부문이든 상관없었다. 그 말고는 다른 길이 없었기 때문이다. 그것은 그 나라에 사는 대다수 민중들에겐 전연 이로울 게 없는 일이었다. 이들은 자신들이 먹지도 않는 수출용 농작물을 재배해야 했다. 자신이 먹지도 않는 밀을 재배하기 위해 옥수수나 수수 농사를 지을 수 없었다. 게다가 그들은 값싼 원자재를 수출할 뿐 그것은 부자 나라에서 가공되어 완제품이 된다. 그 제품에 담긴 부가가치는 고스란히 부자 나라 자본가들의 주머니 속으로 들어간다. 게다가 수출용 농작물 대량생산을 위해 삼림이나 습지 역시 대대적으로 파괴되고 있다. 2018년과 2019년 동남아 지역을 뒤덮은 연기는 인도네시아에서 팜유 생산을 위해 어마어마한 규모의 삼림을 불태웠기 때문이다. 전 세계에서 확산되는 토지 침식이나 생물의 종 다양성 파괴는 외채 위기가 만들어낸 부산물이 아닐 수 없다. 게다가 **구조조정정책**의 결과 없어지고 만 관세 장벽은 남부 나라들의 농민과 중소 자본가들을 벼랑 끝으로 내몬다. 상당한 보조금 지급을 통해 가격을 낮출 수 있고 관세 부담도 갖지 않게 된 미국과 유럽의 농산물이나 축산물은 이제 세계의 식탁에 오른다. 결국 자신들의 가족을 부양할 수 없게 된 농민들은 일자리를 찾아 도시로 몰려든다. 마이크 데이비스는 이렇게 도시로 몰려든 농민들이 거주하는 빈민촌이 폭발적으로 늘어나는 것을 두고,

지금의 세계는 '빈민굴 행성'(slum planet)이 되었다고 통탄하기도 했다. 브라질의 리우데자네이루를 뒤덮은 거대한 빈민가인 파벨라(favela)를 비롯해 빈민가는 남부의 모든 도시를 뒤덮고 있다. 외채 위기에서 비롯된 **신자유주의적** 세계화라는 이름의 저주가 인류의 삶을 송두리째 짓밟아왔던 것이다. (서동진)

요지프 브로즈 티토

Јосип Броз Тито Josip Broz Tito

구 유고슬라비아의 대통령이자 비동맹운동의 주역인 티토(1892~ 1980)는 1892년 크로아티아에서 크로아티아인 아버지와 슬로베니아인 어머니에게 태어났다. 본명은 요지프 브로즈이며, 티토는 공산주의자로 활동하던 시절 사용하던 가명이다. 초등학교를 졸업한 후 기술공으로 유럽 여러 지역을 떠돌다가 1차 세계대전이 발발하자 오스트리아군으로 징집돼 참전했다. 1915년 러시아군에 사로잡혀 포로수용소에 있는 사이 러시아혁명을 목격하고 볼셰비키들과 교류했다. 고향에 돌아와 사회민주당에 가입하고 각지에서 파업을 조직하다가 체포와 투옥을 거듭했다. 스페인 내전이 벌어지자 주로 발칸 지역 출신으로 구성된 국제 부대인 디미트로프 부대를 이끌었다. 그러나 정작 본인은 이 사실을 부정했다. 1937년에는 유고슬라비아 공산당 서기장 대행을 맡았고 2년 후 정식 서기장이 되었다.

    2차 세계대전이 발발하고 1942년 나치 독일과 이탈리아군이 유고슬라비아를 점령하자 파르티잔을 조직해 투쟁하면서 영국과 소련 사이에서 유고슬라비아 공산당의 입지를 굳혔다. 양국에 도움을 청하고 지원을 받는 동시에 어느 쪽의 간섭도 교묘하게 무력화하는 식으로 티토는 종전 후 유고슬라비아사회주의연방공화국을 세울 수 있었다. 그러나 위성국이 되기를 거부하는 유고슬라비아에 대한 소련의 불만과 파르티잔 시기 제대로 지원해주지 않은 소련에 대한 티토의 불만이 충돌하면서, 1948년 유고슬라비아는 코민포름에서 영구 제명되었다. 이런 상황에서 미군 비행기가 유고슬라비아 영공을 여러 차례 침범하며 양쪽에서 압력을 받자 티토는 제3의 길을 찾아 **제3세계**로 눈을 돌리기 시작했다. "부르주아 자본주의의 횡포도 싫지만 스탈린과 소련의 만행에도 눈을 감을 수가 없다. 그렇다고 공산주의까지 포기할 수는 없다."

그는 1954년에는 인도, 1955년에는 이집트를 차례로 방문해 새로운 연대의 가능성을 타진해보았다. 이집트와 버마에 무기를 보내고 카이로의 **알제리 민족해방전선**과 접촉해 가능한 모든 지원을 퍼부었다. 1956년 7월에는 나세르와 **네루**를 유고슬라비아의 브리주니로 초청해 **비동맹운동**과 평화 공존을 구상했다. 브리주니 회담의 구상 중 하나는 동서 어느 진영에도 속하기를 원치 않는 신생국들을 한 자리에 모으는 것이었고, 마침내 1961년 유고슬라비아의 수도 베오그라드에서 21개국이 참여한 가운데 첫 **비동맹운동** 정상회의가 열렸다. 그 후로도 늘 티토는 **제3세계**와 **비동맹운동**을 이끈 주역이었다.

국내에서 티토는 보스니아헤르체고비나, 크로아티아, 마케도니아, 몬테네그로, 세르비아, 슬로베니아의 3종교-4민족-6공화국이 한 국가를 이룬 유고슬라비아를 하나의 국민국가로 만들어가는 거대한 프로젝트를 추진했다. '형제애와 통일'을 내세워 유고 연방 안에서 민족 간 충돌을 억제하고 공화국 간의 이주를 장려해 새로운 민족을 창출해내고자 했다. 코소보에 자치를 허용하고, 상대적으로 낙후한 보스니아 발전을 위해 사라예보로 수도 이전을 추진하는 등 균형 발전과 갈등 완화를 위해 다각도로 노력하기도 했다. 1980년 티토가 죽고 1980년대 말 **냉전**이 종식되자 유고슬라비아는 해체되고 7개 나라로 분리되었다. 동시에 1990년대 초 인종 청소를 비롯한 극심한 내전에 시달린 것을 보면 유고슬라비아 프로젝트가 얼마나 아슬아슬한 정치적 프로젝트였으며 티토가 얼마나 빼어난 정치력을 발휘했는지 반증해주기도 한다.

티토는 1974년 신헌법을 제정해 종신 대통령 지위를 얻었다. 그리고 반대파는 가차 없이 숙청했으며 종교 특히 가톨릭과 반목했다. 그러나 1980년 지병으로 죽는 날까지 전 국가적 존경을 잃지 않았다. 그의 장례식은 전 세계에서 가장 많은 정치인이 조문을 온 장례식으로 기록되기도 했다. 한 평전은 티토의 장례를 이렇게 기록한다.

> 카터 대통령은 "미국은 유고슬라비아의 중립 정책을 지지할 것이며 세계 정치 무대에 우뚝 섰던 티토 대통령의 서거를 애도한다"라는 메시지를 전했고, 영국의 대처 수상은 "제2차 세계대전 당시 영국의 든든한 지원자였던 티토 대통령의 운명에 슬픔을 금할 수 없다"라는 애도문을 읽었다. 한때는 티토를 부셔버리기 위해 맹공을 퍼부었던 독일과 소련의 지도자들도 티토의 영혼이 편안하게 잠들기를 빌었다. 헬무트 슈미트 서독 수상은 "티토야말로 유고슬라비아의 독립을 지켜낸 위대한 전사"였다고 극찬했으며, 소련의 언론은 "위대한 지도자"라고 치켜세웠다.

(박소현)

참고문헌
- 재스퍼 리들리, 『티토』, 유경찬 옮김, 을유문화사, 2003.

우누
ဦးနု U Nu

미얀마의 독립운동가이자 정치인으로, 버마공화국의 초대 총리를 역임한 우누(1907~1995)는 1907년 영국령 버마의 미아웅미야에서 태어났다. 랑군대학교 재학 중 아웅산을 만나 정치 인생을 시작했다. 우누는 총학생회 회장이고 아웅산은 학생회 기관지『오웨』(Oway, '공작의 울음'이란 뜻이며 공작은 미얀마의 상징) 편집장으로 활동했는데, 기관지에 실린 글이 문제가 되어 우누는 퇴교당한다. 이 일로 랑군대학교 학생들이 수업 거부를 벌이기도 한다. 학교를 떠난 우누와 아웅산은 **민족주의** 계열 단체 도버마어씨어용에 가입하는 한편 마르크스주의 서적을 버마어로 번역해 읽는 독서클럽을 운영하기도 했다. 1940년대에는 후일 사회당이 되는 인민혁명당을 조직하고, 나중에 반파시스트국민자주연합(Anti-Fascist People's Freedom Leagus, AFPFL)이 되는 반파시스트 기구에도 동참했다.

1942년 일본이 버마를 점령하자 버마의 **민족주의자**들은 일본과 밀월 기간을 가졌다. '아시아인의 아시아'를 내세우는 일본이 버마에 진정한 독립을 보장할 수 있을지 반신반의하며 버마 **독립**을 선포한 것이다. 우누는 일본 점령 하의 버모 정권에서 외교부 장관 등 각료를 맡았고, 아웅산은 버마방위군의 사령관이 되었다. 그러나 우누는 1945년 초 아웅산이 일본과 결별하고 연합군에 소속되어 일본군에 맞서 싸울 때 동참하지 않았다. 일본군과 함께 후퇴하다 공격을 받아 간신히 살아남은 후에는 잠시 정치 일선에서 물러나기도 했다. 그러나 1947년 7월 아웅산이 암살당하자, AFPFL 대표직을 승계받아 독립합의서에 서명하고 1948년 1월 버마 **독립** 후 초대 총리가 되었다.

우누의 버마사회주의연방공화국이 당면한 최대 과제는 불교사회주의 건설과 불교의 국교화 문제였다. 미얀마의 건국 영웅 아웅산이 신앙의 자유가 보장되는 세속 국가를 지지한데 반해, 우누는 불교를 국교로 삼아야 한다는 입장이었다. 동시에 불교, 사회주의, 민족주의를 통합한 불교사회주의를 주창했다. 그는 1930년대에 이미「나는 마르크스주의자다」란 글에서 "굶주리며 하루하루 생존을 위해 투쟁하는 사람들이 어떻게 종교를 가질 수 있는가"라고 물었다. 독립 이후에는 식민 지배로 인한 대립과 혼란을 불교를 통해 바로잡아야 한다고 보고 사회주의를 불교적 입장에서 수용하고자 애썼다. 그에게는 "마르크스주의 활동은 중생을 구제하기 위해 영겁을 고통받아온 부처님의 공덕에 보답하는 길이 될 수" 있을 만큼 불교와 사회주의에는 공통점이 많았다. 경제적 불평등을 최소화하고 욕망을 절제하며 명상과 휴식을 통해 인민/중생이 해탈을 이루어야 한다고 주장했다. 독일 태생의 영국 경제학자 E. F. 슈마허가 우누의 경제 자문이었으며, 슈마허는 버마에서의 경험을 바탕으로『작은 것이 아름답다』를 썼다. 이 책에서 슈마허는 우누가 지향하는 경제를 불교 경제라고 명명했다. 또한 우누는 **제3세계** 세력화에 적극적이었으며 "분할된 세계에서는 차이를 논할 공동의 장이 더 절실"하며 그런 까닭에 "유엔이 없었다면 비슷한 것을 만들기 위해 열성적으로 노력했을 것"이라고 밝히기도 했다. (박소현)

원조
Aid 援助

1973년 『신동아』 6월호에 경제학자 박현채가 쓴 「쌀의 반세기 쌀 문제의 성격변화에서 본 국민경제」란 글이 실렸다. 그 글은 이렇게 시작된다. "쌀의 역사는 쌀을 주식으로 하는 민족에게는 이미 어떤 의미에서 민족사 바로 그것이다." 이 글에서 그가 날카롭게 던진 물음은 다름 아닌 원조에 관한 것이었다. 이는 당시 미국의 원조가 초래한 국민 경제의 왜곡에 대한 어느 진보적 경제학자가 던진 쓰라린 비판이었다. 그는 대다수 국민이 농업에 종사했던 상황에서 미국의 원조가 국민 경제에 어떤 해악을 끼쳤는지 분석하고자 했다. 그는 이렇게 쓰고 있다.

> 오늘날 쌀 문제를 심각하게 만들어버린 정책 방향은 외부적 요인에 의해 밑받침되고 있었다. 그것은 바로 미국 잉여 농산물이다. PL 480호에 의해 제공된 미국의 잉여 농산물 원조는 원조 자체가 의도하는 미국 농산물 시장의 확대를 위한 선행 투자로서의 무상 원조의 제공이 저농산물 가격 정책의 강행을 위한 물적 기초를 제공하는 것으로 되어버렸다.

말인즉슨 한국은 부족한 식량을 외국 원조에 의지하는 바람에 농업과 공업 간에 불균등 성장을 격화시킴으로써 농업을 희생시키고 대다수의 농민이 도시로 이주하여 노동자가 되게 하였다는 것이다.

이는 나아가 공업에 필요한 농산물을 공급할 수 있는 능력을 파괴하여 농업과 공업 사이에 있어야 할 연관을 무너뜨렸다. 또한 먹거리를 수입에 의존하게 되면서 스스로의 생산에 따르지 않는 탓에 언제나 해외 농산물 시장의 상태에 심각하게 의지할 수밖에 없도록 만들었다. 미국은 인도주의적 원조를 하는 양 거드름을 피우면서 밀가루와 탈지분유 같은 자국의 잉여 농산물을 처분했다. 그리고 현지 통화로 구매 대금을 적립하게 하여 그 돈으로 미국의 무기를 구입하고 군대를 현대화하는 데 지출하도록 하였다. 아무튼 미국의 원조는 한국 경제가 끈질기게 외국 자본에 종속되도록 만들고 말았다. 박현채의 걱정은 결국 현실이 되었다. 2010년 한국은 미국산 농산물 수입액이 53억769만 달러였다. 한국은 세계에서 6번째로 미국 농산물을 많이 수입하는 나라였다. 이는 한국이 국민 먹거리의 상당 부분을 외국의 기업 농업의 농업 상품에 의지하는 처지가 되었음을 가리킨다. 그러나 이는 단지 한국에 국한된 일은 아니다. 그것은 **제3세계**에 속한 나라들이 공통적으로 겪어야 했던 일이기도 하다.

  제2차 세계대전이 끝난 직후 미국은 전쟁으로 파괴된 유럽을 복구하기 위하여 마셜플랜을 통해 원조를 제공했다. 이는 유럽 지역에서 확산되고 있던 제2세계의 흐름, 훗날 동구권으로 알려진 나라들에서 현실사회주의가 확대되는 것이 두려웠기 때문이었다. 미국은 원조를 통해 신속하게 유럽 자본주의를 복원함으로써 '공산주의의 위협'을 차단하는 보루를 만들고자 했다. 그러나 원조를 제공하는 과정에서 여러 가지 혼선이 빚어졌다. 그리하여 케네디 정권은 미국의 원조 관리를 체계화하고 개선시킴은 물론 이른바 발전국가들이 필요로 하는 원조에 보다 큰 관심을 기울이는 기구를 만들었다. 그것이 국제개발처(AID)였다. 1961년 11월 케네디 대통령은 ICA(국제협력국)와 DLF(개발차관기금)를 통합하여 국제개발기구를 발족시켰다. 케네디 정권이 특히 관심을 기울인 것은 '평화를 위한 식량'(Food for Peace)라는 것이었다. 일찍이 아이젠하워 대통령은 1954년 농업 무역 개발 및 원조 법(The Agricultural Trade Development and Assistance Act)을 제정하여 자연 재난이나 전쟁으로 인해 식량 부족을 겪는 나라들에 제공할 수 있도록 하였다. '공법(Public Law)-480' 또는 '평화를 위한 식량'이라 알려진 이 법안이 겨냥한 주된 목표는 미국의 잉여 농산물을 줄이자는 게 목적이었다. 케네디는 평화를 위한 식량을 보다 적극적인 외교 수단으로 활용하고자 했다. 그것은 녹색혁명에 대한 관심에서 엿보이듯이 **제3세계** 나라들에서의 '적색혁명'을 막으려는 것이었다.

앞서 말했듯 원조가 모든 나라에 골고루 베풀어진 것은 아니다. 원조가 몰린 곳은 한국, 이스라엘, 터키, 이란, 남베트남, 필리핀, 타이, 라오스처럼 요충 지역에 있는 나라들이었다. 그 나라들은 '자유세계'의 울타리를 지키고 소련을 비롯한 사회주의권에 기울지 않도록 하는데 특별히 주의를 기울일 대상이었다. 따라서 **신자유주의적 세계화의** 물결로 인해 원조가 휩쓸려 들기 전까지 원조는 처음부터 끝까지 냉전의 원리를 따르는 것이었다. 소련 역시 원조를 제공하기 시작했다. 이를테면 1960년대에 소련은 30여 개 나라에 수출신용보증을 제공해 자신들의 통화나 전통적인 수출 형태로 빌린 돈을 갚도록 했다. 이런 도움으로 큰 혜택을 입은 나라들은 인도네시아와 인도 같은 나라들이었는데, 이들 나라는 중앙 계획 경제나 소유권 공개념 같은 사회주의적 개발 전략을 취하는 데 이러한 원조를 활용했다.

그러나 미국을 중심으로 한 식량 원조의 사례에서 볼 수 있듯이, 원조는 **제3세계**에 속한 나라들을 더욱 심한 빈곤으로 몰아넣었다. 1978년 미국이 세계에 수출하는 밀의 4분의 3 이상은 이제 **제3세계**에 수출되었다. 그 사이에 **제3세계** 나라들은 값싼 원조 식량을 이용해

산업화에 필요한 도시 인구들에게 먹거리를 제공했고 이러한 값싼 먹거리 가격은 자본가들이 보다 낮은 임금을 지불할 수 있는 조건을 만들어주었다. 그 사이에 소농을 중심으로 한 농업은 붕괴되었고 **제3세계**의 사람들은 농사를 지어 얻은 음식이 아니라 월급을 받고 사먹는 음식을 먹고 살게 되었다. 이제 사람들은 **제3세계** 사람들은 쌀이나 옥수수보다 밀을 많이 먹기 시작했다. 결국 원조는 미국산 곡물의 상업용 판매 시장을 만들어내기 위한 장기적인 포석이었던 셈이다. (서동진)

↑ 1958년 우즈베키스탄 타슈켄트에서 열린 제1회 아시아아프리카작가회의
↗ 아시아아프리카작가협회 카이로사무국이 영어, 프랑스어, 아랍어로 발행해
  아시아와 아프리카 문학을 소개한 기관지 『로터스』

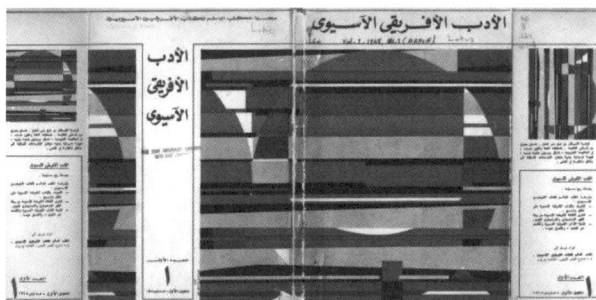

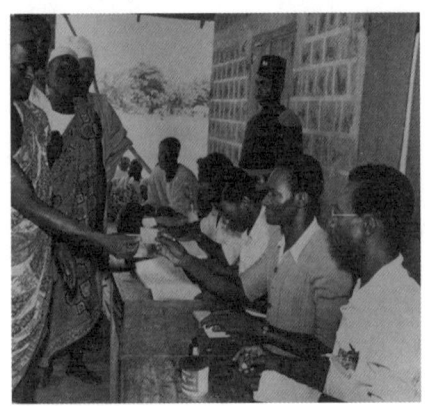

↑↑ 가나 독립 한달 전인 1957년 1월 초대 총리 은쿠루마(가운데)와 가나 초대 내각 구성원 British Infomation Service
↑ 1957년 1월 골드코스트 북부지역 유권자들이 투표소에서 투표용지를 받고 있다 UK National Archives
↗ 독립을 요구하는 피켓을 든 탕가니카 여성들 UK National Archives

↑ 1961년 탕가니카. "1961년 완전독립"을 요구하는 피켓을 든 줄리어스 니에레레
   UK National Archives
↗ 1961년 내 탄자니아 독립이 확정되자 환호하는 군중

↑ 1956년 10월 프랑스 식민당국에 체포되어 취조를 받는 벤 벨라. 프랑스 당국은 벤 벨라가 탄 비행기를 납치해 체포한 후 1962년까지 풀어주지 않았다. 벤 벨라는 1945년 세티프 학살을 계기로 정치에 입문해 알제리 민족해방전선을 결성하고 독립 후 알제리의 첫 대통령이 되었다.

↗ 산악지대에서 활동하는 알제리 민족해방전선 소속 전투원들

↑ 1961년 고향인 크로아티아의 쿰로벡(Kumrovec) 기차역에서 티토
↗ 1955년 반둥회의에 참석한 우누

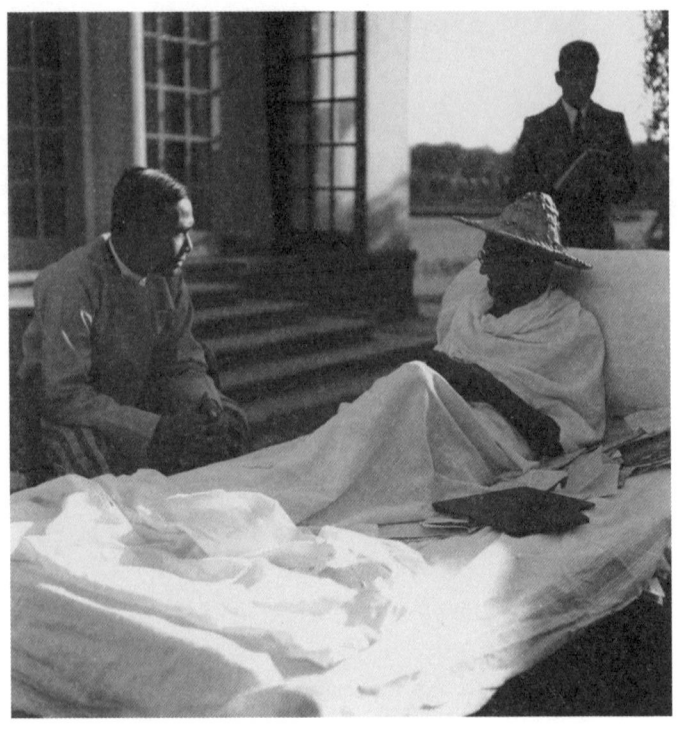

↑ 1947년 델리의 비를라하우스(Birla House)에서 간디와 만나는 우누

월터 로드니

Walter Rodney

제3세계 프로젝트와 **비동맹운동**은 **민족주의**적이었지만 동시에 국제주의적이었다. 1955년 **반둥회의**에 모인 29개 나라의 아시아, 아프리카 대표들은 각 나라의 대표이면서 동시에 **비동맹운동**의 대표이자 **제3세계** 프로젝트의 대표였다. 그들은 **제3세계**라는 상상된 국제적 공동체, 민중들의 공화국의 대표였다. 아니 그러하여야 했다. 이들은 글로벌 거버넌스(global governance)를 버릇처럼 읊어대는 오늘날의 어떤 기관이나 인물보다 더 뼛속깊이 글로벌하게 행동하고 생각했다. 민족이라는 상상된 공동체를 변화시키고자 하는 꿈은 같은 꿈을 꾸는 다른 민족과의 연대를 요청했다. 이러한 원칙은 진정한 **제3세계주의자**들에게는 절대로 피할 수 없는 방침이었다. 그 탓에 그들은 범아프리카주의, 범남미주의를 내세웠다. 특히나 월터 로드니(1942~1980)의 삶을 돌이켜본다면 **제3세계주의**가 국제주의라는 것을 새삼스레 확인할 수밖에 없을 것이다. 그는 어느 나라에도 속하지 않으면서도 또한 모든 나라에 속한 채, 억압받는 자들의 해방을 위한 투쟁과 함께한 동지였다. 그렇기 때문에 그는 **제3세계**라는 세계의 화신이라 간주해도 지나치지 않을 것이다.

월터 로드니는 1942년 영국령 가이아나의 조지타운에서 태어났다. 장학금을 받고 조지타운의 퀸즈대학에 입학했던 로드니는 입학한 해인 1953년 가이아나에서 이뤄진 최초의 총선에서 민중진보당을 지지하는 전단지를 배포하면서 첫 정치적 경험을 쌓았다. 한국전쟁과 함께 본격적인 냉전 질서가 고개를 들이밀던 그때, 영국은 미국과 미국 다국적기업의 지지를 등에 업고 마르크스주의 정당인 민중진보당의 선거 승리를 무효화하고 군대를 파견했다.

명분인즉슨 공산주의 위협으로부터 나라를 지키겠다는 것이었다.
1960년 로드니는 서인도대학교에 진학했다. 이때부터 그는 카리브해 지역에서 벌어진 미국의 헤게모니에 맞서 서인도연맹을 결성하려는, 결국 사산되고만 프로젝트에 적극 가담했다. 그리고 이 운동의 학생 대표로 구소련과 쿠바를 여행하면서 마르크스주의와 반제국주의 관련 책을 잔뜩 가지고 돌아왔지만 자메이카 세관에서 모두 압류당하고 말았다.

1963년 로드니는 런던대학교 동양아프리카대(SOAS)에 적을 두게 된다. 여기에서 그는 로마의 바티칸 문서고, 스페인과 포르투갈의 문서고 등을 뒤지면서 식민주의 지배의 역사에 관한 자료들을 탐독한다. 이즈음에 그는 **아밀카르 카브랄**이 이끌던 포르투갈 식민지에서의 민족해방투쟁을 접한다. 그리고 마침내 그는 아프리카 사회에서 노예 무역에 관한 논쟁을 촉발한 박사학위 논문을 제출한다. 그리고 영국에 유학한 학생들이 흔히 따르는 경력, 그러니까 영국에서 배운 식민주의적 지식을 전파하기 위해 자신의 고향으로 돌아가던 카리브해 출신 유학생들의 길을 마다한다. 그가 가기로 택한 곳은 아프리카였다. 그는 **니에레레**가 아루샤 선언을 발표하면서 아프리카 사회주의를 향한 실험을 실행하던 탄자니아의 다르에스살람대학교에 적을 두었다. 탄자니아에서의 급진적 전환을 목격하면서 로드니는 아프리카 역사를 새롭게 이해하기 위한 여정에 들어선다. 그러나 로드니는 지식인이면서 동시에 투사였다. 그는 과거 자체를 이해하는 데 그치는 것이 아닌 현재의 사회를 변혁하는 것이야말로 지식의 목적이라고 믿었다. 그리하여 그의 역사 연구는 영광으로 가득한 왕과 여왕들의 역사가 아닌 민중의 역사이자 사회의 역사로서의 식민주의 역사를 개척했다.

1978년 로드니는 자신의 가족들과 함께 자메이카로 귀환한다.

훗날 레게 뮤직의 젖줄이 될 자메이카의 아프리카적 기원을 향한 문화적, 종교적 흐름인 라스타파리아를 비롯하여 다양한 사회운동과 접촉하면서 자신의 활동을 계속한 로드니는 결국 자메이카 정부로부터 활동을 금지당하게 된다. 몬트리올에서 열린 흑인 작가회의에 참가한 틈을 타서 노린 급습이었다. 그리고 1968년 10월 16일, 그가 몬트리올 발 비행기에서 돌아오다 같은 비행기로 되돌아가야 했다는 기사가 나오자 킹스턴에서는 시위가 터져 나왔다. 그와 함께 공부했거나 그를 지지했던 학생과 지식인들의 시위에 더해 버스값 인상과 생활 조건의 악화에 분노한 시민들의 시위가 가세했다. 이른바 '로드니 폭동'이 발발했던 것이다. 그리고 이 폭동을 전후해 자메이카의 반식민주의적 문화는 현저한 변화를 겪게 되었다. 이른바 아프리카카리브해 문화가 격렬히 분출한 것이다. 이는 레게 뮤직을 비롯해 문학과 미술에 큰 영향을 미쳤다. 이는 로드니가 대륙을 횡단하는 범아프리카주의의 아이콘이 되었음을 알려주는 증거이기도 했다. 그는 1960년대 후반 절정을 이루었던 라스타파리 운동, 범아프리카주의, 그리고 블랙 파워를 망라하는 아프리카계 반제국주의, 탈식민운동을 상징했다. 이때 로드니는 서구에서 벌어지는 혁명적 열기와 연대하려는 의지를 고수했다. 그는 인종주의에서 벗어나 계급을 강조하면서 **제3세계**에서 벌어지는 투쟁에 기꺼이 연대하고자 하는 서구의 혁명적 운동에 대하여 손을 뻗길 주저하지 않았다. 이 때문에 그는 보기 드문 **제3세계** 국제주의자로서 모두에게 기억되었다.

자메이카로 돌아가지 못하게 된 로드니가 자신의 정착지로 삼은 곳은 탄자니아였다. 그는 그곳에서 베트남과 쿠바에서 온 이들과 교류하면서 **제3세계** 반식민주의 투쟁에 관련된 수두룩한 쟁점들과 관련해 논쟁하길 주저하지 않았다. 이런 탓에 그는 종속이론이나 세계 체제론을 아프리카의 역사에 대한 이해에 적극 끌어들였다. 그러한 그의 지적 노고가 집적된 것이 1972년 다르에스살람에서 출판된 유명한 『유럽은 어떻게 아프리카를 저발전시켰는가』(1972)란 저서였다. 아프리카의 발전은 국제 자본주의 체제와의 단절을 통해서만 가능하다는 주장은, 아프리카 경제 개발 및 계획 연구소를 이끈 마르크스주의 경제학자 사미르 아민이 역설했던 "연결고리 끊기"(de-linking)와 공명하는 것이었다. 이 책에서 그는 아프리카의 신식민주의적 엘리트와 지역의 매판 부르주아지 사이의 동맹을 힐난하며 이들이 아프리카 민중들이 자신의 운명을 통제할 수 있는 기회를 박탈하는 경제 발전 정책을 받아들였다고 고발했다. 그는 독립이라는 것에 열광하지 않으면서 그것이 어떻게 재식민화를 낳게 되었는지를 면밀히 살폈다. 이 과정에서 로드니는 로스토우의 경제 성장 단계론을 신랄하게 부정하면서 유럽의 식민주의적 개입이 아프리카의 빈곤과 저발전을 낳은 주범임을 거침없이 폭로했다. 그리고 지금도 이 책은 식민주의에 맞서 싸우려는 이들에겐 더할 나위 없는 교과서이다. 이러한 그의 영향은 '다르에스살람 역사학파'를 낳으며 다르에스살람대학교를 제3세계 이론의 요람으로 만들었다.

 1974년 자신의 고향인 가이아나로 귀국한 로드니는 조지타운대학교에서 역사학과 교수 직위를 얻으려다 좌절당하고 만다. 그가 불온한 정치적 견해를 가졌다는 당국의 결정 때문이었다. 여러 곳에서 그에 대한 항의가 빗발쳤지만 결정을 뒤집을 수는 없었다. 로드니는 이에 굴하지 않았다. 대학에서 자리를 얻지 못한 대신 그는 가이아나의 역사에 대한 연구에 몰두하면서 다종족 정당인 근로인민연합의 주역이 되었다. 그의 이러한 활동은 훗날 볼리비아, 에콰도르, 콜롬비아, 페루, 나아가 멕시코의 사파티스타운동을 비롯한 다양한 반식민주의 투쟁의 영감을 제공했다는 평가를 받았다.

1979년 그는 공공건물 방화 혐의로 기소되었다. 그는 정치범 지위를 얻어 석방될 수 있었지만 재판이 열리기 전까지 나라를 떠나는 것이 금지되었다, 그러나 다음 해인 1980년 그는 마침내 **독립**을 달성한 짐바브웨의 대통령 무가베의 초청으로 그 나라를 찾는다. 그리고 그곳에서 제안받은 교수직을 거절하고 돌아온 뒤 그는 가이아나에서 폭탄 폭발로 세상을 떠나고야 만다. 흑인들의 세계를 종주하면서 반식민주의 투쟁에 삶을 바친 로드니는 제국주의 지배에 맞서 투쟁한 지식인으로서의 삶을 마침내 마감하게 되었다. (서동진)

유엔무역개발회의
United Nations Conference on Trade and Development
國際聯合 貿易開發會議

1944년 아바나, 여러 나라의 경제 관료들이 모여들었다. 그들은 20세기 후반 세계 경제에서 결정적 역할을 하게 될 협정을 체결하게 된다. 그것은 흔히 GATT로 줄여 부르는 '관세 및 무역에 관한 일반 협정'을 말한다. 이 협정은 회원국들 사이에서 자유 무역을 가로막는 장벽을 낮추고 감시하는 활동을 하고자 만들어진 것이었다. 1945년 탈식민화를 위해 투쟁하면서 독립을 쟁취한 많은 **제3세계** 나라들은 자신들의 민족 경제를 발전시키기 위해 식민주의가 남긴 유산을 해결해야 했다. 그 가운데 하나는 바로 과거의 식민주의 종주국들로 이뤄진 제1세계와 **제3세계** 나라들 사이에서의 불리한 교역 조건을 개선하는 것이었다. 자유로운 무역은 모두에게 이로울 것이라고 공언하면서 만들어진 GATT는 단지 선진 산업 국가들에게 이로운 무역 조건만을 강요하는 기관일뿐이었다. **제3세계**는 이에 대항하기 위해 자신들의 기관을 만들고자 노력했다. 그 결실이 바로 유엔무역개발회의였다. 이 기관의 수장은 **라울 프레비시**가 맡게 되었다. 물론 그는 이미 **종속이론**의 아버지로 많은 이들에게 잘 알려져 있는 상태였다. 그는 급진적인 경제학자는 아니었지만 남미 국가들의 저발전 문제가 그들이 전통에 얽매여 있기 때문도 아니고 국내 정치의 문제 탓도 아닌 바로 오랜 식민주의로부터 비롯된 경제 종속의 결과란 점을 밝힘으로써, 유엔에서 남미의 처지를 개선하고자 이미 상당한 노력을 기울여온 터였다.

유엔무역개발회의는 반둥 정신에서 비롯된 **비동맹운동**과 **제3세계** 프로젝트가 낳은 기관이라 할 수 있다. 그런 점에서 이 기관이 **제3세계** 프로젝트의 경제적 무기라는 데 다들 의견을 같이한다. 이는 프레비시가 시장에 대한 음모라고 비난했던 GATT와 **브레튼우즈** 기관들에 맞설 수 있는 **제3세계** 나라들의 보루였다. 이 기관을 통해 만들어진 **77그룹**은 G7으로 대표되는 서구 선진국들과 협상에 나서게 되었다. 그것은 보다 공정한 세계 무역과 통화, 금융 질서를 수립하자는 것이었다. 이는 마침내 1973년 유엔 총회에서 통과된 **신국제경제질서** 결의안으로 결실을 맺었다. **비동맹운동**과 **제3세계** 프로젝트가 정점에 이른 때였다. 그러나 유엔무역개발회의는 엄연한 유엔 기구였다. **비동맹운동**과 **제3세계** 프로젝트의 목소리가 대표되자면 세 개의 세계가 함께하는 유엔이 그런 세계들을 위한 플랫폼이 되어야만 했다. 관건은 영구 회원으로 이뤄진 안전보장이사회의 권한을 줄이고 숱한 신생**독립**국들로 회원이 늘어나게 된 유엔 총회의 역할을 키워야 했다. 이는 이미 1970년 잠비아의 루사카에서 개최된 제3차 **비동맹운동**회의에서 거론된 것이었다. 이 자리에서 **비동맹운동**을 이끌던 **제3세계** 대표들은 세계 경제 체제를 구조적으로 바꿔야만 하며 이를 위해 유엔의 구조 역시 바꿔야 한다고 역설했다. 그리고 훗날 **신국제경제질서**로 구체화될 주제들에 관해서도 의견을 제시했다. 유엔 총회에서 압도적 다수를 이루고 있었던 **제3세계** 나라들이 유엔을 움직일 수 있는 시험대 구실을 한 것은 유엔무역개발회의가 제안했던 '국가경제권리의무헌장'이었다. 1974년 12월에 채택된 이 헌장에 찬성표는 120이었고 반대표는 6이었다. 반대표를 던진 나라는 미국, 영국, 서독, 덴마크, 벨기에 그리고 룩셈부르크였다. 이는 **신국제경제질서**가 마침내 세계 모두의 지지를 받는 프로그램이 되었음을 입증했다. 이미 1973년 **비동맹운동**은 신국제경제질서에 대한 지지를 선언했다. 그리고 이제 유엔의 차례였다. 국가경제권리의무헌장의 핵심 내용은 외국인 자산의 국유화 인정, 1차 산품 카르텔 결성, 다자간 상품 조약 체결 등, 거의 모든 면에서 신국제경제질서의 내용을 수용하고 있었다. **제3세계** 프로젝트가 마침내 세상을 움직이는 시대가 도착한 듯이 보였다.

유엔무역개발회의는 국제 무역을 지배하는 다자간 법적 수단을 조정하는 기관으로서 구실했다. **신국제경제질서**가 모색했던 가장 큰 목표 가운데 하나였던 1차 산품의 가격 안정화였다. 1차 산품의 가격은 언제나 불안정했고 이를 수출해 먹고 살아야 했던 많은 **제3세계** 나라들에게서 이는 아주 심각한 문제였기 때문이다. 마침 석유수출국기구를 통한 1차 산품 카르텔이 만들어졌고 이는 1970년대에 금수 조치를 포함한 가격 인상을 통해 **제3세계** 나라들의 경제적 위력을 보여주었다. 이제 다른 1차 산품 분야에서도 카르텔을 형성할 수 있다는 자신감이 생길 법도 했다. 유엔무역개발회의는 고무(1979), 코코아(1980), 주석(1981)에 관한 협약안을 만들어내는 데 성공했다. 그러나 이는 보다 광범한 1차 산품으로 확대되지 못했다. 이 기관이 밝힌 바에 따르면, 1980년까지 발전도상국 115개국 가운데 절반 이상이 한 수출 상품에 의지한 채 살아가고 있었다. 그 가운데 첫 번째는 당연히 석유였다. 그러나 석유를 제외한 어떤 강력한 카르텔이 만들어지기는 어려웠다. **프레비시**와 유엔무역개발회의가 각고의 노력을 기울인 끝에 몇 가지 상품 카르텔이 만들어졌을 뿐이다. 가격을 안정시키기 위해 완충 재고를 마련하려면 돈이 필요했다. 그러나 이 기관은 그런 돈을 마련할 능력이 없었다. 자신의 석유 달러로 이를 도울 수도 있었을 산유국들은 인색하게 굴기만 했다.

1980년대에 접어들며 사정은 더욱 나빠졌다. **브레튼우즈**

기관들은 많은 **제3세계** 나라들의 외채 위기를 거치면서 자신들의
위력을 되찾았다. 이 기관들이 자행한 폭력을 누군가 '쇼크
독트린'이란 말로 칭하리만치 이들은 외채 위기에 시달리는 나라들에
엄청난 충격을 가하면서 **신자유주의적** 세계화의 물결 속으로 이
나라들을 집어던졌다. 그리고 **구조조정정책**이란 이름의 대대적인
외과 수술이 감행되었다. 유엔무역개발회의와 더불어 **77그룹**에 속한
비동맹운동의 나라들의 숨통을 틔워주던 많은 기구들도 맥을 못 추게
되었다. '남부의 사무국'이란 별칭을 얻었던 유엔무역개발회의는 이제
손발이 묶여버렸다. 그 결과 1980년대에 접어들며 이 기관은 자신이
취하던 방향에서 벗어나지 않을 수 없었다. **신국제경제질서**를 적극
옹호하던 것에서 **신자유주의적** 정책으로 방향을 튼 것이다. 브란트
보고서가 마침내 좌초되고 만 것에서 볼 수 있듯, 남과 북의 공정한
대화와 협력이 불가능하게 되어버린 처지에서 전에 없던 새로운
'생산의 지리'가 출현하고 있었다. 컨테이너화와 항공 수송의 비약적
발전, 인터넷과 같은 정보통신기술의 발전은 더는 생산을 어느 지역에
묶어둘 필요가 없게 했다. 자본의 자유로운 흐름은 더욱더 이러한
생산의 세계화에 가속도를 붙여주었다. 이러한 조건은 국가 경제라는
틀에 갇혀 있던 유엔무역개발회의를 혼란에 빠트리기에 충분했다.
북부의 자본가들과 정부들은 시장 말고는 어떤 정책도 생각할 수
없다고 으름장을 놓았다. 유엔무역개발회의가 다시 남부의 나라들을
위한 사무국이 될 가능성이 없지는 않을 것이다. 그것은 **신자유주의적**
세계화가 초래한 남과 북 사이의 불평등한 관계를 변화시키는
비동맹운동 이후의 새로운 운동, **제3세계**라는 프로젝트의 실패를
뒤잇는 새로운 세계 건설의 비전을 통해 가능할 것이다. 그러한 흐름은
세계사회포럼을 비롯한 다양한 제2의 **제3세계** 프로젝트를 통해
꾸준히 모색되고 있다. (서동진)

인도 공산당(들)

Indian Communist Parties

한 세기 전인 1920년 타슈켄트(소련)에서 처음으로 인도 공산당이 창당했다. 그곳에 망명가 있었으나 언젠가는 돌아가 영국 식민 지배를 무너뜨리고 인도(당시에는 지금의 인도, 파키스탄, 방글라데시, 미얀마)에 사회주의 공화국을 세우겠다는 생각을 품었던 인도 혁명가들이 벌인 일이었다. 공산주의자들은 영국 지배 하의 인도에 잠입해 노동조합과 농민 조직, 학생과 **민족주의자** 집단과 접촉했다. 많은 수가 체포되었으나 그들은 활동을 멈추지 않았다. 공산주의자들은 특히 인도 사회 구성원의 절대 다수인 노동자와 소작농을 조직해 반제국주의 운동의 전선으로 이끌고 갔다는 점에 인도 독립운동에서 핵심 역할을 했다.

인도아대륙에서 영국이 축출된 후, 대영인도제국이 인도와 파키스탄(그리고 버마와 1971년 방글라데시)으로 분리되면서 공산주의 운동도 나뉘었다. 인도에서 공산주의 운동은 두 가지 문제를 놓고 심각한 논쟁을 벌이는 시기로 진입했다. 첫째는 인도 새 정부의 성격을 어떻게 규명할 것인가에 관해서였다. 총리 **자와할랄 네루**가 이끄는 정부는 어쨌거나 좌파 성향이었지만 지주와 자본가에게 붙잡혀 있었다. 1957년 선거를 통해 케랄라주에서 공산당이 집권하자 2년 후 **네루** 정부는 주 정부를 해산시켰다. 인도 공산당의 어떤 이들은 이 사건이야말로 부르주아지-지주 정권을 인민의 대표자라고 믿을 수 없는 증거라고 보았다(이들이 당의 좌파였다). 그러나 다른 이들은 **네루** 정권이 여전히 제국주의 진영에 맞서고 있지 않느냐고 반문했다(이들은 당의 우파였다). 곧이어 두 번째 논쟁이 시작되었는데, 인도 공산주의자들의 소련에 대한 태도를 둘러싼 것이었다. 당의 좌파는 소련과의 형제애는 필요하지만 인도 공산당은 소련을 지도자로 보아서는 안 된다고 주장했다면, 우파는 소련에 의존하는 채로 남았다. 이 문제를 비롯한 사안에 관한 당 내부 갈등으로 인해 1964년 당의 우파는 인도 공산당(CPI)으로, 당의 좌파는 인도 공산당 마르크스주의파[CPI(M)]으로 갈라섰다.

얼마 지나지 않아 인도 공산당 마르크스주의파 내부에서 전술을 둘러싼 논쟁이 터진다. 극좌 분파는 부르주아지–지주 국가의 기관과 제도가 혁명 세력의 역량을 억누르고 있다고 여겼다. 중국혁명에서 영감을 얻은 무장 투쟁이 필요하다고 주장했다. 이 입장은 인도 공산당 마르크스주의파 대다수에게는 받아들일 수 없는 입장이었다. 국가는 산발적인 무장 투쟁으로 전복될 수 없는 강력한 정치체이며, 조직과 투쟁으로 지속된 오랜 기간에 걸쳐서만 인민의 자신감이 고양된다고 보았기 때문이다. 낙살라이트는 무장 투쟁의 길을 선택했으며 지금은 인도공산당 **마오주의파**를 만들어냈다.

마오주의자들을 제외한 좌파는 케랄라, 트리푸라, 서벵골 이렇게 세 주에서 집권했으며 전국에서 대중 투쟁을 조직해왔다. 인도에 좌파가 없다면, 결핍과 박탈에 시달리던 노동자와 농민에게는 도시와 농촌의 부르주아지 지배에 맞설 플랫폼이 없을 것이다.
(비자이 프라샤드)

1967년 신문과 전인도라디오는 일제히 낙살바리에 관한
소식을 전하기 시작했다. 한 번도 들어본 적이 없는 곳이었다.
낙살바리는 서벵골주 북쪽에 좁고 길게 뻗은 다르질링
디스트릭트의 여러 마을 중 하나였다. (...) 마을 사람 대부분은
차 플랜테이션과 대농장에서 일하는 소작농이었다. 그들은
크게 달라진 것 없는 봉건제 아래 대를 이어 살았다 (...).

그해 3월 낙살바리의 한 소작인이 불법적으로 소작을 빼앗긴
땅을 쟁기질하려 하자 지주가 깡패들을 보내 그를 두들겨 팼다.
깡패들은 쟁기와 소를 빼앗았고, 경찰은 관여하지 않겠다고
했다. 이 일이 있은 후 소작인들이 집단 보복을 시작했다.
그들을 속여온 문서와 기록을 불태우고 토지를 무력으로
점거했다.

다르질링에서 일어난 최초의 소작 쟁의는 아니었다. 그러나
이번에는 투쟁 전술이 전투적이었다. 그들은 단순한 무기로
무장하고 붉은 깃발을 흔들며 "마오쩌둥 만세"를 외쳤다.
차루 마줌다르와 카누 샤날이라는 두 벵골인 공산주의자가
그 사태의 조직화를 도왔다. 둘은 낙살바리에서 가까운
곳에서 자랐고, 감옥에서 처음 만났다. 19세기 후반에 태어난
인도 공산당 지도자 대다수보다 젊었던 그들은 늙은이들을
경멸했다. 둘은 인도 공산당 마르크스주의파에 반기를 들었다.
(...) 가을이 되자 샤날과 마줌다르 둘 다 지하로 숨었다. 체
게바라가 볼리비아에서 처형되고, 그가 죽었다는 증거로
손목이 잘려나간 그 가을이었다.

1968년 초 거센 반발에 직면한 통일전선 주 정부가 실각하고,
서벵골은 대통령 직속령이 되었다. 교육제도 또한 위기였다.
(...) 파리대학에 동조해, 버클리대학에 동조해 학생들은 캘커타

전역에서 시험을 거부하고 졸업장을 찢었다. 졸업식 연설에
야유를 보내며 연사를 방해했다. 학교 행정이 부패했다고 했다.
부총장을 사무실에 가두고 바리케이드를 치고 요구사항이
받아들여질 때까지 물과 음식을 주지 않겠다고 했다 (...).

1969년 레닌의 생일인 4월 22일 캘커타에서 세 번째 공산당이
출범했다. 당원들은 낙살바리의 사건에 경의를 표하는
뜻으로 스스로를 낙살라이트라고 불렀다. 차루 마줌다르가
서기장, 카누 샤날이 당수로 지명되었다. 노동절에는
대규모 거리행진이 벌어졌다. (...) 얼마 전 석방된 카누
샤날이 연단에 올라 열광하는 군중을 향해 연설했다. "큰
자부심과 무한한 기쁨으로 오늘 이 자리에서 우리가 진정한
공산당을 세웠음을 선언합니다." 공식 명칭은 인도 공산당
마르크스–레닌주의파였고 약칭은 CPI(ML)이었다. (...)
투쟁이 선언되었고, 한 세대가 얼어붙었다.

— 줌파 라히리, 『저지대』

인도네시아 공산당 학살
Indonesia Communist Massacre

1965년 9월 30일 밤 자카르타에서 친공산당 장교들이 벌인 군부 쿠데타가 실패로 돌아가면서, 인도네시아 역사는 예측할 수 없는 어둠 속으로 빨려 들어갔다. 군대, 이슬람단체, 우익 청년단, 준군사 조직 등이 공산당원은 물론 조금이라도 동조했던 이들마저 남김없이 학살하는 광기가 인도네시아 전역을 휩쓸었다. 희생자 수가 최소 10만 최대 500만에 달하는 이 사건으로 권력 기반을 완전히 잃은 수카르노는 수하르토 장군에게 전권을 넘겼다. 그 결과 인도네시아에 강력한 반공 군사 정권이 세워지면서 동남아시아의 냉전 질서에 한 분기점이 되었다. 또한 이 사건은 인도네시아인에게 거대한 내적 트라우마를 안겨주었으나, 아직도 해결되지 않은 과거사이다. 『아름다움 그것은 상처』에서 가상의 도시 할리문다를 공산주의자 귀신이 득시글거리는 곳으로 그린 작가 에카 쿠르니아완은 이 사건에 관한 영화 3편을 살펴보며 이미지의 압도적인 힘과 여전히 인도네시아 정치에서 사라지지 않는 공산주의라는 유령에 대해 얘기한다. ─ 편집자

조슈아 오펜하이머의 다큐멘터리 영화 〈액트 오브 킬링〉에서 우리는 1965~1966년 공산주의자와 친공산주의자 학살에 관한 일종의 재구성을 본다. 이 영화는 관객에게 어떤 공포를 안겨준다. 학살 집행자가 직접 등장해 자신의 역할을 연기하면서 카우보이 영화(서부극)의 한복판에 있는 것처럼 학살 장면을 극으로 만들어내기 때문이다. 그가 실제로 과거에 그런 잘못을 저지른 것이 사실인지 아닌지 확실하게 단언할 수 없는데도 불구하고, 집행자가 지난 시절에 자행한 잔혹 행위를 되돌아볼 때 그 공포는 더 커진다. 〈액트 오브 킬링〉은 같은 비극에 대한 기억을 말하는 후속편 〈침묵의 시선〉으로

이어진다. 이번에는 한 학살 희생자의 동생이 보는 관점이다. 그는 학살 집행자들과 대면하기를 시도하는데, 학살자 중 한 사람도 후회의 기미를 비치지 않는다. 이 영화는 오히려 씁쓸함을 안겨주는데, 정의 구현은 고사하고 가해자들이 과거의 잔혹 행위를 인정하지도 않기 때문이다. 이 두 영화는 인도네시아 역사에서 가장 어두운 부분을 둘러싼 최근의 상황을 충분히 보여준다. 많은 이들이 집행자는 물론이고 그들의 동조자와 국가를 대변하는 고위직 공무원조차 여전히 과거사를 부정한다.

두 영화의 반대편에는 국가 스스로의 관점을 담은 영화가 있다. 수하르토가 아직 권좌에 앉아 있던 1984년 개봉한 ‹인도네시아 공산당 9월 30일의 배신›은 아마도 인도네시아에서 가장 많은 이들이 본 영화일 것이다. 가장 큰 이유는 수하르토 시절 해마다 국영 텔레비전에서 방영했을 뿐 아니라 각급 학교 학생들은 영화관에서 의무적으로 단체 관람을 했기 때문이다. 영화 속에 나오는 1965년 친공산주의 쿠데타에서 인도네시아 공산당이 저질렀다는 과오는 의사의 검시 증명서를 포함해 하나도 사실로 확인된 바가 없다. 그러나 공산주의자들에게 죄를 뒤집어씌우려는 수하르토 정권의 정치적 선전 선동물로서는 너무나 큰 성공을 거두었다. 특히 여성 공산당원들이 난교 파티라도 벌이듯 벌거벗고 춤을 추고, 납치된 장군들은 고문을 당하다 그 시체가 루방부아야(사건이 벌어진 지역명, '악어 구멍'이란 뜻 — 옮긴이)에 버려지는 장면은 인도네시아인의 머릿속에 강하게 새겨져 여러 세대를 세뇌하기에 충분했다.

지금까지도 그 장면이 사실이라고 믿는 사람이 많을 정도이다. 수하르토가 권좌에서 내려온 지 오래됐을 뿐 아니라 죽어서 묻힌 지 오래된 지금도 그렇다. 그 장면은 영화가 내세우는 인도네시아 공산당의 "과오"와 함께 1965~1966년 공산주의자 대학살을 정당화하는 듯하다. 사망자 수는 50만 명에 달한다고도 하고 다른 자료는 100만 명 이상이 이 학살의 희생자가 되었다고 한다. 여기에는 망명을 떠난 이나 국적을 박탈당한 이 또는 부루섬에 버려진 이는 포함되지 않았다. 2015년 11월 네덜란드 헤이그에서 열린 1965년 사태에 관한 국제시민법정은 인도네시아 정부가 이 사건에 직접적 책임이 있을 뿐 아니라 학살 동안 자행된 반인권 범죄에도 잘못 대처했다고 판결했다. 현 인도네시아 대통령은 임기 초 1965년 비극을 포함한 중대한 반인권 사건을 청산하겠다고 약속했으나, 국제시민법정의 권고안을 실행하기 위한 방편을 마련하지 못하고 있다.

영화는 분명 효과적인 선전 선동과 세뇌 수단이다. 하지만 동시에 영화를 통해서만 그런 선전 선동이 교정될 수 있다. 학생들이 대학가에서 또 공동체 사이에서 오펜하이머의 두 영화를 상영하는 활동이 바로 그런 것일 것이다. 수하르토가 권좌에서 물러난 지 21년이 지났음에도 1965년 비극을 국가의 관점이 아닌 다른 관점으로 보는 사람은 많지 않다. 사실 군부는 여전히 권력의 요직을 차지하고 있으며, 그들에게 위기가 닥칠 때마다 분위기를 쇄신하고 다시 권력을 유지하는 수단으로 공산주의라는 유령을 아직도 자주 사용한다.
(에카 쿠르니아완)

1966년 건기가 시작될 무렵의 밤은 스산하기 짝이 없고 사람들
사이에는 걱정과 긴장이 번져나갔다. 들개들이 아무렇게나
던져진 시체의 피 냄새를 맡고 사나워진 채로 어슬렁거렸다.
부드러운 남동풍이 시체 썩는 냄새를 실어 날랐다. 그 시절 밤의
고요함은 무거운 군홧발 소리나 총소리에 깨지곤 했다.

— 아흐마드 토하리, 「롱겡 두쿠 파룩」

(칠레 산티아고에서) 알바는 어느 관공서 건물 앞에 트럭
한 대가 멈춰 서는 것을 보았다. 페인트가 담긴 깡통과 붓을
들고 하얀 헬맷을 쓴 젊은이들 한 무리가 쏟아져 나와, 하얀색
페인트로 벽을 뒤덮기 시작했다. 그러고 나서 그들은 여러
가지 색깔로 거대한 비둘기와 나비, 피에 물든 꽃을 그리고
'시인'의 시를 쓴 다음 민중의 단합을 호소하는 문구를 썼다.
그들은 애국적 벽화와 혁명적 비둘기로 혁명을 꾀할 수 있다고
믿는 청년단이었다. 알바는 그들에게 다가가 거리 반대쪽 편에
그려진 벽화를 가리켰다. 그곳은 붉은 페인트로 뒤덮여 있었고,
'자카르타'라는 단어 하나가 굉장히 크게 쓰여 있었다.

"저게 무슨 뜻이지요, 동무?"
알바가 물었다.
"우리도 모릅니다."
그들이 대답했다.

반대파가 왜 벽에다가 아시아 말을 써놓았는지 아는 사람은
아무도 없었다. 그들은 그 먼 도시의 거리에 시체가 쌓였다는
소식을 접한 적이 없었던 것이다.

— 이사벨 아옌데, 『영혼의 집』

자와할랄 네루
जवाहरलाल नेहरू Jawaharlal Nehru

인도의 정치인이자 초대 총리, **비동맹운동**의 주역인 네루(1889~1964)는 1889년 영국령 인도제국 우타르프라데시주 알라하바드에서 부유한 브라만 가문의 아들로 태어났다. 15세에 영국으로 건너가 명문 해로우 학교와 케임브리지대학교에서 수학하고 변호사 자격을 취득했다. 인도로 돌아와 마하트마 간디와 가깝게 지내며 1916년 국민회의에 들어가면서 정치에 입문했다. 영국 황태자 인도 방문 당시 파업을 조직하다가 1922~1923년 투옥되는 등 **독립** 전까지 9차례나 감옥을 드나들며 총13년을 옥중에서 보냈다. 1930~1933년 복역하던 동안 딸 인디라에게 보낸 편지 196통은 『세계사 편력』으로 묶여 나오기도 했다. 1927년 브뤼셀에서 열린 반제국주의연맹 회의에 인도 대표로 참석해 전 세계 식민지에서 온 민족운동가와 만나기도 했다. 1929년 라호르에서 열린 국민회의 총회에서 대표로 선출되었다. 이 자리에서 인도의 즉각적인 **독립**을 요구하는 선언문을 작성하고 낭독하면서 네루는 인도 **독립**운동의 지도자로 떠올랐다. 20년 이상 국민회의에서 활동하며 간디의 비폭력운동에 협력했으나 그의 종교적 정신주의에는 반대했다. 네루는 철저한 세속주의자였으며 의회민주주의를 통해 사회주의를 실현하고자 하는 입장이었다.

갖은 노력을 기울였음에도 파키스탄 분할을 막지 못했으나, 오랜 협상 끝에 인도는 1947년 8월 15일 자정을 기해 **독립**했다. 네루는 초대 총리로서 **독립**선언문 「운명과의 약속」을 낭독한다.

"오늘 우리는 불행의 시대를 마감 합니다. (...) 지금은 옹졸하고 파괴적인 비판에 매달릴 때도 아니고 증오심을 품을 때도 아닙니다. 우리는 조국의 자녀들이 모두 함께 살 수 있는 웅장한 집, 자유로운 인도를 건설해야 합니다." 세속주의자이자 근대주의자로서 네루는 "웅장한 집, 자유로운 인도"를 건설하는 발전 경로로 사회주의와 국가 주도형 경제발전계획을 내놓았다. 그는 인도가 과거로 돌아가기보다는 과학기술을 근간으로 한 근대국가이자 민주주의 사회이기를 바랐다. 인도가 불협화음에도 불구하고 **독립** 이후 50년 간 세계 최대의 민주주의 사회로 남을 수 있었던 것은 그의 유산이기도 하다. 반대를 무릅쓰고 상속과 재산권 행사에서 여성도 동일한 권리를 누릴 수 있도록 민법을 개혁하기도 했다. 인도 역시 다른 **제3세계** 신생국들과 마찬가지로 빈곤, 인구 급증, 투자와 원조의 필요 등 발전 문제를 안고 있었지만 큰 나라로서 지도적 위치를 누릴 수 있었고, 네루는 그런 지위를 극대화했다.

특히 국제적인 차원에서 네루의 영향력은 막강했다. 아시아 신생국의 결집 그리고 **제3세계**와 **비동맹**을 기획하고 이끈 주역이기도 하다. 1947년 3월 뉴델리에서 최초의 아시아 신생국 회의라 할 범아세아대회를 열어 아시아 각국 인사들을 한 자리에 모았고, 이 회의를 바탕으로 1949년 다시 회의를 소집해 네덜란드와 영국이 인도네시아에서 벌인 군사 작전에 신속하게 항의할 수 있었다. 1940년대 말 이미 인도가 **냉전**에 휩쓸려서는 안 된다는 원칙을 세워, 한국전쟁 당시에는 중립을 선언하고 의료부대만 지원했다. 미국의 반대에도 불구하고 인도는 한국전쟁 휴전을 논의하는 평화협상에 중립국 옵서버로 참여하기도 했다. 『광장』의 이명준이 중립국 인도행을 택한 것은 이런 배경에서였다. **제3세계**를 현실로 만들어낸 당사자 중 한 명이자 평화 공존론의 기수였다.

그러나 네루의 비폭력 평화 공존 노선과 국제주의는 1962년 10월 국경 지대에서 벌어진 중국-인도 간의 영토 분쟁으로 힘을 잃었다. 이 분쟁에서 군사적으로 처참하게 패배한 인도는 더 이상 비무장과 평화 의제에 앞장설 명분을 찾지 못하고 대의를 굽혀야 했다. 국내에서는 국방비 지출을 늘려야 했고, **비동맹운동**의 차원에서는 중국과 인도 간의 신뢰가 흔들리면서 **제3세계**의 정치적 플랫폼이 흔들리는 결과를 낳았다. 또한 **제3세계**가 지향했던 세속적 국제주의가 국경을 근간으로 한 종족적 민족주의에 밀려나는 신호탄 같은 사건이기도 했다. 국경 분쟁 이후 네루의 건강 상태는 급속도로 악화되었고 1964년 5월 심장마비로 숨을 거두었다. (박소현)

자유무역지구
Free Trade Zones 自由貿易地區

1967년 4월 1일 꽃샘추위가 한창이던 이날 오전 11시 구로동 공업단지 내 한국 수출산업공단본부 광장에 많은 사람들이 모였다. 박정희 대통령을 비롯해 정부 각료 및 산업계 주요 인사들이 참석한 가운데 수출산업공업단지 준공식이 열렸다. 박정희 대통령은 이날 축사에서 '허허벌판을 불도저로 밀어붙인다고 수출공장이 되겠냐며 의심한 사람도 많았지만 우리는 결국 해냈다. 정부는 이 단지를 25개 공장이 더 들어설 수 있도록 확장할 계획'이라고 밝혔다. 이렇게 구로공단은 탄생하였으며 정식 명칭은 한국수출산업공업단지 제1단지였다.

국가기록원이 구로공단에 관해 쓰고 있는 내용 가운데 일부이다. 수출산업공업단지는 수출가공지구의 또 다른 이름이라 할 수 있다. 그것은 자유무역지구, 흔히 수출가공지구나 오늘날에는 더 익숙한 이름인 경제특구와 같은 것이라 할 수 있다. 수출가공지구 또는 자유무역지역은 거의 관세를 부과하지 않는 특정 제품에 특화되어 있는 수출품 생산 단지를 일컫는다. 여기에서는 노동과 관련된 여러 가지 규제를 면제받을 수 있고 세금 역시 면제받는다. **제3세계 프로젝트**가 무너진 자리에는 신자유주의적 세계화가 급습했다. 식민주의적인 경제 종속에서 벗어나고자 수입 대체 산업화를 꾀하거나 신국제경제질서를 통해 자신이 수출한 생산물에 정당한 몫을 찾고자 했던 투쟁은 패배했다. **신국제경제질서** 수립을 위한 **비동맹운동**의 끈질긴 노력에도 불구하고 서구 선진국의 자본들은 이를 집요하게 거부했다. 1970년대의 오일 쇼크에 더해 기나긴 불황 끝에 들이닥친 외채 위기는, **제3세계** 나라들을 파산 직전으로 몰고 갔다. 이제 남은 길은 외국의 자본을 끌어들이고 수출을 통해 외화를 벌어들이는 것 말고는 없는 듯 보이는 현실이 도착했다. 그 결과 1980년대만 하더라도 전 세계에 173개의 수출가공공단이 있었다면 2006년에는 전 세계 130개국에 3,500개의 수출가공공단이 들어섰다. 고용한 노동자의 수만도 6,600만 명에 이르렀다.

자유무역지구는 다국적기업들에 의한 **제3세계** 착취를 위한 요새와도 같은 것이었다. 그 때문에 수많은 사회과학자들은 자유무역지구가 부상한 것은 새로운 제국주의의 패턴이 등장한 것일 뿐이라고 주장하기도 했다. 1970년대에 자유무역지구가 세계적으로 확산되는 현상은 '새로운 국제 노동 분업'이라고 볼 수 있다. 국제 노동 분업이란 특정 생산 분야를 지역에 따라 분할하는 것을 가리킨다. 이를테면 첨단 산업 분야나 금융업은 서구의 선진국이 독점하고 노동 집약적 생산 분야는 임금이 싸고 근로 조건이나 노동운동에 대한 규제가 거의 없는 **제3세계**의 나라들에게 맡기는 것이다. 오늘날을 두고 말하자면 샌프란시스코의 실리콘 밸리에서는 최첨단 인공지능이나 인터넷 관련 기술을 독점한다면 방글라데시나 베트남에서 의류 생산을 모두 도맡는 식이다. 이러한 국제 노동 분업은 선진국에서 많은 산업 분야가 사라지게 만들면서 엄청난 실업을 초래하는 계기가 되었다. 반면 한국과 같은 **신흥공업국**에서 장시간 노동과 저임금에 시달리는 노동자들을 대량으로 만들어냈다. 이른바 외주 하청과 같은 생산이 현 단계 자본주의의 주된 생산 방식이 된 셈이다.

한국의 작가 임흥순은 자신의 영상 작업인 〈위로공단〉에서 1970년대의 구로공단 봉제 노동자에서 시작해 2010년대 베트남의 수출가공지구 봉제 노동자로 이어지는 역사적 과정을 추적한다. 이때 그가 주목한 것은 바로 그 노동을 맡는 이들의 대다수가 젊은 여성 노동자라는 것이었다. 이들 여성 노동자는 흔히 '공순이'라 불린다. 작가 임흥순은 자신의 영상 작업을 바로 봉제 노동자였던 어머니에게 바친다. 그의 어머니는 바로 **제3세계**의 수많은 공순이 가운데 한 명이었다. 공순이들의 노동은 초국적기업 경영자들에 의해 값싼 노동으로 평가절하 되었을 뿐만 아니라 가장은 남성이기에 여성들의 일은 반찬값 정도의 가치를 지닐 뿐이라는 우익 민족주의자들의 주장으로 인해 그런 부당한 대우는 당연시되고 말았다. 젊은 여성들이 노동으로 받는 대가는 생존을 위한 비용으로서 여겨지지 못한 채 터무니없이 값싼 임금을 받으며 장시간 노동에 시달리는 초과 착취의 고통에 시달려야 하는 일은 어제오늘의 일이 아니다.

지난 수십 년간 진행된 **신자유주의**적 세계화는 지구의 남부에 엄청난 노동자 계급을 만들어냈다. 대개 북미나 유럽, 일본 등의 북부에 본사를 두고 있는 모 기업과 아시아, 아프리카, 남미의 저임금 국가에 외주화된 생산자들 사이에는 엄청나게 불평등한 가치 분배가 이뤄진다. 이는 임노동 관계가 단순히 자본과 노동 사이의 관계에 머물지 않고 북부의 자본과 남부의 노동 사이의 관계이기도 하다는 점을 알려준다. 그러므로 계급적 착취와 인종적, 민족적 억압이 항상 결합될 수밖에 없다. 억압받는 나라들 즉 **제3세계/남부**의 노동자 계급은 북부의 노동자 계급의 노동력 가치 이하의 가치만을 받는다. 그것은 그들은 더 낮은 가치를 생산하기 때문은 아니다. 그들은 더 많이 억압받고 더 많이 착취받기 때문이라 할 수 있다. 자유무역지구의 가장 유명한 사례를 꼽자면 미국과 접한 멕시코의 국경 지대에 발달된 마킬라도라(maquiladoras)를 꼽을 수 있을 것이다. 1965년 멕시코 정부는 '국경지대 산업화 계획'을 발표했다. 이는 멕시코 국경지대에 외국 자본을 유치하는 것으로 여기에 투자를 하고 입주한 공장들은 대개 최종 조립 단계 공장이었다. 이 공장들에서 생산된 제품은 다시 미국이나 입주 기업들의 나라로 재수출되었다. 이 노동 집약적 조립 공장들을 가리키는 이름이 마킬라도라였다. 마킬라도라는 북미자유무역협정이 체결된 시점을 전후하여 정점에 이르렀다. 이제는 국경 지대에 속한 6개 주를 넘어 내륙 깊숙한 곳까지 단순 조립 공장들이 우후죽순처럼 생겨났다.

자유무역지구란 기업에는 더 많은 자유, 일하는 이들에게는 더 작은 자유를 뜻한다는 말을 떠올리지 않더라도 초국적기업의 채산성을 높여주기 위해 자유무역지구는 최선을 다했다. 그 가운데 가장 대표적인 현상이 앞서 말한 성차별적 착취였다. 여성은 타고 나길 고분고분하다거나 손재주가 섬세하다는 등의 가부장주의적 이데올로기는, **제3세계** 자유무역지구를 뒤덮은 생각이었다. 이는 멕시코이든 말레이시아이든 대만이든 장소를 가리지 않았다. 국제노동기구가 1998년 발표했던 자료에서는 세계 2천여 곳의 수출가공공단에서 일하는 노동자 가운데 90퍼센트가 여성이라고 추산하기도 하였다. 단순 조립 노동과 같은 것에서 보다 숙련된 노동을 요하는 제품을 생산하면 여성 노동의 비중은 줄어든다. 다음으로 제1세계의 숙련 노동(기획, 디자인, 공학기술, 관리 등)과 제3세계의 미숙련 노동(노동 집약적 단순 조립) 사이의 분화, 신국제분업이라는 것이 새로운 세계 경제 질서의 축으로 자리 잡는다. 그리고 이러한 분업 구조는 비정규직에 저임금 노동을 통해 불안정한 일자리에서 일하는 하청 노동자들이 남부의 노동자의 일반적 모습이 되게끔 만든다. 물론 이들은 노동조합을 결성하는 것과 같은 자신의 권리를 주장하는 것을 금지당하기 일쑤이다. 생산을 지리적으로 분산할 수 있는 자본의 능력은 노동자들의 교섭력을 붕괴시켰고, 노동자들은 서로 경쟁 대상이 되어야만 했다.

오늘날 자유무역지구는 경제특구란 이름으로 둔갑했다. 특히 이는 자유무역지구에서 일하는 노동자의 압도적 다수를 차지하는 중국의 경제특구에 집중되어 있다. 덩샤오핑의 개방 정책에 따라 광둥성이 자리한 주강 삼각지대를 중심으로 만들어진 경제특구는 점차 확대되어 가기 시작했다. 그리하여 마침내 상하이 푸둥 신구(新區)를 해외 자본 투자 지구로 문을 열었다. 광둥성의 산터우, 주하이, 선전 그리고 푸젠성의 샤먼을 중심으로 시작된 경제특구는 중국적 특색의 사회주의라고 말해지는 중국의 거대한 시장 경제를 이끌어오고 있다. 그 결과 중국은 세계 완구류의 70퍼센트, 자전거의 60퍼센트, 신발의 50퍼센트, 가방의 33퍼센트를 생산하고 전 세계 노트북 컴퓨터의 55퍼센트, 전자오븐의 50퍼센트, 냉장고와 컴퓨터칩의 20퍼센트를 생산했다. 물론 근년에 접어들며 중국은 점차 고부가가치 상품 생산으로 돌아서며 생산의 중심을 이동시키기도 했다.

이러한 중국 경제특구가 보인 활약상이 같은 모습의 인도나 브라질 같은 나라들에서의 경제특구와 더불어 새로운 경제적 힘을 형성하는 데 이바지했음을 부인할 수는 없다. 이들 나라는 이른바 브릭스(BRICs)를 형성해 북부의 지배에 맞서는 싸움을 벌여왔다. 그 때문에 많은 이들은 이러한 다극적 권력 체제가 세상에 등장했고 이는 북부의 자본이 행사하는 위력에 맞서는 기회를 제공할 것이라는 낙관인 꿈을 내놓기도 하였다. 그러나 그것이 경제특구에서 벌어지는 끔찍한 폭력과 착취, 고통을 가릴 수는 없을 것이다. 경제특구는 자유무역지구의 노동자들이 겪은 것과 다르지 않은 고통을 만들어왔고, 이는 세상을 떠들썩하게 했던 폭스콘 노동자들의 잇단 자살을 통해 세상에 드러난 바 있다. (서동진)

저개발의 기억

Memorias del subdesarrollo
Memories of Underdevelopment

쿠바 작가 에드문도 데스노에스의 1965년작 장편소설. 또는 그가
각본에 참여하고 토마스 구티에레스 알레아가 감독한 1968년작 영화.
1961년 쿠바의 아바나, **카스트로**의 사회주의 혁명이 성공한 직후
미국은 쿠바 출신 망명자 부대를 비밀리에 상륙시키는 피그만 사건을
일으킨다. 쿠바군이 사흘 만에 승리를 거두자 쿠바 부르주아들을
불안해하며 쿠바를 떠난다. 주인공도 아내와 부모를 미국으로 보내고
아바나에 남아 거리를 쏘다니며 보고 들은 것을 기록한다. 그는 혁명의
대의에는 동의하기에 떠나지 않았지만, 정작 혁명 후 변화하는 사회
안에서는 제 자리를 찾지 못하는 고독한 부르주아의 표상이다. 그는
쿠바 사회에 진저리를 친다.

> 푸짐한 검정콩은 문명화된 요리는 아니지만 맛이
> 좋다. 우리 주변에 있는 모든 것이 다 그렇다. 우리는
> 저개발 속에 갇혀 있다. 쿠바 사람의 감정조차도
> 저개발되어 있다. 쿠바인의 즐거움과 고통은 원시적이고
> 직접적이며, 문화에 의해서 다듬어지고 복잡해지지
> 않았다. 혁명은 쿠바인들의 머릿속에 던져진, 유일하게
> 복잡하고 진지한 그 무엇이다.

자신이 속한 사회의 '저개발' 상태, 곧 근대적 이상과 현실 간의 깊고 넓은 간극은 **제3세계** 지식인의 공통된 근심거리이자 딜레마였다. 그들은 평등한 사회와 평등한 문화를 꿈꾸었지만, 그들이 놓인 현실은 식민주의적 전근대적 위계질서와 물질적, 정신적 저**발전**에 갇혀 있었다. 이란의 저**발전** 상태와 그에 대한 지식인의 절망을 누구보다 잘 알았던 잘랄 알에아흐마드는 학생들이 신발조차 없고 교사를 신처럼 우러러보기만 하는 곳에서 교사가 무엇을 할 수 있을지 아주 현실적인 질문을 던졌다. 이런 곳에서 **제3세계**가 상상하고 실현해야 할 문화는 어떤 종류여야 하는가는 지식인들이 몰두한 주제였다. 가장 크게 다가온 문제는 서구와의 관계 설정이었다. 알에아흐마드의 표현대로, 서구 바깥의 세계가 여전히 스스로를 서구보다 작은 존재로 보는 것 곧 스스로 식민주의적, 인종주의적 위계에서 자유로워지지 못하는 것이었다.

  이에 관해 제일 먼저 등장한 국제적인 움직임 중 하나는 1930년대에 시작된 프랑스어권 대서양 흑인들의 문화운동 **네그리튀드**이다. 아프리카의 문화적 자원이 식민주의와 인종주의에 압살당했을지라도 그 안에서 새로운 자아를 형성하고 문화적 상상력을 발휘해야 한다고 주장한 이 운동은 **반둥회의** 이후 본격화된 **제3세계** 문화 노동자들의 논의에서도 중요한 자리를 차지했다. 그러나 프랑스어를 매개로 하면서도 아프리카 토착 전통에 답이 있으니 전통으로 돌아가자는 수동적인 모습은, 1950년대 탈식민 투쟁과 국민국가 건설 과정에서 나타난 더 포괄적이고 다민족이며 국제적이고자 한 **민족주의**의 구상과는 충돌할 수밖에 없었다. **프란츠 파농**은 「민족문화에 관하여」에서 **제3세계** 원주민 지식인의 모순과 변화를 3단계로 설명했다. 첫 단계에서 원주민 지식인은 서구 문화를 탐식하며 제국의 문화에 동화된다. 그는 유럽 문화를 자신의 것으로

만들고자 고통스럽게 애쓴다. 두 번째 단계에서 **독립**을 위해 민중이
동원되는 시기가 되면 지식인은 자신이 애써 습득한 유럽 문화
때문에 조국에서 이방인이 되는 것을 깨닫고 정체성의 혼란에 빠진다.
그는 유럽 문화를 버리겠다고 선언하지만 토착 문화의 내부자가
될 수도 없는 상태에서, 앞 단계에서 무조건 긍정하던 유럽 문화를
버리고 이번에는 토착 문화를 무조건 긍정한다. **네그리튀드**뿐 아니라
서구에 반발해 토착 전통 혹은 민족의 근원으로 돌아가자고 주장한
지식인들이 공통적으로 이르렀던 단계일지도 모른다. 문화제국주의를
비판하고 그 반대항으로서 토착 전통을 긍정하는 것은 상대적으로
쉬운 길이지만, 그것만으로는 결코 **제3세계** 앞에 산적한 문제를
해결할 수 없었다.

  '민족'이 혹독한 식민주의에 맞서 싸우며 발견하는 것은
근원적인 토착 문화가 아니었다. 싸우는 과정에서 전통은 흔들리고
불안해지며, 식민주의에 대한 수동적 공격 수단으로 사용되던 전통은
그 의미를 잃는다. 여기서는 구심력보다는 원심력이 작동한다. 이제
'민족 문화'는 단지 식민주의 이전으로 돌아가거나, 진정한 토착
문화를 찾는 민속 연구에 매진하거나 '민중의 참된 본성'을 믿어서
얻어지는 것이 아니다. 그런 주장을 하는 지식인은 "뒷북이나 치는"
시대에 뒤떨어진 "진부한 기회주의자"가 될 확률이 높다. **파농**은
제3세계 문화 노동자가 할 일은 "민족 문화에 관한 책무가 아니라
민족의 총체와 연관된 세계적인 책무"이며, 새로운 정체성을 만들어낼
문화가 저발전국의 자유를 위한 투쟁의 중심이어야 한다고 썼다.
민주주의와 합리주의를 근간으로 두고자 한 **제3세계 민족주의**는
문화 정체성보다는 공통의 교육과 시장을 갖춘 사회를 통해 공통의
포괄적인 정체성을 만들어가고자 했다. 신생국의 경계는 인종이나
종족의 경계와 일치하지 않을 때가 더 많았으므로 실용적인 차원에서

다민족주의가 채택되었다.

1945년 유엔 산하 전문 기구로 설립된 유엔교육과학문화기구 유네스코가 창립 초부터 문맹 퇴치와 인종주의 반대에 매진한 것은 이런 기획을 국제적으로 실현하기 위함이었다. 유네스코는 다양한 초등교육 관련 사업을 펼치고 1948년에는 전체 회원국에 무상 의무 보통교육을 권고했다. 1957년에는 전 세계 문맹 실태에 관한 보고서를 펴내 통계 자료를 마련하기도 했다. 1965년에는 "문해는 읽고 쓰기 자체가 목표가 아니라 사회적, 시민적, 경제적 역할을 할 수 있는" 시민을 육성하는 과정이라고 천명하고 이에 따른 각종 사업을 진행했다. 인종주의에 관해서는 1950년 레비스트로스 등이 참여한 「인종주의에 관한 인류학자 선언」을 시작으로 인종주의를 반대하는 입장을 명백하게 내세웠으며, 1978년 「인종과 인종적 편견에 관한 선언」으로 이어졌다.

유네스코만이 아니었다. **반둥회의** 이후 결성된 여러 기구는 문화 협력에 힘을 기울여 제국주의의 짐이 사라진 세계에서 문화 간의 대화를 다방면으로 시도했다. 1958년부터 **아시아·아프리카 작가회의**는 신생국 작가들이 대화할 수 있는 장을 마련하고 로터스 문학상과 잡지 등을 통해 아시아 아프리카 문학이 서로 지속적으로 번역되도록 노력했다. 쿠바 아바나에는 혁명가였던 아이데 산타 마리아가 아메리카의 집(Casa de las Americas)을 열어 라틴아메리카 예술가들이 교류하는 장을 마련했다. 신생국들은 국립문학아카데미, 공공도서위원회 등을 세워 문화 재생을 이뤄내고자 했다. 이동도서관, 이동영화관, 라디오와 연극, 문맹 퇴치 등 새로운 사회에서 새로운 자아를 만들기 위한 계몽의 기획과 실천에는 지식인들의 적극적인 활동이 필요했다. 이런 곳에서 지식인의 분열과 고뇌는 새로운 사회에 대한 상상과 실천에 자리를 내주고 밀려날 수밖에 없었다. ‹저개발의 기억›에서 방황하는 부르주아 지식인 주인공을 연기한 배우 세르지오 코리에리는 실제로는 실천적 예술가로 시골 극단에서 젊은 연극인들과 함께 새로운 쿠바인을 만드는 데 평생을 바쳤다. (박소현)

참고문헌
- 에드문도 데스노에스, 『저개발의 기억』, 정승희 옮김, 수르, 2009

제3세계

Third World 第三世界

제3세계는 (지리적) 장소가 아니라 프로젝트였다. 아프리카, 아시아, 라틴아메리카 인민들은 끝나지 않을 것 같아 보이던 식민주의에 맞서 싸우며 새로운 세상을 꿈꿨다. 그들은 무엇보다 인간적 존엄성을, 그리고 삶의 필수재인 토지, 평화, 자유를 염원했다. 그들은 불만과 열망을 다양한 형태의 조직으로 모아냈고, 민족 지도자들은 이 조직들을 통해 요구사항을 수렴할 발판을 마련했다. 인도의 **자와할랄 네루**, 이집트의 가말 압델 나세르, 가나의 **콰메 은크루마**, 쿠바의 **피델 카스트로** 같은 지도자들은 20세기 중반의 10여 년간 여러 회의에서 만났다. 반둥(1955), 아바나(1966) 등 여러 곳에서 만난 민족 지도자들은 인민의 희망을 담아낼 사상과 일련의 기구를 만들어갔다. '제3세계'란 이러한 희망과 그 희망을 실현하기 위해 만들어진 기구들을 아우르는 프로젝트였다.

비자이 프라샤드는 제3세계 인민의 세계사라 할 수 있을 그의 특출한 저작인 『갈색의 세계사』 서론에서 제3세계란 무엇인가에 대해 간결하고 명료한 정의를 제시한다. 제3세계란 말을 들을 때 가장 먼저 머릿속에 떠오르는 것은 아프리카와 아시아, 그리고 남미 같은 곳을 아우르는 장소의 이름이라는 것이다. 그러나 그런 생각을 반박하며 프라샤드는 제3세계란 장소가 아니라 프로젝트라고 힘주어 강조한다. 그것은 **반둥회의**에서 비롯된 **비동맹운동**과 함께 본격적으로 실행되었던, 새로운 세계를 만들고자 했던 운동이자 정치이며 문화적, 예술적 상상이었다. 무엇보다 그것은 새로운 세계를 창설하기 위한 기획이자 의지, 프로그램이었다. 그 안에는 **신국제경제질서**를 비롯한 새로운 세계 질서에 대한 청사진이 담겨 있었고, 범아프리카주의나 범남미주의와 같은 새로운 국제주의적 **민족주의**가 스며 있었다. 그리고 그것은 식민주의와 제국주의에 맞서 자유와 평화, 평등에 관한 눈부시고도 황홀한 상상과 문화, 예술적 실천을 포함하고 있었다. **네그리튀드** 문학과 '제3영화', 종속이론과 세계체제론, 페르세폴리스 축제, 아옌데 **연대미술관**은 제3세계가 없었다면 존재하지 않았을 것이다.

한국에서 제3세계 프로젝트는 여러 차례 부침을 겪으며 수용되었다. 첫 번째는 1960년대의 4.19혁명의 여파로 제3세계에 대한 관심이 움터 오른 것을 꼽을 수 있다. 당시의 비판적 지식인들은 **반둥회의**와 비동맹운동에 비상한 관심을 기울였다. 무엇보다 냉전 질서에 꼼짝없이 갇힌 상태로부터 벗어나 분단 체제를 벗어난 세상의 미래를 이러한 제3의 길에서 찾으려는 이들도 있었다. 당시에 청년층과 지식인들 사이에서 널리 읽혔던 『청맥』이나 『한양』 같은 잡지들은 아프리카와 아시아, 남미에서 벌어지는 민족해방투쟁을 다투어 소개하기 시작했다. 서구 모더니즘에 경도되었던 문학과 예술의 상태를 비판하며 새로운 예술의 방향을 찾기 위하여 민족이란 개념을 재탐색하려는 시도들도 고개를 들고 나타났다. 4·19혁명의 문학이라 할 최인훈의 소설들은 제3세계를 정면으로 응시하고 있었다. 그가 바라본 제3세계란 남도 북도 아닌 이념적 회색 지대로서 소시민적 지식인이 꿈꾼 현실 도피적 제3의 장소일 뿐이라는 의견이 지배적이었지만, 그런 생각은 보다 폭넓게 그의 문학을 바라본다면 달리 생각하게 될 것이다. 그의 문학 속에는 보다 많은 제3세계의 모습들이 어른거린다. 그러나 4·19혁명 세대가 제3세계라는 프로젝트에 품었던 기대는 박정희 정권의 등장과 함께 어둠 속에 파묻혀버린다. 미국과의 '혈맹' 관계는 **비동맹운동**을 역병처럼 멀리해야 할 것처럼 만들었다. 자립과 해방, 통일 그리고 평화를 향한 꿈은 근대화와 성장이라는 환상에 짓밟혔다. 박정희 정권의 반공주의는 **민족주의**의 허울을 걸쳤지만 피억압 민족과의 연대와 단결을 향해 나아갔던 제3세계 **민족주의**의 국제주의와는 아무런 상관없는 보수적 **민족주의**였다. 탈식민 국가 대다수가 반대하고 양심적인 서구의 시민들이 거부했던 추악한 전쟁인 **베트남전쟁**에 한국은 기꺼이 파병했다.

  그러나 제3세계에 대한 관심은 1970년대 후반부터 서서히 되살아났다. 박정희 군사 독재에 저항하는 지식인과 청년층, 노동자, 농민들은 제3세계란 말에서 자신이 처한 세계를 인식할 수 있는 좌표를 발견할 수 있다고 생각하기 시작했다. 민족경제론, 민족문학론이나 민족예술론과 같은 것이 폭넓게 사람들의 마음을 사로잡기 시작했다. 제3세계를 소개하는 다양한 책들이 출판되기 시작했고 전문 잡지들도 생겨났다. 그러나 이는 이미 때늦은 것이었다. 제3세계에 대한 관심이 다시 고조된 바로 그때는 제3세계 프로젝트가 더없이 휘청거리던 때였다. 대서양 연안의 부유한 나라들은 케인즈주의적인 복지 국가를 포기하고 **신자유주의**적 정치를 향해 나아가고 있었다. 이들 나라들은 보다 평등한 세계 질서를 만들고자 했던 제3세계 프로젝트와 **비동맹운동**을 세계화의 급류에 휩쓸어버릴 태세를 하고 있었다. 잇단 외채 위기로 인해 제3세계 많은 나라들은 파산을 겪던 중이었다. 수출 지향 산업화를 통해 세계 시장에 참여하는 것 말고는 다른 길이 없다는 생각이 제3세계 나라들을 엄습했다.
그러한 시점에 되살아난 제3세계 프로젝트를 향한 뒤늦은 꿈은 다시
한 번 제3세계를 삽시간에 뇌리에서 사라지도록 이끌었다. 그 탓에
제3세계 프로젝트가 패배하도록 이끈 원인을 세심하게 분석하고
그 어느 시대보다 강력한 제국주의적 지배에 맞설 전략을 생각할
가능성은 허튼 생각이 되고 말았다.

    제3세계 프로젝트를 잊은 대가는 오늘날 우리는 시장의
논리라는 자연법칙에 의해 지배되는 세계에 살아갈 수밖에 없다는
허무주의의 늪에 갇히게 된 것이었다. **신자유주의** 세계화가 만들어낸
하나뿐인 세계는 그 세계 안에서 벌어지는 차별과 불평등, 억압과
갈등을 부정하고야 만다. 설령 그것을 발견한다 하더라도 그것은
고통을 겪는 당사자들의 잘못과 무지, 내부적인 실패 탓으로 돌려지기
십상이었다. 달리 말해 그것은 스스로 잘못한 탓이었다. 제3세계는
다른 세계들이 있으며 이 세 개의 세계가 식민주의와 제국주의라는
원리에 의해 얽혀 있음을 드러내주었다. 그러나 이제 다른 세계는
존재할 수 없게 되었다. 단지 하나의 세계만이 있을 수 있을 뿐이며, 그
세계에서 고통과 좌절을 겪고 있다면 그것은 그 세계의 규칙을 따르지
못한 자신의 잘못을 반성해야 할 뿐이었다.

> 1951년 어느 브라질 잡지에서 나는 '제3세계'라는
> 표현을 직접 사용하지는 않았지만 세 개의 세계가
> 존재한다고 설명했다. 내가 제3세계라는 표현을
> 만들어 처음 사용한 것은 1952년 8월 14일 프랑스
> 주간지 『옵세르바퇴르』에서였다. 그 기사는 다음과
> 같은 내용으로 끝난다. "왜냐하면 과거의 제3계급처럼
> 무시당하고 착취당하며 경시되는 제3세계 역시 스스로

무엇인가가 되길 원하고 있기 때문이다." 나는 이와 같이
프랑스대혁명 때 씨에예스가 쓴 제3계급에 대한 유명한
문장을 활용했던 것이다.

제3세계란 말을 발명한 것으로 알려진 프랑스의 인구학자였던 알베르 소비의 말은 제3세계란 말에 담긴 함축을 다시 한 번 일깨워준다. 그것은 숙명과도 같은 자신의 신분적 지위에서 벗어나 자신의 삶의 운명을 스스로 결정하는 시민들의 신분인 제3계급처럼, 제3세계는 새로운 세계의 시민들이 되길 원하는 자들의 이름이기도 하였다. 지금은 빈곤과 내전, 전염병에 시달리는 불쌍한 운명의 세계를 가리키는 전 지구적 남반구(Global South) 혹은 남부(South)라는 이름은 더 이상 자신의 지위를 변화시키려는 자들의 열망과 의지를 담지 못한다. **알제리 민족해방전선**에 가담하여 탈식민 투쟁에 참여하기도 했던 알제리 감독 모하메드 라크다르하미나는 걸작 〈불타는 해의 연대기〉으로 1975년 칸 영화제에서 황금종려상을 받았다. 이 영화에서 주인공은 예언적인 말을 건넨다. "예전에 당신들은 가난하면서 자유로웠다. 이제 당신들은 그저 가난할 뿐이다." 그의 말은 제3세계 프로젝트와 비동맹운동이 실패하면서 겪게 될 미래를 불과 몇 년을 앞두고 예견했던 것처럼 들린다. 제3세계라는 낱말이 어떻게 남부라는 말로 대체되고 말았는지, 그리고 그때 어떤 일이 벌어지게 될지, 아마 모하메드는 예언하고 있었을 것이다. 그러나 그 어떤 위협과 방해에도 불구하고 '남–남' 협력을 통한 연대가 생겨나는 것을 막지 못할 것이다. 그러한 연대로부터 제3세계를 뒤잇는 새로운 프로젝트가 출현한다면, 우리는 다시 그것의 어머니였던 제3세계를 다시 환영하게 될 것이다. (서동진)

제3세계 만화

The Third World Cartoon 第三世界 漫畵

만화가 지닌 대중성은 다른 매체를 능가한다. 만화를 선전 선동에 활용하려는 노력도 다양했다. 2차 대전 승전 프로파간다에 모든 미디어를 동원하던 미국 국무부는, 월트디즈니사에도 교육훈련용 제작 부서를 신설하고 군 장교를 파견해 디즈니 캐릭터를 이용할 방안을 마련했다. 나치가 중남미를 전진 기지로 이용하는 사태를 방지하고 라틴아메리카와 선린 외교를 펼치겠다는 전술 아래, 구피와 도널드 덕이 브라질과 칠레, 아르헨티나 등을 횡단하는 장편 애니메이션 ‹라틴 아메리카의 밤›(1942)가 제작되었다. 이에 뒤이어 멕시코시티를 배경으로 한 ‹세 기사›(1944)도 나왔다. 이때부터 라틴아메리카로 진출한 디즈니 캐릭터를 분석하기 위해, 아리엘 도르프만과 아르망 마틀라르는 『도널드 덕을 어떻게 읽을 것인가』(1971)를 써 '문화제국주의'를 비판한 바 있었다.

　　원제가 "안녕, 친구들"인 ‹라틴아메리카의 밤›은 총천연색 실사 풍경과 애니메이션을 결합한 작품으로, 라틴아메리카에서도 크게 흥행했다. 한데 칠레 만화가 페포는 이 영화를 보고 분노했다. 다른 나라와 달리 항공 촬영을 허가하지 않은 칠레를 이 작품이 안데스산맥 풍경으로 간단히 묘사하고 말았기 때문이다. 페포는, ‹라틴아메리카의 밤›에서 팜파스와 대형 빌딩의 스펙터클이 등장하는 다른 나라 장면보다 칠레의 아름다움과 문화가 더 돋보이는 만화를 제작하겠다고 결심한다. ‹라틴아메리카의 밤›에 나오는 꼬마 비행기 캐릭터 '페드리토'에 응전하기 위해, 페포는 1949년 콘도르를 캐릭터화한 '콘도리토'를 세상에 내놓는다. 안데스를 지배하는 맹금류 콘도르는 칠레를 상징하는 동물이기도 하다. 페포는 아옌데의 집권을 목격하고 피노체트 시대마저 견디며 80년대까지 「콘도리토」 연재를 이어갔다. 유머로 삶을 돌파하는 '콘도리토' 시리즈는 21세기 독자들에게도 사랑받아, 2017년에는 극장용 애니메이션 ⟨콘도리토⟩가 만들어지기도 했다.

　　만화를 '민중의 무기'로 삼아 더욱 적극적으로 활용하려는 노력은 제3세계 곳곳에서 출현한다. 작가이자 인류학자인 엔히크 아브란시스의 만화는 전형적인 사례이다. 1932년 리스본에서 태어난 아브란시스는 앙골라와 카보베르데 등 포르투갈 식민지에 관해 연구하며 반식민운동에 눈뜬다. 1961년 살라자르 독재 정권에게 축출당한 아브란시스는 파리에 망명한 뒤 앙골라해방인민운동(MPLA)에 적극 참여하고, 1964년 알제에 '앙골라 연구센터'를 세운다. 독립 직후 **제3세계** 혁명을 위한 연대에 적극적이었던 알제리 정부가 앙골라 해방운동을 지원한 덕분이었다. 1975년 독립 후 앙골라 국적을 취득한 그는, 1976년 앙골라 국립문화재 및 박물관의 운영 책임자가 되어 1989년까지 앙골라에 현존하는 대부분의 박물관을 건립한다. 한편 아브란시스는 1960~1970년대에 앙골라 해방운동과 알제리 독립을 배경으로 써둔 소설과 시집, 에세이, 희곡 대부분을 1980년대에 공개한다. 리투 실바, 세르지우 피사라 등 동료 만화가들과 함께 낸 『앙골라의 파편들』, 『KK의 해적』 같은 그의 만화 선집들도 80년대 말에야 앙골라에서 공식 출간된다. 한데 아브란시스는 이미 1969년 2월 알제리 최초의 만화 잡지 『웅키데슈』 창간에 관여하고 카피티아(Kapitia)란 필명으로 아프리카 해방 투쟁을 다루는 작품을 활발히 연재한 바 있었다. 카피티아는 그의 소설 속 주인공 이름이기도 했다. 또 아브란시스는 『노예제에 맞서, 자유를 위하여』

등 MPLA 활동가들을 지원하는 내용을 담은 만화 모음집을 앙골라 연구센터에서 계속 발간했다.

'콘도리토'의 고향 칠레에서는 1940년대부터 만화 창작이 융성했고, 노동자, 농민, 학생들이 급진화된 1960년대에는 정치 만화 출간도 활발했다. **살바도르 아옌데 연대미술관** 프로그램을 이끈 칠레대학 라틴아메리카미술연구소의 미겔 로하스 믹스도 라틴아메리카 문화 정체성 형성을 담당한 만화의 역할을 크게 평가한 바 있다. 그러나 **아옌데** 정권 붕괴 후에는 만화 잡지들이 무더기로 강제 폐간되고 말았다. 이렇듯 **제3세계**에서 만화 매체가 탄압받는 사건이 드문 일은 아니었다. 예를 들어, 멕시코 만화가 리우스는 1942년 이래 한 정당이 집권하고 있던 자국 정치 상황을 비판했다는 이유로 26년간 근속했던 신문사에서 1963년 해고당한다. 리우스가 작품을 연재했던 만화 잡지『로스수페르마초스』에도 리우스 작품을 빼라고 정부가 압력을 넣어 연재를 중단시켰다. 그러자 리우스의 친구가 사재를 털어『로스아가차도스』라는 만화 잡지를 1968년에 창간한다. 잡지 제호는 '강탈당한 자'란 뜻인데, 멕시코 만화운동을 상징하는 매체로 성장했다. 이 잡지는 멕시코의 정치 상황 외에도 사회보장제도, 금융 노조, 석유 문제, 식량 문제, 환경 문제, 종교, 아파르트헤이트, 피노체트의 쿠데타, 미국 만화 등 매주 다른 주제를 다루었다. 또 만화 외에 멕시코나 아시아·아프리카의 문화유산을 표현하는 그림, 시도 실었다.『로스아가차도스』는 대학가와 노동조합 등에서 큰 인기를 끌어 학습 교재로도 쓰였다.

아르헨티나, 페루, 푸에르토리코, 니카라과, 중국, 쿠바의 사회문화 단체들은 만화 잡지를 발행하여, 정당운동, 농민운동, 자치독립운동, 환경운동, 과학 및 예술교육에 활용했다. 라틴아메리카의 많은 나라와 같은 언어를 쓰는 스페인이 이 흐름을 먼저 따랐고, 뒤이어 다른 유럽 여러 나라도 만화를 통한 실험과 운동에 동참했다. 캐나다와 미국에서는 **제3세계** 만화운동의 영향을 받은 '코믹스'(Comix) 장르가 출현했다. "X등급 만화"를 표방한 '코믹스'는 베트남전쟁에 반대하고 히피 문화를 옹호하는 일련의 언더그라운드 만화를 가리킨다. 1952년 하비 쿠르츠만이 창간한 『매드』를 비롯한 일련의 '코믹스'들은 신랄하게 정치 풍자를 단행했다. 디즈니의 미키마우스를 패러디한 '미키로덴트', 마블 코믹스(Marvel Comics)의 슈퍼맨을 패러디한 '슈퍼두퍼맨' 캐릭터는 큰 인기를 얻었다. 정치적·사회적 금기를 부수는 표현이 넘쳤던 로버트 크럼의 『잽』(1968), "남성 지배를 벗어나 여성을 위한 여성에 의한 만화"를 향유하자고 주창한 잡지『위민스 코믹스』도 **제3세계** 만화로부터 영향을 받아 나왔다.

 만화운동은 아시아에도 영향을 미친다. **베트남전** 반대 운동이 한창이던 1960~1970년대 일본에서는 노조 사무실에 모여 만화를 그리는 아마추어 만화운동 모임이 활발했다. 한국 문화운동에서도 만화는 큰 비중을 차지했다. 1980년 집권한 신군부가 언론통폐합과 정기간행물 폐지를 단행하며 문화 영역을 옥죄고 있을 때, 가톨릭농민회는『농사꾼타령』(김봉준, 1981), 『학마을 사람들』(탁영환, 1982) 같은 학습만화를 펴냈다. 김봉준은 1970년대 후반 섬유노조연맹의 교육 교재『노동조합이란?』작화에도 참여했다. 그는 1983년부터 유화 국면이 열리자 걸개와 목판화 등으로 민중미술운동을 전개한 동인 '두렁'을 결성한다. 이 무렵 정치만화 무크지(부정기간행물)도 여럿 나와 막혀 있던 언로를 튼다. 기존 미술 창작자들도 만화에 큰 관심을 갖고 미술운동의 수단으로 활용하려 했다. '현실과 발언' 동인 최민화는 김지하의 담시『비어』와 『소리내력』, 그리고 자신이 쓴『세 오랑캐』를 대중 만화 형식을 빈

'창작 판소리 이야기 그림'이라는 장르로 내놓았다. 최민화는 '현실과 발언'이 두 번째로 발간한 동인지에 「삶의 무기로서의 만화」라는 제목의 만화운동론도 투고한다.

"문자를 통한 전달, 소위 **제3세계**적 공동체의 완성은 무엇으로 가능한가 하는 문제에서 볼 때 제약이 있다. 한 폭의 그림, 그림으로서의 소통이 **제3세계** 전체 민중과 동시에 선진 제국의 민중들에게까지 온당하고도 적확한 소통 방식이 되지 않는다면, 그것이야말로 변하지 않는 일일 뿐 아니라 자연스럽지 못한 것이다."
(신은실)

참고문헌
- 현실과 발언, 『1980년대의 새로운 미술을 위하여』, 열화당, 1985.
- 일본 아시아·아프리카 작가회의 편저, 『민중문화와 제3세계 AALA 문화회의 기록』, 신경림 옮김, 창작과비평사, 1983.

제3세계 모더니즘
Third World Modernism

벌판한복판에꽃나무하나가있소 근처에는꽃나무가
하나도없소 꽃나무는제가생각하는꽃나무를열심으로
생각하는것처럼 열심으로꽃을피워가지고섰소 꽃나무는
제가생각하는꽃나무에게갈수없소 나는막달아났소
한꽃나무를위하여그러는것처럼 나는참그런이상스러운
흉내를내었소.

— 이상, 「꽃나무」(1933)

꽃 꽃 꽃/부끄러움을 모르는 꽃들/누구의 것도 아닌
꽃들/너는 늬가 먹고 사는 물의 것도 아니며/나의
것도 아니고 누구의 것도 아니기에/지금 마음놓고
고즈너기 날개를 펴라/마음대로 뛰놀 수 있는 마당은
아닐지나/(그것은 '골고다'의 언덕이 아닌/현대의
가시철망 옆에 피어 있는 꽃이기에)/물도 아니며 꽃도
아닌 꽃일지나/너의 숨어 있는 인내와 용기를 다하여
날개를 펴라

— 김수영, 「九羅重華(구라중화,
글라디올러스의 음차)」 중에서

문학평론가 이경덕은 국문학사에서 식민지와 신식민지 시대를 대표하는 모더니즘 시인으로 이상과 김수영을 꼽는다. 이상과 김수영이 꽃을 소재로 쓴 위의 시 두 편에서 이경덕은 **제3세계** 모더니즘의 특수성을 찾는다. 그는 서구 모더니즘을 대표하는 T. S. 엘리어트의 『황무지』속 히야신스 정원이나 「네 사중주」의 장미 이미지와 이 두 편의 시를 비교하며 이렇게 분석한다. 서구 모더니즘은 꽃에서 순간적인 심상이나 초월적 순간의 현현 같은 추상적 이미지를 끌어내는데 반해, **제3세계**의 꽃은 "공간을 침식당하고 있다"는 삶의 구체적인 느낌을 담고 있다. "공간을 침식당하고 있다"는 느낌은 '식민지 문제'를 다가오게 하는 바로 그것이다. 식민지는 종속과 독점, 독립과 해방이라는 공간적 문제틀을 낳는 동시에, 그 출현 이전과 이후의 시간성, 종속 이전과 이후, 독립 이전과 이후라는 특수한 시간성을 낳는다. 그리하여 **제3세계** 모더니즘은 공간, 즉 땅의 문제를 시간과 연결한다. "벌판한복판", "현대의 가시철망"을 배경으로 꽃을 노래한 이상과 김수영뿐 아니라, **팔레스타인 문학**은 식민이라는 시간 속에 침식당한 땅, 공간의 문제와 씨름하는 대표적인 **제3세계** 현대문학으로 꼽힌다.

이에 비하면, 서구 모더니즘의 개념은 시간과 직결되어 있다. 영화비평가 테솜 가브리엘은 「제3세계 영화비평을 향하여」란 글에서 서구 모더니즘 영화는 '공간'보다 '시간'을 조작하는 데 주력하고, **제3세계** 영화는 '공간'에 더 큰 중요성을 둔다고 분석한다. **제3세계** 영화는 '공간'을 사유하는 롱테이크 및 와이드앵글을 자주 써서 공동체 감각을 일깨우려 한다는 것이다. 『모더니티의 다섯 얼굴』을 쓴 마테이 칼리니스쿠는 역사상 통용되어온 가장 넓은 의미의 모더니티로 "자본주의 문명의 객관화된, 사회적으로 측정 가능하여 시장에서 사고팔 수 있는 상품으로서의 시간"을 꼽는다. 이 모더니티 개념은

산업혁명이 낳은 자본주의 기술과 기업 이윤 추구의 결과이기도
하다. 공장제가 대량 생산과 예술 상품을 비롯한 소비재 대량 소비를
가능하게 하고 철도망이 19세기 중반 산업화된 국가들을 이으며
인구가 증가하자, 국제 무역을 가능하게 하는 금융 수단과 거대 은행
자본이 도래한다. 모더니즘은 시장과 더불어 제국에서 성장한다.
제국의 자본주의는 식민지 자원을 최대한 착취하여 '본토'에 도시를
건설하고 인구를 끌어모은다. 자본이 상업, 제조, 관리, 서비스 산업의
노동 분화를 촉진하고 대규모 문화 시설이 모인 공간을 건설하는 이
과정에 중상주의 국가가 20세기 초중반까지는 개입하지만, 이후에는
국가의 개입이 점차 줄었다고 피터 게이는 『모더니즘』에서 분석한다.
앙리 르페브르, 데이비드 하비 등 신마르크스주의 도시 이론가들도
1960~1970년대 전반 서구 도시화 과정을 분석하며 국가주의 공간
프로젝트는 종말을 고했다고 본다.

이와 달리, 비슷한 시기 **제3세계** 여러 곳에서는 국가 정부가
'근대화' 과정에 전면 개입해 '불도저'처럼 국가 경제의 산업화와
공간의 도시화를 선도한다. 20세기 중반, **독립** 투쟁과 전쟁으로
피폐해진 상태에서 탄생한 **제3세계** 신생 국가들에는 대부분
권위주의적 정권이 들어섰다. 이들은 산업화를 통해 정치권력을
유지하려 하면서, 자원을 대부분 도시 공간 건설과 국책 토건 사업에
투입한다. 회복된 영토를 구획하고 개발하며 관리하는 것이야말로
독립한 현대 국가의 표징이었기 때문이다.

예를 들어 이집트의 가말 압둘 나세르는 "자유롭고 강한
이집트"를 실현하기 위해 아스완 하이 댐을 건설했다. 1902년 영국이
나일강 홍수 조절과 관개용수 확보를 위해 이미 아스완 댐을 건설하긴
했지만, 아스완 하이 댐 공사는 기존 댐보다 더 큰 규모였다. 1960년
소련으로부터 기술 원조를 받아 착공한 아스완 하이 댐은 1971년에야

완공되었다.

　　인도의 자와할랄 네루 총리는 "새로운 국가 건설을 위해" 하비브 라흐만 등 건축가를 불러모아 근대 건축 프로젝트를 추진한다. 또 인도 정부는 **독립** 직후인 1948년에 펀자브주의 찬디가르를 연방 직할 행정주도로 지정하고 계획도시를 건설하려 한다. 산스크리트어로 '희망의 언덕'이란 뜻을 지닌 찬디가르가 인구 1만 5,000 명이 거주하는 행정도시로 탈바꿈하기 위해서는, 구체적인 도시계획과 대규모 환경 정비, 건축이 필요했다. 이에 인도 정부는 1950년에 프랑스 건축가 르코르뷔지에를 초빙하여 찬디가르 도시계획을 일임한다. 르코르뷔지에는 "현대 문명이 진화하는 바로 이 순간 인도는 정신의 매력적인 속성을 재현해낸다"고 화답하며 시청사와 대법원 등을 설계한다. 찬디가르는 북부 관청 지구, 남동부 공업 지구, 북동부 인공호수 등 30개 구역으로 나뉘었고, 1950년에 시작된 공사가 1960년대까지 이어진다. 철근 콘크리트가 주종을 이루는 20세기 모더니즘 건축술을 집약한 찬디가르시 청사 등은 인도 근대화의 상징으로 남았다. 그러나 인도 현실과 조응하지 못한 행정도시 계획은 실패하여, 현재 찬디가르 행정 지구는 비어 있는 상태이다.

　　라틴아메리카에서는 비슷한 시기에 멕시코의 마리오 파니, 브라질의 오스카르 니에메이에르, 베네수엘라의 카를로스 라울 빌라누에바, 칠레의 에밀리오 두아르트 같은 건축가들이 공동 주거단지와 자동차 도로를 중시하는 르코르뷔지에의 모더니즘 건축이론을 적극 끌어안아 신도시를 건설했다. 한국 건축가 김중업도 1952년부터 1955년까지 르코르뷔지에 건축사무소에서 일하고 귀국하여 활동한다.

　　필리핀을 장기간 통치했던 마르코스 독재 정권은 아시아를 대표하는 건축가 레안드로 록신 등을 동원하여 근대 건축 프로젝트를 여럿 진행한다. 이멜다 마르코스가 깊이 관여하고 록신이 설계해 1969년 완공한 필리핀문화센터는 마르코스 집권기를 대표하는 모더니즘 건축물이다. 마닐라 파사이 시티에 위치한 필리핀문화센터는 연극, 무용, 음악 등을 관람할 수 있는 대형 공연장인 예술극장과 국제회의장, 필리핀 전통 예술을 소개하는 전시관으로 구성되어 있다. 이렇듯 **제3세계** 근대 도시 및 건축 프로젝트는 국가주의적 전통을 표상하는 동시에, 굶주린 인민을 먹이고 문화를 융성시켜 인민이 향유하게 하겠다는 욕망을 현현한 것이었다. 또 이 프로젝트들은 식민지 이전과 이후 또는 독립 이전과 이후를 구분하는 분기점을 장소화하는, **제3세계** 모더니즘의 시간성과 공간이 압축된 실례였다.

    1961년 쿠데타로 집권한 한국의 박정희 정권도 예외는 아니었다. 집권 초기인 1963년에 쓴 『국가와 혁명과 나』에서 박정희는 "우리들은 자본주의자도 공산주의자도 아니다. 단지 우리는 우리 사회를 형성하는 중일 따름"이라는 나세르의 말에 깊은 인상을 받았다며 인용하고 "**네루**, 나세르, **수카르노**를 정상으로 하여 앞날의 세계사를 치돌릴 이 중근동의 몸부림"이 '혁명'이란 이름에 값한다며 높이 평가한다. 그리하여 박정희 정권은 소련, 중국, 북한과 인도의 **네루**, 이집트의 나세르 등이 먼저 시행한 경제개발 5개년 계획을 따랐다. 또 박정희는 조국을 농업 국가에서 공업 국가로 도약시키고자 항만 고속도로, 상하수도 등 도시 인프라와 석유화학단지, 제철소 등 산업 시설을 건설한다. 워커힐호텔 힐탑바, 더글라스 호텔, 공간 사옥, 청계고가도로, 세운상가, 삼일로 빌딩, 김포공항, 여의도와 국회의사당 프로젝트 등 이 시기를 상징하는 수도권 대형 건축과 도시 개발 프로젝트에 참여한 건축가 김수근, 김원, 김중업 등은 '박정희 모더니즘'의 실질적 설계자가 되었다. (신은실)

참고문헌

- 이경덕, 「모더니즘 포스트모더니즘 제3세계 프레드릭 제임슨의 논의를 중심으로」, 『실천문학』, 1994년 5월호.
- 디팍 아난트, 「인도에 다가가기」, 『인도현대미술 세 번째 눈을 따라』, 국립현대미술관, 2009.
- 권보드래·김성환·김원·천정환·황병주, 『1970 박정희 모더니즘 유신에서 선데이서울까지』, 천년의 상상, 2015.

↑ 가이아나 노동자연합 회원들이 노동 및 사회 보장부 건물을 나서는 월터 로드니와 그의 동료들의 모습. 맨 앞의 인물이 월터 로드니다.
↗ 국립주경기장에서 평화의 상징 비둘기를 날려보내는 네루

↑ 1969년 엘살바도르 시인 로케 달튼(Roque Dalton)이 아메리카의 집이 주는 상을 받고 발언하고 있다. Casa de las Americas
↗ 1968년 아메리카의 집의 작가 모임에서 아이데 산타마리아(Haydee Santamaria). 1953년 카스트로와 몬카다병영 습격에 나선 혁명가이자 쿠바공산당 중앙위원회 창립멤버인 산타마리아는, 1959년 문화기관인 아메리카의 집을 설립하고 20년간 이끌었다. 아메리카의 집은 쿠바가 봉쇄 속에서도 전 세계 지식인과 예술가와 만나고 협력할 수 있는 공간을 열어주었다. 실비오 로드리게스가 쿠바에서 누에바 칸시온 운동을 시작할 수 있었던 것도 산타마리아의 지원 덕분이었다.

↑ 아프리카 볼타 강 상류지역과 세네갈에서 유네스코의 라디오 정보 교육
↗ 1964년 아스완 댐 건설현장 Manfred Niermann

↑ 1964년 아스완 댐 건설현장 Manfred Niermann
↗ 아스완 댐 건설현장을 둘러보는 나세르 Bibliotheca Alexandrina

↑ 1955년 찬디가르 대법원 개소식에서 르코르뷔지에와 자와할랄 네루.
찬디가르는 인도 정부가 르코르뷔지에에게 의뢰해서 펀자브 주에 세운
계획도시다. Canadian Center for Architecture
↗ 인도 찬디가르 의사당 건물. 철근 콘크리트를 주종으로 야심차게 건설된
찬디가르 계획도시는 인도의 현실과는 맞지 않아 현재는 행정지구의 대부분이
비어있는 상태다.

↑ 필리핀 마닐라의 필리핀문화센터. 1969년 필리핀 정부가 막대한 예산을 들여 완공한 복합문화센터로 국가가 주도하는 경제발전과 근대화의 상징이었다.

제3세계 여성해방

Women's Liberation in the Third World 第三世界 女性解放

1858년 영국령 인도에서 브라만 계급의 딸로 태어난 판디타 라마바이는 아버지에게 산스크리트어와 힌두 경전을 배우는, 당대 여성으로서 극히 드문 행운을 누릴 수 있었다. 그러나 남편이 죽은 후 힌두교 사회가 과부에게 가하는 가혹한 억압을 겪으며 힌두교에 대한 믿음을 잃고 기독교로 개종했다. 그 후 공동체를 세워 여성 특히 과부를 교육하는 일에 평생을 바쳤다. 그는 행복의 조건은 '완전한 독립'이며 여성에겐 "파괴 불가능한 자산인 교육"이 그 선행 조건이라고 역설했다. 라마바이의 목소리는 국경을 넘어 인도네시아 여성운동의 선각자 카르티니에게도 전해졌다. 1879년 네덜란드령 동인도에서 귀족의 딸로 태어나 짧은 학창 시절을 누릴 수 있었던 그는 라마바이의 글을 읽고 "백인 여성뿐 아니라 갈색 피부의 인도 여성도 스스로 자유로워질 수" 있음을 깨달았다. 그는 네덜란드인들과 서신을 주고받으며 "홀로 설 수 있기를 (...) 무엇보다 억지로 결혼하지 않아도 되기"를 갈망했으나, 네 번째 부인이 되어 아이를 낳다가 젊은 나이에 죽는 운명을 피하지 못했다. 두 사람 같은 식민지 여성운동의 선각자들이 (제국주의의 압력에도 불구하고 또는 그 덕분에 지위를 유지한) 구 사회 특권 계급 출신인 것은 필연이었다. 그런 계급의 개혁적이고 관대한 아버지만이 딸에게 교육의 기회를 허용했고, 그런 기회를 통해서만 딸들은 여성도 자립할 수 있는 세계를 접하고 자신이 매인 전근대적 굴레를 자각할 수 있었기 때문이다. 자신이 속한 사회의 위계와 관습이 억압의 원천이었기에, 라마바이에게 기독교가,

카르티니에게 네덜란드 인본주의가 그랬듯, 이들이 서구를 참조한 것 또한 필연이었다.

그러나 1879년 이집트 의회 의장의 딸로 태어나 이집트페미니스트연합(EFU)를 결성한 후다 샤라아위는 서구의 연민에 기대는 것으로는 충분하지 않음을 깨달았다. 샤라아위와 동료들은 히잡을 벗고 1923년 로마 국제여성참정권동맹회의에 참석했는데도, 유럽 대표들은 여전히 이집트 여성을 히잡의 신비에 휩싸인 채 "아무것도 모르는" 이들로 취급했다. 유럽 여성들은 식민지 여성을 연대의 대상이 아닌 동정의 대상으로만 여겼던 것이다. 그런 시선은 다분히 제국주의적기도 했다.

> 서방, 특히 프랑스는 피식민 민중에 대해, 무엇보다 여성에 대해 의식적으로 특정한 관념을 퍼뜨리고 견지했다. 우리들 북아프리카 여성은 언제나 마치 원시적이고 무지하고 남자들에 종속되고 체념해온, 심지어 그러한 상태에 만족하는 피조물로 제시되어왔다. 우리 여성의 조건을 투쟁으로 개선하는 것은 아예 생각도 못하고 더 나아가 우리의 노동권을 정의, 자유, 존엄성 속에서 쟁취하고 다지는 끈질긴 투쟁에는 천성이 모자란다는 것이다.

이런 시선을 정면으로 반박하듯 샤라아위와 동료들은 히잡을 벗어던지고 계급을 넘나들며 전국적으로 여성을 조직해 여성 참정권을 요구하는 동시에 반제국주의 운동에 적극적으로 개입해 시위를 벌였다. **제3세계** 여성에게 여성해방의 문제는 식민지에서 벗어나는 민족해방 문제와 떼려야 뗄 수 없는 문제였고, 민족해방을 통해 만들어진

새로운 사회가 여성 참정권을 비롯한 여성해방의 기초 작업을 해줄
것이라고 보았기 때문이었다. **독립**을 위한 무력 투쟁이 벌어지자
여성들은 무기를 들고 싸우기도 했다. 여성들에겐 공적인 삶이란
한 치도 마련되지 않았던 알제리 같은 사회에서 여성이 저항운동에
나서 무기를 나르거나 투옥되는 것은, 처음으로 여성의 사회적 삶이
시작되었다는 뜻이기도 했다. **파농**은 알제리 여성의 달라진 몸짓과
눈빛에서 알제리전쟁이 가져다준 혁명적 변화를 감지하기도 했다.
베트남전쟁 중 여성들은 게릴라전에 참여해 혁혁한 공을 세웠을 뿐
아니라 걸출한 여성 영웅을 내놓았다. 응우옌티빈은 여성 게릴라
부대를 이끌어 첫 여성 장군이 되었으며, 베트남의 목소리로 활약한
남베트남민족해방전선의 외무부 장관 '마담 빈' 응우옌티빈은
파리평화협정에 서명한 당사자였다. 여성이 민족해방전쟁에 기여한
더 중요한 역할은 전쟁의 와중에도 경제가 돌아가도록 한 것이었다.
베트남전쟁 기간 동안 농업 노동의 80퍼센트, 공업 노동의 48퍼센트를
여성이 떠맡았으며 전 경제 분야에서 여성 참여율은 65퍼센트까지
치솟았다. 해방의 전제 조건으로 여겼던 여성의 사회적 생산으로의
진입이 거의 이루어진 듯했다.

    독립의 물결이 한창이던 1961년 카이로에서 첫 아시아 아프리카
여성회의가 열렸다. 이 자리에는 아시아와 아프리카 신생국 37개국
여성 대표가 모여 신생국에서 여성 해방운동의 경과를 논의하고
제3세계 플랫폼 안에서 추진할 여성 의제를 논의했다. 회의에 모인
여성들은 민족해방 투쟁 안에서 여성도 함께 싸웠으므로 미래를
요구할 권리가 있다고 주장했다. "아직 식민주의의 굴레를 벗어나지
못한 아시아와 아프리카에서 여성은 민족해방과 조국의 독립을
완수하기 위한 투쟁에 능동적으로 참여했다. 여성들은 조국의 **독립**이
여성 해방의 첫 단계라고 여기고 사회에서 제 자리를 차지할 준비를

할 것이다." 여성들은 반식민 **민족주의** 정권을 지지하면서 국가 안에서 사적 영역과 공적 영역을 재구조화하고자 했다. 튀니지의 초대 **민족주의** 정권은 일부다처제를 폐지했고, 인도의 초대 정부는 여성에게 상속과 재산권 행사에서 동일한 권리를 보장하는 민법을 제정했다. 그러나 국가는 종국에는 문화적 보수주의에 무릎 꿇는 일이 더 잦았다. 예컨대 나세르의 근대 국가 프로젝트는 여성의 참정권, 교육권, 노동권을 인정해 공적 영역을 일부 열어주었지만, 사적 영역에서는 이슬람 세력의 반대에 부딪혀 이슬람 가족법을 폐지하지 못했다. 또한 민족 해방 정권이 추진한 국가 주도 발전 모델은, 공업과 집단 농업으로 대표되는 근대적이고 사회화되거나 국영화된 공식 부문과 가내 생산, 수공예, 하청 노동의 보조적 비공식 부문으로 나뉘는 이중 경제 모델이었다. 그 결과 자본 집약적이고 기술 집약적이며 고임금의 공식적인 부문은 주로 남성의 영역이 된 반면, 노동 집약적인 비공식 부문은 여성의 몫이 되었으며 여성 노동은 값싸고 유연하고 비공식적인 채로 남았다. 이런 상황은 1970년대 이후 다국적자본이 **제3세계** 여성 노동을 '재발견'하고 신국제분업 안으로 적극적으로 편입시키는 결과를 낳았다. **제3세계** 곳곳에 세워진 자유무역지구의 의류 및 전자산업 공장은 "민첩한 손재주와 순종하는 미덕"을 지닌 여성 노동자들의 저임금 장시간 노동으로 굴러갔다. 아시아의 네 마리 용을 비롯한 **신흥공업국도** "노동 집약적 산업에 여성 노동자들을 낮은 임금에 묶어줌으로써 수출 산업의 국제 경쟁력을 유지"하고 "중공업의 숙련 집약적 직종으로 동원된 남성 노동자들이 상대적 고임금, 빠르게 상승하는 실질임금의 혜택을 누리게" 하는 실질적인 이중 경제 모델을 따라, 잉여가 상대적으로 큰 곳에서도 사정은 다르지 않았다. 1970년에 이미 에스테르 보세루프는 **제3세계** 국가에서 어떤 형태의 발전이 이루어지건 상관없이 여성에게 돌아오는 (실질적) 혜택은 거의 없다는 것을 밝혀냈다. 새로운 사회 건설을 위해 함께 싸웠을지라도, 실질적인 자원 배분이 벌어지는 순간 여성은 늘 밀려나고 배제되었다.

 1961년 카이로 회의는 여성의 경제적 독립에 관해 집중적으로 논의하고 상세한 권고안을 내놓았다. 권고안은 동일 노동 동일 임금, 동등하게 노동할 권리, 임신과 출산으로 차별받지 않을 권리, 성별이 아니라 능력에 따라 승진할 권리, 직업 훈련과 기술 훈련을 받을 권리 등을 제시하고, 여성들이 주로 떠맡는 임시 계약직을 폐지할 것을 촉구했다. 이 내용은 1920년 바쿠회의에서 제안된 내용과 크게 다르지 않은 것이었다. 이는 결국 탈식민 이후에도 여성의 경제적, 정치적 권리에 관한 한 별다른 진보를 이루지 못했음을 반증하는 것이었다. 21세기에 이른 오늘날에도 이는 온전히 성취되지 않은 터라, **제3세계 여성의 "완전한 독립"**에 이르기 위해서는 가야 할 길이 멀다. 여전히 "여성은 최후의 식민지"로 남아 있다. (박소현)

참고문헌

- Colin Mackerras, Richard Maidment, *Culture and Society in the Asia-Pacific*, Routledge, 1998.
- 노서경, 『알제리전쟁 1954~1962』, 문학동네, 2017.
- 마리아 미즈, 『가부장제와 자본주의』, 최재인 옮김, 갈무리, 2014.
- 남화숙, 『배 만들기 나라 만들기』, 남관숙 옮김, 후마니타스, 2013.

여성은 짙은 구름을 뚫고 빛나는 별. 남성의 의지가 시험에 드는 고난의 시절이면 여성이 일어난다. 힘든 순간 여성이 곁에 나타나면 남성은 결코 반대하는 말을 꺼내지 않는다. 그러나 여성의 위대한 행동과 끝없는 희생만으로는 남성의 여성관을 바꿀 수 없다. 남자들은 오만 때문에 여성의 능력을 인정할 수 없기 때문이다.

— 후다 샤라아위, 『하렘 시절』 중

제3영화
Third Cinema 第三映畵

1968년, ‹불타는 시간의 연대기›라는 아르헨티나 영화가 세상에 나왔다. "불타는 시간"은 **체 게바라**를 비롯한 라틴아메리카 작가, 시인, 역사가들이 여러 세기에 걸쳐 민중의 투쟁을 가리키기 위해 즐겨 쓰던 표현이었다. 아르헨티나는 1955년 페론 정권이 무너진 뒤 네 명의 대통령이 임기를 채우지 못하고 교체되며 1966년 후안 카를로스 옹가니아가 쿠데타로 집권하기에 이르렀다. 카를로스 군사 정권은 "공산주의자들을 뿌리 뽑겠다"며 폭력적인 반노조 정책을 펼치고, 1967년 신대학법을 제정하여 재학생들의 모든 정치 활동을 금지했다. 그러자 노동조합과 학생운동은 급진화하여 도시와 산악 지대에서 게릴라 조직을 결성하기에 이른다.

이즈음 아르헨티나의 페르난도 솔라나스와 옥타비오 헤티노는 영화 게릴라 활동을 표방하는 시네리베라시온(해방영화) 집단을 결성하고, ‹불타는 시간의 연대기›를 제작한다. 총 상영 시간이 248분에 달하는 영화는 세 부분으로 이루어져 있다. 1부 '**신식민주의와 폭력**'은 아르헨티나의 역사·지리·경제·사회 상황을 정치하게 분석한다. 또, 19세기에 스페인으로부터 **독립**했으나 20세기에는 미국 경제에 종속되어 있는 아르헨티나 정부가 파업을 폭력으로 진압하고, 자국 부르주아지가 과두 독재를 자행하는 현실을 빠른 리듬의 몽타주로 보여준다. 2부와 3부는 먼저 제작한 1부를 시네리베라시온 집단이 관객과 함께 보고 토론한 결과를 뒤이어 영화로 만든 것이다. 2부 '**혁명을 위한 행동**'은 페론 집권기를 분석하고 페론이 실각한 후 격화되어가는 민중들의 투쟁을 다룬다. 3부 '폭력과 해방'은 도시 주변부에 거주하는 노인, 아르헨티나 군사 정권이 수배한 노동 운동가 등과 직접 대화하며 승리를 위한 길을 모색한다.

　이렇듯, 1960년대 후반 아르헨티나의 정치·사회·문화에 대한 종합 보고서 격인 〈불타는 시간의 연대기〉는 신식민지로 전락한 라틴아메리카 민중의 투쟁을 촉구하는 프로파간다 영화였다. 영화는 산악당(montoneros) 등 아르헨티나 게릴라 조직에도 큰 영향을 끼친 콜롬비아 사제 카미요 토레스의 편지로 끝난다. 반정부 게릴라 무장 항쟁에 참가하여 정부군 총에 죽은 토레스는 이렇게 썼다. "단 하나의 길은 (...) 투쟁이다!" 〈불타는 시간의 연대기〉는 형식적으로도 특별했다. 뉴스릴, 오페라 양식을 차용한 부분과 사진·극영화·광고·방송·회화 푸티지가 공존하며, **피델 카스트로**와 **프란츠 파농**의 인터뷰가 인용된다. "모든 관찰자는 겁장이거나 배반자다", "라틴아메리카의 해방 투쟁에 헌신한 모든 애국자들에게 경의를!" 실험적인 타이포그래피와 현대 음악, 고전 음악이 나란히 작품 안에 병치되기도 한다. 아르헨티나 당국은 〈불타는 시간의 연대기〉 상영을 금지했고, 시네리베라시온 집단은 게릴라 방식으로 영화를 배급한다. 백여 벌의 프린트를 지하 상영하며 솔라나스와 헤티노는 아르헨티나 관객들을 만났다. 1968년 6월 이탈리아 페사로영화제에서도 〈불타는 시간의 연대기〉가 상영되어 **제3세계**를 비롯한 세계 영화계에 큰 반향을 일으킨다. 아르헨티나 군부는 이후 어떤 아르헨티나 영화의 해외 상영도 엄격히 금지한다. 〈불타는 시간의 연대기〉가 나온 1968년 전후 아르헨티나에서는 1년에 약 400편의 영화가 상영되었는데, 그중 30편 정도만 아르헨티나 영화였고 나머지는 대부분 할리우드 영화였다. 산업은 물론 문화 부문에서도 라틴아메리카를 장악하고 있던 미국과의 역학 관계가 드러나는 통계이다.

    1959년 혁명을 선취한 쿠바 영화는 달랐다. 혁명 직후 문화국에 영화부가 설치되자, 스페인과 싸운 독립 항쟁 영웅 호세 마르티의 사상에 기대 반외세·반독재를 외친 혁명 투쟁을 다루는 시네 맘비(Cine Mambi) 영화 제작에 쿠바 영화계는 집중한다. 혁명정부법에 의거해 1960년 설립된 쿠바영화예술산업기구(ICAIC)는, 1965년에 이르면 국내 영화 배급과 창작 제도를 모두 통제하며 한 해에 백 편이 넘는 영화를 제작하고 라틴아메리카 영화계를 주도한다. 토마스 구티에레스 알레아, 훌리오 가르시아 에스피노사 등이 주도한 초기 ICAIC에서는, 네오리얼리즘 시나리오 작가 체사레 자바티니, 다큐멘터리 거장 요리스 이벤스, 소련의 로만 카르멘과 미하일 칼라토조프, 프랑스의 크리스 마커와 아녜스 바르다 등이 영화 교육을 맡았다. ICAIC는 예술로서의 영화를 법제화했고, 영화 산업은 새로운 국가 건설을 기초하는 데 이바지해야 하며, 국가 동질성 추구에 일익을 담당해야 한다고 표방했다. ICAIC는 『시네 쿠바노』 등 영화 잡지와 이론서를 출간하고, '라틴아메리카 ICAIC 뉴스'를 정기 제작·배급했다. ICAIC 책임자 산티아고 알바레스는, ‹하노이, 13일의 화요일›(1968), ‹L.B.J.›(1968), ‹79번의 봄›(1969)과 같은 걸작 다큐멘터리로 베트남 및 북미 민중들과 연대한다. 이 시기 라틴 아메리카 영화를 대표하는 여성 감독이며, 극영화 ‹확실한 방법›(1974)과 다수 다큐멘터리를 제작한 사라 고메스도 ICAIC에서 활동했다.

    살바도르 아옌데와 인민연합이 선거에 승리하여 집권한 뒤, 칠레 영화산업도 국유화되었다. ‹나후엘토로의 자칼›(1969)로 칠레 정치영화를 대표하던 미겔 리틴이 국영 영화제작기구 '칠레 영화'(Chile Films) 대표로 임명됐다. **아옌데 집권기 칠레 영화**는 쿠바의 전례를 따라 뉴스영화와 기록영화 제작 비율을 늘렸다. 또한 산업 국유화를 거부하며 해외 자본과 결탁하는 지배 계층을 고발하고, 노동 계급의 의지를 고취하며 **제3세계** 민중과 연대하는 서사를 장려했다. 대통령 선거운동 기간부터 아옌데를 지지하기 위해 모인 칠레 영화인 협의체 이름이 바로 **제3세계 영화(Cinematografia Tercer Mundo)'**였다.

한편 볼리비아에서는 1964년 에스텐소로 정부가 전복된 뒤 군사 쿠데타와 독재가 이어지고 있었다. 호르헤 산히네스가 주도한 볼리비아의 우카마우 집단은 미 제국주의가 인디오의 문화와 정체성을 파괴하는 과정을 그린 ‹콘도르의 피›(1969)를 실존 인물들과 협업하여 다큐멘터리 방식으로 만든다. 또한 외국 자본과 결탁한 군대가 파업 중인 광부들을 학살한 사건을 생존자·목격자들과 함께 토론하며 재구성한 ‹민중의 용기›1971)도 발표한다. 그리하여 우카마우 집단은 민중이 영화 제작의 주체가 되는 방법론을 현장에서 계속 실험한다. 콜롬비아의 '칼리 그룹'은 루이스 오스피나를 중심으로 하여 ‹보고 들어라!›(1972), ‹아순시온›(1975) 등을 제작했다. 이들은 아방가르드와 장르 양식을 넘나들며 콜롬비아의 정치, 제3세계의 경제와 사회 문제를 금기와 성역 없이 다루었다.

솔라나스와 헤티노는 이처럼 치열하게 전개되고 있던 라틴아메리카 영화운동의 경험을 바탕으로, **제3세계 영화운동**을 위한 이론적 틀을 정초하려는 선언문 「제3영화를 위하여」(1976)를 발표한다. 이 선언문에 따르면, 영화는 서구에서 시작되어 서구 중심으로 발전해왔다. 그러나 1960년대에 발흥한 **제3세계 영화운동**은 관습적인 영화 내용이나 형식과는 다른 줄기에서 출발했다. 제3세계 영화운동은 전통적 영화를 대중을 마취시키거나 현실로부터 도피시키는 오락으로, 또 부르주아 계급에 친화적인 추상적이고 관념적인 내용을 담은 예술로 인식했다. 때로 비판적 영화가 만들어진다 해도, 비판을 위한 비판에 그쳤다. 그 결과, 전통적 영화는 제국주의와 지배 계급의 관점을 옹호하는 요소들을 노골적으로 또는 은연중에 포함했다. 이러한 영화들은 **제3세계** 민중을 문화로 지배하여 제국주의 팽창과 지배 계급 통치를 돕는 구실을 한다. 2차 대전 이후 정치 **독립**을 획득한 **제3세계** 민중들은 신식민주의에 대항하여 경제와 문화 부문에서도 **독립**을 모색하며 문화운동을 전개했다. **제3세계** 영화운동은 민족·민중문화운동의 큰 몫을 담당하며 출발했다. 그러므로 **제3세계** 영화운동의 주체가 '민중'이 되는 것은 당연했다.

「제3영화를 위하여」는 전형적인 할리우드식 상업영화를 1영화로 칭하는 한편, "제국주의와 지배 계급의 허위와 모순을 비판하고 민중의 각성을 꾀"하지만 지배 질서 아래 상업 영화 시스템 안에서 만들어지기에 근본적 변화를 가져오지 못하는 작가 영화를 2영화로 칭했다. 제3영화 이론은, 글라우베 로샤와 루이 게라 등이 주창한 브라질의 몇몇 시네마 노보 작품조차 2영화로 간주했다. 시네마 노보는 "배고픔의 미학"을 내세우며 군사 독재 아래 고통받는 민중들에게 자신들의 비참한 삶을 깨닫게 하려 했다. 그러나 ‹검은 신, 하얀 악마›(1964)와 같은 작품은 지식인 중심으로 소비되는 한계를 드러내며 영화인들의 자기만족을 위한 영화가 되고 말았다는 것이 제3영화 선언이 비판하는 바였다. 또한 일부 시네마 노보 작품도 이탈리아 네오리얼리즘과 프랑스 누벨바그로부터 받은 영향을 씻어내지 못하는 형식 문제를 지녔으며, 체제가 허용하는 선 안에 머물렀다는 근본적 한계가 있었다.

솔라나스와 헤티노는 1영화와 2영화의 단계를 벗어나 제국주의와 상업영화 체제에 대항하는 새로운 영화를 제3영화라

칭했다. "체제와 융화할 수 없고, 체제와 직접 투쟁을 시작하는"
제3영화는 제작 방식부터 다를 수밖에 없었다. 제3영화는
민족·민중해방운동이 구체적으로 진행 중인 국가에서 생산되며,
자본의 논리와 체제에 대항하는 것이 목적이므로 게릴라적 활동이
필요하다. 기존 상업 제작·배급 구조와 궤를 달리하는 제3영화는
정치 조직에서 제작·배급하기도 한다. 솔라나스는 제3영화의 "혁명적
실천"을 위해서는 영화 제작 자체의 해방을 경험해야 하며, 이는
영화인 자신의 해방과 더불어 실현된다고 주장했다. "체제 밖에서
완전히 새로운 영화인 제3영화를 성취할 가능성은 영화라는 장에
있는 사람들이 스스로 감독(director)로부터 탈피해 총체적인 영화
작업자(total film maker)로 바뀔 수 있느냐에 달려있다." 솔라나스는
제3영화가 특정한 하나의 양식을 지칭하는 용어는 아니라고 누차
밝혔다. 그에 따르면, 반제국주의적이고 반식민지적인 소명이
표현되거나 민중의 현실과 상황을 구현하는 모든 반(反)장르 영화가
제3영화이다. (신은실)

참고문헌
- 배인정·최장집 외 『제3세계 연구 1』, 한길사, 1984.
- 서울영화집단, 『'서울영화집단'이 엮은 영화운동론』, 도서출판 화다, 1985.
- 서울영화집단, 『새로운 영화를 위하여』, 학민사, 2000.

줄리어스 니에레레
Julius Nyerere

므왈리무(Mwalimu)! 스와힐리어로 선생님이란 뜻을 지닌 이 낱말은 탄자니아 민중들은 물론 아프리카인들의 마음속에 깊이 자리했던 한 인물의 별명이다. 그는 위대한 **제3세계** 정치 지도자인 줄리어스 니에레레(1922~1999)이다. 니에레레는 **제3세계**의 흥망성쇠와 함께한 인물로서 숱한 논란의 주인공이었다. 그는 우자마아(Ujamaa)라는 독특한 아프리카식 사회주의를 표방하고 실험했다. 이는 후진적인 러시아 사회가 자본주의를 거치지 않은 채 바로 사회주의로 나아갈 수 있는가를 둘러싼 사회주의자들 사이의 논쟁을 상기시켜준다. 이 논쟁에서 마르크스는 농촌의 공동체가 사회주의의 밑거름이 될 수 있다는 주장을 펼치며 자본주의를 거친 상태에서만 사회주의로 나아갈 수 있다는 생각을 반박했던 바 있다. 그러나 한편으로는 자본주의적 근대화를 향해 나아가는 것이 필수적이라고 보았던 많은 **제3세계** 급진주의자들은 니에레레가 마르크스주의를 몰라도 한참 모른다고 비웃곤 했다. 한편 니에레레는 **제3세계** 민중들이 식민주의와 그 유산에 맞서 싸운 데 있어 민족과 아프리카라는 '상상된 공동체'를 만들어내는 것이 얼마나 중요한지 역설했던 인물이기도 했다. 그는 '범아프리카주의'를 실현할 수 있는 중요한 수단으로, 동아프리카에서 널리 쓰이던 언어인 스와힐리어를 보급하고자 평생 헌신했다. 이를 위해 그는 영문학의 고전을 스와힐리어로 옮기기도 했다. 또한 그는 프로젝트가 위기에 처했을 때 이를 기사회생시키고자 '남부위원회'를 조직해 열정적으로 활동했다. 이미 **비동맹운동**은 붕괴되고 있었고 **제3세계**의 많은 나라의 지배 계층들은 새로운 기회를 엿보고 있던 위기의 시대였다. 제3세계 나라들의 자본가 계급은 식민주의자가 남기고 간 자산을 불하받거나 원조나 차관을 독점하여 축적했던 자신들의 부 위에서 새로운 곳을 향해 나갈 채비를 했다. 이를테면 외국의 투자자들과 손을 잡고 수출가공공단이나 경제특구 같은 곳에서 값싼 임금을 이용한 수출 상품을 제조하는 식이었다. 안타깝게도 남부위원회를 통해 **제3세계** 프로젝트가 제창했던 꿈을 되살리려 했던 니에레레의 꿈은 물거품이 되었다. 그는 1999년 폐렴으로 입원한 영국 런던의 어느 병원에서 고요히 세상을 떠났다.

  1967년 2월 5일 줄리어스 니에레레 대통령은 1만여 명이 넘는 군중들 앞에서 탄자니아의 사회경제적 발전을 위해서뿐만 아니라 전체 아프리카에서 더 없이 중요한 하나의 문서를 발표했다. 그것이 '아루샤 선언'이다. 그것은 경제적 발전을 꾀함에 있어 대중적인 사회적 토대, 그리고 이러한 발전의 성격과 방향에 대해 첨예한 관심을 불러일으켰다. 아루샤 선언에 대한 과거 **식민주**의 나라들이 보인 비웃음은 당연한 것일지도 모른다. 어느 미국 주간지는 아루샤 선언을 두고 "부족 사회주의"(tribal socialism)라며 비웃었다. 아루샤 선언에서 니에레레가 제안한 아프리카 사회주의는 우자마아라는 사회주의적 발전을 향한 운동에 근거한 것이다. 1962년 「우자마아 아프리카 사회주의의 토대」라는 팸플릿을 발표하면서, 니에레레는 아프리카에서의 사회주의란 무엇인가에 대한 놀라운 생각을 알린다.

  우자마아는 스와힐리어로 '가족다움'(familyhood)을 뜻한다. 이 말이 암시하듯 우자마아는 전통적 가족 공동체를 민족이란 공동체를 건설하는 과정과 결합하는 것을 뼈대로 삼았다. 그런데 우자마아는 단지 국가 내부의 공동체 만들기와 관련이 있을 뿐이라고 오해해선 안 된다. 우자마아는 가나의 **은크루마**나 세네갈의 레오폴 상고르,

기니의 세쿠 투레 같은 범아프리카주의를 주창한 인물들의 생각과도
분리시킬 수 없다. 그것은 아프리카 대륙 전체와 탄자니아를 어떻게
연결할 것인가라는 문제와 떼려야 뗄 수 없는 생각을 품고 있었다.
우마자아는 탄자니아에서 보다 공정하고 행복한 사회를 만들기
위한 프로그램을 담고 있었다. 그러나 그에 더해 범아프리카주의에
이바지하면서 아프리카 민중들의 국제주의를 추구하는 것이었다.
이러한 생각에서 니에레레는 다르에스살람대학교에 아프리카 전역의
학생과 운동가들을 초대했고 이 대학은 훗날 아프리카의 급진적
지식인들이나 학생들의 요람이 되었다.

　　니에레레의 우자마아는 아루샤 선언을 통해 탄자니아 정치의
좌표가 되었다. 영국에서 유학하는 동안 협동조합 사회주의자들인
페이비언 사회주의자들(Fabian Socialists)과 가까이 지내며
그들에게 감화를 받은 바 있던 터라, 사람들은 아루샤 선언에서
로버트 오웬식 사회주의의 색채를 감지하기도 한다. 아니면 **월터
로드니**가 생각했던 것처럼 아프리카에 널리 퍼져 있던 민중들의
자생적인 공동체에서 사회주의를 향해 나아갈 수 있는 세포 형태를
찾는 마르크스주의적 사회주의를 찾아볼 수도 있다. 그러나 반세기
전 탄자니아에서 쏘아올린 그 선언에서 중요한 것은, 어두운 빛깔로
채색된 형체 없는 빈곤한 대륙이라는 뿌리 깊은 패배주의에서 벗어나
스스로의 힘과 상상력으로 유토피아적 비전을 만들어내고 실행했다는
점에 있을 것이다. 이는 **신자유주의**적 세계화 이후 초토화된 사하라
이남의 아프리카만 알고 있는 이들에겐 거의 알려져 있지 않은
모습이다.

　　불행하게도 우자마아는 그리 행복한 모습으로 기억되지 않는다.
많은 경우 **제3세계**에서 추진되었던 **개발/발전**이 그랬던 것처럼,
똑똑한 척하는 이들은 우자마아라는 사회주의적 촌락 공동체를

만들어가는 과정에서 숱한 실수가 있었음을 고발하는 데 목소리를
높일 뿐이었다. 물론 그러한 비판들이 틀린 것은 아니었다. 흩어진
채 농사를 짓고 살아가던 농민들을 강제로 집산화된 협동농장으로
조직하는 일은 농민들에게 환영을 받는 일은 아니었다. 협동농장을
통해 생산과 교환, 분배를 사회화하는 것이 효율적이고 또 생산성을
증대시킬 수 있다. 그러나 그것이 대중들의 자발적 참여가 아니라
국가의 강제 이주를 통해 이뤄진다면 문제가 달라진다. 또 자신들이
생산 과정에서 자율적으로 결정하는 것이 아니라 무엇을 재배하고
어떻게 경작할지 일일이 간섭한다면 대중들의 지지는 더욱 멀어질
수밖에 없다. 그리고 무엇보다 농촌 생활에서 여성들이 차지하는
주도적이고 결정적인 역할을 무시한 것은 치명적인 일이었다. 결국
언제나 과거의 **식민주의**에 의존하거나 종속되지 않은 자립을
요구했던 탄자니아 역시 무릎을 꿇었다. 탄자니아 역시 1989년대에
접어들며 어쩔 수 없이 **브레튼우즈 기관**들에 달려가야 하는 처지가
되었다. **신자유주의적** 세계화의 밀물에 탄자니아 역시 익사하고
말았던 것이다.

더욱 가슴 아픈 일은 **신자유주의적** 세계화에 맞서 **제3세계**
프로젝트를 부활하고자 했던 니에레레의 마지막 노력이 좌절을
면치 못했다는 점일 것이다. 그는 남부위원회의 의장 자리를 맡고
1990년 역사적 보고서인 「남부에의 도전」을 제출했다. 그러나
이제 남부라는 이름의 세계는 니에레레가 선봉에 섰던 **제3세계**나
비동맹운동과는 다른 것이었다. 이미 많은 남부의 지도자들은
신자유주의적 개혁을 향해 다투어 나서고 있던 참이었다.
신자유주의가 새로운 **발전**의 모델로서 부상한다고 해서 니에레레가
꿈꾸었던 **발전**을 향한 원칙이 빛바랜 것은 아니다. 니에레레는 그
어떤 억압으로부터도 벗어나 스스로의 잠재력을 발휘할 수 있고 위엄

있고 충일한 삶을 살아갈 수 있도록 하는 것이 발전이어야 한다고 생각했다. 근대화 프로젝트로서의 **발전**은 파산한 이데올로기라는 포스트식민주의자들의 냉소나 오직 **신자유주의적 발전**만이 가능하다는 가짜 현실주의자들 사이 어딘가에 니에레레의 꿈을 이어가는 이들이 숨을 쉬고 있을 것이다. (서동진)

탄자니아에는 자신들의 자유를 잃은 수백 개가 넘는 부족들이 있다. 그 자유를 되찾은 것은 하나의 민족으로서였다.
— 니에레레, 1969년 2월, 토론토대학교에서의
「아프리카의 안정과 변화'」연설 중에서

체 게바라주의
Guévarisme

체 게바라주의라는 용어는 아르헨티나의 의사이자 쿠바 게릴라 사령관이 된 에르네스토 체 게바라(1928~1967)라는 인물과 그의 사상을 지칭하는 용어이다. **체 게바라**는 **피델 카스트로**의 지휘하에 1959년 쿠바의 풀헨시오 바티스타의 독재를 무너뜨렸으며 혁명 정부에서 산업부 장관을 지냈다. 그는 산업부 장관을 지내면서 공산주의에 대한 더욱 근본적이고 급진적인 개념화라는 이름으로 소비에트 경제 모델을 비판했다. 체 게바라는 볼리비아에서 새로운 게릴라 운동을 전개하기 위해 1965년 자신의 직책에서 물러났다. 1966년 집필한 마지막 글인 「**삼대륙회의**에 전하는 메시지」에서 체 게바라는 라틴아메리카에서의 자신의 투쟁에 대한 비전을 다음과 같이 표현했다. "다음의 두 가지 이외에 우리가 수행해야 할 다른 혁명이란 존재하지 않는다. 사회주의적 혁명이거나 왜곡된 혁명이거나." 체 게바라는 볼리비아 **군부** 독재에 의해 투옥되어 1967년 10월 8일 처형당했다.

체 게바라의 사상, 그중에서도 특히 혁명의 사회주의적 특징과 전투 방법으로서의 게릴라전에 대한 사상은 혁명적 좌익 조류, 특히 라틴아메리카의 좌익 조류에 의해 채택되었다. 칠레의 혁명적 좌익운동(MIR), 아르헨티나의 인민혁명군(ERP), 볼리비아의 인민해방군(ELN) 그리고 우루과이의 투파마로스(Tupamaros) 운동은 체 게바라를 표방하는 혁명적 연합정부를 1974년에 구성했다. 이 체 게바라주의 운동 대부분은 1970년대 동안 코노

수르(라틴아메리카 최남단 지역으로 구성된 지리적 영역을 가리킨다 옮긴이)의 군부 독재 정권들에 의해 파괴되었다.

    최근 우리는 라틴아메리카에서, 예를 들어 치아파스의 사파티스타 운동 혹은 브라질의 무토지 농민운동(MST)과 같은 여러 운동에서 더욱 넓은 의미의 혁명적 급진성을 지닌 체 게바라주의의 영향력을 확인할 수 있다. (미카엘 뢰비)

출전
- 미카엘 뢰비, 에마뉘엘 르노, 제라드 뒤메닐 지음, 『마르크스주의 100단어』, 배세진 옮김, 두번째테제, 2018. [프랑스어판] Michael Löwy, Gérard Duménil, Emmanuel *Renault, Les 100 mots du marxisme*, (c)PUF, 2010.

초현실주의
Surréalisme 超現實主義

'초현실주의'라는 용어는 1917년 프랑스 작가 기욤 아폴리네르가 처음 썼다고 알려져 있다. 그는 자신의 희곡 『티레지아스의 유방』에 '초현실주의 연극'이라는 부재를 달았다. 또 장 콕토의 무용극 ⟨퍼레이드⟩를 일컬어 "리얼리즘을 초월한 진실, 즉 일종의 '초-현실주의'(sur-réalisme)"라 부르기도 했다. 전방과 후방 개념이 사라진 1차 대전으로 초유의 대량 인명 살상을 경험한 유럽 예술인들은 현실을 극복하기 위한 방법론으로 무의식에 기대는 초현실주의 운동을 시도한다. 그들 중 1927년에 프랑스 공산당에 가입했다가 6년 만에 퇴출당한 브르통은 현실 정치가 아니라 초현실주의를 통한 예술의 국제 연대와 혁명 운동 참여를 모색한다. 1938년 멕시코 국립자치대학에서 열린 초현실주의 학회에 참가한 브르통은 프리다 칼로, 디에고 리베라 등을 만나 '독립혁명예술국제연합'(FIARI)을 함께 설립했다. 이들은 "독립적인 혁명 예술은 힘을 모아 보수적 박해에 맞서 싸우고 마땅히 존재할 권리를 외쳐야 한다"라고 선언했다. 그리고 "혁명을 명분으로 한 예술 독립"과 "예술 해방을 명분으로 한 혁명"을 동시에 주장했다. 이 선언문은 멕시코에 망명 중이던 트로츠키도 함께 썼다고 알려져 있다.

한편 이집트의 시인이자 비평가인 조르주 헤네인은 외교관 가족으로 유럽에서 교육받으며 초현실주의를 처음 접했다. 프랑스 유학 중 브르통과 친교를 나누고 귀국한 그는, 이집트에서 국제주의를 전파하던 프랑스어 구사자들의 문학 단체 '에세이스트'에 가입한다. '에세이스트'는 1938년에 이탈리아 파시즘을 대변하는 미래파 필리포 토마소 마리네티를 초빙해 강연을 연다. 마리네티가 이집트 알렉산드리아 출신이라는 명목이었으나, '독립혁명예술국제연합' 등과 연대하던 이 단체의 정치 지향과 어긋나는 일이었다. 마리네티 강연회 개최에 반발한 헤네인은 '에세이스트'를 탈퇴하고 1939년에 '예술과 자유 그룹'(Art and Liberty Group)을 창립한다. '예술과 자유 그룹'은 1940년부터 1945년까지 해마다 《자유미술전》을 개최했으며, 반파시즘, 반제국주의, 교육 제도 개선, 여성 권리 신장, 빈곤 구제, 표현과 욕망의 자유 같은 주제를 시각예술과 연계했다. 여기에는 시리아와 레바논의 작가들도 참여했다. 헤네인의 동료 람세스 유난은, 현실 초극 의지를 양식화하는 유럽 초현실주의와 달리 급진적인 사회·정치 개혁을 직접 언급하는 이집트 초현실주의 운동의 흐름을 '주관적 리얼리즘'(Subjective realism)이라고도 일컬었다. 헤네인은 1948년 국제 초현실주의 운동과 교류를 중단하고 브르통과 절교한다. 브르통이 1948년 이스라엘 국가 수립을 찬성한 반면, 헤네인은 팔레스타인인들이 살고 있는 영토라는 이유로 이스라엘 건국을 반대했기 때문이다.

　　미술사가 살라 하산은 이집트 초현실주의를 "서구 모더니즘의 파생물이 아니라 자체적인 탐구로 가치를 지니는 근대성에 대한 독창적 실험"으로 평가한다. 이들의 활동은 북아프리카의 반식민주의 투쟁과 범아랍 현대예술의 저항 전통 형성에 큰 영향을 미쳤다. 시각예술가이자 작가였던 샤키르 하산 알사이드, 제와드 셀림이 1951년 결성하여 아랍 문화 정체성 구축과 혁명적 예술을 주창한 이라크의 '바그다드 근대미술그룹'(The Bagdad Modern Art Group), 역시 이라크 출신인 압둘 카다르 엘자나비 등이 1970년대에 파리에서 조직한 아랍 초현실주의 그룹도 이집트 초현실주의의 영향을 받았다.

한편, 세르비아 태생 작가이자 출판인·외교관이었던 마르코 리스티치도 헤네인과 비슷한 시기에 파리에서 브르통과 교류하고 귀국한다. 그는 베오그라드에서 「초현실주의 선언」을 출판하고 초현실주의 예술운동을 전개하며 헝가리·체코 지역 예술가들과도 교류한다. 또, 리스티치는 2차 대전이 끝난 뒤 동서 유럽 및 아프리카, 아시아, 라틴아메리카 문화예술계와 유고슬라비아가 교류하고 전시를 유치하기 위해 조직된 '국제문화친선교류위원회'의 좌장을 맡는다. 현실 사회주의와 절연한 서유럽 초현실주의와 달리, 유고슬라비아 초현실주의 진영은 새로운 사회주의 국가 건설을 위해 건축, 도시계획, 산업 디자인까지 망라한 새로운 국제 연대의 주역이 되었다. 국제문화친선교류위원회를 진지로 삼은 이 실험은, 반둥회의와 첫 번째 카셀도큐멘타가 열린 해이기도 한 1955년에 류블랴나 그래픽 아트 비엔날레(The Biennale of Graphic Arts, Ljubljiana)를 탄생시키는 결실을 맺는다. 신생 국가인 유고슬라비아 연방의 문화적 정체성을 구축하고 국제 연대 네트워크를 구축하려 한 초현실주의자들의 활동은 6년 뒤 유고슬라비아가 첫 **비동맹회의**(1961)를 개최하는 데에도 보탬이 되었을 터다. 2019년 33회를 맞이한 류블랴나비엔날레는 **제3세계** 문화예술운동의 한 거점으로 다시 조명받고 있다.

반식민화가 화두였던 20세기 초 라틴아메리카에서도 초현실주의 미술가들은 활발히 움직였다. 브라질 초현실주의자들은 1922년에 시, 음악, 조형예술을 결합한 다원매체 행사 '근대예술주간'을 개최했다. 그리고 그들은 식민 문화는 물론 고유 문화까지 비판적으로 먹어 삼킨 뒤 진정한 브라질 문화를 형성하자는

'카니발리즘'을 주창한다. 문화 식민주의에 대응하기 위해 예술의 '야만성'을 두드러지게 노출하는 것이 '카니발리즘'의 전략이기도 했다. 여성화가 타르실라 두 아마랄의 괴물 같은 인물화 ‹식인›(1928) 등은 이 시기 브라질 초현실주의를 대표하는 작품이다. 카니발리즘을 종합한 「식인주의 선언」(1928)에서 오스왈드 지 안드라지는, 374년 전 포르투갈이 브라질에 파견한 최초의 선교사를 브라질 토착민들이 잡아먹었던 역사적 사건을 강조한다. 식인의 비유는, 식민주의 유럽을 비판하는 것임과 동시에 식민지 엘리트인 브라질 예술가들이 체화한 백인 성향을 자조하는 표현이기도 했다. 아프리카와 미주 대륙의 민담, 이베리아의 설화를 엮어 마리우 지 안드라지가 쓴 소설 ‹마쿠나이마›(1928), 아들 조아킹이 이 소설을 1969년에 같은 제목으로 영화화한 작품과 조제 카를루스 불리의 ‹대서양의 카니발›(1953) 등 카니발리즘 영화들도 브라질 초현실주의 운동이 낳은 대표작들이다.

아르헨티나에서는 에밀리오 페토루티, 알레한드로 슐 솔라르 등이 큐비즘과 다다이즘의 영향을 받고 초현실주의를 주창하며 스페인 식민주의를 예술로 분쇄하려 했다. 쿠바 출신으로 중국인 아버지와 인디오 혼혈 어머니 사이에서 태어난 위프레도 람은 스페인 내전에 참가한 뒤 피카소와 친교를 맺고, 앙드레 브르통 등 유럽 초현실주의자들과 프랑스에서 교류한 뒤 프랑스 식민지였던 아이티에서 카리브 문화를 연구했다. 토착 문화를 초현실주의 방법론으로 형상화한 그의 작품들은 국제적 활동 영역을 증명하기도 한다. 칠레의 로베르토 마타는 1932년 파리로 가 페데리코 가르시아 로르카와 살바도르 달리, 앙드레 브르통을 만난다. 마타는 초현실주의의 자동기술법에서 비롯했으나 자신만의 양식으로 조탁한 '오토마티즘'을 구사하여, "단순한 풍경이 아니라 사회적, 경제적 전경을 파헤치는 역사 인식의 깊이"를 시각화한다. 귀국하지 않고 평생을 타향에서 이방인으로 살았던 마타는, 칠레 인민연합 정권이 설립한 **살바도르 아옌데 연대미술관**, PLO가 조직한 «팔레스타인을 위한 국제미술전»에 작품을 보내는 등 국제 연대 활동에도 열성을 쏟았다. (신은실)

참고문헌
- 피오나 브래들리, 『초현실주의』, 김금미 옮김, 열화당, 2003.
- 박주원·살라 하산, 『예술이 자유가 될 때, 이집트 초현실주의자들(1938~1965)』, 국립현대미술관, 2017.
- 로버트 스탬, 『자기 반영의 영화와 문학』, 오세필·구종상 옮김, 한나래, 1998.

치누아 아체베
Chinua Achebe

나이지리아의 소설가, 시인, 평론가이자 문학연구자 치누아 아체베(1930~2013)는 1930년 영국령 나이지리아 동부 이보족 마을 오기디에서 태어났다. 아버지는 목사, 할아버지는 장로인 기독교 집안에서 성장한 아체베는, 어린 시절 존 버니언의 『천로역정』을 이보어로 읽고 감동받은 '신실한 기독교인'이었다. 아체베는 에세이 「빅토리아라 불리는 영국 여왕」에서 자신은 고유한 종교 전통 '이교도 축제'와 기독교 예배 사이의 '교차로'에서 당황한 적이 없었다고 회상한다.

> 당시 내 양가적인 입장 때문에 극심한 정신적 고뇌에 시달렸던 적은 없다. 근거 없는 불안에 떨었던 적도 없다. 내가 기억하는 것은 그 교차로에서 다른 한 팔로 우상에게 떡을 바치던 사람들이 행했던 제식과 삶의 아름다움이었다. 나는 당시 두 가지 것에 매혹되어 있었다. 하나는 호기심이었고 다른 하나는 짧은 거리감이었다. 그들의 삶과 내 삶 사이에 존재하던 거리감, 나의 특별한 탄생 배경으로 인해 조성된 거리감. 그 거리감이 분리나 단절을 의미하는 것은 아니었다. 오히려 캔버스를 보다 정확하고 충분하게 보기 위해 한 발 물러서 있는 한 명민한 관객의 거리감, 다시 말해 흩어져 있는 것의 종합을 위해 반드시 필요한 거리감 같은 것이었다.

물론 아체베도 제국주의가 기독교와 함께 아프리카에 도래했다는 것을 부정하지 않는다. 그의 아프리카 3부작 중 두 번째 작품 『신의 화살』(1964)은 기독교와 이보족 전통 종교 간의 갈등을 다룬다. 그런데 아체베는 전통 종교의 가치만을 옹호하지 않고, 아프리카 사회가 기독교를 받아들이며 정체성을 잃어가는 과정을 주의 깊게 관찰한다. 그는 전통적으로 섬겨온 울루신의 대사제 에제울루가 몰락하고 기독교가 빠르게 전파되는 과정을 그린 이 작품에서 독립 이후에도 식민 상태를 완벽하게 벗어나기는 불가능하다고 믿는 듯하다. 아체베는 변화를 가져오는 낯선 것의 이입을 받아들이는 과정이 역사의 필연이며, 시공간을 이동하고 교류하며 인류가 발전해왔다고 여긴다. 에제울루는 격변하는 피식민의 근대적 상황에서 민중들을 돌볼 역량 없이 갈등만 일으키는 "아프리카의 커다란 독사"가 되고 만다. 이렇듯 식민 사회에서 새로운 정체성을 확립하지 못한 전통 종교는 기득권을 유지하지 못하고 퇴출되고 만다는 것이 아체베의 냉정한 판단이다. 한편 이 시기 소외된 기층민의 생존을 도운 기독교는 이보족 대다수가 믿는 종교로 발돋움한다. 아체베는 전통문화와 근대 식민 문화 중 양자택일하는 것이 능사가 아니라, 그 '사이'에 탈식민의 길이 있을지도 모른다며 톺아가는 듯하다.

언어 문제에서도 마찬가지였다. 아체베는 "식민주의자들의 언어"인 영어로 자신의 소설을 썼기에, 아프리카 문학은 영어로도 쓰일 수 있다고 믿었다. 그는 「작가와 사회」라는 글에서 체화된 토착어 이보어와 식민 언어인 영어를 함께 받아들이며 '양자택일의 갈등'이라는 분열증을 꼭 앓을 이유는 없다고 주장했다. "내겐 이것 아니면 저것이라는 이분법의 논리가 통하지 않는다. 나는 항상 양자를 동시에 추구하려 하기 때문이다." 영어로 글쓰기를 그만둬 언어 문제에서 아체베와는 다른 선택을 한 응구기 와 시옹오조차 표준 영어, 토착민들의 이보어, 영어와 이보어가 섞인 피진 영어가 공존하며 혼종 양상을 보이는 아체베의 소설을 상찬했다. "아체베는 이보어와 영어의 긴장 상태를 넘어서는 제3의 자리를 만들어냈으며 그것이 그의 창조력의 토대가 되었다. 그의 작품에서는 아프리카의 목소리가 영어로 옮겨가는 것을 느낄 수 있다."

아체베는 전통문화의 가치를 절대시하는 프랑스어권 흑인 문화운동 **네그리튀드**를 전적으로 지지하지 않았다. 되레 그는 탈식민 단계에서 식민주의와 토착 문화의 상호침투와 오염, 전이에 주목했고 식민주의와 근대성을 동전의 양면으로 여겼다. 토착어를 사용하기보다는, 이보족의 구전 가요·민담 등을 서사 기법으로 활용하여 아프리카 문화를 소설로 묘사하는 일이 아체베에게는 중요했다. 아체베는 표준 영어 구문을 비틀어 새로운 조어를 만들어내며 단순한 문장도 길게 쓰는 글쓰기를 구사했다. 그의 작품이 보여주는 이러한 형식의 변용이 작품 속 이야기에 정치적 의미를 부여한다. 아체베는 『사바나의 개미 언덕』에서 이야기꾼인 작가의 소명을 다음과 같이 일컫는다. "그러니까 이야기꾼은 위험을 초래하기 때문이지요. 그들은 모든 통제의 달인들에게 위험이 되고, 국가, 교회나 회교 사원, 정당 회의, 대학 또는 그 어디에서든지 인간 정신의 자유권을 빼앗는 사람들의 간담을 서늘하게 만들지요. (...) 작가들은 처방책을 내놓지 않아요. 두통거리만 내놓죠!"

아체베는 현실 정치에도 적극 참여했다. 1967년 아체베는 나이지리아 동부의 신생 비아프라공화국 공보처 책임 역을 맡고, 시인 크리스토퍼 오키그보와 함께 에누구에 출판사를 설립했다. 이 해에 영국과 소련의 원조를 받은 나이지리아 연방정부가 **독립**을 선언한 비아프라를 공격해 200만 명 이상을 희생시킨 비아프라전쟁이 발발한다. 1970년 종전 후에도 50만 명이 넘는 아사자가 생겼다. 아체베는 비아프라 문제를 아프리카 '포스트식민주의'의 중대한 당면 과제로 여기고, 계속 비아프라 문제에 개입하고 발언한다. 그는 전쟁 첫 해에 죽은 오키그보를 추모하는 시집(1978)을 내고, 2004년에는 비아프라전쟁의 상흔을 기억하는 시 선집을 상재했다.

    1984년에 아체베는 나이지리아의 무질서, 종족 분쟁, 부패와 지도자의 능력 부재를 비판한 시평집 『나이지리아의 문제점』을 출간한다. 이러한 문제의식은 1987년에 그가 발표한 『사바나의 개미 언덕』에 고스란히 이어진다. 에드워드 사이드가 『문화와 제국주의』에서 "무기력하고 의기소침하게 만드는 풍경에 대한 매력적인 연구"라고 평한 이 작품의 배경은 서아프리카의 가상 국가 '캉안'이다. 독립을 얻긴 했으나 식민 모국이 임의로 그어놓은 국경선을 따라 이루어진 서아프리카 가상 국가 캉안은 심각한 후유증을 앓는다. 계속되는 군사 쿠데타와 독재자의 장기 집권, 부정부패, 경찰국가화 등 캉안의 문제는 나이지리아를 비롯한 아프리카의 현재 상황과 다를 바 없었다. 치열한 반(反)식민운동을 전개하여 독립을 맞았으나, 구 식민 세력이 다시 개입하여 반(半)식민 상태의 무질서를 가져온다는 설정은 어쩌면 오늘날 아프리카가 처한 딜레마를 표현하는 요소였을 것이다. 아체베는 캉안과 비견되는 나이지리아 현실 정치에 대한 항의의 뜻으로 2004년 나이지리아 연방공화국 지도자 훈장을 거부한다. 『민중의 사람』(1966)을 쓴 뒤 근 20년 만에 나온 장편 『사바나의 개미 언덕』은 아체베의 새로운 시각을 보여주기도 한다. 평생 남성이 주인공인 이야기를 써왔던 아체베가 『사바나의 개미 언덕』에서는 비어트리스, 엘라와, 애거서 등 여성 생존자들에게 캉안의 미래를 위한 희망을 건다. (신은실)

참고문헌

- 치누아 아체베, 『희망과 장애 제3세계 문학과 식민주의 비평』, 이석호 옮김, 인간사랑, 1999.
- 치누아 아체베, 『모든 것이 산산이 부서지다』, 조규형 옮김, 민음사, 2008.
- 치누아 아체베, 『신의 화살』, 이소영 옮김, 민음사, 2011.
- 치누아 아체베, 『사바나의 개미 언덕』, 이소영 옮김, 민음사, 2015.

콰메 은쿠르마
Kwame Nkurumah

가나의 정치인으로 초대 총리이자 초대 대통령을 역임한 콰메 은쿠르마(1909~1972)는 **범아프리카주의**와 **비동맹운동**을 이끈 주역이기도 했다. 그가 태어난 영국령 골드코스트는 카카오 생산을 바탕으로 정치적으로나 경제적으로나 가장 발전한 아프리카 식민지였다. 부족 안에서 낮은 신분이고 경제적으로 여유롭지도 못했지만 정치적 야심이 컸던 그는 미국과 영국을 돌며 여러 학교에서 수학했다. 영국에서는 공산주의자들을 만나 제국주의를 비판하는 좌익 정치에 매료되어 골드코스트로 돌아왔다. **독립**보다는 영국과 협력해 준자치 정부를 세우려는 정치인들과 갈등을 겪다가, 1949년 따로 회의인민당을 창당하고 "당장 **독립**을!"(Independence Now)이라는 슬로건을 내걸었다. 대중적 인기를 바탕으로 거침없이 식민 당국을 비판하다가 투옥되었지만, 그는 감옥에서 더 큰 영웅으로 떠올랐다. 1951년 선거에서 옥중 당선됐을 뿐 아니라 그가 이끄는 회의인민당이 압도적인 승리를 거둔 것이다. 식민 정부는 마지못해 그를 특별 사면하는 수밖에 없었다. 과도 정부의 총리가 된 은크루마는 더 가열차게 즉각 완전한 자치 정부를 인정할 것을 요구했다. 마침내 1957년 3월 6일 가나가 정식으로 완전히 **독립**하게 된다. 이 아프리카 신생국의 탄생에 온 세계가 환호했고 은크루마는 아프리카와 **제3세계**의 영웅이 되었다.

그러나 은크루마의 목표는 가나의 **독립**만이 아니라 "아프리카 대륙의 완전한 해방"이었다. 1958년 전아프리카인민회의를 개최해 아프리카의 **독립**운동 지도자들을 한 자리에 모아 **독립**의 열기를 전파했다. 가나의 수도 아크라는 각종 국제회의와 아프리카 회의의 단골 개최지가 되었으며, 1963년 아프리카통일기구(OAU) 결성으로 이어졌다. 에티오피아의 수도 아디스아바바에서 열린 창립 회의에는 아프리카 34개국이 참여했으며 은크루마는 "아프리카 인민은 통일을 외친다"는 제목의 연설에서 자신의 범아프리카주의 구상을 천명했다.

> 우리 모두는 통일된 아프리카를, 개념으로서만의 통일이 아니라 대륙 차원에서 가장 잘 해결할 수 있는 모든 문제에 대처하면 함께 전진하고자 하는 공통의 욕망으로 통일된 아프리카를 원합니다. 오늘 우리는 가나인, 기니인, 이집트인, 알제리인, 모로코인, 말리인, 라이베리아인, 콩고인, 나이지리아인이 아니라 아프리카인으로서 이 자리에 모였습니다. 우리와 미래에 아프리카 대륙 정부라는 새로운 구상을 마련해줄 통일의 기본 원칙에 합의할 때까지 이곳에 남고자 하는 결의로 아프리카인은 단결했습니다. 우리가 아프리카 대륙의 통일과 우리 인민의 사회적, 정치적 진보의 기틀이 될 새 헌장의 기본이 될 일련의 새 원칙을 세우는 데 성공한다면, 제 생각에 이 회의는 수많은 집단과 지역적 진영이 종말을 고하는 자리가 되어야 할 것입니다.

또한 은크루마는 1965년에 출간한 저서 『신식민주의 제국주의의 마지막 단계』에서 영토 정복 이외의 수단을 통한 **신식민주의** 지배에 맞서야 한다고 소리 높였다. "신식민주의의 지배를 받는 국가는 자기 운명의 주인이 아니다." 그러나 국내 정치에서는 좌충우돌했다.

특히 반대파를 허용하지 않고 시위와 파업을 폭력적으로 진압하고 예방구금법을 통과시켰다. 그러다 급기야 1964년에는 아예 자신을 종신 대통령으로 하는 일당 국가 체제를 세웠다. 결국 1966년 은크루마가 중국을 방문한 사이 반대파가 쿠데타를 일으키면서 권력을 잃고 만다. 가나로 돌아가지 못하고 기니의 코나크리에서 망명 생활을 하며 열성적으로 제3세계의 현실을 분석하고 정치적 과제를 제시하는 작업에 매진했다. 1972년 루마니아의 부쿠레슈티에서 암으로 사망했다. (박소현)

태국 민주화운동

เหตุการณ์ 14 ตุลา 1973 Bangkok Popular Uprising

1973년 10월 14일 운동은 태국 역사상 최초의 반군부 대중시위였다. 젊은 학생들이 주축을 이루었지만 일반 노동대중도 가세한 50만 군중이 방콕 민주기념탑에서 시위를 벌였다. 그 결과 **군부** 독재가 무너지고, 민주주의와 사회 정의를 확대하려는 치열한 계급투쟁의 시기가 활짝 열렸다. 태국 정치에서 **군부** 지배가 강화된 계기는 1957년 사릿 군사 쿠데타였다. 1950년대와 1960년대 군부 독재 시기 동안의 태국 경제 발전은 전 세계적 호경기 및 한국전쟁과 **베트남전쟁** 덕분에 창출된 지역적 경기 상승의 맥락에서 벌어진 일이다. 이 경제 성장으로 도시 노동자 및 노동 계급과 중간 계급 출신 학생 수가 늘어나면서 태국 사회의 성격이 크게 변화했다. 1969년 람캄행 개방대학교 개교는 중대한 요인이었다. 고등교육기관에 등록한 학생 수는 1961년 1만5천 명에서 1972년에 5만 명으로 늘어났다.

그러나 태국의 사회 구성이 빠르게 변화한데 반해 지배층의 권력 구조는 보수적이고 완고한 채였다. 학생들은 농촌 빈곤의 현실을 배우기 위해 시골에서 열리는 개발 캠프에 자원해 참여하기 시작했다. 1971년이면 학생 3천5백 명이 총 64개 캠프에 참여했다. 1972년에는 외국의 경제 지배에 반대하는 투쟁의 일환으로 일본 제품 불매운동이 조직됐다. 나아가 학생들은 방콕 버스요금 인상에 대해서도 반대의 목소리를 높였다.

군부 독재 아래서 노동조합권은 억압당하고 임금과 고용 조건이 엄격한 통제를 받았다. 1973년 초 최저 일급은 10바트로 1950년대 초부터 변하지 않은 채였는데, 그사이 물가는 50퍼센트나 올랐다. 군부 독재 시기 내내 불법 파업이 벌어지긴 했으나, 경제적 불만이 커지면서 파업 발생 건수가 급속도로 늘어났다. 1973년 10월 14일 이전 9개월 동안 총 40건의 파업이 벌어졌고, 한 달 동안 지속된 타이제철의 파업은 타사 노동자들의 강력한 연대 덕분에 승리를 거두었다.

    우리는 전 세계적인 '1960년대' 투쟁의 물결 속에 벌어진 사건들도 살펴봐야 할 것이다. 전역에서 억압받던 이들의 투쟁이 늘어나고 있었다. 당시 서유럽과 미국을 뒤흔든 학생 반란의 물결은 이제 막 불붙은 태국 좌파 투쟁에 영감으로 작동했다. 미국이 **베트남전쟁**에서 패하기 시작하면서 인도차이나 공산당들이 거둔 승리 또한 새로운 사회를 향해 불붙은 태국인의 투쟁에 큰 영향을 주었다.

    1973년 10월 민주헌법을 요구하는 유인물을 돌리던 학생과 지식인 11명이 구속되자, 수백 수천 명의 학생과 노동자가 방콕의 거리로 몰려나왔다. 탱크를 끌고 나온 군대가 무장하지 않은 시위자들에게 발포하자, 방콕 시민은 맞서 싸우기 시작했다. 버스를 타고 가던 승객마저 차에서 내려 시위에 가담했다. 그리고 마침내 독재 정권이 무너졌다. (자일스 찌 웅빠콘)

팔레스타인 문학
Palestinian Literature

1917년 영국의 벨푸어 선언에 따라, 1948년 팔레스타인인들이 살고 있던 땅에 이스라엘이 건국된다. 이스라엘은 건국 직후 발발한 1차 중동전쟁에서 승전, 팔레스타인 영토의 팔 할을 삼킨다. 이후에도 주변국과 여러 차례 교전한 이스라엘은 '6일전쟁'(1967)을 거쳐 서안 지구와 가자 지구 등 국제법상 팔레스타인 영토를 모두 무력 강점한다. 이 결과 수백만 명에 달하는 팔레스타인 난민이 고향을 강제로 떠날 수밖에 없었다. 이스라엘은 버려진 땅 팔레스타인에 유럽에서 온 유대인들이 정착하여 젖과 꿀이 흐르는 천국으로 바꾸었다는 식민 담론을 발명한다. 팔레스타인 문학은 그 땅에 먼저 살고 있던 팔레스타인인들은 민족으로 존재하지 않았다고 강변하는 이스라엘판 역사에 저항하는 데 특히 중요한 수단이었다. 팔레스타인 문학은 제국주의적 침략에 맞서는 민족문학의 본류 역할을 수행하며 **제3세계 문학**의 전형을 제시한다.

팔레스타인 현대시의 선구자로 일컬어지는 마흐무드 다르위시(1941~2008)는 이 저항문학의 선봉에 있었다. 팔레스타인 작가이자 미술평론가인 마흐무드 아부 하시하시는 "아라파트를 팔레스타인 혁명의 상징으로, 나세르를 지난 세기 아랍혁명의 상징으로 얘기한다면, 다르위시는 팔레스타인 문화가 아니라 아랍 문화의 상징으로" 얘기해야 한다고 평한 바 있다. 다르위시는 1,500년에 달하는 아랍 시의 전통에서 출발, 독자를 새로운 현대시 형식으로 이끌었다. 그의 시가 즐겨 다룬 주제는 나라를 잃어버린

슬픔, 이스라엘 군대의 억압적 지배와 폭력에 대한 저항과 분노, 암울한 현실 속에서 바라보는 희망, 팔레스타인 민족 정체성 확인 등이었다. 그리하여 다르위시는 팔레스타인을 정의와 자유의 상실로 말미암은 보편적인 인간 가치의 상실로 자리 매김한다.

> 내 이름과 정체가 사라졌다니?
> 내 손으로 살지게 한 땅 위에서?
> 오늘날 욥은 하늘을 가득 채우며
> 외친다
> 내 전례를 다시 따르지 말라!
> 오, 신사들, 예언가들이여,
> 나무들 그 이름으로 부르지 말며
> 계곡에게 그 어머니 묻지 말라
> 내 이마로부터 칼날의 섬광이 터져 나오고
> 내 손길로부터 강물이 쏟아져 나오며
> 사람들의 마음이 바로 내 정체이다
> 그러하니 내 여권을 가지고 가라!
> ― 마흐무드 다르위시, 「여권」 중에서

그가 이러한 시를 쓰게 된 배경에는 물론 난민으로 살아온 경험이 작용했을 터다. 1948년 다르위시의 고향 바르와를 공격한 이스라엘군은 마을을 파괴하고 주민을 학살했다. 다르위시와 가족들은 레바논 난민촌으로 피난을 갔다 1950년 고향으로 몰래 돌아갔지만 고향은 이스라엘 정착촌으로 변해 있었다. 십대 시절부터 시를 쓰기 시작한 다르위시는 가자 지구에 관한 시를 낭독했다가 혁명을 부추겼다는 혐의를 받고 1962년 구속된다. 출소 후에도 계속

주거 제한을 당하던 다르위시는 소련 모스크바대학으로 유학을
떠난다. 졸업 후 다르위시는 1970년 카이로로 이주했다가 1972년
레바논에서 PLO에 가담했다. PLO가 발행한 월간지 『팔레스타인
문제』의 편집자, PLO 연구센터 임원과 대변인 등을 지낸 그는,
1993년 "평화를 가장한 이스라엘 침략의 공고화"라고 오슬로 협정을
비판하며 모든 PLO 당직을 사임했다.

다르위시는 1969년 아시아 아프리카 작가회의가 주는 로터스상을
받았다. 그를 수상자로 선정한 이유를 작가회의는 다음과 같이
밝혔다. "도시 전체가 감옥이 되고, 집은 감방이 되고, 사방이 벽으로
둘러싸이고, 철사 줄에 묶이고, 총구의 과녁이 되고, 이 모든 것보다 더
지독한 상황, 즉 적들이 뒤집어씌우는 증오와 자신을 짓누르는 압살적
억압과 그의 노래들을 무용지물로 만들려는 끊임없는 말살책 때문에
궁지에 몰려 있으면서도 그는 시를 썼다."

벨푸어 선언이 있던 해에 태어난 시인이자 산문 작가인 파드와
투칸(1917~2003)은 이라크의 나지크 알 말라이카와 비견되는 아랍
여성시의 선구자이며 팔레스타인의 첫 현대 여성 작가이다. 귀족
가문 출신이지만 연애 사건으로 강제로 학업을 중단당한 그녀는
오빠인 시인 이브라힘 투칸에게서 교육받았다. 투칸의 초기 작품은
남성 중심 사회에서 여성들이 당하는 고난과 사랑을 전통적 형식을
차용해 쓴 시가 많다. 고향 나블루스가 점령당한 1967년 이후, 투칸은
팔레스타인 민족주의와 저항을 다룬 시를 쓰기 시작한다. 투칸은
1990년 PLO가 주는 예루살렘 문화예술상과 아랍에미리트상을
받았다. 그녀는 다르위시를 비롯한 팔레스타인 남성 시인들과도
굳건한 동지애를 나누며 함께 팔레스타인 해방운동을 지원했다.

한편, 팔레스타인 소설을 대표하는 작가는 가산
카나파니(1936~1972)이다. 그 이전에 이밀 하비비(1921~1996)가

'비관적 낙관주의'를 주조로 한 소설을 다수 발표했으며, 극작가 타우픽 파이야드(1939~)도 점령지 내 최초의 소설로 알려진 『불구자들』을 출간한 적이 있긴 하다. 그런데 PLO가 설립된 해인 1964년에 출판된『불구자들』은 세상에 나오자마자 이스라엘 당국에 의해 판매 금지 조치를 당해 많은 독자를 만나지 못했다. 카나파니는 1948년 1차 중동전쟁 때 조국을 떠나 시리아의 다마스쿠스와 쿠웨이트에서 난민으로 체류하며 교사로 일했다. 그는 아랍 **민족주의**를 고취하여 팔레스타인 문제를 해결하려던 조지 하바시가 창설한 팔레스타인 인민해방전선(PFLP)의 대변인으로 일했다. 그리고 카나파니는 PFLP 기관지『알하다프』를 창간하고 편집인이 되었다. 그는 이스라엘을 겉으로는 비난하지만 석유를 기반으로 한 이익을 지키기 위해 팔레스타인을 지원하지 않는 기존 아랍 세계가 파쇼 왕정과 프티부르주아 군사 정권으로 양분되어 있다고 보았으며, 아랍 전체에서 사회혁명이 일어날 때에만 팔레스타인 해방이 가능하다고 믿었다. 그러나 카나파니는 1972년에 그의 목숨을 노리고 누군가가 그의 차에 설치한 부비트랩이 폭발하는 바람에 36세에 세상을 떠나고 말았다.

카나파니는 난민으로 살면서 무장 투쟁에 참여하게 된 자신의 경험을 글로 옮기며, 팔레스타인 저항문학의 기수로 활약했다. 레바논에서 한 달 동안 은신하는 중에 썼다는 초기작「뜨거운 태양 아래서」(1963)에서, 그는 고향에서 쫓겨나 점령지 밖 쿠웨이트에서 떠돌이 생활을 했던 자신의 경험을 재구성한다. 요르단과 이라크 일대를 떠돌던 주인공들이 생존을 위해 쿠웨이트로 월경을 시도하다 죽음에 이르는 소설의 결말은 은유가 아니라 팔레스타인 난민들의 현실을 고발하는 직설에 가깝다.「하이파에 돌아와서」(1970)는 해방이 아니라 이스라엘의 점령 덕분에 귀향한 난민 부부가 이스라엘

군인이 된 아들을 만나는 상황의 모순을 냉철하게 직시한다. 동시에 이 작품은 팔레스타인 문제의 해결을 팔레스타인인에게만 귀속시키지 않고 인류 보편의 과제로 확장한다. 『기억·서사』의 저자 오카 마리는 카나파니의 문학을 두고 "새로운 팔레스타인인의 전형을 제시하며 사회·정치·문화 혁명의 길을 모색"했다고 일컫는다. 1971년에는 <적군/PFLP 세계전쟁선언>을 촬영하러 베이루트에 온 아다치 마사오와 와카마츠 코지가 그를 인터뷰하기도 했다. 카나파니는 아랍 현대소설의 시조로 여겨지는 이집트 작가 나기브 마푸즈의 영향력에서 벗어나 독자적인 작품 세계를 구축한 몇 안 되는 아랍 소설가로도 평가된다. 카나파니가 개척한 팔레스타인 저항소설의 문제의식을 새로운 세대의 소설가들이 이어받아, 여전히 현재진행형인 팔레스타인 문제를 21세기 **제3세계** 문학의 핵심 과제로 갱신하는 중이다. (신은실)

참고문헌
- 마흐무드 다르위시·파드와 뚜깐 외, 『아시아』 제17호, 2010.
- 박태순, 「빼앗긴 땅 긍지와 분노의 노래」, 『제3세계 연구 1』, 한길사, 1984.
- 가산 카나파니, 『불볕 속의 사람들』, 김종철·천지현 옮김, 창비, 1996.
- 가산 카나파니, 『뜨거운 태양 아래서』, 윤희환 옮김, 열림원, 2002.

페다고지

Pedagogia do Oprimido Pedagogy of the Opressed

파울루 프레이리(1921~1997)는 브라질의 가난한 도시 헤시피에서
태어났다. 1929년, 중산층이던 집안이 대공황으로 파산하자
그는 2년 동안 학교를 쉬어야 했다. 그런데 교사들은 프레이리의
처지를 고려하지 않고 학업 중단을 그의 게으름 탓으로 돌렸다.
이러한 일을 겪은 프레이리는, 마르크스의 글을 비롯한 철학, 문학
서적들을 탐독하며 빈곤과 차별에 시달리는 도시 빈민과 농민들을
해방시킬 방도를 고민했다. 그런 사색을 통해, 교육이야말로 스스로
정치와 사회의 문제를 깨닫고 자신의 의견을 표명하여 해방의
길을 앞당기도록 민중을 일깨우는 지름길이라고 그는 믿게 되었다.
그리하여 프레이리는 '인간 해방'을 목표로 교육철학과 방법론 연구에
몰두했다. 1950년대에 일상 용어와 생각을 이용한 언어 교수법을
개발한 프레이리는 문맹 퇴치를 목표로 한 교육에 집중하여 큰 성과를
거둔다. 당시 브라질은 전체 유권자 3,410만 명 중 글을 아는 1,510만
명만 투표할 수 있었다. 글을 읽지 못해 선거에 참여하지 못하는
노동자, 농민은 가진 자의 권위에 굴복할 수밖에 없고 저항은커녕
자신을 보호할 수단도 갖지 못할 터였다. 이 상황을 문제로 여긴
프레이리는 노동자, 농민을 대상으로 문자 해독 교육을 집중 시행했다.
그가 가르친 농민들은 약 30시간의 교육을 받으면 대부분 글을 읽고
쓸 수 있었다. 토지 회수 문제나 임금 인상 요구 등 농민과 노동자가
강한 동기를 가질 만한 상황을 프레이리가 교육에 활용했기 때문이다.
미국 국제개발원조계획(AID)의 지원을 일부 받은 프레이리의

문맹 퇴치 교육 프로그램은 45일 만에 노동자 3백 명이 글을 읽고 쓰게 했다. 기독교민주당 정권의 교육부 장관 파울루 지 타르수는 프레이리를 국민 문맹 퇴치운동의 지도자로 임명했고, 1963년 6월부터 1964년 3월까지 브라질 전역에서 성인 문해 교육운동이 벌어졌다. 프레이리는 브라질 문해 교육운동이 매우 정치적인 성격을 지녔다고 술회한 바 있다. "역사적 순간에 문해 교육과 민중의 정치적 의식화 사이에 긴밀한 끈을 묶는" 일이 문해 교육이었기 때문이다. 실제로 글을 깨우친 노동자들이 페르남부쿠에서 대규모 파업을 했고, 북동부 소농들이 연대해 지주에게 대항하는 일이 벌어졌다. 이 운동은 1964년 4월 쿠데타로 중단되고 말았다. 쿠데타로 군부가 집권한 직후 '체제 전복' 혐의로 체포된 프레이리는 70일 동안 갇혔다가 시민권을 박탈당하고 국외로 추방되었다.

브라질에서 추방당한 프레이리는 1971년 제네바에서 다른 브라질 망명자들과 문화활동협회(IDAC)를 창설, 탄자니아를 시작으로 아프리카 교육 지원 활동을 조직한다. 그는 칠레에서 인민연합이 집권에 성공하자 칠레농업개혁기구 성인 교육 사업에도 참여한다. 칠레 정부는 1964년 집권한 기독교민주당 에두아르도 프레이 정권 시절부터 농지 개혁 추진을 위해 농민 문해 교육에 공을 들였다. **아옌데** 정권은 성인 문해 교육의 역할을 더 넓히고 질을 향상하고자 했다. 프레이리는 소농들의 문화 소모임 등을 활용해 교육받을 당사자들과 직접 많은 대화를 나누고 동기를 부여했다. 이때 칠레 문맹률을 낮춘 공로로 프레이리는 유네스코상을 받았다. 1973년 **아옌데** 정부가 전복된 뒤에 프레이리는 미국 하버드대학교 교육대학원과 스위스 제네바의 세계교회협의회(WCC) 교육부에서 일했다. **독립**한 직후 기니비사우의 루이스 카브랄 정부는 새로운 국가 건설을 위한 혁명적 교육 기반을 마련하고자, 1975년 5월 WCC

교육국과 IDAC 팀을 공식 초청한다. 이때를 시작으로 프레이리는
기니비사우를 여러 차례 방문해, 성인 문해 교육을 생산 및 보건,
정규 교육 체제 건설로 이어나가기 위해 기니비사우 교육위원회와
전격 협력한다. 프레이리는 기니비사우 교육 프로젝트에 대한
상세한 보고서와 더불어 마리우 카브랄 교육위원장과 주고받은
편지를 모아『과정으로서의 교육』을 출간한다. 이 책에서 프레이리는
"식민주의자들의 폭력도 파괴하지 못한 기니비사우 인민의 혼"을
교육이 지원하여, 기니비사우-카보베르데 아프리카독립당(PAIGC)의
무장투쟁 이후 사회 재건의 주체로 기니비사우 인민을 세우는 것이 이
프로젝트의 목표임을 여러 차례 밝힌다.

프레이리는 첫 저서『해방 실천으로서의 교육』(1967)을
옥중에서 쓴 이후 포르투갈어와 스페인어로 많은 글을 평생 동안
저술했다. 그는 대표작『페다고지』외에도 20여 권의 교육 사상서를
썼다.『페다고지』는 1968년 포르투갈어로 처음 간행된 뒤 1970년
영어판으로도 나와, **제3세계**를 포함한 전 세계 교육 현장에서 큰
반향을 일으켰다. 프레이리는『페다고지』에서 현실에 순응하게 하는
'설명식' 주입 교육을 '은행 저금식' 교육이라고 칭하며 전면 비판한다.

> 학생은 보관소, 교사는 예탁자이다. 양측이 서로
> 대화하는 게 아니라, 교사가 성명을 발표하고 예탁금을
> 만들면, 학생은 참을성 있게 그것을 받아 저장하고,
> 암기하고, 반복한다. 이것이 바로 '은행 저금식' 교육
> 개념이다.

프레이리에 따르면, 은행 저금식 교육관은 인간을 유순하고 관리
가능한 존재로만 간주한다. 학생들이 지식을 더 많이 축적할수록

그들의 비판적 의식은 더 약해진다. 비판적 의식이란 자신이 세계를 변혁하는 주체로 세계 속에 직접 개입해야만 얻을 수 있는 것이기 때문이다. 기존 교육 제도에서 교사는 학생들을 절대적으로 무지한 존재로 여기며, 교사가 차지하는 위계를 정당화한다. 학생들은 헤겔식 변증법에 나오는 노예처럼 소외되어 자신의 무지를 교사의 존재 이유로 받아들인다.

> 은행 저금식 교육은 학생들의 창조성을 위축시키거나 소멸시키고, 학생들을 단순하게 만들 수 있으므로, 세계를 폭로할 필요도 변혁할 필요도 느끼지 않는 억압자의 이익에 일치한다.

프레이리는 생산 수단을 소유하지 못해 경제적으로 소외되어 있으며 정치권력에서도 배제된 민중의 상태를 '침묵의 문화'로 일컫는다. 그는 기존 질서를 유지하는 데 일조하는 '은행 저금식' 교육에 대항하는 '문제 제기식' 해방 교육으로 "교사와 학생이 더불어 존재해야 한다"고 역설했다. 프레이리가 주창하는 '문제 제기식 교육'은 인간이 변화하는 과정에 있다고 믿는 데서 출발한다. 인간은 미완성의 존재이지만, 역사성을 알지 못하는 다른 동물과 달리 자신의 불완전함을 인식한다. 불완전함을 의식하고 있다는 점에 인간 교육 가능성의 근거가 있다고 프레이리는 믿었다. 학생들의 비판적 사고를 함양하는 '문제 제기식' 교육은 창조성을 바탕으로, 깊은 현실 성찰과 실천 행동을 이끌어내 '창조적 변화'를 가져온다. 이 변화가 인간을 참된 존재로 변화시켜 해방을 가져온다고 주장하는 프레이리의 교육론은, **제3세계 민중운동**의 역사적 경험에 바탕을 두고 인간 해방을 이끌어내는 실천론이기도 했다. 마르크스를 비롯해 **프란츠 파농**, **체 게바라** 등 여러 해방 사상가의 영향을 받은 프레이리의 교육 이론은 라틴아메리카 **해방신학**과도 깊은 관계가 있다.

> 이 운동의 출발점은 민중 자신들에게 있다. 그러나 민중은 세계와 분리된 채, 현실과 떨어져서 존재하지 않으므로 이 운동은 인간-세계 관계로부터 시작해야 한다. 따라서 출발점은 언제나 '지금 여기'를 살아가는 사람들이어야 한다.

프레이리에 따르면, 해방을 위한 교육운동은 민중의 역사적 소명인 '인간화'를 지향해야 한다. '인간화'는 한 사람이 고립되어선 이루지 못하며, 다른 이의 이익을 방해하는 방식으로 도달할 수도 없고, 동료애와 연대감 속에서만 이룰 수 있다. 따라서 기존 사회 질서 속 억압자와 피억압자의 적대적 관계를 재생산하고 경쟁을 부추기는 기존 교육 제도의 위계 속에서는 '인간화'가 불가능하다. 인간 해방을 지향하는 교육운동은 예속 상태인 민중이 해방을 위한 싸움에 나서도록 추동할 사명도 갖고 있다. 이처럼 민중이 스스로를 사유의 주인으로 인식하기 위해서는 동료와의 토론이 요구되고, 또한 민중과의 대화를 통해 대안을 제시하는 교육 프로그램을 수립해야 한다고 프레이리는 강조한다. (신은실)

참고문헌
- 파울로 프레이리, 『과정으로서의 교육』, 유성상 외 옮김, 박영STORY, 2020.
- 파울로 프레이리, 『페다고지』, 남경태·허진 옮김, 그린비, 2018.

↑ 판디타 라마바이(1858~1922). 인도 여성운동의 선구자. 브라만의 딸로 태어났으나 남편이 죽은 후 여성에게 가해지는 억압에 반발해 기독교로 개종하고 과부들을 위한 묵티 공동체를 세웠다.
↗ 1953년 인도네시아 여성교육의 선각자 카르티니를 기리는 카르티니의 날 행사 Tropenmuseum, Collectie Stichting Nationaal Museum van Wereldculturen

↑ 후다 샤라아위(1879~1947). 이집트 여성운동의 선구자. 1919년 이집트 최대 규모의 반영 여성 시위를 조직하고, 1923년 로마 국제여성참정권동맹회의에서 참석했다 돌아오는 길에 기차역에서 히잡을 벗어던졌다.
↗ 1952년 1월 이집트 카이로에서 반영 시위를 벌이던 이집트 여성들이 경찰에 끌려가는 모습

↑ 1968년 베트남전쟁 당시 구정공세를 준비하며 7구역 지도를 살펴보는 사이공 6구역 여성특공대

↗ 탕가니카아프리카민족연합TANU의 여성 조직위원 루시 라멕(왼쪽)과 빅토리아 코프니가 직접 디자인한 민속의상을 입고 포즈를 취하고 있다.

↑ 탄자니아 초대 대통령 줄리어스 니에레레 National Archive UK
↗ 전화교환국을 방문한 콰메 은크루마
→ 1961년 3월 미국을 방문해 케네디 미국 대통령과 만난 은크루마

↑ 1963년의 파울루 프레이리
↗ 카보베르데에서 성인을 위한 문해 교육 광경

CAP-VERT - Fogo: alphabétisation des femmes dans les cercles de culture en zone rurale.   photo:Unesco/Dominique Roger
L.5.876/I3-I6-I8-20-23-25-29-30-32

폭력
Violence 暴力

착취받는 자들이 저항할 방법은 아목(amok)뿐이지. 사실 혁명이란 당이 조직해낸 집단적 아목이지 별개 아니란다.

『아름다움 그것은 상처』에 등장하는 인도네시아의 1세대 공산주의자는 소년에게 이렇게 일러준다. '아목'은 영어사전에 수록된 몇 안 되는 말레이어 어원의 단어로, 전근대 말레이 전통에서 전장에 나서면 아목에 빠져 용맹하게 폭력을 휘두르는 것이 전사의 역할이었다. 그러나 유럽인과의 접촉 그리고 식민지화를 거치면서, 아목에는 인종주의적, **식민주의**적 색채가 덧씌워졌다. 영어사전은 흔히 아목을 "주로 열대 지역 원주민에게 나타나는 맹렬한 살상욕"으로 정의하며, 19세기부터는 아예 정신질환으로 분류되었다. 흥미로운 것은 '아목'에 대한 보고가 이 전통의 기원인 동남아시아뿐 아니라 아프리카, 남태평양, 라틴아메리카 등 식민지 전역에서 나타났다는 점이다. 이는 시사적인 것으로, 식민지에서 발생한 폭력을 구체적 맥락과 상관없이 모조리 아목으로 부르는 게 아닌지 의심을 품게 한다. 서구와 식민주의는 식민지와 **제3세계**에서 벌어지는 사건에서 역사적·정치경제적 동기를 끊임없이 제거하고 탈맥락화해왔다. 따라서 식민지 콩고에서 벌어진 비극을 전쟁 중의 베트남으로 옮긴다 해도(아체베가 지적한 소설『암흑의 핵심』과 영화〈지옥의 묵시록〉의 경우) 아무런 문제가 생기지 않는다. 이런 시선을 따를 때, 식민지와 **제3세계**는 어차피 혼돈과 야만으로 가득한 곳이기 때문이다.

프랑스령 마르티니크 태생의 에메 세제르는 1955년 『식민주의에 대한 담론』에서 "야만을 문명화한다는 명분"을 내세우는 식민주의의 반문명성을 고발했다. 그는 "식민주의와 문명 사이에는 거대한 심연이 존재"하며 "식민주의가 식민주의자들을 어떻게 탈문명화시켰고, 피폐하게 했으며 동시에 비인간화시켰는지를" 그리고 "어떻게 식민주의가 식민주의자들의 잠들어 있는 본능을 일깨워 탐욕과 폭력과 인종적 증오와 도덕적 상대주의로 나가가게 했는지"를 살피는 것이 먼저여야 한다고 주장했다. 열대 식민지에서 유럽인의 손에 벌어지는 폭력이야말로 "잔인함, 거짓말, 저열함, 부패가 유럽 부르주아의 정신에 깊숙이 침윤돼 있다는 증거"이며 스스로의 그러한 모순을 해결할 능력을 잃은 "유럽은 무기력 그 자체"라고 선언했다. 또한 식민지 인민은 "과거의 노예 신분에서 자신을 해방시켜 지금은 심판관 지위에 올랐다"고 선언했다.

그런 윤리적 우위야말로 **반둥회의**부터 **비동맹** 세력이 선취하고자 한 것이기도 했다. **반둥회의**에서 네루가 내세운 평화공존 5원칙은 무게감 있게 받아들여졌다. "무력, 핵무기, 탄도미사일, 금권력" 어느 것도 가지지 못한 채 진영 논리에 반대해 모인 나라들이 할 수 있는 일이란 한데 모이는 것뿐이었다. "군사력이 약한 국가들이 단결한다고 해서 지금의 군사 강국들을 조금이라도 달라지게 하지는 못할 것"이지만 "윤리적인 힘을 행사할 수 있을 것"이라고 보았다. 그의 비폭력 노선은 인도 독립운동 경험에서 비롯한 것이었다. 폭력도 청원도 다 시도해보았지만 인도에서 가장 큰 힘을 발휘한 것은 비폭력 저항운동이었다. 그런 성공을 바탕으로 인도와 가나는 폭력을 쓰지 않고 독립할 수 있었다. 네루는 이런 "윤리적 힘"에

매혹됐다. 그러나 이 "위대한 윤리적 힘"은 제국주의를 상대로
한 대중운동에서는 힘을 발휘했지만, 냉전 시기 핵보유 열강들
사이에서는 무력했다. 동서 간의 군사적 긴장이 고조되던 1961년 첫
정상회의 후 **비동맹운동**은 미소 양국에 '평화호소문'을 전달했지만
아무 성과도 거두지 못했다. 윤리적 우위만으로는 핵무장 시대와
신식민주의의 냉혹한 현실을 바꿀 수는 없었다.

에메 세제르와 같은 마르티니크 출신이자 그의 제자이기도
한 **파농**은 **제3세계**가 과연 **냉전**의 외부에 있을 수 있는지 질문했다.
1950년대 말 아크라에서 열린 전아프리카인민회의에서 「우리는
왜 폭력을 사용하는가?」라는 제목으로 연설을 한다. 그는 "식민
체제는 폭력에 근거한 체제이자 폭력으로 정착되고 힘으로 뿌리내린
체제"임을 지적하고 알제리 독립전쟁이 시작된 후 벌어진 끔찍한
폭력의 참상을 고발했다. 식민주의자들이 폭력이 아직도 이토록
엄청날진대 벌써 그들과의 타협과 화해를 말하는 아프리카의 민족
지도자들에게 분노하며 쏟아낸 말이었다. 그는 나중에 「폭력에
관하여」에서 제국주의와 식민주의가 **제3세계**에 가하는 야만적인
물리적 폭력과, 그에 수반한 인간을 사물화하는 정치적·경제적 폭력을
고발하며 탈식민화를 위한 '정화(淨化)'의 과정으로 혁명적 폭력을
바라보는 생각을 역설하기도 했다. 곧 그에게 폭력은 "분노의 표출,
야만적 본능의 부활, 원한의 결과"가 아니라 피식민지인이 "자신을
재창조하는 과정"이었다. 탈식민화란 식민주의자들에게 "두려운
미래라는 형태로 경험"되는 완전히 다른 종의 인간으로의 탈바꿈,
새로운 인간의 창조이므로 폭력이 수반될 수밖에 없다는 것이다.
그런 과정을 위해서는 "무기가 없다면 식칼이라도 충분하다"고
파농은 썼다. 1945년 되돌아온 프랑스와 전투가 본격적으로 시작되자
호찌민은 라디오 연설에서 "소총이 있는 자는 소총을 쓰고, 칼이

있는 사람은 칼을 쓰고, 칼도 없는 사람은 삽이나 막대기를 써서" 게릴라전을 벌이자고 호소했다. 압도적인 군사력 앞에서 약자가 강자에게 대항할 수 있는 거의 유일한 전술인 게릴라전으로 무장 투쟁에 나서자고 요청한 것이다. 그리고 알제리도 베트남도 승리했다.

파농의 알제리와 **호찌민**의 베트남만이 아니었다. 1960년 **카스트로**가 이끈 쿠바혁명의 성공은 라틴아메리카 좌파와 제3세계 민족해방운동에게 무장 투쟁을 촉구하는 외침으로 들렸다. 이제 혁명이란 무장 투쟁을 통한 승리로 여겨지기 시작했다. 여기에 중소 갈등이 심화되면서 문제는 복잡하게 얽혔다. 중국은 소련의 평화 공존론이 제국주의에 굴복하는 것이라고 비난했고, 각국 좌파 안에서 더 급진적이고 전투적인 분파들이 갈라져 나오기 시작했다. 1966년 아바나 삼대륙회의는 무장 투쟁을 지지하는 전투주의가 최고조에 달한 자리였으며, 1960년대 중반부터 1970년대 후반까지 무장 투쟁이 반식민주의의 중요한 전략으로 되살아났다. **체 게바라**가 "제2, 제3의 베트남을 만들기 위해" 아프리카로, 다시 볼리비아로 떠나 게릴라전을 벌이고 1967년 결국 살해당하면서 무장 투쟁론은 더 힘을 얻었다.

반면 칠레의 **살바도르 아옌데**는 체 게바라가 "나와는 다른 수단으로 똑같은 목적을 추구하는" 동지라고 불렀을 만큼, 점진적이고 단계적인 혁명에 충실했다. 그는 칠레 대중운동이 선거를 통해 합법적으로 권력을 장악할 수 있을 만큼 성장했다고 보고, "민간 차원의 경쟁이 불가능할 때만 무장 투쟁이 벌어질 수 있다"는 게바라의 말을 무장 투쟁론이 최고조에 달한 시기에도 상기시키고자 했다. 마침내 1970년 **아옌데**는 대선에서 승리해 세계 최초로 선거를 통해 집권한 사회주의 정부를 구성했다. 그는 경제적 **독립**만이 라틴아메리카의 문제를 푸는 해법이며, 경제 **독립** 없이는 정치 **독립**도 없다는 것을 잘 알았다. 그러나 우리는 이 점진적 혁명의 비극적

결말을 잘 안다. **아옌데** 정부가 경제 독립을 위해 국유화 조치를 내리고 사회주의 경제를 실현하고자 하자 더 큰 폭력이 덮쳐왔다. 1973년 피노체트의 쿠데타로 **아옌데**는 대통령궁에서 살해당하고 만다.

1970년대에 반식민주의 세력의 무장 투쟁 승리는 계속되었다. 1974년 에티오피아의 승리, 포르투갈 식민지였던 아프리카 6개국의 독립, 특히 1975년 베트남의 승리. 이런 승리들은 1980년대 중남미의 콜롬비아, 엘살바도르, 과테말라, 니카라과, 페루, 우루과이 등이 무장 투쟁을 시작하는 원동력이 되었다. 그러나 동시에 인도에서 **마오주의자**들이 군사적으로 패배하고 중국과 미국이 핑퐁 외교를 추진하는 등 화해 분위기로 흐르자 국제 **마오주의자**들은 힘을 잃고 무장 투쟁의 열기도 한풀 꺾인다.

식민지 세계 곳곳에서 벌어졌다는 '아목'의 실상을 들여다보면 에릭 홉스봄이 설명한 '원초적 반란'의 양상을 발견할 수 있다. 홉스봄은 프랑스혁명 이후 자본주의 발전에서 소외된 남유럽의 반란 사례를 살펴보며, 좌우를 막론한 엘리트의 시각에서는 이해하기 어려운 비합리적인 움직임에 주목했다. 자본주의가 발전하면서 심화되는 중심부의 모순은 주변부를 압박하고 이 압력은 중심부에서 멀어질수록 더 강력해진다. 가장 소외된 주변부에서는 '아목'처럼 '원초적 반란'이 터져 나오는데, 이런 움직임은 천년왕국이나 종말론을 신봉하는 등 종교적이고 시대착오적이며 비합리적일 때가 많았다. 즉 저 세상에서의 초월적 전망만 있을 뿐 이 세상에서의 변화에 대한 세속적 전망은 없다.

"자본주의의 최고 단계"인 제국주의 체제에서 식민지는 가장 소외된 주변부였다. 이런 곳에서 제국주의의 거대한 폭력을 겪은 개인은 철저하게 무감각해지거나, 충동적으로 저지르는 무자비한 폭력 외에 자신을 방어할 수단을 찾지 못한다는 것을 식민지 알제리의 정신과 의사였던 **파농**은 잘 알았다. **아체베**의 『모든 것이 산산히 부서지다』의 주인공 오롱코가 무너지는 자신의 세계를 지키고자 휘두른 폭력이 바로 그런 것일 것이다. 2차 세계대전 이후 식민지를 휩쓴 **독립** 투쟁의 혁명적 물결은 그런 가망 없어 보이는 몸짓에 새로운 사회라는 세속적 전망이 더해져 가능해진 '집단적 아목'일지도 모른다. (박소현)

참고문헌
- 에메 세제르, 『식민주의에 대한 담론』, 이석호 옮김, 그린비, 2011.
- 프란츠 파농, 『대지의 저주받은 자들』, 남경태 옮김, 그린비, 2004.
- 빅터 피게로아 클라크, 『살바도르 아옌데: 혁명적 민주주의자』, 정인환 옮김, 서해문집, 2017.

군사 침공은 약탈의 기획으로 변한다. 군대가 들어오자
상인들이 따라오고, 파산과 집행을 실행하기 위한 그들의
기계가 설치된다. 웃옷에 카네이션을 달듯 장교들이 내세우는
말이라는 장식품은 훌륭한 무기가 될 것이다. 통역관, 지리학자,
민속학자, 언어학자, 식물학자, 다양한 분야의 박사와 직업
작가들도 새로운 먹잇감에 달려들게 된다. 불필요하게
덧붙은 골단처럼 덧쌓인 글의 피라미드가 애초의 폭력을
은폐할 것이다.

— 아시아 제바르, 『사랑, 판타지아』

프라무디아 아난타 투르
Pramoedya Ananta Toer

작가 프라무디아 아난타 투르(1925~2006)는 인도네시아의 태동과 탄생, 혁명의 영광과 **군부** 독재 시기의 고난을 온몸으로 겪으면서도 이야기를 멈추지 않았다. 프라무디아의 작품 속에 그려진 아직 완전히 실현되지 못한 인도네시아라는 구상은 1960년대부터 지금까지 인도네시아 젊은 세대에게 새로운 정치적 상상력의 원천이었다. 또한 죽는 날까지 계속됐던 인도네시아 사회에 대한 날카로운 비판 역시 여전히 그 힘을 잃지 않고 있다. 프라무디아가 꿈꾼 인도네시아는 과연 어떤 것이었는가?

우리가 지금 인도네시아라고 부르는 국가의 기원은 네덜란드령 동인도이다. 식민 통치 이전 인도네시아 영토에는 크고 작은 왕국과 부족이 난립하고 있었을 뿐 통일된 형태의 국가는 없었으며, 식민 후기인 20세기 초에 들어서야 전체를 아우르는 '인도네시아'라는 개념이 등장했다. 종족마다 언어가 달랐던 터라 공통의 언어가 필요했기 때문에 **민족주의자**들은 말레이어를 '인도네시아어'로 채택했다. 인도네시아어는 식민주의자의 언어인 네덜란드어도 절대 다수인 자바인이 쓰던 자바어도 아니었다. 즉, 인도네시아 **민족주의**는 혈통 중심의 배타적 **민족주의**가 아니라 인도네시아 안에서 모든 시민이 동등한 권리를 갖는 광의의 **민족주의**였다.

네덜란드령 동인도에서 토착 엘리트는 네덜란드의 수탈에 적극적으로 협력해서 그 지위를 보장받아왔다. 인도네시아 프로젝트는 이러한 서구 **식민주의**와 토착 봉건제의 모순을 동시에 극복하기 위한 정치적 기획이었다. 1945년 **독립**을 선언했으나 네덜란드 식민주의자들을 몰아내기 위해 4년간 싸운 인도네시아 인민은 **수카르노**의 지휘 아래 사회혁명을 완수하기 위해 고군분투했다. 인도네시아어와 **수카르노**의 열렬한 지지자였던 프라무디아는 네덜란드와의 독립전쟁 당시 입대해 싸우다 투옥되기도 하고, 그 후에는 **수카르노**의 혁명을 위해 싸웠다. 혁명이라는 단어가 여기저기서 흘러나오던 새로운 국가를 건설하던 시기에 인도네시아어는 혁명의 언어가 되었다. 프라무디아는 신생국가를 지키고 정신적 식민 상태에서 벗어나기 위해서는 과거를 알아야 하며 과거에 대한 지식은 바로 인도네시아어로 쓰여야 한다고 보고 방대한 저술 활동을 펼쳤다.

그러나 1965년 32년간 지속된 수하르토의 신질서 체제가 시작된다. 프라무디아의 기나긴 고난도 함께 시작된다. 그는 재판 없이 체포돼 외딴 섬 부루에 있는 수용소에 14년간 수감된다. 생존마저 위협받는 수용소 생활 중에서 그는 '부루 4부작'으로 알려진 장편소설 4편을 다른 죄수들에게 구술하면서 집필했다. 부루 4부작은 인도네시아 최초의 근대적 언론인이라 할 실존 인물을 모델로 한 주인공 '밍케'가 **민족주의자**로 성장하는 과정을 통해 인도네시아 **민족주의**의 기원과 성격을 밝히고 수하르토 신질서의 본질을 폭로한다. 프라무디아에게 수하르토 체제는 네덜란드 식민 정부의 연속선상에 있을 뿐 자신이 꿈꿔온 인도네시아와는 거리가 멀었다(실제로 식민지 시기와 신질서 시기 지배 계층은 놀라울 정도로 그 구성이 변하지 않았다). 수하르토 체제는 학교 교육을 통해 군사적이고 자바 중심적인 공식 역사를 주입하고 인민의 머릿속에서 혁명의 기억을 지워버리고자 했다. 여기에 균열을 낸 것이 바로 프라무디아의 작품들이다. 프라무디아의 작품은 금서였지만 대학가를 중심으로 돌고 돌면서 공식 역사가 지워버린 공백을 메우고 대항적 민족 서사를 경험하게 해주었다. 이러한 역사를 둘러싼 투쟁이 젊은 세대가 반독재 투쟁을 벌이고 1998년 민주화를 이뤄내는 밑거름이 되었다. 1975년생 에카 쿠르니아완은 1990년대에 부루 4부작 해적판을 읽고서야 인도네시아 역사를 배경으로 한 이야기를, 특히 부루 4부작에 도전하는 이야기를 써보겠다고 결심했다.

    "아직 오지 않은 시대"를 실현하기 위해 온 힘을 다했던 프라무디아는 1998년 민주화 이후에도 근본적으로는 크게 달라지지 않은 인도네시아를 목도하며 "속이 타들어가는" 심정을 토로하곤 했다. 특히 자바주의로 대변되는 인도네시아에 여전히 남은 봉건적 관습과 권위에 복종하는 인도네시아인의 비겁함에 대한 비판은 뼈아프다. 프라무디아의 인도네시아 사회에 대한 분석과 세계와 인도네시아 간의 관계를 바라보는 시각은 적확하기 이를 데 없지만 어떤 이론이나 사조에도 기대지 않은 채 서술한다는 점에서 놀랍다. 그는 자신의 방식으로 역사적 사실을 직조하고 자신의 언어로 그 천을 이어 현실을 재구성해낸다. 말년의 그는 인도네시아가 점점 더 자신들이 기획했던 모습에서 멀어지고 있다는 사실을 목도하고 절망했다. 그러나 동시에 오직 총체적 혁명만이 그런 현실에서 벗어날 수 있는 방법임을 역설했다. 프라무디아가 꿈꾸었던 인도네시아는 여전히 요원해보이지만, 그를 스승이자 벗으로 기억하는 젊은 세대에게 그의 기획은 여전히 마르지 않는 상상력의 원천이다.
(박소현)

참고문헌
- 프라무댜 아난타 투르, 안드레 블첵, 로시 인디라, 『작가의 망명』, 후마니타스, 2011.

프란츠 파농
Frantz Fanon

내 몸이여, 나를 언제나 의문을 품는 사람으로
만들어주오!

프란츠 파농(1925~1961)은 1925년 카리브해의 프랑스령 마르티니크 섬의 유복한 집안에서 태어났다. 2차 세계대전이 발발하자 드골군에 자원입대해 카리브해 출신으로 구성된 5대대에서 복무했다. 이때 북아프리카와 처음 만났을 뿐 아니라, 인종 차별도 처절하게 경험했다. 전쟁이 끝나자 마르티니크로 돌아와 대학 입학 자격시험을 보고, **네그리튀드** 주역인 동향 출신 에메 세제르를 자주 방문하며 교류했다. 프랑스 리옹으로 건너가 정신의학을 공부하면서 반식민운동에 적극적으로 관여했다. 툴루즈 근의 생탈방 병원에서 일하며 1952년 첫 저서 『검은 피부, 하얀 가면』을 출간했다. 인종주의를 날카롭게 비판한 이 책으로 파농은 반식민주의의 국제적 공론장에서 한 자리를 차지한다.

    정신병원 의사 공모 시험에 합격한 후 1953년 11월 파농은 북아프리카 최대 규모로 꼽히던 알제리의 블리다 주앙빌 정신병원에 부임했다. 파농은 블리다에서 일하면서 유럽인들의 일상적인 차별과 알제리인들에 대한 정치·경제·문화적 억압을 체험하며, **알제리 민족해방전선(FLN)**을 지원하는 유럽인들과도 교류한다. 이듬해인 1954년 알제리 독립전쟁이 발발하면서 파농은 인생의 전기를 맞았다. 파농은 정신질환에 시달리는 FLN 지하 활동가들을 치료하는 한편 비밀리에 전선으로 약품을 공급하는 역할을 마다하지 않았다. FLN을 토벌하기 위한 프랑스군의 민간인 감시와 수색, 주민 소개가 일상화되면서 병원에 가해지는 압박도 심해졌다. 결국 1956년 말 파농은 "원주민의 나라에서 원주민이 영원히 소외된 채 완전한 자아상실의 상태에서 살아가는 곳에서 그들이 회복되기는 불가능하다"고 항의하는 내용의 공개 사직서를 알제리 총독 앞으로 보냈다. 이 일로 알제리에서 추방당하자 그는 FLN 외곽 조직이 활동하고 있던 튀니지의 튀니스로 옮겼다. 이곳에서 FLN의 기관지 역할을 한 신문『엘무자히드』의 편집인이 되어 열성적으로 논설과 기사를 발표하고 알제리혁명의 대변인 역할을 했다.『엘무자히드』에 익명으로 쓴 글은 나중에『아프리카 혁명을 위하여』라는 책으로 묶여 나오기도 했다. 1959년에는 알제리 임시 정부가 파농을 흑아프리카 순회 대사로 임명했다. **아프리카의 해**를 목전에 두고 온 대륙이 독립의 열기로 끓어오르던 시점이었다. 그는 아프리카 전역을 돌며 진정한 독립을 위한 투쟁을 독려하고 여러 아프리카 회의에 참여해 논쟁을 마다하지 않았다. 그러나 1960년 말 골수암에 걸린 사실을 알고 『대지의 저주받은 사람들』을 쓰기 시작했다. 이 책은 1961년 11월 말 출판될 수 있었으나, 파농은 그 후 며칠 지나지 않아 36살의 젊은 나이에 숨을 거두었다.

그의 삶은 짧았지만 탈식민운동과 **제3세계**에 미친 영향은 오래 지속되었다. 파농이 죽음을 예감하며 받아 적게 해 세상에 나온 『대지의 저주받은 사람들』의 초판 서문에서 사르트르는 책의 의의를 이렇게 밝힌다. "이제 제3세계는 자기 자신을 찾고 자신의 목소리로 자기 자신을 이야기한다." 첫 장에서 파농은 탈식민화를 "어떤 '종'의 인간을 다른 '종'의 인간으로 바꾸는 것이라고 단언했다. 이 새로운 인간의 창조야말로 탈식민화의 핵심이며 그 과정에는 폭력이 수반될 수밖에 없으며, 이 과정을 통해서 피식민지인은 진정으로 자유로워질 수 있다는 것이다. 곧 파농은 무장 투쟁의 전략이나 전술로서가 아니라 새로운 인간형을 창조하는 과정으로서 폭력의 의미를 분석했다. 그의 관심사는 **식민주의**로 인해 병든 이들이 어떻게 새로운 자아와 새로운 사회를 만들어낼 수 있는가였기 때문이다.

따라서 국가권력을 잡은 후 나타나는 민족해방 프로젝트의 한계를 예견하고 분석할 때 그는 한 치도 낙관하지 않았다. **제3세계** 국가들은 어마어마한 대중의 힘으로 독립을 이뤘지만, 국가 건설 프로젝트에서 대중이 공평한 지분을 차지할 수 있도록 배려하지 않았다. **제3세계** 민족해방 프로젝트는 정치권력이 국가에 집중돼야 하고, 민족해방 정당이 국가를 지배해야 하며, 민족해방 투쟁에 동원된 인민은 투쟁이 끝나면 동원해제될 수 있다는 가정을 기반으로 수행되었다. **독립**을 위해 싸우던 전시에는 정치적 통일을 추구하는 것이 당연하겠지만, 국가권력을 장악한 후에도 의사 결정 과정을 사회화하는 실질적 민주주의는 마련되지 않았다. 기대에 부응하지 못하는 국가에 국민은 분노하거나 등을 돌리고 이런 상황은 군부가 움직이는 데 최적의 상황을 만들기도 했다. 파농은 이러한 한계를 예견하고 알제리를 비롯한 신생국이 그런 함정을 피할 수 있기를 염원했으나, 그의 예측은 어느 곳에서보다 알제리에서 현실이 되고 말았다.

국제흑인작가예술가회의에 참여해 발표한 파농의 '민족'문화론 또한 새로운 인간의 창조에 관한 관심의 연장이었다. 세제르가 과연 식민주의가 서로 다른 문명이 만나게 하는 방식일 수 있는가라고 질문했다면, 파농은 한발 더 나아가 **식민주의**의 종말이란 "점령자의 발작적이고 경직된 문화에서 벗어나"는 길이며 그 자체로 새로운 문화를 가능하게 한다고 주장했다. 그제야 다른 "두 문화가 서로를 마주보고 서로를 풍요롭게 발전시킬 수 있"기 때문이다. 그는 탈식민 이후 형성될 민족문화는, 서구와 타자를 거부하며 내면으로 침잠하기보다는 타문화를 자원으로 삼아 새로운 탐색을 계속할 것이라고 보았다. 파농 자신이 카리브해 출신 흑인이면서 알제리의 민족해방 투쟁에 복무하고 대륙 차원의 범아프리카주의를 실현하고자 실천한 당사자이기에, 민족해방 투쟁을 풍요롭고 국제주의적인 문화적 재생의 시공간으로 상상할 수 있었을 것이다. 그는 20세기의 사건들을 정면으로 통과하며 **식민주의**의 폭력으로 정신과 육체가 병든 이들을 비롯한 억압받는 자의 소외라는 문제를 그 근원까지 파고들어간 이였다. 그리고 그런 소외를 해결하기 위한 현실의 방안으로서 **제3세계** 프로젝트를 실현하기 위해 세 대륙을 넘나들며 말과 글과 행동으로 싸운 실천적 지식인의 초상이다. (박소현)

피델 카스트로
Fidel Castro

피델 카스트로(1926~2016)는 1926년 쿠바 마야리에서 태어났다. 아버지는 1989년 쿠바 문제를 둘러싸고 벌어진 미국-스페인 전쟁에서 싸운 스페인 기병장교 출신으로, 쿠바 **독립** 후 사탕수수 농장을 경영해 상당한 부를 쌓았다. 이 덕분에 피델 카스트로는 유복한 환경에서 최고의 교육을 받을 수 있었다. 1942년 아바나의 예수회가 운영하는 명문 기숙학교에 입학해, 쿠바의 국민 영웅인 호세 마르티의 저작을 처음 접했다. 1945년에는 아바나대학교에 입학해 법학을 공부하고 좌익 계열의 쿠바 인민당에 입당해 정치에 입문했다. 졸업 후 변호사로 일하기 시작했다. 1953년 바티스타 군사 정권을 전복하기 위한 반란을 조직해 몬카다 병영을 공격하지만 실패하고 만다. 여러 동료를 잃고 재판정에 선 피델 카스트로는 최후 진술에서 스스로를 이렇게 변호했다.

> 타이탄(마세오 장군)은 '자유는 구걸해서 얻는 것이 아니라 마체테 날로 싸워 얻는 것'이라고 말했다고 배웠습니다. (...) 저에게 유죄 판결을 내리십시오. 그런 것은 전혀 중요하지 않습니다. 역사가 나를 무죄로 할 것입니다.

하지만 이 재판에서 피델과 동생 라울 카스트로는 반란죄로 15년형을 선고받았다. 1955년 사면을 받아 풀려난 카스트로는 멕시코로 망명을 떠나 그곳에서 다시 무장 투쟁을 조직했다. 1956년 소규모의 부대를 끌고 배를 타고 쿠바에 잠입한 후 동생 라울과 체 게바라 등 동지 11명과 함께 시에라 마에스트라 산맥에 들어가 게릴라전을 시작했다. 초반에는 고립되었지만 점차 대중적인 지지를 얻어 바티스타 정권에 반대하는 총파업을 성공시키기에 이르렀다. 고조되는 혁명의 열기에 1959년 1월 1일 새벽 바티스타가 도미니카 공화국으로 도망치자 카스트로 부대는 아바나에 입성해 쿠바혁명에 성공했다.

같은 해 5월부터 카스트로가 유나이티드 프루트사가 지배하던 사탕수수 농장을 국유화하고 사적 소유를 철폐하고 집단농장체제를 도입하는 등 자본주의 사회에서 사회주의 사회로 변화를 추진하자, 쿠바는 새로운 냉전의 중심지가 되었다. 쿠바는 미국 본토에서 145킬로미터밖에 떨어지지 않았을 뿐 아니라 미국이 엄청난 자본을 투자한 곳이었던 탓이었다. 긴장이 고조되는 가운데 1961년 4월 미국 케네디 정부는 쿠바 출신 망명자들을 훈련시켜 쿠바에 잠입하게 하는 소위 피그만 사건을 일으켰다. 쿠바군이 이 작전을 신속하게 진압하고 수일 내 승리를 거두자, 카스트로는 4시간이 넘도록 TV 연설을 하며 미국을 맹비난했다. "제국주의는 지리를 조사하고 대포, 비행기, 탱크 수를 분석하지만, 혁명은 인민의 사회적 구성을 검토합니다. 제국주의자들은 그곳의 인민이 어떻게 생각하고 느끼는지는 조금도 생각하지 않습니다."

피그만 공격은 물리쳤으나 계속되는 미국의 위협에 시달리던 카스트로는 1962년 체 게바라와 라울 카스트로를 모스크바에 보내 군사 **원조**를 요청했다. 소련은 군사 동맹에 서명하기는 거절하고 대신 쿠바에 미사일을 설치하기로 했다. 한편 쿠바에 미사일 기지가 건설 중이라는 첩보를 얻는 미국은 기지 건설을 중단하지 않으면 3차 세계대전도 불사하겠다는 입장을 밝혀 일촉즉발의 전 세계적인 전쟁

위기가 고조됐다. 양국과 유엔 등의 필사적인 외교적 노력으로 소련이 기지 건설을 포기하고 미국은 중동의 기지를 철수하며 다시는 쿠바를 침공하지 않겠다고 약속하는 선에서 이 긴장은 마무리되었다.

한편 미국의 발치에서 군사적 공격을 물리치고 사회주의 국가의 주권을 지켜가는 카스트로는 라틴아메리카는 물론 **제3세계** 전역에서 지지를 받았고, 혁명 성공 후에도 늘 군복에 수염을 기른 차림을 유지해 혁명 영웅이자 게릴라 전사의 이미지를 만들었다. 쿠바는 라틴아메리카와 아프리카의 민족해방운동에 군사 지원과 의료 지원을 아끼지 않았으며 이런 흐름은 1966년 아바나에서 열린 **삼대륙회의**에서 최고조에 달했다. 1974년 에티오피아의 마르크스주의 혁명, 1975년 남베트남 민족해방전선의 **베트남전쟁** 승리, 포르투갈 식민지였던 앙골라, 모잠비크 등 아프리카 5개국의 **독립** 등 민족해방 세력과 **제3세계**의 승리 뒤에는 어떤 형태로건 쿠바의 지원이 있었다. 1979년 다시 아바나에서 열린 6차 **비동맹운동** 회의는 이런 승리를 자축하는 자리이기도 했다. **비동맹운동** 안에서 카스트로는 반제국주의와 무장 투쟁으로 대변되는 좌파의 굳건한 축이었다.

한편 쿠바 경제는 코메콘(경제상호원조회의) 안에서 소련이 쿠바산 설탕을 높은 가격에 수입하고 석유를 낮은 가격에 수출하는 식의 **원조**를 받는 가운데 유지되었는데, 1991년 소비에트연방 해체로 이 체제가 무너지면서 위기에 처하게 됐다. 더군다나 미국의 경제 봉쇄 조치마저 가해지자 카스트로는 자급형 순환형 경제를 추진하면서 보편적 복지 제도를 유지해 상당한 성과를 거두었다. 2006년 건강 악화로 정계에서 은퇴할 때까지 쿠바 최고 지도자의 자리를 48년간 지켰으며 그 사이 그를 살해하려는 시도가 무려 638회나 있었다고 한다. 카스트로는 "자신의 최대 업적은 숱한 살해 시도에서 살아남은 것"이라고 회고하기도 했다. (박소현)

필리핀 교육연극협회
Philippine Educational Theater Association

필리핀 교육연극협회(PETA)는 1967년 4월 7일 배우 겸 연출가 세실 기도테 알바레즈(1943~)가 설립한 단체로, 필리핀 민족극 운동을 사상·예술운동 차원에서 전개한 조직이다. 아시아, 아프리카, 라틴아메리카 연극인들과도 활발히 교류하려 했던 PETA는 1971년부터 유네스코 국제연극연구소(ITI) 필리핀 센터 역할을 맡는다. 1972년 계엄령 선포 이후 설립자 세실 기도테가 해외 망명길에 오른 후에도, 배우, 극작가, 연출가, 교사가 함께 작업하는 PETA 전속 극단 '칼리낭안 앙상블'(Kalinangan Ensemble)은 활동을 계속했다. 그들은 필리핀의 역사와 사회 현실에 뿌리박은 제재를 타갈로그어를 비롯한 필리핀어들로 상연하는 활동을 지금까지 이어왔다. 또한 아시아의 문화적 근원을 확립하자는 목적으로 아시아 연극인들과 연극제와 워크숍을 공동 개최하고, 필리핀 시민들을 위한 연극 교육 활동을 펼쳐 시민 의식을 함양, 삶의 혁신을 이루고자 했다.

 PETA는 ITI가 구상한 **제3세계** 연극제 및 국제회의를 마닐라에서 1971년 11월 19일부터 30일까지 처음 주최한다. **제3세계** 연극제는 아시아와 아프리카, 라틴아메리카 연극인들이 공통 관심사와 의제를 논의하며 정보를 교환하고 긴밀한 연대를 구축하기 위해 시작되었다. 이때 한국에서도 극단 '실험극장'(대표 김의경)이 참여했다. 또한 한국인 연출가 유덕형이 칼리낭안 앙상블과 공동으로 작업한 〈알라망〉이 그해 '베스트 프로덕션' 작으로 선정되었다. 이후 **제3세계** 연극제 및 국제회의는 '전통예술의 보존 의의와 방법', '공연

예술의 정치 참여' 등을 의제로 삼아 **제3세계** 여러 도시와 대륙을 오가며 열린다. 두 번째 **제3세계** 연극제는 인도 봄베이에서, 세 번째 연극제는 1976년 베네수엘라 카라카스, 1978년 4회 연극제 및 국제회의는 우간다에서 열렸다. 광주항쟁 직후인 1981년 5월에는 비동맹운동 회원국이 아닌 한국 서울에서 제5회 **제3세계** 연극제 및 국제회의가 개최되었다.

마닐라 외에도 필리핀 지방과 아시아 여러 나라를 가리지 않고 교육과 공연 활동을 병행하는 PETA는 상연 공간을 특별히 중요시했다. PETA의 대다수 공연은 스페인이 마닐라에 건설한 식민 시기 유적인 인트라무로스(Intramuros) 안에 있는 라자 술라이만 야외극장에서 열린다. 이 극장은 20세기 필리핀 건축계를 대표하는 인물로, 마르코스 정권의 국책 프로젝트를 여럿 지어 '국민 예술가' 칭호를 받기도 한 건축가 레안드로 록신이 설계했다. 한편 라자 술라이만은 스페인 정복 당시 마닐라 지역을 다스리던 이슬람 무역 왕국의 마지막 왕으로 식민지 이전의 마닐라를 상징하는 인물이다. PETA는 스페인이 남긴 유적지가 상징하는 식민 시기와 현대 필리핀인의 삶이 중첩되어 있는 장소에서 연극을 창작하여 역사와 현실을 함께 사유하고 싶어 했다.

그들의 작품도 이러한 맥락에서 선택되고 창작되었다. 예를 들어 1979년에 공연한 ‹마이이, 마이이›라는 작품은 역사적 소재에서 영감을 얻은 작품이었다. '마이이'(May-i)라는 말은 스페인어가 들어오기 전에 쓰던 마닐라의 옛 이름이다. 연극은 스페인과의 접촉이 이루어지던 시기를 배경으로 하는데, 스페인인들이 도래했을 당시 마닐라에 있었던 두 공동체를 다룬다. 한 쪽은 원시 공산제 사회를 이루며 살고 있었고, 다른 부족은 봉건제 무슬림 사회인데, 두 공동체가 협력해 스페인 침략에 대항한다는 내용이다.

미국 통치 시대를 배경으로 한 연극도 공연했다. 1972년에 공연한 ‹후안 데 라 크루스›는 그 대표 격인 작품으로, 필리핀-미국 전쟁이 미국의 학살 행위로 번지던 1900년 전후를 배경으로 했다. 이 작품은 다큐멘터리적 양식의 서사극이었으며, 1900년뿐 아니라 1970년대의 필리핀과 아시아 정세를 논하는 작품이기도 했다. 한편, PETA는 아시아는 물론 전 세계를 휩쓴 미국 대중문화의 영향을 비판적으로 분석하는 일련의 작품을 무대에 올리기도 했다. 미국 보드빌 쇼가 전성기를 구가하던 1920년대부터 연예계에서 활약한 희극인의 일대기를 재구성한 ‹카누플린›이 대표적인 예이다. 카누플린은 "필리핀의 채플린"이라 불리는 유명 인사로, 빈민가 출신의 필리핀인으로서 일본 점령기를 거치며 크게 성공했다가 20세기 후반 영락한 일생을 마친 비운의 인물이다. 이와 같은 유형의 연예인들, 이를테면 "필리핀의 엘비스 프레슬리", "필리핀의 패티 페이지" 등을 역사학자 레나토 콘스탄티노는 "잘못된 교육"으로 일컬은 바 있다. 콘스탄티노의 분석에 기댄 ‹카누플린›의 식민 문화에 대한 비판적인 접근은 대만 감독 에드워드 양의 영화 ‹고령가 소년 살인사건›(1991) 등 다른 아시아 예술작품도 공유하는 바이다.

    PETA는 필리핀 민중의 연극이나 예능 형식을 그대로 차용하고, 새로운 내용을 접목하는 실험도 했다. 스페인에서 전해진 종교 의식에 필리핀의 현실을 담는 식이었다. 예를 들자면, 성모 마리아와 요셉이 구세주를 낳을 마구간을 찾아가는 와중에 불법 점거 주택이 대다수인 빈민가에서 상인, 어부, 노동자, 농민을 만나며 사회의식에 눈뜬다. 계엄령 선포 직전인 1972년에는 남부 민다나오 섬의 무슬림 문제를 다룬 ‹아이다오›를 공연하는 등 소수 민족과 소수 집단의 문화에도 큰 관심을 기울였다. ‹후안 탐반›에서는 빈민가 소년을 주인공으로 삼는 등, 노동자, 농민, 도시 빈민들과 함께하는 워크숍에서 많은 소재를 취했다. PETA는 민중들이 일상에서 읊는 즉흥시를 응용하여 연극을 해본 적 없는 이들도 연극을 할 수 있다는 극작 방법론을 편다. PETA는 지금도 워크숍과 공연 활동을 활발히 펴고 있다. (신은실)

참고문헌
- 루카치 외, 『민중문화운동의 실천론』, 김정환·백원담 편역, 도서출판 화다, 1984.
- 일본 아시아·아프리카 작가회의 편저, 『민중문화와 제3세계―AALA 문화회의 기록』, 신경림 옮김, 창작과비평사, 1983.

해방신학

Teologla de la Liberacion Liberation Theology 解放神學

해방신학은 무엇인가? 해방신학을 한마디로 간단하게 요약한다면 다음과 같이 말할 수 있을 것이다. "해방신학은 '가난한 사람들을 위한 우선적 선택'으로부터 출발하는 신학이다." 이런 의미에서 해방신학은 아래로부터의 신학이며, 그 특징을 다음과 같이 말할 수 있을 것이다.

먼저, 신학적인 측면이다. 해방신학의 태동은 무엇보다도 20세기 중반 이후에 프랑스와 독일에서 발생한 제2차 바티칸 공의회에 결정적 영향을 미쳤던 신학적 변화와 직접적인 관련이 있다. 두 번째는 교회 내부적인 측면이다. 해방신학의 태동은 무엇보다도 교회 내부의 몇몇 개혁적 주교들의 활발한 움직임과 모임으로부터 시작되었다는 것을 기억해야 한다. 이 몇 명의 용감한 주교들이야 말로 1968년 메델린에서 개최되었던 제2차 라틴아메리카 주교회의에 지대한 영향을 미쳤으며 해방신학이 본격적으로 태동되는 데 결정적인 역할을 수행했다. 세 번째로는, 사회적인 측면이다. 해방신학은 무엇보다도 당시 라틴아메리카 대륙의 민중들이 당면하고 있었던 참혹한 가난의 현실로부터 강한 충격을 받아 시작되었다. 민중들이 당면한 지역의 가난은 단순한 가난이 아니었다. 이 가난은 고착되었을 뿐만 아니라 실제로 민중들의 생명을 위협하고 있는 현실적 가난이었다. 게다가 이들이 당면하고 있었던 가난은 '배려와 감성'이 결여된 가난이었으며 포기된 가난이었다. 해방신학은 라틴아메리카 대륙이 가톨릭 국가였으며 대다수 국민들이 기독교인임에도 불구하고 '무관심한 가난의 현실'이 존재한다는 사회적 현실에 주목했다.

네 번째로, 해방신학은 가난하고 억눌린 자들, 가진 것이 없고 늘 쫓기는 듯 삶을 살아가는 사람들과 그 상황으로부터 해석을 추구하기 시작한다. 다섯 번째로, 해방신학의 대화자는 소외된 사람, 가난한 사람, 사회에서 잊힌 사람들이다. 남성 위주의 사회에서 여성, 백인 사회에서의 흑인 등이 대화자이다. 마지막으로, 해방신학은 사회학과 정치학을 그 도구로 사용한다. 오늘의 불의한 정치적 상황과 불평등한 경제적 상황은 어디서 초래되었는가에 대한 분석과 해석을 사회학과 정치학으로부터 가져온다.

해방신학이 이룩한 성과는 다음과 같다. ①신학 이론과 신앙 행위(praxis) 간 관계의 도치를 말할 수 있을 것이다. 전통 신학에서 정론(orthodoxia)은 언제나 우위를 차지하고 있었다. 해방신학은 이 같은 정론의 우위성을 도치시켜버린다. 해방신학에서 결정적인 것은 신앙인들이 예수 그리스도 안의 신앙에 의거해 매일의 실제 삶에서 행동하는 것이다. 신앙은 해방적이다. 신앙의 실천(praxis)이 우선적이며 그것은 역사에서 구체적인 해방의 실천 행위로 나타나는 것이다. 해방신학의 해방적 실천 행위에서 우선시되는 것은 경제적, 정치적 해방이다. ②신앙의 핵심이 해방의 실천적 행위라고 한다면, 믿는 이들이 우선적으로 채택해야 할 것은 '가난한 자를 위한 우선적 선택'이다. 이때 이들은 '가난한 자'를 모든 종류의 억압 밑에서 고통받고 있는 모든 사람을 상징적으로 보여주는 표현으로 이해해야 한다. '가난한 자를 위한 우선적 선택'이 추구하고 있는 것이 해방이라는 것이 전제될 때 해방신학은 필연적으로 가난한 자들의 상황과 깊은 관련을 맺지 않을 수 없다. ③해방신학은 상황적 신학이다. 라틴아메리카의 불의한 가난의 상황이 해방신학을 태동케 했다. 그럼에도 불구하고 해방신학은 단순한 상황에 대한 이해가 아니라 상황의 변혁을 위한 행함과 이러한 행위에 대한 참여에서 발생했다. 신학적 성찰 이전에 신학적 행위가 있었다는 것이다. 이러한 해방신학은 민중들의 자발적인 참여와 저항의 역사를 이끌어왔다. 불의한 상황에 대한 인식과 그 원인에 대한 고찰 그리고 그것을 변혁하기 위한 의식화된 민중의 참여를 이끈 성과를 거두기도 했다. 라틴아메리카 민중의 저항에는 해방신학이 그 저변에 깔려 있음을 부인할 수 없을 것이다.

요즘 우리는 개념의 평범화(trivialization)와 왜곡화 현상에 직면해 있다. 우리는 오늘의 사회에서 근본적이고 본질적인 의미를 담고 있는 단어들의 사라짐과 부재를 경험하고 있다. 이제 우리에게 정의 혹은 억압, 해방이라는 단어는 큰 의미를 갖지 않고 있으며 그러한 단어들은 다른 단어들로 대치되기도 한다. 그런 의미에서 오늘 우리들에게 "오늘의 세계에서 억압은 존재하고 있는가?" 혹은 "오늘의 세계에서 억압받는 민중이 있는가?"라는 질문은 매우 중요하다. 이 질문에 대한 답변은 오늘의 세계에서 해방신학이 존재해야 하는 정당성에 대해 말해줄 수 있기 때문이다.

많은 경우 억압이라는 '강력한 단어'는 '소외'(exclusion)라는 단어로 대치되고 있다. 소외라는 단어는 억압 혹은 노예화라는 단어만큼 강력하게 들리지 않기 때문일 것이다. 그럼에도 소외 현상에 대해 조금만 더 깊이 생각해본다면 어쩌면 소외가 더 비인간적인 상황을 표현하는 것일 수도 있다. 소외는 억압과 노예화를 넘어서서 가난한 사람들의 인간됨 자체를 부정하고 그들을 마치 투명 인간처럼 보이지 않는 존재로 간주하는 사회 현상을 대변하고 있다. 수많은 사람들은 여전히 억압의 상태에서 살아가고 있다. 그들은 삶의 기회를 박탈당한 채(가난한 사람), 자신의 삶의 모습을 결정할 수 있는 자유를 잃은 채(노예화), 인간의 존엄성을 부정당하면서(차별) 그리고 존재 자체를 거부당하면서(소외) 억압받고 있다. 그러기에 오늘의 현실

앞에서 해방을 말하는 것은 당연한 일이고 마땅히 해야 할 일이다. 다시 우리의 언어와 사고와 신학적 성찰에 '해방'이라는 단어를 도입해야 한다. 노예화와 억압의 현실과 차별적인 체제의 '피해자'가 여전히 존재하는 한 우리는 다시금 해방을 말하지 않을 수 없다.
(홍인식)

핵제국주의
Nuclear Imperialism 核帝國主義

1954년 3월 1일, 서태평양 비키니 환초 동쪽 167킬로미터 지점에 일본 참치잡이 어선 제5후쿠류마루(第五福龍丸)가 떠 있었다. 고기잡이가 시작되기 전인 이른 아침이었다. 갑판에 나와 있던 서남은 명의 선원은 서편 멀리에서 작은 섬광이 번쩍이는 것을 보았다. 한참 뒤 뇌성이 들려왔다. 그리고 몇 시간 뒤 하늘이 컴컴해지더니 검은 재가 갑판에 쌓이기 시작했다. 깜짝 놀란 선원들은 조업을 중단하고 고향인 아이즈(燒津)로 향했다. 선원들은 구토와 두통을 호소하며 다들 시름시름 앓기 시작했다. 신도 카네토 감독의 영화는 이 모습을 생생하게 전한다. 얼마 뒤 일본 수산청은 "미국이 비키니 환초에서 행한 수소폭탄 실험의 낙진이 이 배를 덮쳤다"고 발표했다. 미국도 책임을 인정했다. 실험 현장에서 103킬로미터까지의 해역을 통제했지만, 풍속과 풍향이 돌연 바뀔 가능성까지는 내다보지 못했다는 것이다. 결국 9월, 선원 한 명이 사망했다.

이들을 덮친 방사능 낙진은 비키니 환초에서 실행된 '캐슬 작전'의 일환으로서 15메가톤급의 수소폭탄 폭발 실험의 결과물이었다. 핵폭탄의 끔찍한 위력에 고통을 겪은 바 있던 일본인들은 제5후쿠류마루 사태에 엄청난 충격을 받았다. 도쿄를 비롯한 여러 지역에서 시민들의 청원이 모여졌다. 전국적으로 3천2백만 명이 서명에 참여했고 외국에서도 6억 명이 서명에 동참했다. 때마침 등장하고 있던 정치적 좌파와 노동운동 주도의 반핵운동이 가세하면서 이 움직임은 1955년 히로시마에서 국제

원자폭탄 및 수소폭탄 반대 회의로 결실을 맺었다. 그러나 원자폭탄에 반대하는 대중들의 분노와는 상관없이, 이미 일본은 '플로토늄 경제'를 향해 나아가고 있었다. 이른바 1955년 체제라고 불리는 시대에 일본은 접어들고 있었다. 그해 자민당(自民党)이 창당된다. 그리고 같은 해 요미우리신문은 «평화를 위한 원자력»이라는 전시를 공동 개최하고(이 전시는 다음 해 서울을 찾아 덕수궁에서 전시를 개최한다), 그해 12월에는 원자력 기본법이 통과되고, 다음 해 1월 일본원자력위원회(JAEC)가 설립된다. 위원회의 의장을 맡으면서 동시에 원자력부 장관으로 임명된 이는 마츠모토 쇼리키였다.

마츠모토 쇼리키는 전범 용의자였다. 그러나 그는 제2차 세계대전 이후 구소련의 영향을 억제하기 위한 트루먼 행정부의 '진리를 위한 캠페인'에 안성맞춤인 인물로 선택되었다. 미국 대사관과 중앙정보부 및 미공보국은 전시 체제에 활동했던 고위 관료들을 등용하는 데 관심을 기울이고 있었다. 비밀경찰이나 생물학 및 핵무기 개발자들, 마피아 두목들이 미국이 관심이 둔 인물들이었다. 미국은 이들이 구소련의 영향을 차단하는 데 중요한 역할을 할 것이라고 기대했다. 그 가운데 가장 적역은 쇼리키였다. 그는 전범으로 감옥에 갇혔다 나온 후 요미우리신문을 창간하고 일본텔레비전을 개국하는 것은 물론 프로 야구를 도입했다. 경력이 보여주듯 그는 방송과 오락 비즈니스의 귀재였다. 그는 일본 국민이 핵무기에 대해 품고 있던 반감과 원망을 잠재우고 평화적인 원자력 개발을 향한 길을 닦는 나팔수의 역할을 맡게 되었다. 그에게 제5후쿠류마루 사태는 눈 하나 꿈쩍할 일이 아니었다. 그는 만주국을 이끌었던, 역시 전범 출신의 정치가인 기시 노부스케와 함께 자민당을 이끌어갔다. 자민당의 입장은 분명했다. 친핵, 친미였다. 그들은 '자유 아시아를 수호함으로써 공산주의를 억제하겠다는 미국의 입장을 든든히 떠받쳐주었다. 기시는 중국의 인해전술에 맞서 국민을 지키고 아시아에서 일본의 권력을 되찾기 위해 전술 핵무기를 보유하는 것이 불가피하다고 공공연히 떠들었다. 한국전쟁 당시 미국은 이미 여러 차례 중국에게 핵폭탄을 투하하겠다는 위협을 가한 바 있었고, 그럴 작정으로 이미 일본의 오키나와 기지에 TM-76 핵미사일을 비축해두었다. 이리하여 미국의 가장 큰 핵 의존국이 탄생하게 되었다. 이는 핵폭탄에 의해 초토화되며 패전을 경험한 나라에서 상상하기 힘든 역전이었다.

    1945년 이후 지구 행성의 대기, 땅, 해양 전체에서 자연 방사선 수치가 급격히 증대했다. 급기야 소련과 미국은 1963년 부분핵실험금지조약을 체결했다. 그러나 미국과 소련 사이의 무기 경쟁은 1970년대와 1980년대 내내 가속되었다. 그리고 미국의 핵우산 아래 놓인 나라들은 핵무기를 보유하지 않더라도 미국의 핵 체제를 보완하는 무기급 연료, 항공 수송 체계, 위성 시스템을 위한 연료 등을 갖추어나갔다. 그리고 미국은 핵 억제를 위해 유엔이 주도했던 비핵지대 형성을 위한 다자 간, 지역 간 협약을 무시한 채 자신들에게 유용한 양자 간 협약을 밀어붙였다. 그리하여 오늘날 미국은 어느 누구도 넘볼 수 없는 핵 강국이 되었다. 그러나 미국은 러시아와 중국의 위협을 핑계로 핵무기를 향상시키는 데 여념이 없다.

    1955년 4월 24일 인도네시아의 반둥에서는 **반둥회의**를 결산하는 최종의정서가 발표되었다. 모두 7개 항목으로 이뤄진 성명의 주된 내용 가운데 두 개 항목은 세계 평화와 협력의 진작에 관한 선언으로 이뤄져 있었다. "핵무기 및 열핵무기의 생산, 실험 및 사용을 금지하는 것이 인류와 문명을 절멸의 공포와 염려로부터 구제하는 데 있어 절대적임"을 밝히고 이를 이룩하기 위한 "신속하고 단호한 노력들"이 행해져야 한다고 천명했다. 그리고 아시아아프리카회의는 열강들에게

핵무기와 관련된 일체의 실험을 중단하고 핵무기의 생산과 사용을 최종적으로 근절하는 목표로 나아가도록 촉구했다. 그리고 "모든 대량 살상 무기의 생산, 실험, 사용 금지를 비롯해 일체의 군사력과 무기를 신속히 규제, 제한, 통제, 축소하도록 모든 당사국들에게 호소"했다. 이러한 **반둥회의**의 호소는 곧 결실을 맺었다. 1957년 국제원자력기구가 창립된 것이다. 그러나 **비동맹운동**이 제안한 이러한 호소는 강대국들을 움직이는 데 실패했다. **반둥회의** 참가국 가운데 하나였던 일본은 이미 보았듯이 은밀하게 평화적 핵 이용이라는 선전과 더불어 핵폭탄에 대해 품고 있던 자신의 공포를 이겨내고 있었다. '우주소년 아톰'(鉄腕アトム)이 히로시마와 나가사키의 버섯구름 위로 날아가고 있었다.

그러나 1952년부터 1958년까지 영국은 호주 남부의 사막 지대에서 잇단 핵실험을 진행했다. 이 실험 때문에 마랄링가와 피짠짜짜라 지역의 원주민들은 영원히 삶의 터전을 잃었다. 그러나 핵무기의 원료인 우라늄을 채굴하던 광산도 역시 위험하긴 매일반이었다. 원자폭탄을 개발한 맨해튼 프로젝트에 참여한 과학자들은 우라늄 분열 과정에서 배출된 물질을 흡수했을 때 얼마나 큰 위험이 여러 세대에 걸쳐 진행될지 알고 있었다. 국제방사선방호위원회는 이러한 우라늄에 의한 방사능 물질의 위험도를 측정하는 일을 수행했다. 그들이 마련한 연간 피폭선량(mSv/year)의 기준은 100에서 다시 50으로, 이후엔 다시 20으로 수정되었다. 그 사이에 이러한 안전 기준에 따라 숱한 우라늄 채굴과 핵 실험이 이뤄진 뒤였다. 그럼에도 장기간의 잠복기를 틈탄 채굴과 실험은 지속되어왔다. 콩고와 나미비아와 같은 지역에서 농민들은 부유한 나라들의 핵에너지와 핵무기 개발을 위한 우라늄 채굴을 위해 삶의 기반이 되는 농업을 포기해야 했다. 이들 나라의 광산은 **신자유주의**적 세계화를 이끌어가는 자본과 직접 연결되고 또한 이로부터 이권을 얻으려는 군사 집단 사이에서 벌어지는 끊임없는 내전의 인질이 되어왔다. **비동맹운동**도 **제3세계** 프로젝트도 힘을 잃은 지금, 우라늄 광산에서 일하는 이들을 저주와도 같은 방사능 오염으로부터 구해낼 길이 없는 것처럼 보인다. 테러와의 전쟁을 선언한 이후 전 세계로 확산된 미국의 군사기지와 시설들은 핵제국주의를 지켜주는 보루의 역할을 할 것이다. (서동진)

호찌민

Hồ Chí Minh 胡志明

호찌민(1890~1969)은 1890년 프랑스령 인도차이나의 응에안성에서 유학자 관료의 차남으로 태어났다. 본명은 응우옌싱꿍이고 호찌민은 후일 사용한 70개 이상의 가명 중 가장 유명한 이름이다. 당시 베트남의 수도였던 후에에서 한학을 공부하며 자랐다. 1907년에 최고 교육기관인 국학에 입학하지만 1908년 조세 저항운동에 동참했다가 퇴학당한 후 베트남을 떠나기로 결심했다. 식민지의 물자가 몰리는 항구 도시 사이공으로 가 기회를 엿보다가 프랑스와 베트남을 오가는 정기선의 주방 보조 자리를 얻어 1911년 프랑스 마르세유에 도착했다. 그 후 2년 가까이 배를 타고 미국, 아프리카, 아시아 각지를 돌며 식민 체제와 노예제의 현실 및 유색인종의 고난을 목격했다. 1913년에는 영국으로 가 밑바닥 삶을 살며 영어를 배우고 1917년에는 프랑스로 가서 급진 좌파와 교류하며 정치 활동을 시작했다. 호찌민은 파리에서의 정치적 각성에 관해 「나를 레닌주의로 인도한 길」에서 이렇게 회고했다.

> 제1차 세계대전 후 나는 파리에서 생계를 꾸리고 있었다. 사진관에서 일하기도 하고, '중국 고미술품'(그러나 사실 프랑스에서 만든)을 파는 가게에서 점원 노릇을 하기도 했다. 때로는 프랑스 식민주의자들이 베트남에서 저지른 죄상을 비난하는 전단을 뿌리기도 했다. (...) 내가 프랑스 사회당에 입당한 이유는 이 '신사

숙녀분들' (당시 나는 동지들을 그렇게 불렀다.)
이 나와 억압받고 있는 이들의 투쟁에 공감해주었기
때문이다. 그러나 정당이 무엇인지, 노동조합이
무엇인지도 이해하지 못했으며 사회주의나 공산주의의
의미도 몰랐다 (...).

내가 가장 알고 싶었던 사항은 어느 인터내셔널이
식민지 인민의 편에 서 있느냐였다. 모임에서는 이
문제가 한 번도 논의되지 않았다. (...) 한 동지가 나에게
『뤼마니테』에 실린 「민족과 식민 문제에 관한 테제」를
읽어보라고 주었다. 이 테제에는 이해하기 힘든 정치
용어가 많았다. 그러나 여러 번 반복해서 읽은 결과
테제의 주요 부분을 이해할 수 있었다. 이로부터 감동,
열정, 명쾌함, 자신감이 서서히 나에게 스며들었다. 나는
너무 기뻐 눈물이 났다. 내 방에 혼자 앉아 있었지만
대중 앞에서 연설이라도 하듯 크게 소리를 질렀다.
"순교자여, 동포여, 이것이 우리에게 필요한 것이다.
이것이 우리가 해방으로 가는 길이다."

호찌민은 레닌의 제3인터내셔널이 식민지 문제를 해결하는 길이라고
확신하고, 자신을 위원으로 받아달라는 편지를 썼다. 1922년
모스크바에 가서 레닌을 만나고 국제공산당 동남아시아 위원회
위원이 되었다. 1923년에는 동방공산노동대학에서 교육을 받고
제3인터내셔널 5차 대회에서 동방위원회 위원으로 선출되었다.
1924년 모스크바에서 교육을 마치고 동방에 혁명사상을 전하러
중국 광저우로 가 베트남청년혁명동지회를 조직했다. 장개석의 백색

테러가 시작되자 모스크바로 돌아갔다가 1927년 브뤼셀 반제국주의 연맹회의에 참석해 전 세계 반제국주의 인사들과 만나기도 했다. 1928년 승려로 위장하고 태국에 들어가 다시 중국으로 들어가 활동하다가, 1930년에는 홍콩에서 베트남 공산당을 창당했다(이후 코민테른의 지시에 따라 인도차이나 공산당으로 당명이 바뀌었다). 1941년까지 중국 쿤밍과 옌안 등지와 남쪽 국경 지대에서 활동하다 중국에서 국민당군에 체포되었다. 1943년 석방되어 베트남에 돌아온 후 고산 지대에 본부를 차리고 베트남독립동맹 곧 베트민(Việt Minh)을 이끌었다. 1945년 초 일본의 쿠데타로 프랑스령 인도차이나가 무너지자 각지에 거점을 세우고 베트민 해방군을 양성했다. 1945년 8월 일본의 항복이 가시화되자 임시 정부를 구성하고 전국적으로 봉기를 일으켜 '8월혁명'에 성공했다. 9월 2일 베트민은 하노이의 바딩광장에서 독립을 선언하고 '베트남인민민주공화국'의 탄생을 선포했다.

그러나 프랑스는 베트남에서 순순히 물러나지 않았다. 프랑스령 인도차이나를 되찾기 위해 군대(상당수가 프랑스의 식민지인 세네갈, 알제리, 모로코 출신 병력인)를 보내 1차 인도차이나전쟁이 시작됐다. 미국이 비용의 대부분을 대고 거의 10년에 걸쳐 이어진 이 전쟁은 1954년 베트민이 북부 산악 지대의 디엔비엔푸에서 큰 승리를 거두며 일단락됐다. 이어진 제네바 협상에서 프랑스군은 철수하고 (베트남의 공산화를 우려한 미국의 개입으로) 북위 17도선을 기준으로 남북으로 분단하는 안이 결정됐다. 남베트남은 미국의 지원을 받으며 허약한 체제를 이어갔으나 1965년에 이르자 미국은 직접 개입하지 않고는 베트남의 공산화를 막을 수 없다는 판단을 내리게 됐다. 이로 인해 남베트남민족해방전선과 북베트남은 미국을 상대로 **베트남전쟁**을 치르게 되었으며 엄청난 희생 끝에 통일을 이루었다. 호찌민 자신은 전쟁의 승리와 통일을 보지 못하고 1969년 9월 2일 숨을 거두었다. 그러나 베트남의 통일은 호찌민의 평생에 걸친 노력의 결과였다. 통일을 이룬 후 호찌민의 동료들은 그를 기려 남베트남의 사이공을 호찌민시로 개명했다.

호찌민은 지금도 베트남 인민에게 "호 아저씨"로 불리며, 평생 가족도 이루지 않고 베트남 **독립**과 해방에 헌신하고 베트남만을 생각한 사람으로 존경받는다. 스스로 늘 "독립과 자유보다 더 소중한 것은 없다"고 말했으며 그에게 공산주의는 **독립**을 이루기 위한 수단에 가까웠다. 30년이 넘는 망명 생활 동안 익힌 영어, 프랑스어, 러시아어, 중국어 등 5개 국어에 능통했으며, 소박하고 검소한 삶을 살고 단신으로 변장해 국경을 넘나들며 활동한 것으로 유명하다. 평생 한시를 즐겨 쓴 시인이기도 하다. 사후에 그가 쓴 시를 묶은 『호찌민 시집』이 발간됐다. (박소현)

참고문헌
- 호찌민, 「나를 레닌주의로 인도한 길」, 클라이브 크리스티 편저, 『21세기 동남아시아의 역사』, 노영순 옮김, 심산, 2005.

이 몸은 비록
옥중에 갇혀 있지만
정신은 결코
감옥에 구속되지 않네
큰일을 하려면
정신을 더욱 크게 가져야지

身體在獄中, 精神在獄外.
欲成大事業, 精神更要大

— 김남주 편역, 『은박지에 새긴 사랑』, 푸른숲, 1995.

↑ 산디니스타 민족해방전선. 1979년 무장투쟁을 통해 니카라과의 소모사 정권을 무너뜨리고 혁명정부를 세웠다. Stephanos Westgoten

↑ 1959년 1월 쿠바 아바나 힐튼호텔 로비에 모인 쿠바혁명군
↗ 1960년 유엔총회에 참석한 피델 카스트로

↑ 1969년 쿠바 아바나 항에 들어온 소련 전함

↑ 1946년 7월 미크로네시아 비키니 섬에서 벌어진 미국의 핵실험 광경
US Department of Defense

↑ 『인도네시아 현대문학』지에 실린 프라무디아 아난타 투르의 젊은 시절
↗ 1927년 모스크바에서 열린 제3인터내셔널에 참석한 소비에트 정치인들. 가장 오른쪽 인물이 호찌민으로 추정된다.

↑ 1958년 하노이 경기장에서 축구경기를 관람하는 호찌민

연표

(1945년~1989년)

아시아

아프리카

라틴아메리카

1세계 / 2세계

한반도

1945	1946
8.15 일본 무조건 항복선언 인도네시아·베트남 독립선언	8.16 인도 캘커타 종교간 충돌로 4000명 사망 제1차 인도차이나전쟁(1946~54)
 2.21 차풀테펙회의, 멕시코시티	 2.18 아르헨티나 후안 페론 대통령 선출
얄타회담, 포츠담 회담 10.15 범아프리카의회, 맨체스터 10.24 유엔UN 창설 11.20 뉘른베르크 재판 시작	9.27 1회 IMF 총회 개최 11.16 유네스코 창설
9.8 남북에 각각 미군, 소련군 진주	11.23 남로당 결성

1947	1948
2.28 타이완 2.28사건 3 범아세아대회, 뉴델리 7.19 버마 건국영웅 아웅산 암살 8.15 인도 독립 10. 20 1차 인도-파키스탄 전쟁 발발	5.14 1차 중동전쟁 6.18 말라야 비상사태 시작 9.18 인도네시아 공산당 마디운 반란
11 『프레장스 아프리캔』창간	
11. 21 유엔 무역고용회의, 아바나	4.20 미주기구OAS 창설
3.12 트루먼 독트린 발표 6.5 마셜플랜 제안 10. 30 GATT 체결, 제네바	6.24 소련 베를린 봉쇄 11.2 미국 트루먼 연임 성공
7.19 여운형 암살	4.3 제주 4.3항쟁 8.17 남한정부 수립 9.9 조선인민주주의공화국 수립 여수순천사건 11.20 국가보안법 제정 12.10 한미경제원조협정

1949	1950
뉴델리회의 10.1 중국인민공화국 수립	1.11 필리핀 훅 반란 에르모사 공격 2.14 중소 상호방위조약 체결 10.11 중국 인민해방군 티벳 침공 11.28 콜롬보플랜 논의
6 은크루마 회의인민당 창당	4.27 남아프리카공화국 아파르트헤이트 법안 통과
	과테말라 아르벤스 정권 수립
4.4 북대서양조약기구 NATO 창설 5.12 소련, 베를린봉쇄 해제	2.9 미국 매카시 공산주의자 명단 공개. 매카시즘 시작 5 유엔 『발전국가의 경제발전을 위한 조치』 출판
1.8 반민특위 발족	6.25 한국전쟁 발발 11.26 중국 한국전쟁 개입

1951	1952
5.1 이란 모사데그 총리 석유산업 국유화 단행	 7.26 이집트 나세르의 자유장교 쿠데타 성공
 5.15 볼리비아 군사쿠데타	볼리비아 혁명, 파스의 MNR 정권 수립. 토지개혁 은광 국유화
	4.28 샌프란시스코 강화조약 체결 11.5 아이젠하워 미대선 승리

1953	1954
8.19 이란 군부쿠데타 모사데그 정권 전복.	4.28~5.2 콜롬보회담 5.7 베트남 디엔비엔푸에서 프랑스 참패 9.8 동남아시아조약기구 SEATO 결성 10 중국-인도 평화5원칙 선언, 베이징 12.28~29 보고르회담(콜롬보회담 5개국 정상)
	11.1 알제리 독립전쟁 시작
7.26 카스트로 몬카다 병영 습격	
3.5 스탈린 사망	5.17 미국 브라운 판결 5.8 제네바회담
7.27 한국전쟁 휴전협정 조인 10.1 한미상호방위조약 체결	

1955	1956
4.18 반둥 아시아–아프리카 회의 11.1 베트남전쟁 발발	발링 토크 5 아시아아프리카학생회의, 반둥 아시아아프리카언론협회 회의, 도쿄
9.10 프랑스–모로코 자치협정 조인 1회 류블랴나 그래픽 비엔날레	7 브리주니회담(나세르, 네루, 티토) 7.26 나세르 수에즈운하 국유화 선언 9 1회 흑인작가예술가회의, 파리 10.29 2차 중동전쟁(수에즈전쟁) 발발
9.19 아르헨티나 군부쿠데타. 페론 실각	
5.14 바르샤바조약 체결 11.22 중동조약기구 결성	2.25 소련 스탈린 격하운동 시작 10.23 헝가리혁명 반소정부 수립 10.26 소련군 헝가리 진주 11.6 아이젠하워 재선 성공
	5.15 이승만 3선 성공

1957	1958
	7.22 레바논위기 10.7 1차 아시아아프리카작가회의, 타슈켄트 1회 아시아아프리카 영화제, 타슈켄트
3.6 가나 독립 3.8 2차 중동전쟁 종료 12.26 아시아아프리카인민연대회의 AAPSO, 카이로	4.15 아프리카독립국회의, 아크라 치누아 아체베 『모든 것이 산산이 부서지다』 발표 12.8 1차 전아프리카인민회의AAPC, 아크라

7.29 국제원자력기구 설립

1959	1960
	2.11 중국-인도 1차 국경충돌 5.2 터키 군부 쿠데타 5.19 일본 안보투쟁 9.14 석유수출국기구 OPEC 결성
반투홈랜드 10.31 벨기에령 콩고 대규모 폭력사태	**아프리카의 해. 아프리카 17개국 독립** 1.25 2차 전아프리카인민회의 AAPC, 튀니스 2회 아시아아프리카 영화제, 카이로 3.25 3차 전아프리카인민회의 AAPC, 카이로 4 아시아아프리카인민연대회의, 코나크리
1.1 쿠바 혁명 성공	브라질, 미국계 기업 국유화 착수
11.5 서독 고데스베르크 강령 채택	로스토우, 『경제성장의 단계들: 비공산당선언』 출간 국제개발협회 IDA 출범 9 유엔총회에서 제3세계 극적으로 부상 11.8 케네디 대통령 당선
	최인훈 『광장』 발표 4.19 혁명으로 이승만 하야 김삼규 등 중립화통일론 제창 민족건양회 반둥체제 지지 선언

1961	1962
1.3 아시아아프리카작가회의 사무국 설치 **9.1 1차 비동맹회의, 베오그라드** 12.27 인도 포르투갈령 무력침공 인도에 합병	3.2 버마 군사쿠데타 9.21 중국-인도 국경충돌
1.15 아시아아프리카여성회의, 카이로 1.17 콩고 파트리스 루뭄바 피살 1.21 아시아아프리카인민연대회의 긴급회의, 카이로 11 파농 『대지의 저주받은 자들』 출판	7.5 알제리 독립 2회 아시아아프리카작가회의, 카이로
4.17 피그만 침공 실패	10.14 쿠바 미사일위기
미국, 〈진보를 위한 동맹〉 결성 8.13 베를린장벽 건설 시작 10.17 파리 학살, 알제리인 이백여 명 사망 12.31 마셜플랜 공식 종료	
『민족일보』 "쿠바, 그 혁명의 해부" 47회에 걸쳐 연재 5.16 군사쿠데타	1.21 사태 장준하, 막사이사이상 수상

1963	1964
인도예술가집단 〈그룹 1890〉 선언문 발표 11.10 1회 신흥국경기대회 GANEFO 개최, 자카르타	3회 아시아아프리카 영화제, 자카르타 8.5 베트남 통킹만 사건
5.25 아프리카통일기구 회의 결성	4.20 남아공 넬슨 만델라 법정진술 10.5 2차 비동맹운동회의, 카이로
쿠바 2차 토지개혁	브라질 쿠데타
8.28 마틴 루서 킹 〈나는 꿈이 있습니다〉 연설 11.22 케네디 암살	**3.23 유엔무역개발협의회 UNCTAD 창립총회, 제네바** 77그룹 발족 10.15 흐루쇼프 실각, 브레즈네프 정권 장악 11.3 린든 존슨 당선
박정희, 대한민국 5대 대통령 당선	6.3 한일수교반대시위 8.4 베트남 파병안 국회통과 잡지 『청맥』 창간 11 수카르노, 북한 방문

1965	1966
3.6~14 아시아아프리카이슬람회의, 반둥 3.8 미군 지상군 베트남 도착 3.20 2차 인도-파키스탄 전쟁 발발 9.30 인도네시아 친공산당 쿠데타 실패. 공산주의자 학살 시작 12.30 필리핀 마르코스 대통령 취임	1.10 소련 중재로 인도-파키스탄 전쟁 종료 2.23 시리아 군부쿠데타. 바트당 집권 5.16 중국 문화대혁명 시작 11.25~12.6 2회 아시아 가네포, 프놈펜 (11.7 아세안게임, 방콕)
	2.24 가나 군사쿠데타. 은크루마 실각
	1.3 삼대륙회의, 아바나
유엔개발계획UNDP 발족 2.21 말콤엑스 암살	
6.22 한일협정 타결 10.9 한국군 첫 전투부대 베트남 도착	1.15 『창작과비평』 창간 8.12 북한 자주노선 천명

1967	1968
3.3 낙살바리 봉기, 인도 아시아아프리카작가회의, 베이루트 6.5 3차 중동전쟁(6일 전쟁) 8.8 방콕에서 아세안 창설 1회 쉬라즈-페르세폴리스 예술축제(이란)	1.23 푸에블로 호 납치사건 1.29 북베트남 구정공세 시작 1.31 UNCTAD 2차 총회, 뉴델리 3.16 베트남 미라이 학살 타슈켄트 아시아아프리카영화제 개최
2.5 니에레레 아루샤 선언 알제리 ‹아우쳄그룹 Aouchem Group› 선언문 발표 나이지리아 내전 발발	
10.8 체 게바라 처형, 볼리비아	
제리 스톨, 미국기록영화사 설립	프라하의 봄 5.3 프랑스 68혁명 시작 8.20 소련 체코슬로바키아 침공 장뤽 고다르, 장피에르 고랭, 지가베르토프그룹 창설 11.5 닉슨 대통령 당선
5.3 대선 박정희 당선 7.8 동백림 사건 발표	

1969	1970
1.18 일 동경대 야스다 강당 사건 2.4 아라파트 PLO 의장으로 선출 5.13 말레이시아 인종 폭동 7.8 베트남에서 미군 철수 개시	4.29 베트남 캄보디아 침공 크메르 공화국 출범
모로코 예술가 그룹 ‹카사블랑카 학파› 선언문 발표 아프리카통일기구 ‹범아프리카 문화 선언› 발표 제1회 로터스문학상 시상 9.1 리비아 자유장교 쿠데타. 카다피 집권	9.8 3차 비동맹운동회의, 잠비아
파울루 프레이리 『페다고지』 출간 페르난도 솔라나스, 옥타비오 헤티노, ‹제3영화를 위하여› 발표	라울 프레비시 『변화와 발전』 **10.24 칠레 아옌데 당선. 선거를 통한 사회주의 정부 수립**
1.12 스페인 계엄령 6.28 스톤월 항쟁 7.20 아폴로11호 달 착륙 7.25 닉슨 독트린 발표(데탕트 시대) 8.15 우드스탁페스티벌	세계경제포럼 출범 필리핀, 국제미작연구소 IRRI 설립
임헌영 잡지 ‹상황› 창간 12.10 경부고속도로 일부 개통	11.13 전태일 분신 사망

1971	1972
3.26 동파키스탄 독립선언. 방글라데시 독립전쟁 시작 7.9 키신저-저우언라이 회담 8.9 인도-소련 친선(방위)조약 체결 11.23 유엔안보리에서 중국이 타이완 의석 차지 12.1 캄보디아 내전 12.16 방글라데시 승리로 독립전쟁 종료	2.19 일본 연합적군 아사마산장 사건 2.22 닉슨 중국 방문(데탕트) 5.15 오키나와 일본에 반환 8.12 미군 베트남에서 철수 완료 9.21 필리핀 비상계엄령 선포
1.25 우간다 군사쿠데타. 이디 아민 집권 10.27 콩고민주공화국 자이르로 개명	구스타보 구티에레즈, 『해방신학』 출간 4.13 UNCTAD 3차 총회, 산티아고
4.29 볼리비아 광산 국유화	1.30 아일랜드 '피의 일요일' 사건 9.5 뮌헨올림픽 검은9월단 이스라엘 선수숙소 점거 11.17 닉슨 연임 성공
6.10 미국 대중국 무역금지령 해제 7.9 영국군 북아일랜드 진주	7.4 남북공동성명 8.8 김대중 납치 사건 10.17 비상계엄 선포. 유신체제 시작
3.27 주한미군 7사단 철수 4.27 7대 대선 박정희 3선 성공	

1973	1974
3차 아시아아프리카작가회의, 알마티 7.17 아프가니스탄 쿠데타. 왕정 폐지 10.6 4차 중동전쟁 발발 10.14 태국 민주화운동 10.17 아랍 산유국 석유 금수조치 발동. 1차 오일쇼크 12.23 OPEC 유가인상	5.19 인도 핵 실험 성공 제1회 아랍예술비엔날레
9.5 4차 비동맹운동회의, 알제	4.5 나이로비 선언 9.12 에티오피아 군사 쿠데타. 사회주의 정권 수립
9.11 칠레 군사쿠데타. 아옌데 암살. 피노체트 집권	
	유엔 신국제경제질서수립을 위한 선언 채택 4.25 포르투갈 카네이션 혁명 그리스 군사정권 종식 8.9 닉슨 워터게이트 사건으로 사임
6 남한 북한수교국과는 수교하지 않는 할슈타인 원칙 폐기	6.5 리영희 『전환시대의 논리』 출판 8.15 육영수 암살

1975	1976
4.17 캄보디아 왕정폐지. 크메르루주 폴 포트 집권 4.30 사이공 최후의 날. 베트남전 완전 종료 6.25 인도 비상사태 선포(인디라 간디) 태국예술가전선(AFT) 결성	필리핀 연대(Kaisahan) 예술가 그룹 결성 7.2 베트남 통일국가로 출범 7.17 동티모르 인도네시아에 강제합병 8.16 5차 비동맹운동회의, 콜롬보 9.9 마오쩌둥 사망 10.6 태국 탐마삿대학교 학살사건
앙골라, 모잠비크 등 포르투갈 식민지 차례로 독립	5.5 UNCTAD 4차 총회, 나이로비 7.16 남아공, 소웨토항쟁
	아르헨티나 군부쿠데타, 페론 실각
G7 발족 미 드리마일 원전 방사능 누출 사고	6.25 폴란드 연대자유노조운동 첫 파업 워싱턴, 하워드대학 컨퍼런스 11.2 미 대선 카터 당선
4.9 인혁당 사건 판결, 형집행 김지하 로터스문학상 수상	북한-나이지리아 국교 수교

1977	1978
7.22 중국 덩샤오핑 복권	에드워드 사이드, 『오리엔탈리즘』 출판 4.27 아프가니스탄 공산정권 수립 5.15 이란 반정부시위 격화 12.25 베트남 대크메르루주 최종공세 시작 중국, 덩샤오핑 집권
 10.28 섹스 피스톨즈 앨범 발매	
3.9 주한미군 철수계획 발표 11.23 리영희 구속	
	동일방직 노조파괴 공작 사건 7.23 광주 들불야학 설립

1979	1980
1.7 베트남군 프놈펜 함락 4.1 이란 호메이니의 이슬람혁명 성공 5.7 UNCTAD 5차 총회, 마닐라 6.28 OPEC 유가 66% 인상(2차 오일쇼크) 7.16 이라크 사담 후세인 대통령 취임 중국 북경 ‹星星› 개최 11.4 주이란 미대사관 인질 사건 11.19 이스라엘 시나이반도 이집트에 반환 12.24 소련-아프가니스탄 전쟁 시작	9.22 이란-이라크 전쟁 발발
	4.12 라이베리아 군부쿠데타 국제금융체제와 신국제질서에 관한 남북회의, 아루샤
3.13 그레나다 쿠데타 성공 7.21 니카라과 산디니스타 혁명 성공 9.3 6차 비동맹운동회의, 아바나 10.7 국제금융체계와 제3세계에 관한 테라노바 선언, 킹스턴	2.25 수리남 군부 쿠데타
5.4 영, 대처의 보수당 총선 승리	브란트 보고서 미대선 레이건 당선
미 대통령 지미 카터 방한 8.11 YH무역 노동쟁의 폭력진압, 김경숙 사망 광주자유미술인협의회 결성 10.26 박정희 암살	서울 「현실과 발언」 창립전 서울의 봄, 5.17 계엄 확대 5.18 광주항쟁 전두환, 11대 대통령 취임

1981	1982
마하티르 말레이시아 총리 취임	레바논 사브라 샤틸라 팔레스타인 난민캠프 학살
안와르 사다트 이집트 대통령 암살	아르헨티나-영국 포클랜드 전쟁
	브레즈네프 사망
프랑수아 미테랑 당선	
국풍81	부산 미 문화원 방화 프로야구 출범 미술동인 두렁 결성 서울영화집단 창립

1983	1984
3.7 7차 비동맹회의, 뉴델리 8.21 필리핀 베니그노 아키노 암살 10.9 아웅산묘역 폭탄테러	10.31 인디라 간디 암살
8.14 부르키나파소 상카라 쿠데타 성공	
미국 그레나다침공	백남준 〈굿모닝 미스터 오웰〉 퍼포먼스
KBS 이산가족 찾기 생방송 9.1 대한항공007편 격추, 269명 사망 미 대통령 로널드 레이건 방한	북한 합영법제정 교황 요한 바오로 2세 첫 방한 전두환, 남한 통수권자로 첫 공식 방일

1985	1986
파키스탄 우라늄 농축 성공	필리핀 피플파워 혁명 12 베트남 제6차 공산당 대회에서 도이모이 정책 채택
	9.1 8차 비동맹회의, 하라레. 남반구위원회 창설
 밥 겔도프, ‹라이브 에이드› 개최 고르바초프 소련 공산당 서기장 선출: 페레스트로이카, 글라스노스트	4.26 체르노빌 원전 사고 이란-콘트라 비밀공작 스캔들
사회구성체논쟁 ‹한국미술 20대의 힘› 전 남북 이산가족 상봉	북한-쿠바 친선협력조약 『죽음을 넘어 시대의 어둠을 넘어』 초판 출간 86아시안게임 10.28 건국대 항쟁

1987	1988
PLO, 튀니지에 망명정부 수립	8.20 이란-이라크 정전 협정 9.18 미얀마 군부쿠데타 PLO, 팔레스타인 독립국가 선포
중미 5개국 평화협정(과테말라, 니카라과, 엘살바도르, 온두라스, 코스타리카)	
발트3국 소련 강제병합 항의시위 시작 9.7 동독 공산당 서기장 에리히 호네커 서독 방문	1.1 고르바초프 페레스트로이카 착수 아제르바이잔, 아르메니아 무력충돌 11.8 부시 대통령 당선 아르메니아 대지진
박종철 고문치사 6월 민주항쟁 7.7 선언 KAL858기 폭파 사건	『창작과비평』 복간 2.25 노태우 대통령 취임 88서울올림픽

1989

6.4 천안문 사태
〈중국 / 아방가르드〉전
아시아태평양경제협력체(APEC) 설립

9.4 9차 비동맹회의, 베오그라드: G15 설립

2.2 파라과이 로드리게스 육군중장 군사쿠데타
성공, 1954년부터 라틴아메리카 최장기 집권
중이던 스트로에스네르 독재정권 종식
12.20 미국 파나마 침공

몰도바, 우크라이나, 벨라루스,
우즈베키스탄, 카자흐스탄, 조지아 등 민족주의
분리독립 운동단체 출범
소련군, 트빌리시 학살
폴, 연대자유노조 부분자유선거
압승 후 연립정부 수립
10.18 호네커 실각
11.9 베를린장벽 붕괴
12.2 몰타 미소 정상회담
12.25 루마니아 차우세스쿠 처형

현대중공업 128일 파업
장산곶매 〈오! 꿈의 나라〉 상영
전국교직원노동조합 설립

색인

『페다고지』· 441, 443, 512
『피의 꽃잎들』· 61, 290
77그룹(Group of 77) · 51~54, 183, 347, 349, 509
검은표범당(Black Panther Party) · 135, 160, 199, 306
게바라, 체(Guevara, Ernesto Che) · 32, 188~90, 196, 199, 228, 265, 352, 405, 417~18, 442, 457, 469, 511
경제특구 · 361, 365, 412
경제협력개발기구(OECD) · 52, 257
관세 및 무역에 관한 일반 협정(GATT) · 52, 243, 346
『광장』· 59~60, 140, 359, 507
구조조정정책 · 53, 55~57, 177~78, 216, 245, 316, 318~19, 349
구티에레스 알레아, 토마스(Tomás Gutiérrez Alea) · 367, 407
국가경제권리의무헌장(Charter of Economic Rights and Duties of States) · 347~48
국경지대 산업화 계획(Border Industrialization Program) · 364
국어 · 58~60, 62~63, 87, 129, 289, 294, 487
국제미작연구소(IRRI) · 82~83, 85, 102, 512
국제원자력기구(IAEA) · 482, 506
국제통화기금(IMF) · 56, 77, 175~76, 177~78, 245, 316, 318
군부 · 65~67, 143, 186, 235~36, 277, 294, 308~09, 354, 356, 380, 406, 417~18, 432~33, 440, 461, 466, 504~05, 507, 510, 515, 517, 521
근대화론(modernization theory) · 66, 70~74, 145
기니비사우-카보베르데 아프리카독립당(PAIGC) · 263, 266, 268, 284, 443
『기니에서의 혁명』(Revolution in Guinea) · 266
기시 노부스케 · 480
『나를 만지지 마라』(Noli Me Tángere) · 58, 96
나사콤(Nasakom) · 133, 235
나세르, 가말 압델(Gamal Abdel Nasser) · 34, 65, 68, 100, 120, 147, 152, 180, 182, 213, 219~21, 224, 230, 280, 322, 372, 384, 386, 394, 402, 434, 503, 505
남부위원회(South Commission) · 254, 411~12, 414
냉전(Cold War) · 48, 60, 70~71, 75~77, 83, 108, 132, 134, 138~39, 161, 166, 179~80, 195, 235~36, 256, 260, 270~72, 290, 293, 301, 322, 328, 341, 354, 359, 373, 456, 469
네그리튀드(Négritude) · 61, 78, 79, 80~81, 149, 368~69, 373, 426,

464
네루, 자와할랄(Jawaharlal Nehru) ·
  60, 92, 350, 358, 372, 385, 396
네루다, 파블로(Pablo Neruda) · 68,
  88~90, 118, 120, 186~87, 311
네투, 아고스티뉴(Agostinho Neto) ·
  264
누에바 칸시온(Nueva canción) ·
  86~87, 89~90, 390
니에레레, 줄리어스(Julius Kambarage
  Nyerere) · 61, 149, 182, 184, 254,
  302, 334, 342, 411~16, 450, 511
다르위시, 마흐무드(Mahmoud
  Darwish) · 35, 290, 434~36, 438
데스노에스, 에드문도(Edmundo
  Desnoes) · 367, 371
데스탱, 지스카르(Giscard d'Estaing) ·
  170
데이비스, 마이크(Mike Davis) · 319
독립 · 12, 30, 51, 57, 59~62, 76, 84,
  91~95, 104, 106~07, 116, 121, 133,
  137, 141, 147~49, 154, 161~62,
  165, 171, 176, 179, 181~82, 184,
  195, 198, 219, 234~35, 237,
  240~41, 265, 268, 270~71, 275,
  278, 284, 293~94, 297, 301~03,
  305, 306, 309, 323~25, 332, 334,
  336, 344~47, 350, 358~59, 369,
  378~79, 383~86, 399, 401, 403,
  405, 407, 409, 419~20, 425~27,
  429~30, 440~41, 455~59, 462,
  464~66, 468, 470, 486~87,
  500~01, 504, 506~08, 513, 515,
  521~22
동남아시아조약기구(SEATO) · 138,
  271, 504

듀보이스, W.E.B.(W. E. B. Du Bois) ·
  78, 288
라마바이, 판디타(Ramabai, Pandita) ·
  399, 444
라자라트남, S(S. Rajaratnam) · 31,
  184, 293
라틴아메리카예술연구소(Instituto de
  Arte Latinoamericano) · 312
레주언(Lê Duẩn) · 164~65
로드니, 월터(Walter Rodney) · 73,
  341~45, 388, 413
로드리게스, 실비오(Silvio Rodríguez
  Domínguez) · 89, 390
『로터스』(Lotus) · 289, 291, 330
록신, 레안드로(Leandro Locsin) ·
  385~86, 472
루뭄바, 파트리스(Patrice Lumumba) ·
  249, 302~03, 508
루쉰 · 273~74
르코르뷔지에(Le Corbusier) · 385,
  396
리베라, 디에고(Diego Rivera) · 2,
  117~19, 405~06, 419
리살, 호세(Jose Rizal) · 58, 62, 96,
  218
리우스(Rius) · 379
리콴유(Lee Kuan Yew) · 73, 286,
  294~95
마르코스, 페르디난드(Ferdinand
  Marcos) · 73, 277, 286, 385~86,
  472, 510
마르티, 호세(José Martí) · 28, 78, 407,
  455~56, 464, 468
마셀, 사모라(Samora Moisés Machel)
  · 148
마오쩌둥 · 111, 121~24, 352, 515

마츠모토 쇼리키 · 480
마커, 크리스(Chris Marker) · 267, 407
〈마쿠나이마〉(Macunaïma) · 422
말도로르, 사라(Sarah Maldoror) · 150
매판(comprador) · 66, 113~115, 268, 344
맥나마라, 로버트(Robert McNamara) · 102, 171~72
모겐소, 헨리(Henry Morgemthau) · 175
모더니즘(Modernism) · 127, 290, 373, 382~87, 420
「모두의 노래」(Canto general) · 68, 89
『모든 것이 산산이 부서지다』(Things Fall Apart) · 428, 506
모잠비크해방전선(FRELIMO) · 266
무가베, 로버트(Robert Mugabe) · 345
문화혁명 · 121, 152, 262
민족경제론 · 126, 128~29, 130~31, 374
민족문학론 · 126~31, 374
민족주의(nationalism) · 49, 63, 67, 71, 84, 91, 94, 96, 126~27, 129~30, 132~36, 146~47, 160, 167, 213, 219, 221, 233, 235, 241~42, 264, 266, 275, 295, 304~05, 324~25, 341, 350, 360, 363, 368, 369~70, 373~74, 402, 436~37, 461~62, 522
민중의 승리에 바치는 경의(Homenaje al triunfo del pueblo) · 312
박현채 · 129~30, 326~27
반둥회의(Bandung Conference) · 22, 26, 47, 121, 126, 137~41, 149, 152, 154, 156, 179~80, 198, 213, 218, 238, 261, 271, 288, 301, 307, 338, 341, 368, 370, 373, 421, 455, 481~82
발전(development) · 22, 51, 52~53, 56, 59, 63, 66, 70~74, 76, 82~84, 91, 94, 108~09, 117, 119, 126, 129, 130, 135, 140, 142~46, 171~72, 174~78, 182~83, 185~86, 213, 216, 241, 243, 245~46, 249, 253, 256~59, 269, 292~93, 295, 311, 322, 327, 344, 346, 348~49, 359, 368~69, 402, 408, 412~15, 425, 429, 432, 458, 467, 502, 512
백낙청 · 127~28
범아세아대회(Asian Relations Conference) · 24, 92, 179, 359, 501
범아프리카영화작가연합(PAFF) · 147
범아프리카주의(Pan-Africanism) · 78, 81, 135, 146, 199, 254, 288, 304, 341, 343, 373, 411, 413, 429~30, 467
베를린장벽(Berlin Wall) · 77, 180, 508, 522
베트남전쟁(Vietnam War) · 76, 161, 163~64, 171, 194~95, 198, 215, 257, 270~72, 276, 374, 380, 401, 432~33, 448, 470, 486, 505
벤 벨라, 아흐메드(Ahmed Ben Bella) · 305, 308, 336
벽화운동(mural movement) · 89, 116, 117, 119, 120
보알, 아우구스토(Augusto Boal) · 296, 298~300
볼로그, 노먼(Norman Borlaug) · 82~85
부메디엔, 우아리(Houari Boumédiene) · 62, 308

부분핵실험금지조약(Partial Test Ban Treaty) · 481
「분지」· 166~69
〈불타는 시간의 연대기〉(La hora de los hornes) · 405~06
브란트, 빌리(Willy Brandt) · 170~174, 349, 517
브레히트, 베르톨트(Bertolt Brecht) · 191, 273, 296~300
블랙 파워(Black Power) · 343
비동맹뉴스기구연합(NANAP) · 184, 249, 250
비동맹뉴스네트워크(NNN) · 250
비동맹운동(Non-Aligned Movement) · 22, 24~25, 49~50, 52, 55, 65, 71, 73, 84, 120, 130, 133~34, 140, 142, 146, 170~71, 178~85, 198~99, 222, 224, 235, 244~46, 248~50, 255, 257, 260~61, 264, 282, 294, 307, 309, 313~16, 321~22, 341, 347, 348~49, 358, 360, 362, 373~74, 376, 411, 414, 429, 456, 470, 472, 482~83, 509, 512, 514~15, 517
비에이라, 폴랭 수마누(Paulin Soumanou Vieyra) · 148~49
사데르, 에미르(Emir Sader) · 251
사파티스타(Zapatista) · 116, 344, 418
사회적 미술관(social museum) · 314
살바도르 아옌데 국제저항미술관 (Museo Internacional de la Resistencia Salvador Allende) · 310, 314
삶의 노래(Phleng phuea chiwit) · 90, 194, 196
삼대륙회의(Tricontinental Conference) · 22, 25, 28, 182, 198~99, 228, 417, 457, 470, 510
상고르, 레오폴 세다르(Léopold Sédar Senghor) · 61, 78~80, 148, 412
『상상된 공동체』(Imagined Communities) · 64, 132
샤라아위, 후다(Huda Sharaawi) · 400, 404, 446
샤힌, 유세프(Youssef Chahine) · 148
석유수출국기구(OPEC) · 183, 213, 215, 243~44, 348, 507
세계발전기금(World Development Fund) · 172
세계은행(World Bank) · 57, 77, 102, 171, 175~78, 219, 245, 292
세제르, 에메(Aimé Césaire) · 78~81, 455~56, 459, 464, 466
셈벤, 우스만(Ousmane Sembène) · 34, 149~50, 288
솔라나스, 페르난도(Fernando Ezequiel Solanas) · 2, 197, 405~06, 408~10, 512
수에즈 운하(Suez Canal) · 218~20
수출가공지구(Export Processing Zones) · 361, 363
수카르노(Sukarno) · 22, 30, 59, 92, 133, 137, 180, 182, 233~36, 261~62, 271, 278, 280, 282, 354, 386, 462, 509
수하르토(Suharto, Mohammad) · 73, 100, 236, 286, 319, 354~56, 462
순타운시, 위라삭(Wirasak Sunthawnsi) · 197
시케이로스, 다비드 알파로(David Alfaro Siqueiros) · 117~120
『식민주의에 대한 담론』(Discours sur

le colonialisme) · 455, 459
식민주의(colonialism) · 51, 55, 58, 61, 63, 70~71, 73, 81, 91, 94, 114, 130, 134~37, 165, 167, 171, 173, 175~79, 183~84, 198~99, 212, 233, 235, 237, 239~43, 252, 254~57, 260~61, 266~68, 305, 318, 342~46, 361, 368~69, 372~73, 375, 401, 405, 409, 411~12, 414~15, 420, 422, 425~28, 430, 441, 454~59, 461~62, 464, 466~67, 484
신국제경제질서(New International Economic Order) · 22, 55, 57, 170~73, 183, 185, 212, 243~46, 249, 257, 294, 347~49, 362, 373, 514
신국제정보질서(New International Information Order) · 249
신도 카네토 · 479
『신식민주의: 제국주의의 마지막 단계』(Neo-Colonialism, the Last Stage of imperialism) · 240
신식민주의(neo-colonialism) · 165, 179, 239, 240~41, 261, 344, 405, 409, 430, 456
신자유주의(neoliberalism) · 48, 52, 56~57, 68, 74, 130, 136, 173, 174, 178, 190, 216, 241~42, 244, 246~47, 251~55, 268, 310, 316~17, 320, 328, 349, 361, 363, 374~75, 413~15, 483
신흥공업국(Newly Industrialized Countries) · 57, 73, 110, 126, 130, 245, 256~59, 362, 402
신흥국경기대회(GANEPO) · 24~25, 235, 260, 282, 509
아고스티뉴 네투(Agostinho Neto) · 264
아루샤 선언(Arusha Declaration) · 342, 412~13, 511
아메리카의 집(Casa de las Américas) · 370, 390
아민, 사미르(Amin, Samir) · 344, 513
아브란시스, 엔히크(Henrique Abranches) · 378
아세안(ASEAN) · 270, 272, 286, 510~11
아시아의 네 마리 용 · 56, 184, 257, 292, 294, 402
아옌데, 살바도르(Salvador Allende) · 68, 87~89, 98, 186~91, 193, 226, 250, 251, 310~14, 357, 373, 378~79, 407~08, 423, 440, 457~59, 512, 514
아체베, 치누아(Chinua Achebe) · 34, 290, 424~28, 454, 459, 506
아프리카의 해(Year of Africa) · 301~02, 304, 465, 507
아프리카통일기구(OAU) · 24~25, 149, 430, 509, 512
안드라드, 마리우 핀투 드(Mário Pinto de Andrade) · 150, 264
알바레스, 산티아고(Santiago Álvarez) · 407
알에아흐마드, 잘랄(Jalal Al-e Ahmad) · 368
알자지라(Al Jazeera) · 250
알제리 민족해방전선(FLN) · 304, 322, 336, 376, 464
앙골라해방인민운동(MPLA) · 150, 264~66, 378

앤더슨, 베네딕트(Benedict Anderson) · 63~64, 71, 93, 95, 132~34, 218, 220
에스테바, 구스타보(Esteva, Gustavo) · 142
여성해방 · 399~401
연대미술관(Museo de la Solidaridad, Museum of Solidarity) · 310, 312, 314~15, 373, 379, 423
오로스코, 호세 클레멘테(José Clemente Orozco) · 117~19
오웰, 조지(George Orwell) · 75, 519
우누(U Nu) · 324~25, 338, 340
우자마아(Ujamaa) · 411~13
우카마우 집단(Grupo Ukamau) · 408
원조 · 56, 73, 77, 134, 163, 219, 235, 256, 293, 326~29, 355, 359, 384, 412, 426, 439, 469, 470, 501
월러스틴, 이매뉴얼(Immanuel Wallerstein) · 304
유네스코(UNESCO) · 149, 249, 314, 370, 392, 440, 471, 500
「유럽은 어떻게 아프리카를 저발전시켰는가」(How Europe Underdeveloped Africa?) · 344
유엔무역개발회의(UNCTAD) · 51, 52, 170, 212~13, 243~44, 313, 346~49
유팡키, 아타우알파(Atahualpa Yupanqui) · 86
은쿠르마, 콰메(Kwame Nkrumah) · 222, 429, 450
응구기 와 시옹오(Ngũgĩ wa Thiong'o) · 34, 61, 114, 290, 426
응우옌티빈(Nguyễn Thị Bình) · 158, 401
인도공산당(Indian Communist Party) · 351
인도네시아 공산당(Partai Komunis Indonesia) · 47, 140, 236, 354, 355, 501
인민연합시각예술가위원회(Comité de Artistas Plásticos de la Unidad Popular, Committee of Visual Artists of Popular Unity) · 311
자유무역지구 · 293, 361~65, 402
자유민주승리운동(MTLD) · 305
잔띠마톤, 수라차이 응아(Surachai "Nga" Jantimathawn) · 196
〈저개발의 기억〉(Memorias del subdesarrollo) · 371
제3세계(Thrid World) · 2, 24, 36, 47~49, 52, 55~57, 64~65, 67~68, 70~73, 76~77, 82~83, 85, 114~115, 120, 126~128, 130, 134~36, 138~40, 143, 145~147, 150~51, 165, 167, 170~71, 173, 176~80, 183~84, 188, 195, 212~13, 216~17, 220~21, 228, 235~36, 239~46, 250~57, 259, 262, 264, 267, 288~90, 292, 294~98, 300, 306, 309, 311, 313~18, 322, 325, 327~29, 341, 343~44, 346~49, 359~64, 368~69, 372~87, 399, 400~03, 406, 408~14, 421, 428~29, 431, 434, 438, 441~42, 454~57, 465~67, 470~72, 474, 483, 507, 517
제3영화(Third Cinema) · 2, 150, 373, 405, 408~10, 512
제바르, 아시아(Djebar, Assia) · 62, 64, 460
제임슨, 프레드릭(Fredric Jameson) ·

127, 387
종속이론(dependency theory) · 52, 73, 107, 109~10, 130, 143, 212, 343, 346, 373
초현실주의(Surréalisme) · 419~20, 421~23
최인훈 · 59~60, 140, 234, 373, 507
카나파니, 가산(Ghassan Kanafani) · 34, 290, 436, 437~38
카다피, 무아마르 알(Muammar al-Gaddafi) · 68, 214, 512
카르티니(Kartini) · 58, 62, 98, 399, 400, 444
카브랄, 아밀카르(Amilcar Cabral) · 182, 264~69, 284, 302, 342, 440~41
카스트로, 피델(Fidel Castro) · 184~85, 190, 198, 228, 367, 372, 390, 406, 417, 457, 468~70, 490, 504
쿠르니아완, 에카(Kurniawan, Eka) · 93, 354, 356, 463
쿠바영화예술산업기구(ICAIC) · 407
킹, 마틴 루서(Martin Luther King) · 163, 509
텔레수르(teleSUR) · 248, 250
투르, 프라무디아 아난타(Toer, Pramamoedya Ananta) · 59, 288, 461, 463, 496
투칸, 파드와(Fadwa Touqan) · 436
티토, 요지프 브로즈(Josip Broz Tito) · 180~83, 221~22, 224, 249, 314, 321~23, 338, 505
파농, 프란츠(Fanon, Frantz) · 61, 67, 188, 265, 267, 304, 306, 368, 369, 401, 406, 442, 456, 457, 459, 464~67, 508

판화운동 · 120, 273, 274
페드로자, 마리우(Mario Pedrosa) · 313
페레즈, 알폰소(Juan Pablo Pérez Alfonzo) · 213
페포(Pepo) · 377~78
포드재단(Ford Foundation) · 82, 84~85, 102
포스트식민주의(post-colonialism) · 239, 241~42, 415, 427
폭력 · 57, 76, 84, 91~92, 124, 136, 166~67, 169, 214, 236, 254, 265, 276, 302, 305, 349, 358, 360, 365, 405~06, 431, 435, 441, 454~56, 458~60, 465~67, 507, 517
폰테코르보, 질로(Gillo Pontecorvo) · 304
푸미삭, 찟(Chit Phumisak) · 196~97, 228
프라샤드, 비자이(Vijay Prashad) · 67, 135, 137, 185, 290, 351, 372~73
프랑크, 안드레 군더(Andre Gunder Frank) · 73, 109
프레비시, 라울(Raul Prebisch) · 107~09, 151, 212~13, 252, 346~48, 512
프레이리, 파울루(Paulo Freire) · 267, 439, 440~43, 452, 512
피그만 사건(Bay of Pigs Invasion) · 367, 469
피노체트, 아우구스토(Augusto Pinochet) · 68, 98, 186, 251, 306, 378~79, 458, 514
필리핀 교육연극협회 (PETA) · 471
하라, 빅토르(Victor Jara) · 22, 59, 61~62, 87~89, 123~24, 148, 184,

186, 234, 238, 254, 413, 520
핵제국주의 · 479, 483
헤네인, 조르주(Georges Henein) · 419~21
헤티노, 옥타비오(Octavio Gettino) · 2, 405~06, 408, 409, 512
호찌민(Ho Chi Minh) · 88, 162, 164, 218, 270, 456~57, 484~87, 496, 498
흑인작가예술가회의(Congrès des écrivains et artistes noirs) · 149, 466, 505

글쓴이 소개

김기현
선문대학교 스페인어중남미학과 교수·중남미연구소 소장. 저서로 『라틴아메리카 인종과 정치』, 『라틴아메리카 경제의 이해』 등이 있으며, 역서로는 『쿠바』, 『라틴아메리카 자본주의 발달사』 등이 있다.

김예림
연세대학교 학부대학 교수. 동아시아적 관점에서 근현대 한국문학 및 문화를 연구하고 있다. 저서로 『문학 풍경, 문화 환경』, 『국가를 흐르는 삶』 등이 있다.

미카엘 뢰비(Michael Löwy)
브라질 출신 사회학자·철학자. 프랑스 국립과학연구센터 명예 주임연구원. 저서로 『발터 벤야민: 화재경보』, 『신들의 전쟁』 등이 있다.

박소현
번역가. 독립연구자. 동남아시아의 역사와 문화를 소개하는 책을 기획하고 번역한다. 역서에 『갈색의 세계사』, 『아름다움 그것은 상처』, 『호랑이남자』, 『페소아의 리스본』, 『대항해시대의 동남아시아』(근간) 등이 있다.

백승욱
중앙대학교 사회학과 교수. 현대 중국 사회의 변동과 세계체제 분석을 연구한다. 저서로 『자본주의 역사 강의』, 『생각하는 마르크스』, 『문화대혁명』 등이 있다.

비자이 프라샤드(Vijay Prashad)
인도 출신 역사학자·언론인. 트리컨티넨탈 사회연구소 소장. 레프트워드 출판사 편집장. 저서로 『갈색의 세계사』, 『제3세계의 붉은 별』 등이 있고, 편저로 『아스팔트를 뚫고 피어난 꽃』이 있다.

서동진
사회학자. 계원예술대학교 융합예술학과 부교수, 『마르크스주의연구』의 편집위원. 자본주의 경제와 문화의 관계에 대한 비판적 분석에 관심이 있으며 근년 시각예술과 퍼포먼스에 관련한 글을 두루 발표했다. 『동시대 이후』, 『변증법의 낮잠: 적대와 정치』, 『자유의 의지, 자기계발의 의지』, 『디자인 멜랑콜리아』 등이 있고, 공저서로는 『공간을 스코어링하다』, 『공동의 리듬, 공동의 몸』, 『초국가적 미술관』 등이 있다.

스테판 휴프너(Stefan Huebner)
독일 출신 역사학자. 싱가포르 국립
대학교 아시아연구소 연구원. 저서로
『범아시아 스포츠와 현대 아시아의 등장
1913~1974』가 있다.

신은실
시네마디지털서울 영화제 등에서
프로그램을 담당했으며 현재
인디다큐페스티발 집행위원이다.
공저로『한국영화 100선』,『21세기의
독립영화』,『예르지 스콜리모프스키』,
『필립 가렐, 찬란한 절망』등이 있다.

에카 쿠르니아완(Eka Kurniawan)
인도네시아 작가. 첫 장편『아름다움
그것은 상처』로 주목받았고『호랑이
남자』로 맨부커 인터내셔널 부문
후보에 올랐다.

이석호
카이스트 교수. 아프리카문화연구소장.
역서로『식민주의에 대한 담론』,
『제3세계 문학과 식민주의 비평』이
있으며, 편저로『아프리카 탈식민주의
문화론과 근대성』이 있다.

자일스 찌 웅파꼰(Giles Ji
 Ungphakorn)
태국 출신 학자·활동가. 전 쭐랄롱
꼰대학교 사회과학대 교수. 왕실
모독죄로 망명 중. 블로그 《태국의
추악한 진실》 운영하고 있으며, 저서로
『태국의 위기와 민주주의를 위한
투쟁』이 있다.

장세진
한림대학교 한림과학원 교수.
동아시아의 냉전 문화를 연구한다.
저서로 슬픈 아시아』,『숨겨진
미래 탈냉전 상상의 계보』등이 있다.

홍인식
해방신학자. 순천중앙교회 담임목사.
중남미에서 25년간 선교사로 사역했다.
저서로『홍인식 목사가 쉽게 쓴
해방신학 이야기』,『창세기로 예배하다』
등이 있다.

도움주신 분들

‹불타는 시간의 연대기(La hora de los hornos)› 스틸이미지 사용을 허락해주신 페르난도 솔라나스(Fernando Solanas) 감독님과 Cinesur S.A.의 마리나 카네 솔라나스(Marina Cané Solanas)님, 『마르크스주의 100단어』(Les 100 mots du marxisme)』의 본문 내용 수록을 허락해주신 저자와 출판사, 역자 배세진님, 두번째테제 출판사의 장원 대표님, 아시아·아프리카 작가회의에 관련 자료를 제공해주신 뉴욕대학교 로쎈 디야갈로프(Rossen Djagalov)님, 최초의 범아프리카 히트곡에 관해 알려주신 트위터 @Virtual_Caravan님께 감사를 드립니다.

비동맹 독본

엮은이:
서동진, 박소현

글쓴이:
김기현, 김예림, 미카엘 뢰비,
박소현, 백승욱, 비자이 프라샤드,
서동진, 스테판 휴프너, 신은실,
에카 쿠르니아완, 이석호, 자일스
찌 옹파꼰, 장세진, 홍인식

기획:
국립아시아문화전당, 아시아문화원
책임편집:
서동진
편집·번역:
박소현
문화예술 콘텐츠 기획:
신은실
디자인:
강문식(도움: 박정모)
인포그래픽:
슬기와 민·강문식

이 책은 국립아시아문화전당의
전시 《연대의 홀씨》의 일환으로
기획되었습니다.

1판 1쇄 2020년 6월 5일

펴낸이:
김수기
펴낸곳:
현실문화연구

등록: 1999년 4월 23일 /
제25100-2015-000091호

주소: 서울시 은평구 통일로 684
서울혁신파크 1동 403호

전화: 02-393-1125
팩스: 02-393-1128
전자우편: hyunsilbook@daum.net
hyunsilbook.blog.me
facebook: hyunsilbook
twitter: hyunsilbook

ISBN 978-89-6564-081-3 (03340)

이 도서의 국립중앙도서관 출판예정
도서목록(CIP)은 서지정보유통지원
시스템 홈페이지(http://seoji.nl.go.kr)와
국가자료종합목록 구축시스템
(http://kolis.nl.go.kr)에서 이용하실
수 있습니다.
(CIP제어번호: CIP2020019775)

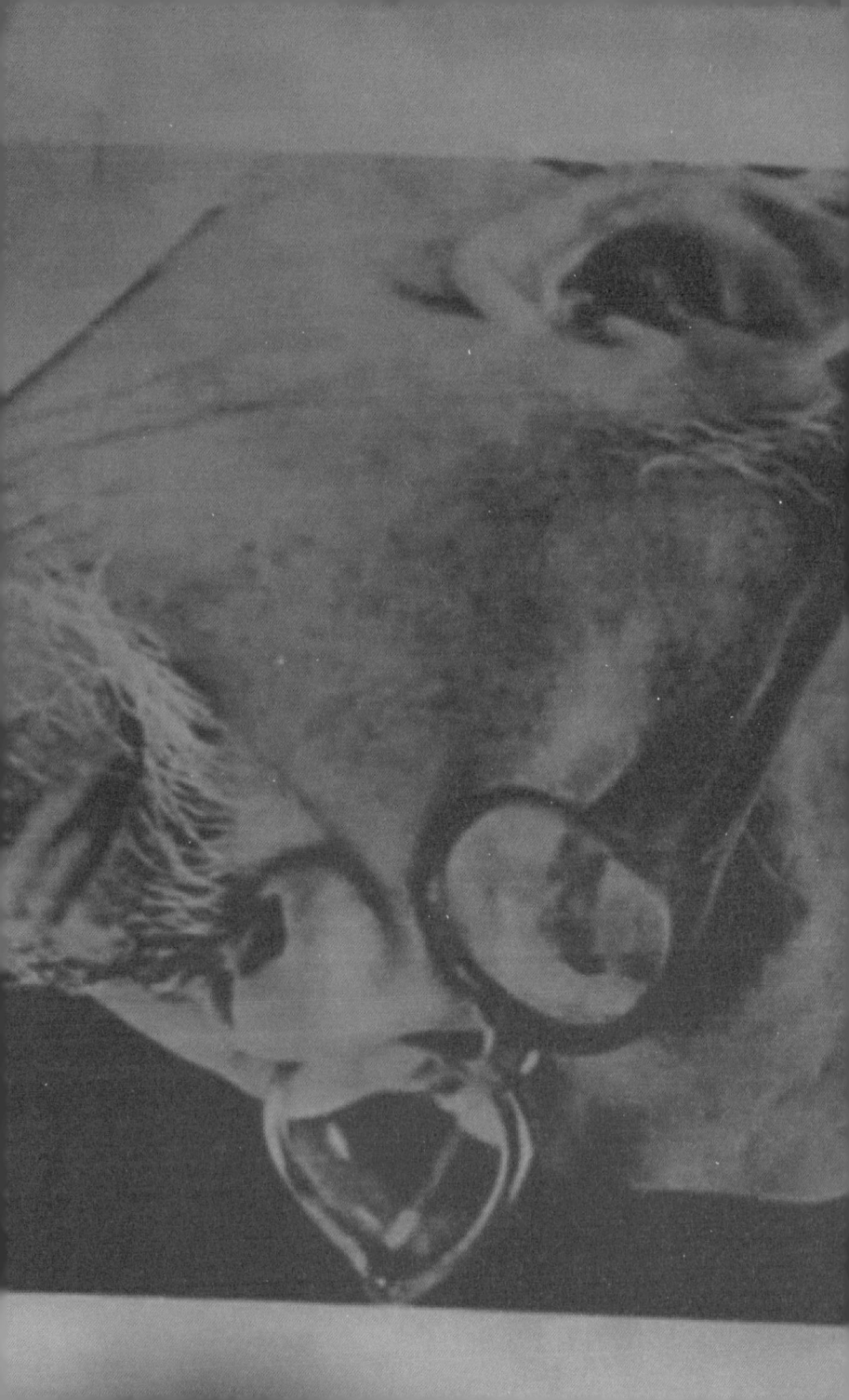

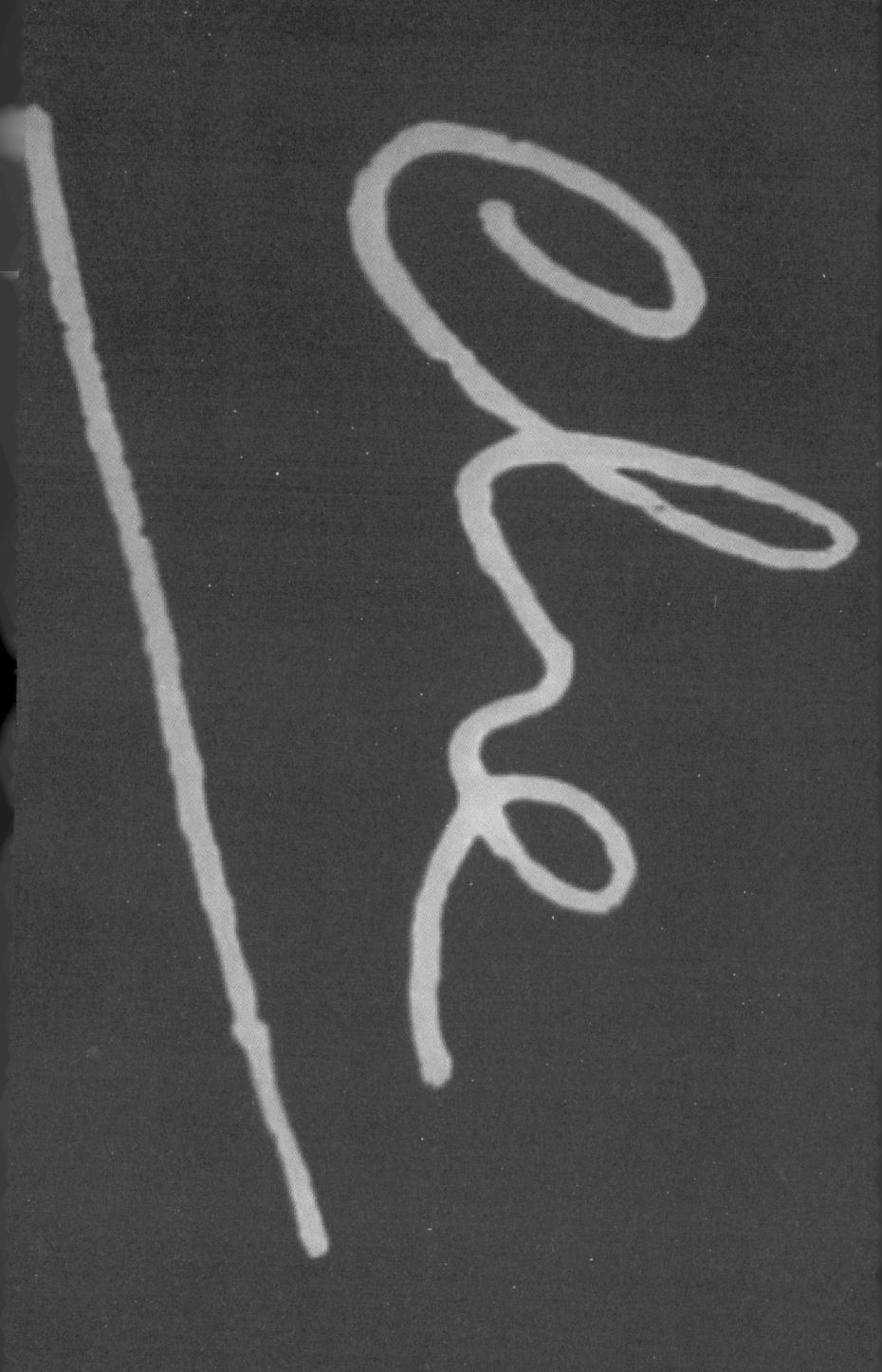

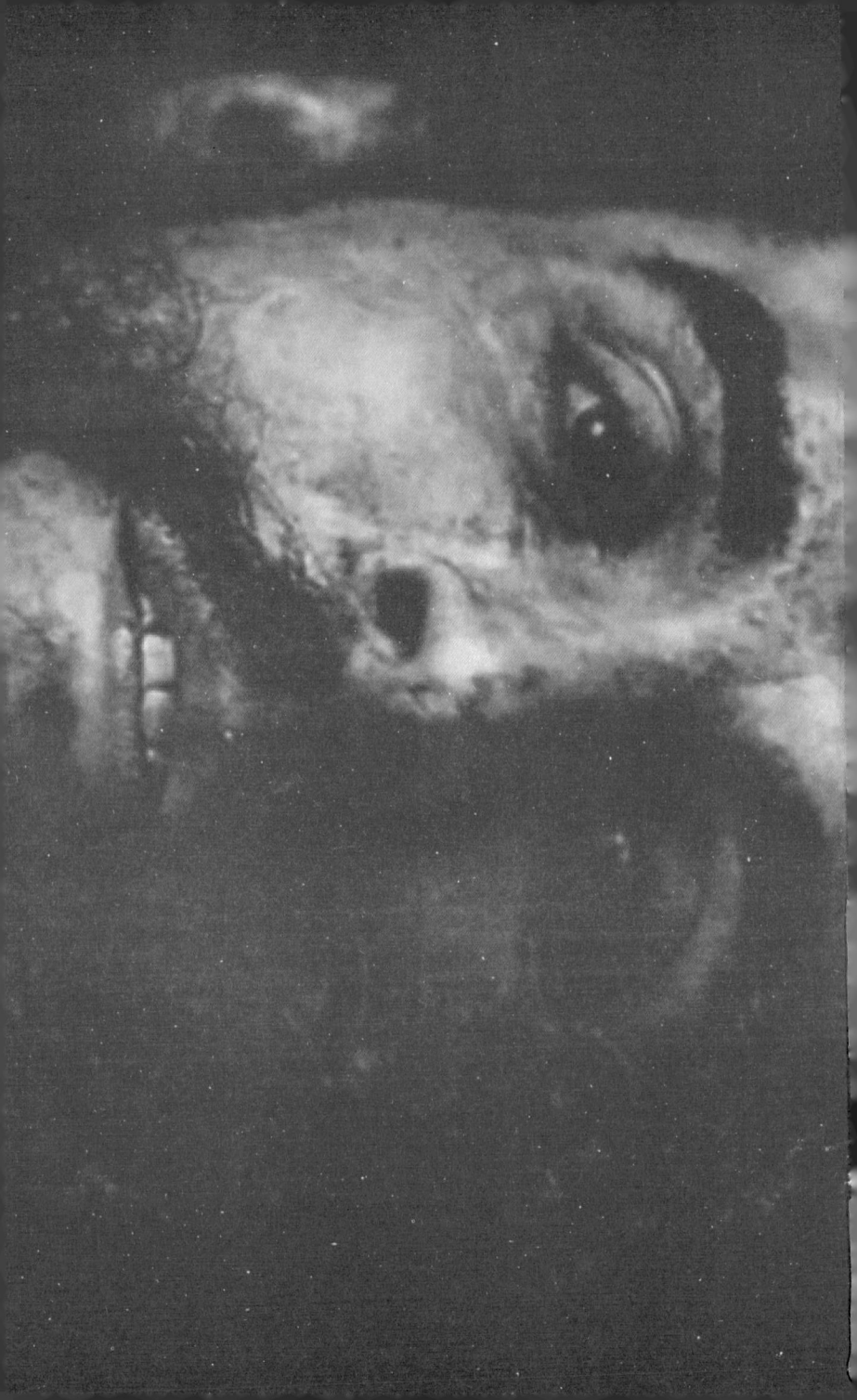